本书为云南省丽江监狱"监狱人民警察队伍建设"课题成果

中国监狱官的渊源和发展

杨锦芳 肖雯 何磊 杨文清 著

ZHONGGUO JIANYUGUAN DE
YUANYUAN HE FAZHAN

知识产权出版社
全国百佳图书出版单位
—北京—

图书在版编目（CIP）数据

中国监狱官的渊源和发展 / 杨锦芳等著 . — 北京：知识产权出版社，2022.9
ISBN 978-7-5130-8375-1

Ⅰ . ①中… Ⅱ . ①杨… Ⅲ . ①监狱制度—概论—中国 Ⅳ . ① D926.7

中国版本图书馆 CIP 数据核字（2022）第 173098 号

责任编辑：雷春丽　　　　　　　责任校对：潘凤越
封面设计：乾达文化　　　　　　责任印制：孙婷婷

中国监狱官的渊源和发展

杨锦芳　　肖雯　　何磊　　杨文清　　著

出版发行：	知识产权出版社 有限责任公司	网　址：	http://www.ipph.cn
社　址：	北京市海淀区气象路50号院	邮　编：	100081
责编电话：	010-82000860转8004	责编邮箱：	leichunli@cnipr.com
发行电话：	010-82000860转8101/8102	发行传真：	010-82000893/82005070/82000270
印　刷：	北京九州迅驰传媒文化有限公司	经　销：	新华书店、各大网上书店及相关专业书店
开　本：	720mm×1000mm　1/16	印　张：	27.75
版　次：	2022年9月第1版	印　次：	2022年9月第1次印刷
字　数：	412千字	定　价：	138.00元
ISBN 978-7-5130-8375-1			

前　言

　　伴随国家诞生而产生的国家重要暴力机器之———监狱，是一个国家特定历史时期狱政制度、刑罚观念乃至整个法律制度和法制思想的一面镜子，而作为管理监狱的监狱官的变迁，则会折射出监狱这面镜子的"真相"。中国监狱官自先秦时期随着监狱的产生而产生，绵延至整个封建社会时期，形成了独具特色的中国封建监狱官制度。清朝末年，清政府发动了监狱改良运动，开启了中国监狱官由封建社会向近现代演进的征程。在新民主主义革命时期，中国共产党就开始了对建设社会主义监狱的积极探索，为成就新型的中国监狱官奠定了基础。新中国成立后，中国监狱官在中国共产党的正确领导下，随着刑罚的发展和社会的进步，不断探索行刑的路径，深刻地体现了刑罚观念从目的刑到教育刑的变革，监狱官也经历了从"狱卒"到实现教育刑目的的重要司法人员的转变。

　　以往学界对中国古代监狱制度的研究成果多从狭义的"狱卒"层面来认识监狱官，仅把监狱官视为在监狱中看守、管教罪犯的人员，鲜有挖掘监狱官深刻内涵，尤其在中国监狱近现代化过程中的角色和作用的研究，更没有从断代史的角度对中国监狱官制度进行全面梳理和论述的研究，实在是缺失了中国监狱历史发展脉络研究中极其生动而重要的一环。

　　有鉴于此，本书选择从监狱官制度的历史沿革入手，通过分析不同历史阶段监狱官的范畴、管理、职责、地位等方面的内容，生动地折射出不同历史阶段的狱政制度、刑罚观念乃至整个法律制度和法制思想，以期为我国监狱在社会主义现代化的发展进程中加强监狱警察队伍建设提供有益的参考!

观今宜鉴古,我国监狱行刑目的随着社会的发展而文明化。现代监狱刑罚目的要求监狱行刑应遵循刑罚规律,符合刑罚正义的理念,监狱行刑应着眼于惩罚的边际、改造的效果、恢复的价值。新时期的刑罚目的决定了我国现代监狱警察是维持我国社会治安秩序的核心力量之一。维持社会秩序,为民众追求幸福而努力是他们崇高的职责,矫治受刑人和惩罚受刑人是他们的具体职责。尤其是中国共产党执政以来,随着中国经济、政治、社会、文化的发展,以及随之而来的对民主法治的重视和依法治国的构建,监狱警察的队伍日渐壮大,他们不再是简单的"看守",而是服刑人员的"矫治者"和社会治安的"保护者"。以终极使命为依据,强调监狱警察以重塑守法公民为目标,对罪犯实施从思想到行为、由心理到新生的转变过程,尽显行业风貌。这在当下显得尤为重要。

本书作者分工如下:杨锦芳(第二章第五节、第三章、第四章),肖雯(第二章第一至四节、第五章第一至二节、第六章第一至二节),何磊(第一章),杨文清(第五章第三至四节、第六章第三至四节)。

由于著者水平有限,本书难免存在一定纰漏和不足,敬请读者批评指正。

目　录

第一章　中国古代监狱官

第一节　先秦时期的监狱官

一、先秦时期监狱官的行刑背景

本书所指的先秦时期是指公元前 21 世纪—公元前 221 年，从三皇五帝到春秋战国，直到秦朝统一六国之前的历史阶段，经历了夏、商、西周、春秋战国等时期。由于这一时期有关监狱官的文献资料十分匮乏，使得相关研究尤为困难。从已知的历史文献来看，我国第一所监狱大约产生于公元前 2000 多年前，其产生的原因是中国第一个奴隶制国家——夏朝的建立，夏朝建立后迫切需要暴力机器来保障其专制，于是监狱就此产生。之后随着政权的更替，监狱有所发展。到了西周时期，古代监狱的原始形态基本形成，❶ 我国监狱官也由此产生。

在春秋战国时期，受到诸子百家百花齐放的思想影响，尤其在法家和儒家思想的影响下，我国开始形成具有浓郁华夏特色的司法制度和狱政思想。同时，随着社会生产力的进步，社会制度也有所变化，监狱制度也随之发展。中国由奴隶制社会向封建制社会的转变过程中，指导监狱官的行刑思想也逐渐丰富，表现为刑罚的血腥残酷性逐渐消退，刑罚的功能和方式日趋多样化。监狱官的身份地位、职权、组织机构等也发生了变化。总

---

❶ 李文彬：《中国古代监狱史》，法律出版社，2011，第 11 页。

之，这一时期是我国古代司法制度和狱政思想的形成和发展时期，也是监狱官雏形的产生和发展时期，对后世的诸多司法狱政制度与监狱官的设置和发展产生了重要的影响。

（一）先秦时期的法律体系和狱政概况

由于夏商两朝的历史文献记载较为匮乏，因而我国历史学对这两个朝代的划分仍存在一定的争议。目前我国历史学界所达成的共识是西周共和元年，即公元前 841 年，以"国人暴动"作为中国历史有确切纪年的开端。[1] 从社会形态上看，夏朝、商朝、西周均属于奴隶制社会，此时期的法律多表现为奴隶制社会的习俗和惯例，是奴隶制社会习俗和惯例向法律的过渡时期。奴隶制社会法律制度在形成过程中体现出一些固有特点。例如，法律紧紧同战争相联系，体现了受战争之影响，刑罚同暴力相关，固有"刑起于兵"的说法，这一时期的法律还集中体现了法的集团性和血缘性。另外，这一时期的法律还表现出奴隶主贵族的首领权威，法具有军事独裁性和专制性。作为实现刑的重要手段，监狱的出现与刑的产生、发展紧密相连。

1. 夏朝的狱政状况

《风俗通义》中写道三王始作狱，夏曰夏台，殷曰羑里，周曰囹圄。[2] 由此，我们可以认为正是随着第一个奴隶制王朝夏朝的产生，中国古代才正式形成了监狱。夏朝的监狱在各种古代著作中多称为"圜土"，较为典型的是在《竹书纪年》谓："夏帝芬三十六年作圜土。"[3] 圜土可理解为环绕成圆形的土丘，其最初的作用可能与圈养牲畜之地相关。另外，夏朝的监

---

[1] 刘光胜：《清华简〈系年〉与共伯和"干王位"考》，《中国史研究》2019 年第 4 期，第 5 页。

[2] 应劭：《风俗通义校释》，吴树平校释，天津人民出版社，1980，第 419 页。原文为："言不害人，若游观之台，桀拘汤是也。殷曰羑里，言不害人，若于闾里，纣拘文王是也。周曰囹圄。圄，令；圉，举也，言令人幽闭思愆，改恶为善，因原之也。今县官录囚，皆举也。"

[3] 马志毅：《论圜土之制》，《法学杂志》1988 年第 3 期，第 43 页。

狱也有称"丛棘"的。之所以称为"丛棘"，一般认为是指一种以外围带刺的植物制造多重障碍，以阻止关押之人逃脱，从而形成限制场所。

总之，夏朝的监狱雏形主要还是依赖自然状态形成的场所，实施的也仅是以圈禁为目的的刑罚。圈禁的目的尚有不同的说法：一说认为夏朝尚未以剥夺自由的方式作为刑罚，圈禁是临时的待决措施，并不是正式的刑罚；另一说认为圈禁行为是作为处罚方式出现的，是近现代自由刑的雏形。本书更倾向于第一种说法。在夏期，中国社会处于奴隶制社会的阶段，奴隶依附于奴隶主或者说受到奴隶主的全面的人身控制，没有所谓的自由，作为统治阶级的奴隶主阶层对犯罪的奴隶本身不需要再剥夺其自由了。至于战俘，多数也是当作奴隶予以买卖。夏朝的刑罚主要以肉刑为准，具体表现为用残忍的手段剥夺罪犯生命或者残害罪犯的身体，使他们感受到巨大的痛苦，尚未出现类似现代的监禁刑。因此，夏朝的监狱一般为囚犯、证人的待讯、待质、待决所设立，是一个等候的地方，而非用以执行刑罚的专门场所，其性质近乎当代法庭在调查阶段证人等候之场所，类似法院中单独设立的休息室，而非现在公众所认知的监狱。

虽然夏朝的监狱仅作为罪犯的待决场所，监狱管理制度尚未形成，但是具体执行刑罚的官员已经产生，他们扮演的是行刑人的角色，各种刑罚的执行是他们主要的工作，他们为奴隶主统治阶级服务。

2. 商朝的狱政状况

到了商朝，法律体系已经随着生产力的发展而产生新的变化。奴隶制社会发展日趋成熟，法律除了融合习惯和风俗之外，还在一定程度上融入了原始宗教和社会伦理的观念。"代天刑罚"的思想已经被普遍接受，刑罚成为皇权、神权、族权的综合体现。商汤伐夏桀的理由就是"天罚"。❶

随着法律体系的发展，刑罚的类别开始分化，监狱制度也有了很大的发展。除了剥夺生命的死刑和使罪犯感受肉体痛苦的肉刑外，以惩罚为目的的剥夺人身自由的徒刑与劳役刑开始出现。与此同时，商朝的监狱开始

---

❶　李文彬：《中国古代监狱史》，法律出版社，2011，第 28 页。

出现了以限制自由，将罪犯关押在监狱以惩治犯罪的监禁刑。由于商朝的生产技术水平尚处于较为原始的状态，大型的国家防御工程需要大量的人力物力，因而除了通过战争虏获的战俘和奴隶外，司法机关通过裁判产生的罪犯也成为劳动力的主要组成部分，于是劳役刑随之产生。因此，商代的监狱除了一直存在的临时羁押罪犯的功能外，也逐渐开始演变成限制罪犯的人身自由并强迫罪犯进行劳役的地方，或者有的干脆将国家劳力需求之地作为刑罚场所，将修筑城墙堡垒或边防要塞等工程作为罪犯服役之内容，而限制罪犯人身自由也成了实现劳役刑的必要条件。《墨子·尚贤下》中就有记载：从前傅说（武丁时期的宰相，曾是一名奴隶）穿着粗糙简陋的衣服，身上系着笨重的绳子，要承担起繁杂劳累的建筑土墙的工作，每日还要被囚禁在圜土之中。❶ 从行刑角度来看，商代在狱内应该有两种执行刑罚的方式：一是限制人身自由的囚禁刑，二是关押罪犯于特定地点，让罪犯提供劳动力，即以供驱使的劳役刑。这说明商朝监狱逐渐从原始的"待讯待质"场所演变为行刑场所。监狱职能的分化使得监狱官的职权和作用也体现出多层次的特点，从原有的单一的监管和惩罚行刑官向具有社会治理属性的机构官吏演化。监狱的职能从单一的行刑场所演化为具有社会治理和镇压的功能的场所，监狱镇压职能越来越突出，其暴力机关的属性也得到增强。

3. 西周的狱政状况

西周时期，我国进入了由奴隶制社会向封建制社会发展过渡的阶段，在法律上已经形成一定的刑罚原则。例如，区分过失和故意、初犯和累犯、偶犯和惯犯；罪疑则从赦，即疑罪从无或者从轻的司法观念；甚至出现了类似于正当防卫的概念，即所谓"杀人而义者"不从刑；"恤幼悯老"的司法观念也逐渐形成，司法官员在适用刑罚时考虑当事人刑事责任年

---

❶ 刘成群：《清华简与墨学管窥》，《清华大学学报（哲学社会科学版）》2017 年第 3 期，第 132 页。原文为《墨子·尚贤下》，曰："昔者傅说居北海之洲，圜土之上，衣褐带索，庸筑于傅岩之城。"

龄。这些刑罚观念，在当时的社会历史条件下已较为先进。

西周监狱的称谓非常繁复，中央狱有囹圄、灵台、稽留、嘉石等；地方狱有犴狱。其中"嘉石"是西周发展出来的特有的一种较为宽缓的刑罚制度。嘉石主要是针对行为仅轻微违法，而罪责还未达科以刑罚之标准的人。此类主体不入圜土，而将桎梏置于头顶并罚坐在嘉石之上以示惩罚。嘉石有拘坐、劳役和刑期，可以认为是我国历史上早期比较完备的拘役刑种。西周监狱设立与创建的演化发展，呈现"典章斯备"的时代特点，其最大的特征就是将监狱的功能从看押、拘禁发展为惩戒与改造相结合，并且按照违法行为的恶劣程度与类别不同，采用不同的惩罚措施，关押在不同的拘禁场所。西周狱制的发展是在很大限度上否定前朝重杀伐的观念下，把强制劳役和肉刑相结合，在一定的范围内试图改变奴隶制刑罚的野蛮性和无道性。上述各方面均能表明，相较于夏商时期，西周的监狱制度有了较大发展。

西周时期总结了前朝的暴虐统治，杀伐过重的教训，结合当时的社会背景以及文化发展，开始倡导为政者要"以德治国"，出现了"明德慎罚"的刑罚观念和理论。狱讼机制也出现了许多新的变化，监狱的功能进一步分化发展，羁押待审待决的囚犯、处决场所与关押场所相对分离，专门用于执行刑罚的监狱也更加明晰。因其功能的分化，监狱已经初步制定管理制度，设有"掌囚"与"司圜"两种专职监狱管理的官员。周朝监狱官的职能主要是对在押的罪犯施行惩罚，依据其罪行的轻重施以不同种之刑具，还会利用暴力手段强迫囚犯服劳役。

4. 春秋战国的狱政状况

春秋战国时期较之于前两代，社会生产力和经济都得到一定发展，中国已经处于奴隶制社会向封建制社会的过渡时期。民间的思想和自由学术兴起，形成了百花齐放的社会局面。诸子百家的思想主张不仅影响了社会生活领域、政治领域，还在一定程度上对当时的司法制度、狱政思想产生了深远作用。其中，最具影响的是儒家和法家的思想。儒家思想主张"礼制""慎刑"，即主张用相对温和的方式使得罪犯自我认识、自我教化、自我救赎；法家主张严刑峻法，所谓"重法刑心，酷狱恫民"，认为所有的臣民均是潜在的犯罪者，要使国家长治久安就必须用极端暴力来强迫罪犯对统治集团心生畏惧。以上儒家与法家的思想都在当时的国情下为维护政治与社会的稳定而产生。这种相互矛盾的狱政思想同时存在于一个时代，并且各自发挥作用，可以说对现在狱政体系建设有一定的参考价值。

春秋战国时期大量颁布的成文法使得法律具有确定性与可预测性，突破了以往奴隶主贵族垄断法律的现象，司法制度得以进一步发展。各个诸侯国名义上仍然属于"周天子"的封国，但各国独立程度较高，均产生了自己的政治制度、司法制度。其中，司法制度包含了司法机构的责任、审判制度、监狱制度、监狱官员的责任等，促使司法官员审判时更加慎重，刑罚也逐渐丰富。儒家和法家的思想也极大地影响了春秋战国时期的狱政建设，表现出社会转型期的矛盾和社会多样化等诸多特点。但总的来说，刑罚的观念和刑罚执行之目的还是以威胁恐吓为主，希望民众在暴力统治之下顺服，但监狱的具体制度与对监狱的管理较之于前代有所进步。统治阶级不再将监狱作为随意残杀奴隶的场所，监狱作为囚禁场所的功能逐渐增强，职业的监狱官员和监所人员开始出现。

首先，在春秋战国时期的监狱数量与规模较以往有大幅增加。《尉缭子》中记载的"今夫决狱，小圉不下十数，中圉不下百数，大圉不下千数"❶说明了这点。其次，随着社会生产关系的变革，逐渐确立了封建的法律制度，狱政的具体制度也有所创新。在此时期，李悝根据时代需求等情况，制定了中国历史上第一部比较系统的成文法典——《法经》。其中《囚法》篇就是专门关于狱政管理的，可以说是中国古代最早的监狱法。《囚法》是对罪犯施以拘禁的具体法规，其中载明"以为王者之政，莫急于盗贼"。《囚法》的主要镇压对象为"盗"和"贼"，目的是利用残酷科刑手段镇压劳动人民，维护新兴地主阶级的私有财产和统治秩序。《法经》的具体内容虽然已经无从详知，但《囚法》篇为后世封建法制的监狱制

---

❶ 彭传林：《论中国古代监狱制度》，《企业家天地》2010 年第 2 期，第 120 页。

度、监狱官之职责设置奠定了基础。概言之，春秋战国时期各诸侯国间具体的监狱制度不同，但总的来说大同小异，与周代的监狱相近，其监狱官的职责也较为相似，未得到本质的发展，同样表现为用桎、梏两样刑具来惩罚罪犯，伤其体肤并迫使其劳役。

（二）先秦时期的狱政思想

先秦时期属于我国乃至世界历史上哲学思想集中涌现的时期。在这样一个百花齐放、百家争鸣的时代，孕育了我国古代的狱政思想的源头。这一时期的狱政思想基本上处于对监狱、罪犯、刑罚等狱政元素的认识与建立阶段，其思维带有明显的奴隶制社会特点，以维护奴隶主统治为核心兼带一些维护社会稳定的意图。不过，这一时期亦发展出了一些具有现代意义刑罚源头的思想。

1. 夏商时期的狱政思想带有明显的奴隶制社会特征兼具华夏民族宗法礼制思想

一是形成了"代天行罚"的狱政思想。刑罚权成为奴隶主贵族统治社会的工具，并且以"天罚"的名义进行。国家实施刑罚的依据是奴隶主的意志而非成文法，奉行刑不可知，则威不可测。二是产生了"宗法礼治"的思想，但因受时代的局限，"代天行罚"思想仍然处于狱政管理的上风地位，"宗法礼治"与"代天行罚"思想相辅相成、相互配合，对民众进行全方位的教化，一并构成了夏商时期奴隶制社会法制和狱制的重要操作理念。❶

2. 西周时期盛行的"明德慎罚"思想是夏商时期宗法礼制思想的发展和延伸

"明德慎罚"思想即彰明德行，在中国古代表现为推崇尚仁厚德，只有在明德基础上才能保障与引导"慎罚"思想的发展。而慎罚，即谨慎处理刑罚之事，表现为重视刑罚的适用，要求该严则严、当宽需宽、不纵不枉。多行恩德，慎用刑罚。"明德慎罚"包含施行德政和谨慎刑罚两个含

---

❶ 李文彬：《中国古代监狱史》，法律出版社，2011，第21页。

义。即"明德"是对周人进行积极引导的道德教育,是温和无害的;"慎罚"为谨慎地对待刑罚措施,即应当在适宜的幅度内适用刑罚,规避因适用此措施而产生适得其反的后果,最终能达到预设结果的主张。审慎刑罚的本质要求为:首先,在审判案件时要秉公断案,罚当其罪、刑当其罪,刑罚不可偏重偏轻;其次,在定罪量刑时,要注意罪犯的主观思想,分清罪犯到底是故意还是过失为之;最后,周朝的"慎罚"思想还要求区分惯犯与偶犯,并根据故意或过失、惯犯或偶犯的不同,而采取相应的处罚措施。这些在我国古代的刑事思想史上是一个巨大的进步,具有深远的意义。"明德"与"慎罚"虽然在当时充当必要的为政手段一并施行,然而其重要程度不可同日而语。首先,"明德"为执政的本质措施,"慎罚"仅是查漏补缺的辅助方法,重在用道德观念来感化教育民众,如果再次犯罪才能施行刑罚,不能不教而诛。在倡导民众教化、谨慎刑罚问题上,周文王主张只有在统治范围内施行"德政",才能进一步探讨罚与教的问题。其次,执政者在教与刑并用的情形下,应区分先后顺序,先教后杀,即应当以教化为先而施刑在后。

二、先秦时期的监狱设置

从称谓上来说,先秦时期监狱名目较多,有"灵台""稽留""犴""岸""囹圄""圜土""嘉石"等称谓,其中,"囹圄""圜土""嘉石"是先秦监狱中较为典型的形态。

(一)囹圄

后人称西周的监狱为"囹圄"。《管子·五辅》中就有"仓廪实而囹圄空"之说法,这里的"囹圄"指的就是监狱。周朝的刑罚制度和思想中出现"慎刑"观念,根据《尚书·康诰》中记载,当时的司法官审判囚犯,定其罪应不停考量五至六日,十日之后才能对囚犯进行讯断。由此,我们可以说形成了审理时限方面的规定,司法官对于待决的囚犯有处置的期限限制，相应的，对其关押待决也越来越成了监狱的基本职能。"囹圄"成为西周时期犯重大罪行囚犯的关押、俟其审讯、判决或处刑之场所，同时也是囚犯被施以刑罚与教化的场所。

（二）圜土

先秦的监狱还被称为"圜土"。之所以称为"圜土"，根据史料记载，多半是因为其形制似圆而以土筑成。作为拘禁囚徒的特定地点，其建设的形态反映了其使用的功能和特点。从另一角度来说，经过西周、春秋战国等时期的不断发展，"圜土"又不单纯作为圈禁式监狱而存在，而是发展成了强迫罪犯进行劳务，对囚犯"困苦以教之"，使之弃恶从善的地点。❶圜土中所拘禁的囚犯主要是无业游民、乞丐、奴隶一类的群体，除此之外，"圜土"还拘禁了行为尚不能科以肉刑的轻微罪犯。"圜土"之惩罚措施也别具特色，白日按拘禁者的劳动本领分门别类地迫使其劳役，到了晚上则将囚犯圈禁在圜土里面，限制其自由，并"以明刑耻之"，也就是将囚犯的犯罪行为予以公布，以社会评价和舆论对其进行羞辱。

（三）嘉石

"嘉石"是一种特定的刑罚，是在大石上刻上嘉言，使囚犯见到后能够悔悟自己的罪行，一般采取桎梏于嘉石的方式。根据以上含义可知，囚犯之行为仅轻微违法，其罪责还未达到科以刑罚之标准，则不入圜土，而采取将桎梏置于头顶并罚坐在嘉石之上的惩罚方式。因此，嘉石是较之圜土更为柔和的刑罚方式，有拘坐、劳役和刑期，可以认为是我国历史上早期比较完备的拘役形式。❷另外，嘉石的释放制度亦有其特点，科以嘉石刑罚之人释放之时必须有囚犯所在地的人为其作保，保证囚犯获释后不再违法，才能获得释放，没有保人就不予开释。其特点类似于现代狱政制度

---

❶ 李文彬：《中国古代监狱史》，法律出版社，2011，第15页。

❷ 温慧辉：《试论先秦时期的监狱制度》，《殷都学刊》2004年第2期，第26页。

中的假释。

三、先秦时期监狱官的整体状况与狱政实践

先秦时期的史料中对监狱官这一群体更多地是以狱政或者司法方面的记载为主。经过长时间的发展，先秦时期逐渐形成了专职的监狱官员，《尚书·周书·立政》记载"（文王）庶狱庶慎，惟有司之牧夫是训用违；庶狱庶慎，文王罔敢知于兹"，❶ 其意为在狱政管理方面，派遣专门负责的官吏来办理，文王不加干涉。在《礼记·月令》中有记载："仲春之月，……命有司省囹圄，去桎梏，毋肆掠，止狱讼。……孟秋之月，……命有司修法制，缮囹圄，具桎梏。"❷ 由此得知，此时已经存在派遣官员按季度巡视监狱的制度。

（一）先秦时期监狱官的设置

1. 从《周礼》六吏看监狱官的设置情况

从查阅到的资料分析，在西周之前虽然已有监狱，但尚未出现专司监狱管理的专职官员。自西周之后，这一情况有所变化，出现了专门的监狱官员，我们也可从《周礼》的记载中分析西周的监狱官员设置情况。《周礼》中介绍了先秦时期的六种专司刑罚的官员，他们的职务分工细致，职权范围从看守到行刑一应俱全，反映了我国在先秦时期就已经发展出较为先进的狱政文化，并且将监狱的职能与作用通过监狱官的细致分工反映出来。在《周礼》中记载了有关"六吏"的情况，他们是专司刑罚的官员，分别为掌囚、掌戮、司刑、司刺、司厉、司圜。下面，本书将分析"六吏"中承担监狱管理工作的监狱官员。

---

❶ 冯红：《中华法系罪刑相适应原则探源——试论西周中刑原则》，《河北大学学报（哲学社会科学版）》2009 年第 2 期，第 137 页。

❷ 谢晖：《中国古典法律解释的形上智慧——说明立法的合法性》，《法制与社会发展》2005 年第 4 期，第 12 页。

（1）掌囚

掌囚即掌管囚犯之人，其主要职责是看守囚犯。《周礼》中记载掌囚的职能大致为负责看守因犯罪被判监禁之人，包括因行窃而被抓捕的贼人。重罪犯则施以桎、梏、拲三种刑具，次一等之罪犯则施以梏、拲两种刑具，❶ 轻罪犯只戴梏。王族中人如有犯罪行为则仅戴拲，有爵之人犯罪只戴桎。由此我们可以看出，掌囚为当时的监狱官之一。

（2）掌戮

掌戮的职责是对犯杀人罪的人予以处决，《周礼》中记载掌戮具体的处决对象为犯杀人罪的罪犯与窃取国家秘密的间谍，并且掌戮在施行完刑罚之后为以示犯罪之羞辱，还会将受刑人的衣服脱离并分裂其尸身。由于掌戮的职能在于执行死刑，因而我们认为他们不是当时的监狱官。

（3）司刑

司刑部门控制五刑的适用，其职责为对有犯罪行为并被科刑的人处以刑罚。司刑对这些刑罚具有执行权。如果由大司寇进行案件的审判，需由司刑部门以五刑之法为基点辨别囚犯所犯罪行之轻重，为大司寇对囚犯应当施以何种刑罚给出适当的建议。总之，司刑除了刑罚执行权，还有部分量刑建议权。

（4）司刺

大司寇在审理案件作出判决时，除了司刑部门的处刑建议，还需要司刺部门的辅佐。司刺部门具有管理三次不同对象的询问、三种不同形式的宽宥、三类不同对象的赦免职能。三次不同对象的询问，是指犯罪之人应当定何罪、处以何种刑罚，不得偏信偏听，需经三次询问。一询是询问在朝大臣们对案件的看法，二询是询问普通官吏们对案件的看法，三询是询问全国民众对案件的看法。经过这三询，司刺部门与大司

---

❶ 拲、梏、桎均为刑具，拲即两只手共缚于一木制刑具之上，梏则是两只手分别缚于木制刑具上，桎则是两脚束缚于刑具上。

寇都会对案件有全面了解，基本能够做到秉公断案、不纵不枉、不偏不私。在司刺了解案件之后，将案情呈报大司寇，大司寇就对犯罪人定罪处刑。根据犯罪人不同的犯罪原因以及造成的危害结果，大司寇在量刑时需要考虑三种宽宥之法。一是宽宥看错人而杀人者，如本想杀甲某而错杀了乙某；二是宽宥本来无心杀人而最终导致误杀的人，如某猎人在深山老林中打猎，将一孩童看成猎物；三是宽宥忘了某处有人而误将其杀害者，如某人表演杂技耍刀时，忘记后台站的有人而在耍飞刀时误将其刺死。此外，因为先秦时期国民重德，所以规定有赦免之法。所谓三赦：一是体恤幼小，因为稚童各方面都很稚嫩，所以律法规定赦免年龄幼小而杀人者；二是尊重老人，赦免年老而犯杀人罪者；三是因为痴呆等智力残障人士心智不健全，需要国家、民众多一点呵护与关怀，所以赦免因痴呆而杀人者。在审理案件作出判决时，司刺运用以上三种职能得知犯法者的切实情况，使审判者对犯人的审断正确，对囚犯进行合理、正确的审判，进而确定应当对囚犯科处或轻或重之刑罚。由于司刺是辅佐裁判官员定罪量刑的官员，因而我们认为他们也不是当时的监狱官。

（5）司厉

司厉的职责为掌管因查破犯罪而缴获的盗贼的兵器、赃物，并进而对它们的种类、数量进行辨认并记录在案，再一一按实际标明价格且贴上标签，最后呈递去司兵部门。司厉还负责执行对犯盗窃罪之人的刑罚，即将盗贼罚做奴隶。奴隶的具体工作也因性别不同而相异，司厉会将男子交到罪隶处，女子交到舂人❶或槁人❷处。由此，司厉也非当时的监狱官员。

（6）司圜

按当时之法律，只要是对其他民众造成财产、身体危害之人，都没有

---

❶ 官名，古代祭祀、宴飨时负责供应米物的官。《周礼·地官·舂人》："舂人，掌共米物。祭祀共其齍盛之米。宾客，共其牢礼之米。凡飨，共其食米，掌凡米事。"

❷ 官名，掌供当值官吏伙食的官。《周礼·地官·槁人》："槁人，掌共外内朝冗食者之食。"

佩戴寇饰之资格，该人的罪行会在纸张中被写明并置于其背，会被强制服劳役，在监禁期间会被施予教化。司圜的职责为监禁这些不良民众并对其施以教化，导其向善。司圜需要在罪犯行刑过程中考量、观察罪犯接受教化的情况，并根据不同情况作出处理：如果发现囚犯有悔过之心并表现良好，犯较重之罪者监禁三年后可被放出；犯次等之罪的囚犯监禁两年后可获释；犯较轻之罪者只监禁一年即可被放出。但在监禁过程中，囚犯如果毫无悔改之心并设计逃狱，一旦被抓获了就会被处死，没有任何回旋的余地。

综上所述，我们可以知道我国自西周之后开始出现专职监狱官员，并有所分工。掌囚其实类似于现在的狱警，他最主要的职责是看守犯人，并且根据犯人所犯罪行和身份的不同施以不同的戒具，还要负责将被判处死刑的人押送到不同的刑场。司圜则兼有当代监狱机关宣教部门的职能，对拘禁的犯人根据犯罪严重程度的不同进行不同程度的教育。

2. 司寇为司法高级官员，对狱政事务具统管职责

司寇是专司刑狱的官员。根据《礼记》的记载，从职位的高低来看，司寇属于高级官员，地位低于三公，但与六卿相当，与司马、司空、司士、司徒并称五官，职责为掌管刑狱、进行纠察等。西周时期的各诸侯国同样都设置了此类官职，职责与西周中央政府的官职极其相似，但可能称谓不一，如楚、陈等国称司败，其后经过发展，也用以称呼刑部尚书。后来，春秋时期各诸侯国依然沿用此称谓，宋有大司寇、少司寇，楚、陈、唐等国称为司败，其位低于司徒、司马、司空。《左传·襄公二十一年》载季孙谓臧武仲曰："子为司寇，将盗是务去……"[1] 据《左传》记载，春秋时期，周王室和鲁、宋、晋、齐、郑、卫、虞等国皆设立有司寇一职，其职责一脉相承延续而下，负责驱赶、捉获盗窃之罪犯与依据国家颁布的律法来惩治犯罪之官员等刑狱事务。在战国时期，除了楚国将刑官称为司败，还有个别国家将刑官称为上、理或尉外，大多数国家依然将掌管刑律

---

[1]　孔子、左丘明：《春秋左传》，北方文艺出版社，2013，第398页。

的官员称为司寇。由此可见，司寇作为主司刑事案件的高级"司法官"对狱政具有一定的管理权。

司寇作为当时国家司法最高长官，承担着国家诸多的司法责任，从政治制度的层面来说司寇的作用在于颁布法令、司掌刑罚，以维护周天子的统治，后期各诸侯国均有设立，亦成为诸侯王对国内进行统治的重要官职。从狱政角度来说，司寇一职就是中央或者诸侯国监狱的最高行政长官，制定监狱管理方面的具体法令，执行刑罚，管理罪犯。从这一职位的设立可以看出，在先秦时期监狱作为一个单独的国家治理机构已经形成。司寇的政治职能非常重要且无可替代，被归纳为负责建立和颁布治理天下的三法，目的为辅佐周天子惩治违背其律令的诸侯国，并担负起阻止四面八方各国的叛乱，维护国家统治秩序的安定的职责。

（二）先秦时期监狱官的行刑实践

1. 囚禁未决犯

自夏朝有了监狱开始，监狱官的职责就是囚禁未决犯，使未决犯不得随意活动。监狱为实现此目的会实施一些威吓或者暴力措施。

2. 监禁已决犯

自从有了剥夺自由的监禁刑之后，监狱官就承担了收容、囚禁已决犯的职责。在行刑过程中，监狱官需要根据当时法律的规定，根据犯人罪行的不同，选择不同的械具让犯人佩戴，根据犯人身份的不同，选择不同的处刑待遇，使身份高贵的犯了罪的王公贵族即便在监狱里也能得到特权享受。

3. 强制罪犯劳动思过

当时的监狱官还负责强制罪犯从事高强度劳动，对不服从者有较大的惩罚权力。通过强制劳动使罪犯从思想上意识到犯罪的成本，进而促使罪犯对过错进行反思。

4. 明耻教化

在实践中，当时对罪犯的感化教育最为常见的措施是，监狱官将罪犯的罪行写在一块大方板上，让罪犯将这块大方板挂在背上，以实现明耻而阻却再次犯罪的目的。

四、对先秦时期狱政制度与监狱官的评价

先秦是一古老的时代，包含了夏、商、西周与春秋战国等璀璨历史阶段，是中国思想史的兴勃时期和中国狱政文化的萌芽阶段。夏朝处于奴隶制社会阶段，这一时期的争端解决机制主要依靠氏族习惯和"獬豸"决狱的习俗。夏王朝建立后，因为生产力的发展与农耕工具的大量运用，社会财富增多，所以阶级矛盾逐渐突出。为了解决日益尖锐的统治阶级与大众的矛盾，监狱这一镇压人民、维护国家运行和统治的暴力机构就适时产生。伴随萌芽阶段的监狱的产生，最早的一批监狱官也随之产生，并发展出了最早的狱政思想体系，它们具备了诸多的特点。

（一）监狱官的司法实践活动受到当时法律及狱政思想的影响，狱政制度的发展尚不完善

这一时期的有些监狱官，例如，司寇可以说既是监狱官又是司法官，因为从职能上来看，除了典狱权，他们还进行了许多和这一权力相关的司法实践活动。例如，断狱、决狱、量刑、行刑、教化等，这与当时的法律和狱政思想有关。此时期的法律和狱政思想概括起来为两点：一是从氏族社会继承而来的"代天行罚"思想；二是宗族兴盛后新的国家秩序所倚靠的"宗法礼治"思想。

此阶段狱政制度发展尚不完善，没有发展出严格的体系。狱治是带有浓厚的奴隶制刑罚特点的"严刑酷役"。统治者想利用剥夺、残害民众身体的严刑峻法与强迫民众进行沉重的劳役活动来维护自身统治，还借"天道"来为其进行的暴力统治正名。奴隶主贵族为了更好地维护自己的专制统治、驯化民众，还奉行神权狱政思想。首先将自己的统治美化为"奉天之命"，然后向民众宣传"敬鬼神"观念，表明制定的所有刑罚的根据皆

为天命，因此他们的统治才是正统、制定的刑罚有着无上之权威，行刑者施刑之前都会进行占卜活动，来表明对神明意愿的尊重。该阶段统治阶级向民众倡导的神权治狱思想本质并非像其宣传的那样具有德性，反而同其他宗教巫术一样，仅是统治阶级驯化民众的手段。统治阶级在给民众套上暴力的枷锁之外，还施加了更高层面的精神枷锁。

（二）开辟了诸多对后世产生深远影响狱政制度

先秦时期产生了诸多对后世具有深远影响的狱政思想和制度，例如，"杀人而义者"不从刑、"圜土以教化罢民"、商朝萌芽与兴起的以苦役作为对犯罪之人的惩罚的狱政制度，以及逐渐发展盛行的圜土之制和劳役制度。这些都有着不可替代的启示作用。西周的统治者以商朝的亡国史为反面教材，统治者面对怎样治理好一个国家之问题，提出了"明德慎罚"的狱政思想，突出强调"敬德"，认为"皇天无亲，惟德是辅"，统治一国的君王应当具备常人难以望其项背的美好德行，国家和社会需要崇尚德治。此种明德慎罚的思想非常重视对民众的教化，是德与刑并用的开端，也为后世发展出的德主刑辅，宽猛相济等学说奠定了基础。

总体来说，这一时期中国历史经历了由奴隶制社会的产生发展成熟，再逐渐向封建制社会演进的过程。从刑罚角度来看，总体上监狱官的职责就是执行奴隶主统治集团的意志，其刑罚血腥而残酷，监狱官作为司掌刑罚与狱政的人，其存在的意义就是维护统治集团的利益。先秦时期的监狱官设置和他们的狱政实践为我国后世的监狱官设置和狱政的发展开创了先例。

第二节　秦汉至魏晋南北朝时期的监狱官

我国古代监狱官发展的第二大阶段为公元前 221 年秦朝建立，到公元

589 年南朝陈灭亡的这一时期。其间经历了秦、汉、三国两晋南北朝，历时八百多年。对我国古代监狱官的发展时期作如此划分，其原因在于这一时期监狱制度以及狱政思想较之于前代出现了诸多的不同，而紧随其后的唐宋王朝在这一时期的基础上又发展出了一些新的特征。

秦汉是秦朝和汉朝两个朝代的合称。秦朝仅存在 14 年，而其后继者汉朝多承袭秦制，乃至到了魏晋南北朝时期仍摆脱不了秦汉时期的影响。秦汉作为我国一段初建大一统的历史时期，其狱政状况也表现出大一统的特点，这种特点一直贯穿于我国整个古代的监狱建设。由于秦汉两朝在监狱建设过程中，较关注中央和地方之间监狱设置的情况及其相互之间的关系，不同级别监狱官之间权限的划分，因此，中央监狱与地方监狱的区别明显，监狱官官职分类更加细致。在中央层面，监狱机构设置的数量不断增多；在地方层面，不同的地方机构下都设置了各自的监狱，监狱成为各级政权机构的附属机构。总体而言，不论是这一时期的狱政思想、狱政实践，还是监狱和监狱官设置，都对整个封建时期监狱体系的构建起到了提纲挈领的作用。

一、秦汉至魏晋南北朝时期监狱官的行刑背景

（一）狱政思想的变化

1. 秦朝的重刑主义

秦汉至魏晋南北朝时期的狱政思想经历了诸多变化，总体来说，呈现出由奴隶制刑罚思想向封建制刑罚思想转变的趋势。

秦朝崇尚法家思想，并对其进行了衍生和改造，使之适应当时的生产关系。自商鞅开始实施变法之后，秦国施行法家学说，规范民众、政府之行为，取得了国库充裕、人民富足之结果。此后，秦国更是一跃成为七国之首，最终结束了封建割据的局面，统一全国。法家倡导的"以法为本"之理念得到秦国的广泛认同，并成为狱政思想的重要指导理念。秦始皇在建立大一统的王朝之后，仍然奉行法家学说，其中，主要以商鞅和韩非的

法治思想为主。商鞅主张"行刑，重其重者，轻其轻者，轻者不止，则重者无从止矣"，❶认为加重对轻罪的刑罚是为了达到"民莫敢为非""一国皆善"❷的目的。此即"以刑去刑"的思想。韩非支持商鞅"以刑去刑"的思想，反对轻刑论者"轻刑可以止奸"的说法，认为只有重刑才可"止奸"。秦始皇在遵循"重刑轻罪"思想的基础上，将法家学说同阴阳家的"五德终始"说相结合，推算出以秦之水德代替周之火德，不仅给皇权蒙上了一层神秘的面纱，还提出因水主阴，阴主刑杀。

秦朝在完成统一大业之后，重用主张严刑峻法的官吏，冷落主张仁义之士，奉行重刑主义，具体表现在典狱制度上，即残忍的刑罚与众多的监狱，以致"赭衣塞路""囹圄成市"。秦朝以严酷的狱制镇压人民的反抗，推行"连坐"和"诛族"，最终导致了秦末的农民起义，秦王朝二世而亡。明朝张燧在《千百年眼》中提出了对秦法严苛之个人见解："秦国的法律规定，凡是将垃圾随意丢在街上的人就会被判处在市集上处死的刑罚。这充分显露了秦国法律的严苛之处。只是把垃圾丢在街上，这种做法对什么事情有巨大的危害吗？何必惩以如此重的责罚呢？我曾经非常疑惑，直到某天我偶然翻阅了《马经》，才知道马匹非常怕垃圾，尤其是刚刚被丢弃的垃圾。如果是石矿地区的垃圾，甚至会让马受惊死亡。秦朝制定这样的律法，难道是为马在考虑吗？"❸显然，秦朝的严刑峻法是为了巩固其统治而制定的。

---

❶ 陈兴良：《宽严相济刑事政策研究》，《法学杂志》2006 年第 1 期，第 20 页。

❷ 冯国超：《论先秦儒家德治思想的内在逻辑与历史价值》，《哲学研究》2002 年第 7 期，第 34 页。

❸ 朱金才、李金玉：《"弃灰法"新考——基于马政的拓展分析》，《山西大同大学学报（社会科学版）》2016 年第 4 期，第 18 页。原文为张燧《千百年眼》："秦法，弃灰于道者弃市。此固秦法之苛，第弃灰何害于事而苛酷如此？余尝疑之。先儒未有发明者。偶阅《马经》，马性畏灰，更畏新出之灰，马驹遇之辄死，故石矿之灰往往令马落驹。秦之禁弃灰也，其为畜马计耶？一日又阅《夏小正》及《月令》，乃毕得其说。仲夏之月毋烧灰。郑氏注谓为伤火气是矣。是月王颁马政，游牝别群，是毋烧灰者，亦为马也。固知弃灰于道，乃古人先有此禁。但未必刑之如秦法。古人惟仲夏乃行此禁，秦或四时皆禁，故以为苛耳。"

汉朝初年，民智开化，生产力发展，民众向往更加温和宽容的法律与社会大环境。残酷黑暗的律令、刑罚，不仅不能教导民众向善，反而引起民众的厌恶，破坏了社会之和谐统一。秦朝一脉相承而来的律令、刑罚制度，不再适合当前的大环境。儒家所倡导的"德""善"之理念得到了民众的响应，儒家思想影响范围愈加广泛。接受儒家理念的人慢慢成为推行政令的封建官僚，原本的官僚也受到儒家潜移默化之影响。

汉朝皇帝吸取秦朝覆灭之经验教训，对秦朝统治者在位期间颁布的苛刻律令予以废止，并倡导"与民休息""宽省刑法"等体恤民情之举措，形成了"宽缓刑狱"的狱政思想。在该思想的指导下，汉朝施行"恤刑悯囚"的措施，有关"恤刑悯囚"方面的诏令不在少数，如汉惠帝时诏："民年七十以上，若不满十岁，有罪当刑者皆完之。"[1] 又如汉宣帝时诏："朕惟耆老之人，发齿堕落，血气衰微，亦亡暴虐之心，今或罹文法，拘执囹圄，不终天命，朕甚怜之。自今以来，诸年八十以上，非诬告杀伤人，佗皆勿坐。"[2] 从汉朝有关法令中可以看出，"恤刑"具有"慎刑"和"悯囚"两层含义。一是对尚未判定的狱案，特别是疑狱要详慎，务使不滥不失，刑罚得中；二是对已经判定的狱案，要本着"任德教而不任刑""以仁义教化为主，刑罚为辅"的精神原则，体恤和宽容囚徒。[3]

2. 汉朝至南北朝时期的独尊儒术及"春秋决狱"

汉武帝时期，刘彻旨在探索强国富民策略，因此礼贤下士、广泛选拔人才。许多尊崇儒家思想的有志之士被选拔到治国之要位，董仲舒就是通过这样的选拔路径被汉武帝赏识的。后汉武帝为了集权统治、教化民众之需要，采纳董仲舒"罢黜百家，独尊儒术"之建议，至此，儒家思想的地位正式确立。董仲舒在狱政思想上也有自己的观点，其提倡以《春秋》等儒家经典为指导，辅以其组织编辑《春秋决事比》（又称《春秋决狱》）来

---

[1] 姜晓敏：《略论西汉对犯罪的预防与惩治》，博士学位论文，中国政法大学，2001，第134 页。

[2] 刘敏：《论汉代"敬老"道德的法律化》，《天津社会科学》2005 第 3 期，第 143 页。

[3] 薛梅卿主编《中国监狱史》，群众出版社，1986，第 38 页。

处理狱政司法工作。《春秋决事比》中收录了 232 个以《春秋》决案的典型案例。这些典型案例是处理类似案件的依据，类似于判例法。一般来说，一种思想如果成为统治思想，就必定非常迅速地反映到政治、经济、文化、法律等方方面面。儒家思想经过汉武帝与董仲舒的推崇和发展成为当时的主导思想，引导司法、处刑工作的开展。"春秋决狱"的出现与发展，顺应了时代之需求，是汉朝继续进行封建统治的必然要求。

董仲舒所提倡的"春秋决狱"断案方法起初适用于汉朝律令未规范之处，或是繁复、难以抉择之案件，其具体方式为以儒家经典义理裁决案件。由于这一断案方法效果良好、得到民众拥护，因而到后来出现了儒家义理优先于既有法律的效力的情况。❶董仲舒组织编辑的《春秋决事比》成了汉朝监狱官典狱断案的标准，并开启了引用儒家经典注释法律的习惯。司法官员查明案情、进行裁决时，往往以《春秋决事比》为依据寻找判例，如书中没有相似情况的案件，则再以儒家经典义理判决。《春秋决事比》一书流传上千年，肯定会多有遗失，但我们仍然能从留存至今的几个裁决的案例中窥见其具体适用原则。原则大致分为两种：一是"原心定罪"，即不以罪犯的行为导致的实际结果定罪，而是以罪犯的心理动机来定罪；❷二是"亲亲得相首匿"，即一般情况下血缘极近的亲属间可以对官府隐瞒其不被律令所允许之行为，但犯罪性质为严重破坏封建统治秩序或者侵犯了皇权的不适用此项原则。

（二）刑罚变迁

秦汉至魏晋南北朝时期是奴隶制五刑向封建制五刑过渡的阶段。秦朝初创封建制刑罚，汉朝继承了秦朝的刑罚制度，并进行改良。公元前 167

---

❶ 儒家经典著作主要有《易经》《诗经》《书经》《仪礼》《春秋经》等，其中《春秋经》在儒家经典著作中具有重要地位。

❷ 如果一个人的行为符合仁、忠、孝等儒家精神，那么即使他的行为产生了社会危害，也可以减轻处罚；如果一个人的行为违背了儒家的仁义精神，即使造成的社会危害不大，仍然可以处以重刑。

年西汉文帝废除肉刑，自此，我国的刑罚体系开始向新五刑迈进。❶景帝
继承文帝刑制改革的做法，用徒刑和笞刑取代以前的肉刑。文景改制的思
想源自道家思想，但并非简单的"清静无为"，此时的道家思想，已远非
先秦时期道家的那种"无为"的思想。此时的黄老之学，已很大程度上吸
收了道家、儒家、法家、名家、阴阳家等各家精华。可谓"道家使人精神
专一，动合无形，赡足万物。其为术也，因阴阳之大顺，采儒墨之善，撮
名法之要。与时迁移，应物变化。立俗施事，无所不宜"。❷

　　从奴隶制五刑到封建制五刑❸的转变，不仅是刑罚方式更是人道、文
明、社会进步的表现。尽管封建制五刑正式确立是在隋文帝时期的《开
皇律》，但西汉文帝、景帝的刑制改革功不可没，正如明朝学者丘浚所言：
"自是以来，天下之人犯法者，始免断肢体，刻肌肤。百世之下，人得以
全其身，不绝其类者，文帝之德大矣。"❹

　　南北朝时期的刑罚制度基本上沿袭汉制，但也具有一些自身的特点。
各政权的刑罚改革均以汉朝文景时期废除肉刑的精神为内核，建立起了以
劳役刑罚替代肉刑的基本刑罚思想，体现了刑罚制度文明化的发展趋势。
首先，这一时期除了晋朝短暂的统一外，大部分时间处于大分裂时期，难
以形成强大的中央王朝。其次，北方少数民族政权兴起，给这一时期的法
律体系和狱政思想融入一些边民特征，各个政权对自己国家的统治也相互

---

❶　薛菁：《魏晋南北朝刑法研究》，博士学位论文，福建师范大学，2005，第 119 页。

❷　陈鼓应：《论道家在中国哲学史上的主干地位——兼论道、儒、墨、法多元互补》，《哲学
研究》1990 年第 1 期，第 101 页。

❸　与封建制五刑（新五刑）相对应的是奴隶制五刑。奴隶制五刑包括墨、劓、膑、宫、大
辟五种刑罚，其中，除了大辟为死刑的总称外，其余四种皆为肉刑。相较于奴隶制五刑，封建制
五刑是一种较为文明的刑罚。封建制五刑包括笞、杖、徒、流、死。其中，笞刑，是一种以竹、
木板责打犯人背部、臀部或腿部的轻刑。杖刑，是一种用大竹板或大荆条拷打犯人脊背臀腿的刑
罚，是比笞刑更重一级的刑罚。徒刑，是剥夺罪犯一定期限的自由并强制其服劳役的刑罚。流刑，
是将罪犯流放至边远地区强制其劳动且不让其擅自迁回的一种刑罚方式。死刑，则为剥夺罪犯生
命的刑罚。

❹　崔永东：《明代丘浚〈慎刑宪〉中的慎刑思想》，《中国刑事法杂志》2012 年第 4 期，第
120 页。

有别。最后，佛教和道教的兴起在一定程度上对这一时期的狱政文化造成了影响，特别是南北朝时期，执行死刑的方式愈加简单迅速，南朝梁废除腰斩，制定法令改死刑为枭首、弃市两种。这两种刑罚都是剥夺生命的刑罚，但侧重点不同，前者是斩首，后者是在执行死刑后将尸首公之于众暴晒、鞭挞。南朝陈的法令沿袭南朝梁的制度，判处死刑的方式同样为两级，性质较重的为殊身首，性质较轻的为全身首。

魏晋南北朝时期是封建制五刑确立的重要时期，经过魏晋诸代的改革探索，旧的奴隶制五刑制度下残留的野蛮残酷刑罚被逐渐废除，最终于北朝正式将流刑作为仅次于死刑的刑罚，标志着新的五刑制度初步形成，并为隋唐的刑罚体系奠定了基础。狱政思想和刑罚的变迁带来的是监狱官职能的变化，进而带来监狱制度的变化。

二、秦汉至魏晋南北朝时期监狱的设置

（一）秦汉时期监狱的设置

我国封建制社会到秦汉至魏晋南北朝时期有了明显发展，作为上层建筑和国家机器重要组成部分的监狱也随之发展。从监狱的设置情况来看，秦汉时期监狱从行政区划的角度分为中央监狱和地方监狱；从功能的角度，监狱分为已决监、未决监、拘禁监和劳役监等。在当时，这些不同功能的监狱并未完全分开，往往处于混杂状态，但中央和地方监狱的划分较为清晰。

1.中央监狱

从秦朝开始，我国中央集权的封建专制主义国家确立，从中央到地方设置了监狱机构，促进了监狱体系的发展。秦朝在都城咸阳设有中央监狱，称为廷尉狱或咸阳狱，主要关押最高司法机关廷尉办理的重大刑事案件的案犯。到了汉朝，中央监狱的数量有所增多。汉朝最先设置的中央监狱是廷尉狱，汉武帝时廷尉的司法权力逐渐增大，统揽了对地方官吏举

劲的工作，出现了廷尉狱关押"二千石"官吏人数剧增之现象。❶ 根据汉武帝的诏令，朝廷还设置了中都官狱。中都官狱直属于朝廷，是朝廷的特别监狱，关押的囚犯有犯罪的皇族成员、中央政府的官员、重要的地方政府的官员、宫人等。中都官狱自开始设置起，数量逐渐增多，清末律学家沈家本在《历代狱考》中说明："（长安中都官狱）二十六所之名可考者凡十九"，❷ 说明当时的中都官狱至少有 19 所。

　　2. 地方监狱

　　秦汉时期地方行政机构分为郡和县两级，这两级机构分别设有各自监狱，关押当地官府管辖案件的案犯。由于秦朝法律严苛，罪犯增多，地方监狱的设置随意性较大，数量增多，出现"囹圄成市"的局面。❸ 在汉朝期间，除了在郡、县设置监狱外，在少数民族聚居地区的道，也都设有监狱，设于京都长安的长安县狱为地方监狱。地方监狱监禁的囚犯大多为犯了罪的一般平民，所犯罪行有盗窃、抢劫杀人、奸淫掳掠等。

（二）魏晋南北朝时期监狱的设置

　　魏晋南北朝时期的监狱设置同秦汉时期相似，分为中央监狱和地方监狱，但也有所变化。中央监狱已不再像西汉时那样复杂多样，一般为两所，个别朝代也会多至四所。晋初设廷尉狱、洛阳狱，太康初年又设黄沙狱；北魏设廷尉狱、籍坊狱；南朝设廷尉狱、建康狱。地方监狱主要是按照地方行政机构来设立的，如北魏地方行政机构分州、郡、县三级，到北齐时期，设府、州、郡、县四级监狱。❹ 封建监狱建制趋于稳定。

---

❶　宋杰：《汉代的廷尉狱》，《史学月刊》2008 年第 1 期，第 36 页。

❷　杨习梅主编《中国监狱史》，法律出版社，2016，第 82-83 页。十九所可考证名称的中都官狱分别是：郡邸狱、暴室狱、上林狱、左右都司空狱、居室狱、京兆狱、掖庭狱、共工狱、导官狱、若卢狱、都船狱、寺互狱、内官狱、别火狱、太子家令狱、未央厩狱、北军狱、东市狱、西市狱。

❸　李金华、毛晓燕主编《中国监狱史》，金城出版社，2003，第 70 页。

❹　万安中主编《中国监狱史》，中国政法大学出版社，2010，第 32 页。

三、秦汉至魏晋南北朝时期监狱官的设置

在我国封建制社会时期，皇帝是最高的统治者，统揽全国一切大权。其下所设的有关掌理刑狱的中央官员和地方官员为监狱官。较高级别的监狱官为中央监狱官，如廷尉、司隶校尉等，其次就是郡守、县令等，官职最低的监狱官为狱吏、狱卒。

（一）中央监狱官

1.廷尉

纵观秦汉至魏晋南北朝时期的监狱官设置，有其一脉相承之处，如主管司法的最高官吏皆为廷尉，且廷尉地位逐渐上升，最后位列九卿之一。廷尉的名称经过多次修改，直到魏黄初元年才正式将廷尉之称确定，其后再未曾变更。颜师古云："廷，平也。治狱贵平，故以为号。"❶

廷尉为中央监狱官，其基本职责为管理全国范围内的所有刑狱，包括刑事案件的审理、裁决和执行。全国一年内审理决断案件的总数量要汇总到廷尉部门，郡县所难以独自裁决的疑难案件要送到廷尉部门进行诊断判处。除此之外，廷尉还需要经常派合适的官员去地方审理一些疑难、重要的案件。廷尉在司法系统中有着重要作用，所以其具备一定独立地位，其不是单纯接受指令的部门，在必要时可以驳正皇帝、三公所提出的判决意见。此外，廷尉管理的对象范围极广，从身份为平民百姓到王公贵族的罪犯，都可以凭律法诏令予以逮捕、拘禁直至最后的裁决。廷尉还掌管全国律法之订立、修改与废止工作，兼顾礼仪规则与度量衡标准。

为了辅助廷尉更好地开展工作，国家设置了左、右监各一人为属官。到汉朝宣帝刘询时期，宣帝因时制宜地增加廷尉的数量至四人，并同时增

---

❶ 范忠信：《专职法司的起源与中国司法传统的特征》，《中国法学》2009 年第 5 期，第 122 页。

加廷尉属官。❶ 到东汉时期，廷尉的部分职能、权力被台阁所吸收，独立地位有所下降，甚至在处理案件方面有时候也应当听取尚书之意见，不能全由廷尉自行裁决。特别是重大复杂之案件，廷尉必须与尚书一并参与判断裁决。虽然廷尉的司法职权有所限制，但其作为中央监狱官的地位未受影响。

2. 司隶校尉

司隶校尉是汉至魏晋时期监督百官的监察员，但其职权还有管理监狱、审查罪犯的职责，固列为监狱官员的一种，属于中央监狱官。司隶校尉一职的设立始于汉武帝时期。设立初期，遭到了王公国戚之反对，汉武帝为了巩固司隶校尉之职特定派 1200 名徒兵归其调遣，最终使其享有督察权之外，还同时享有逮捕权、惩治权。司隶校尉权盛之时可率兵直接逮捕人犯，处置人犯，集行政、司法、军务、行刑权力于一身。

司隶校尉的职能有过多次变化，首次变化是因为汉武帝经过震动全国的"巫蛊案"后，觉得自己给予司隶校尉的权力太大，所以取消其号令徒兵的权力，然而仍保留其设立的初衷——监督权。司隶校尉此时依然拥有皇帝钦命使者的职能，尽职尽责地充当皇帝在朝中的探子，相应地其行刑权也有所保留。

魏晋时期，国家在延续汉制的基础上，将司隶校尉职责再次扩大，其地位再次上升，司隶校尉的属官人数也大幅增长，行刑权也得到加强。到了东晋，司隶校尉遭到废止。

3. 中都官狱的令长、丞、御史

中都官狱作为中央监狱，其官员令长、丞、御史均为具有行刑权力的监狱官。丞、御史为令长的属官，协助令长从事司法和典狱事务。

---

❶ 其属官综上有：廷尉正，主决疑狱；左右监，管逮捕；左右平，掌平诏狱；廷尉史、奏谳（审判案件）掾、奏曹掾等。

（二）地方监狱官

1. 郡守和县令

根据《旧汉仪》的记载，"汉承秦制，郡置太守治民，断狱都尉治狱，治盗贼甲卒兵马"。❶ 自秦朝开始，地方行政长官兼理司法（包括管理监狱）已成惯例，郡守和县令成为地方监狱官。

2. 都尉和狱掾

都尉和狱掾是秦朝分别协助郡守和县令专门管理监狱的地方监狱官，与其他行政官员不同，他们是专职监狱官。

3. 狱吏和狱卒 ❷

到了汉朝时期，专门管理监狱的人员称为狱吏，狱吏之下设狱卒，是监狱官中官位最低的人员，负责具体的监管罪犯的工作，也是专职监狱官。

从秦汉之后，我国古代的监狱分为中央监狱和地方监狱，与此对应产生了中央监狱官和地方监狱官。在中央层面有多个负有一定司法职责的行政官职同时负责对监狱的管理。这些官员的职责之间呈交叉或重叠的状况，分散在数个部门、数个官职的职责中。他们所拥有的司法权和行刑权虽有不同之处，但相同的是，他们都不是最终的裁判者。以廷尉为例，廷尉一职虽然是这一时期的最高司法官员，但对于具体案件的裁决，监狱事务的处理，廷尉的意见并不是最终意见，他们无法排除皇帝对于具体案件的最终发言权。在某些场合下，他们只是执行皇帝意志的人员。在地方监狱，行政官员同时也是监狱官，他们对监狱的管理职责相对中央监狱官而言较为清晰。郡守和县令为各自辖区的监狱官，对其下的都尉和狱掾、狱吏和狱卒具有领导和管理的权力。

---

❶ 杨习梅主编《中国监狱史》，法律出版社，2016，第71页。
❷ 中央监狱也设狱吏和狱卒。

四、秦汉至魏晋南北朝时期监狱官的狱政实践

（一）系囚

系囚是指对罪犯收监并有效羁押，包括监狱的安全保障、出入管理、对罪犯点名查验等工作。监狱的安全保障重点在于监狱对服刑罪犯的监管、防止罪犯逃跑、确保监狱的安全。为防止罪犯逃跑，监狱安排专门的看守人员看守监狱的各个大门，并让罪犯身穿赭红色囚衣，头戴赭红色毡巾，同时根据罪行轻重戴上不同的刑具。监狱的出入管理的内容首先包括对罪犯的出入管理。罪犯进入监狱后，除非刑期届满，很难有出监的机会，因此常见的对罪犯的出入管理主要是在司法官员提审罪犯时罪犯出监舍未出监区的管理，也有个别将罪犯带出监狱时的管理。狱卒根据司法官员的口谕或文书将罪犯带出监舍，如果将罪犯带出监狱，狱卒需接到正式文书。监狱的出入管理其次包括对非犯罪人员出入监狱的管理，包括对案件办理人员或监狱管理人员以及探监人员的出入管理。狱卒对案件办理人员或监狱管理人员的出入管理较为宽松，但对探监人员探视时的出入管理极为严苛。对罪犯进行管理和保障监狱安全的工作主要由狱吏和狱卒承担，狱吏和狱卒还会组织轻刑犯监督重刑犯。监狱对罪犯的点名查验起初没有固定做法，狱卒根据情况查验，该项工作较为随意。

汉朝在秦朝系囚制度上有了一定的发展，健全了监狱点名制度，建立了晚点名制度。到了魏晋南北朝时期，各政权比较重视监狱建筑的加固，确保监狱安全。此外，这一时期出现了多样化的刑具，供狱吏和狱卒选择后让罪犯佩戴。

（二）劳役管理

秦汉时期监狱官的职责伴随着劳役刑的出现，变得相对复杂起来，在重大军事工程建设或者修治水利工程工地监管罪犯服劳役也成了监狱官的职责之一。

我国封建制社会从秦朝开始设立了劳役刑。秦汉两朝对于劳役刑的规

定有所差异。秦朝法律规定罪犯身高五尺二寸（约 173 厘米）以上，被判处无期徒刑或不定期徒刑，且具有劳动能力的就要从事劳动。监狱官需要对罪犯是否适合服劳役刑进行审核，并在服刑现场进行监督，对不好好劳动、毁坏工具或器物者，进行惩罚。到了汉朝，劳役刑因肉刑的废除而兴起，被施以劳役刑的囚犯越来越多，所以在传统的拘禁监的基础上，又因实际情况发展出了劳役监，且劳役监数量不断增多。众多被惩以劳役刑的囚犯，被安排建设繁杂的大型工程与冶矿工作。朝廷对劳役刑的执行规定了宽宥的举措，监狱官按规定对定期服完劳役刑的罪犯依次降低劳役的程度。如被判处完城旦舂刑者，服刑三年后，降为鬼薪白粲刑。朝廷还针对女犯服劳役刑的情况做了变通规定，被称为女徒顾山之制，也称顾山。其内容为允许女犯每月向监狱缴纳 300 钱，由监狱官雇人上山砍柴劳作以赎女犯刑期。对囚犯处以劳役刑既促进了社会经济的发展，又使刑罚的惩罚呈现出柔和性。劳役刑的运用日趋广泛。

（三）录囚

录囚是一项自汉朝以来创设的监狱管理制度，源于对秦朝严刑苛法教训的总结和反思。录囚是指省察记录囚犯的罪状，皇帝、中央监狱官和地方级别较高的监狱官定期或不定期巡视监狱，审查监狱狱情，发现并处理冤案。在西汉时期，各州刺史于每年 8 月定期巡视州郡监狱，平反冤案。到了东汉，皇帝亲录囚徒的做法开始成为司法和狱政方面的一项重要制度，这一做法在魏晋南北朝时期得到进一步发展。为了理冤录囚，南朝陈还设立了录囚局，作为录囚的专门机构。南北朝时，录囚制度下还制定了特使查囚制度，派官员到县乡牢狱中对人犯进行复核，发现冤情及时上奏皇帝。

（四）悯囚

汉朝时期，为体现矜老怜幼的恤刑原则，防止官卒凌虐狱囚，特规定了恤囚制度。其具体内容为：颂系❶、"听妻入狱"❷、"纵囚还家"❸、孕妇缓刑等。魏晋南北朝时期，各朝均规定了赦免制度。南朝齐时期，还特别制定了病囚诊治之法。北朝法律规定"死囚"若祖父母、父母年七十以上，无成年子孙，又旁无亲者，具状上请，留养其亲。

自汉朝以来随着法律思想的儒家化，监狱官的狱政实践也出现了儒家化的情况，体现出浓厚的礼法结合的特征。录囚、恤囚制度的实施从一定程度上缓解了阶级矛盾，对维护社会稳定起到了积极的作用。

五、对秦汉至魏晋南北朝时期监狱官狱政实践的评价

（一）狱政思想对后世影响深远

总体而言，这一时期的狱政思想由"广狱而酷罚"转变为"宽缓刑狱"。法家提倡"繁法而严刑"和"以法为本"的理念，强调法治，有积极意义，但法家主张"以刑去刑"，认为趋利避害是人之本性，故要用严酷之法规制人的行为，忽视道德的作用，遭到民众的反抗。儒家提倡"德主刑辅"的做法，重视道德对民众的教化作用，强调仁治。两种理念虽然会产生出截然不同的两种狱政思想，但这两种狱政思想本质上并无对错之分，只是适用与否的问题。先秦时期，秦国率先实行变法，实现了统一，然而秦朝统治者并未及时意识到"重刑"所带来问题的严重性，以致奋六世之余烈，至二世而骤亡。受儒家影响的狱政思想，不仅符合当时统治者的需求，对普通民众也相对更加"友好"，更适合时代的需要。

汉朝统治者在儒家思想的影响下，提出"宽缓刑狱"的狱政思想，对后世各朝代狱政实践产生了深远的影响。事实上，整个封建时期的主流狱政思想确立于这一时期。汉朝之后，虽有变化，但总体皆以汉朝的狱政思

---

❶　对老幼妇孺、残疾者行刑时不用戴刑具。

❷　死囚犯娶妻无子者，允许其妻入狱，妊娠有子。

❸　每年伏腊之时或特殊时期，允许囚犯暂时回家，但必须按规定时间返回监狱。

想为蓝本，结合各自所处的时代进行改造，提出如"宽仁治狱""布德恤刑""以德化民、以刑弼教"等思想。

（二）监狱和监狱官的设置逐渐清晰

秦汉的监狱和监狱官的设置也表现出大一统的特点，这种特点一直贯穿于整个中国古代的监狱建设。秦汉两朝在监狱建设过程中，较关注中央和地方之间监狱设置的情况及其相互之间的关系以及不同级别监狱官之间权限的划分。这一时期，中央监狱与地方监狱的区别明显，在中央层面监狱机构设置的数量从少到多，又从多到少，不断变化。这一时期在不同的地方机构下都设置了各自的监狱，监狱成为各级行政机构的附属机构。监狱和监狱官的职权从秦汉时期发展到魏晋南北朝逐步明确和稳定，对后世监狱官员的设置产生了巨大的影响。

秦国统一六国后，建立帝制，以严峻的法律将全国上下捆绑在高度集权的中央王朝下。皇帝统治整个国家，掌握着至高无上的权力，可以任意地废立法律，皇权向着神秘化、制度化、集权化快速发展。在这样的制度下，监狱机关与监狱官成为最高封建统治者进行镇压、教化国民的行政司法机关和公职人员，其固有的司法权属性较为模糊，同时受到行政权的控制和影响。这一时期的监狱管理实践体现出威吓、惩罚、教育、报复主义等混合在一起的治狱理念。监狱对罪犯的惩罚功能凸显，在劳役刑实行之前，囚犯除非有十分必要的情况外，不得批准外出，也不得邀请监狱外的人进入监狱。此种做法的目的是让囚犯明白被囚禁之困顿痛苦，最终使囚犯的顽劣之心得到消减、打击。对待已决人犯适用的刑罚种类主要有墨刑（黥）、劓刑、膑刑（刖）、宫刑、大辟五种。前四种为损伤囚犯身体的肉刑，并在肉刑之外还要增加劳役刑，被处以墨刑的人让其镇守城门，被处以劓刑的人让其守卫边关，被处以宫刑的人让其守卫宫廷，被处以膑刑的人让其看护粮草。❶ 为使刑罚得到顺利执行，各级监狱官被赋予了一系列

---

❶ 杨殿升、赵国玲、王平：《监狱法学》，北京大学出版社，2001，第183页。

详细而明确的职责。

在秦朝以后，各朝代统治者虽然在行刑过程中有宽宥的趋势，但监狱和监狱官的根本职能保持不变。中国古代监狱的属性和管理模式到汉朝逐渐清晰，监狱不再是行使行刑权限的特别部门，其职能由单一化向复杂化转变，同时具备行政、司法、典狱、行刑等多种职权，是维护封建统治的重要机构。在监狱逐渐演变为阶级统治和镇压民众的机构的过程中，监狱官也就逐步被定位为具有一定行刑权，集行政、审判、治狱等功能为一体的行政官员。可以说汉朝对秦朝狱制的改良性继承奠定了我国古代监狱和监狱官职能的基础。自此，我国古代司法机关和行政机关不严格区分的习惯已然奠定成型。古代监狱作为司法权的一种延续，其职能上也存在与司法机关混同的现象。

（三）宽缓的狱政举措具有积极意义

西汉文、景两代皇帝的刑制改革对狱制产生了深刻的影响。监狱对囚犯进行惩罚的狱具和行刑制度不再一味地追求血腥暴力，开始呈现出宽缓的趋势。在此期间，皇帝经常亲自巡视监狱、到庭听取诉讼、审理在押犯之案情，尽量避免冤案的产生。皇帝的这些积极做法，使这一阶段的刑狱情况渐渐好转平和，推进狱政向前发展。汉朝对刑罚措施和狱政管理方面的改良，可谓外儒而内法、表仁义而里严苛，为我国后来历朝封建狱政的完备奠定了基础。

第三节　隋唐至明清时期的监狱官

我国封建制社会经魏晋南北朝时期的分裂之后，进入了鼎盛的隋唐时期，封建政治、经济、文化得到高度发展，封建监狱制度也进入一个新的发展阶段。儒家思想作为正统思想和社会主流学说的地位得到进一步提高，封建法律制度和典狱制度受儒家思想的深刻影响。监狱作为司法权的延续，其职能更加凸显，监狱官作为司法官员的特征也有所强化。监狱制度的制定与监狱官的设置达到较为完整、合理的程度，呈现出许多封建制社会自身的特点。明清的狱政制度大体上同唐朝一脉相承，并随着时代的发展和社会的变化有所调整。

一、隋唐至明清时期监狱官的行刑思想

我国封建狱政思想经过秦汉以来的发展，至隋唐时期进入成熟阶段。这一时期的狱政思想融入了更多的儒家思想，呈现出大量的适应当时社会发展的"礼刑结合、仁本刑末""慎狱恤刑"等狱政思想，对狱政的发展产生了积极的作用。到了宋朝，随着封建社会阶级矛盾的加深，在传承前朝狱政思想的同时向维护高度集权的封建统治方向发展。元朝时期，积极推行唐宋以来封建化的狱政思想，继承以儒为本的行刑思想。明朝时期的"刑乱国用重典"充分体现了封建社会进入中后期阶段，统治阶级用严刑峻法维护其统治的决心。清朝前期，以康熙为代表的封建统治者在总结历史经验的基础上，提出了"以德化民，以刑弼教"的狱政思想。

（一）礼刑结合、仁本刑末

礼与刑在封建制社会都是维护社会秩序、调整社会关系的重要社会规范。前者是积极的，具禁恶于未然的功效；后者是消极的，具惩恶于已然的功效。这一时期的统治者非常重视这两大手段的运用。隋文帝主张刑可以助教化，但不可专行。唐朝的统治者继承并发展儒家的"仁政"和"德主刑辅"思想，提倡宽仁治狱，以"礼刑结合、仁本刑末"思想指导监狱立法，规范监狱制度，把监狱管理中的惩罚同教化狱囚相结合，运用刑罚惩戒犯罪的同时，广泛宣传封建礼仪教化，在强制罪犯服苦役的同时，强调维持罪犯最基本的生存条件。

（二）依法治狱、宽严相济

这一时期的封建统治者非常重视运用法律武器维护其统治，逐渐形成依法治狱的思想。隋文帝针对狱制的问题提出两项主张：一是官吏对法律的掌握程度直接影响在押罪犯的切身利益，强调司法官吏知法、守法、严格执法；二是刑事案件，特别是死刑案件必须按司法程序严格办理。唐太宗反复强调官吏遵纪守法，以免制造冤案，认为依法治狱的核心在于两点：一是无论亲疏贵贱，适用法律应一视同仁；二是对死刑案件严格把关。隋唐时期的依法治狱往往表现为治狱上的宽严相济。隋朝初年《开皇律》废除了前代鞭刑、枭首、车裂刑罚，减轻了流刑和徒刑的刑期。唐律减轻了死刑罪名，废除了残酷的肉刑，指明监狱执法的标准：防止冤狱、防止淹囚、防止虐囚。

依法治狱、宽严相济思想适应了封建制社会发展的需要，有利于维护封建统治秩序，具有积极的意义，但这一思想具有一定的局限性。这一思想与封建君主专制制度之间固有的矛盾决定了相关狱政制度不可能深入、长久践行。当阶级矛盾激化时，统治者就会对反抗者进行严厉镇压，每到朝代末期，总会出现独断专行、破坏法制的情况。

（三）高度集权的狱政思想

宋朝的统治者认为君弱臣强是政权不稳定的原因，因此，加强了中央集权，削弱了地方权力，强调刑狱之权应该由皇帝专属行使。到了宋徽宗时期，狱政高度集权的状态达到了顶峰，监狱官吏如不及时执行皇帝的诏令，将会以"大不敬"罪被严惩。

（四）刑乱国用重典

"刑乱国用重典"是明朝主张的狱政思想。明朝时期，我国封建制社会已走向没落，阶级矛盾十分尖锐。自明开国，朝廷就用高度专制集权统治国家，以重刑治吏、治民。在重刑主义思想的指导下，明朝的刑罚更加残酷，狱制更加黑暗。

（五）以德化民，以刑弼教

康熙是清朝最有作为的皇帝之一，他的"以德化民，以刑弼教"思想奠定了清朝强盛时期的狱政思想。康熙认为治天下之道以宽为本，几次下诏要求官吏勿用严刑、轻毙人命，违者治罪。他崇尚儒家的礼治思想，并把儒家思想作为实行宽刑的思想依据。他经常要求刑部到各地清理狱讼，检查狱治。

二、隋唐至明清时期监狱和监狱官的设置

（一）隋唐至明清时期监狱的设置

1. 隋唐时期

隋唐时期监狱按行政区划分为中央和地方两级。隋朝在中央的司法机构为刑部和大理寺。刑部不直接设监狱，中央监狱由大理寺设置，京都长安也设监狱，具有中央监狱的性质。隋朝的地方行政机构州、郡、县下均设监狱，各级行政长官为各级监狱的最高领导。

唐朝的中央司法机构为大理寺、御史台和刑部三大机关。大理寺为级别最高的中央审判机关，审理的对象主要为中央百官，其次包括在京城地区犯案的罪犯。因为大理寺审理的案件非常重要，所以为了确保裁判结果的公正合理，司法官员在审理案件时大多为面审形式。这就需要在大理寺单独设置监狱（大理寺狱）来保证犯人的及时到庭。御史台的主要职责是对国家机构和官吏的职务行为进行监察，替皇帝了解朝野动态，必要时期，御史台也会依据皇帝的诏令，进行裁判活动，对触犯律法的官员进行审理。唐朝初期，御史台未设监狱，需要关押囚犯时，就用大理寺狱。至贞观末年，为审讯方便、防止泄露机密，朝廷在御史台设置了东、西两个监狱。这一阶段，监狱的主要功能还是对待决犯进行羁押。刑部的主要职能是对全国的司法事务，包括监狱事务进行监察管理，没有独立的审判功

能，❶所以并未设立监狱。刑部下设刑部、都管、比部、司门，其中都管分管狱政，负责审查大理寺与京兆府上报的囚犯关押名单、核准关押囚犯时间、监督监狱管理制度的执行情况和对监狱囚犯提供衣粮药疗等情况，对设置监狱的大理寺和御史台起到了监督与牵制的作用。除以上两个中央监狱外，唐朝的中央监狱还包括专门羁押女犯的内侍省狱；羁押争宠夺嫡、卷入政治斗争的皇室内部成员的内宫幽禁场所；执行徒刑的将作监与少府监。

唐朝的地方监狱设置与地方行政区划的设置相适应。当时的地方行政区划分为州、县两级。各州、县均设有监狱。京都的监狱有两所，西京设京兆府，东京设河南府。中央百官犯罪常羁押于京兆府监狱，京兆府监狱除了由府尹、县令直接管辖外，同时受中央政府的监督，具有中央监狱和地方监狱的双重性质。根据贞观十三年（公元 639 年）统计的数据，全国有州（府）358 个，县 1551 个，据此估计，唐朝的地方监狱在 2000 所左右。❷

2. 宋元时期

宋朝狱政制度与唐朝大体相同，有所不同的是，御史台狱地位更为稳固。御史台狱又称台狱，主要关押犯有重罪的官吏，以及钦犯、重犯。由于宋朝大多不设御史大夫，所以事实上掌握御史台最终权力的官员为御史中丞，其除了身负监察权之外，自唐朝以来部分司法权也逐渐转移到了御史中丞这一官职。《宋史·刑法志》中记载："如果各官员有犯罪行为，官阶高的一般被交由御史狱审理，官阶低的一般被交由开封府、大理寺审理、处置。"❸从中可以看出，御史台狱被广泛、长期地应用，这表现了宋

---

❶　刑部可参与三司会审。

❷　李金华、毛晓燕主编《中国监狱史》，金城出版社，2003，第 106 页。

❸　脱脱等：《宋史（卷 200 ）》，中华书局，1985，第 153 页。原文为"群臣犯罪，体大者多下御史台狱，小则开封府、大理寺鞫治焉"。

朝狱治的趋势,将纠察与惩罚统一起来,以期产生良好的统治效果。❶

　　宋朝中央监狱的设置前后变化较大。宋朝初年,朝廷将中央监狱移至御史台(称为台狱),以限制大理寺的司法权。宋太宗时,在皇宫中设审刑院,行使原大理寺职权,大理寺变为慎刑机关,不再行使审判权,也不再设监狱。宋神宗时,朝廷恢复大理寺职权和大理寺监狱的设置,在中央层面,形成了大理寺狱和御史台狱并存的情况。宋神宗死后,朝廷再度废除大理寺及其监狱的设置。宋哲宗亲政后恢复了大理寺职能及监狱设置,并对大理寺和御史台的职权作出明确划分。大理寺负责审理在京官吏的犯罪案件,大理寺狱关押这类案件的罪犯;御史台负责审理皇帝下诏治罪的案件,御史台狱关押这类案件的罪犯。朝廷在京都开封设置开封府狱,既关押京师案犯,也关押诏狱案犯,具有地方和中央监狱双重性质。宋朝的地方监狱除了在地方行政区划范围内设置监狱外,还在军队内部设置监狱,并曾尝试在地方设圜土,后被废除。《宋史·刑法志》记载:上到每个州的军院、司理院,下到每个县城,都设置有监狱。❷ 州这一级别的行政单位全部设有监狱,但因州的规模差异,监狱的大小不尽相同。一般情况下,每州都设有两处监狱,分别为州院狱和司理院狱。一些州可能面积较大、功能较为重要,就会设置三处监狱,将司理院分为左右或东西两院;一些处于边疆、面积较小的州,可能只设一处监狱。

　　元朝的监狱设置与唐朝基本相同。因元朝无大理寺之设,故中央监狱设在刑部,为刑部狱;太宗正府是元朝的特别审判机关,其下设有监狱;在地方的各路、州、府、司、县设监狱,羁押各自管辖范围内的案犯。

　　3. 明清时期

　　明清两代在刑部 ❸ 下设提牢厅,是国家最高监狱管理机关。明承元制,

---

　　❶　杨习梅、杨凯、贾成:《文化语境下的中国监狱传承》,《犯罪与改造研究》2009 年第 8期,第 70 页。

　　❷　脱脱等:《宋史(卷 200)》,中华书局,1985,第 153 页。原文为"诸州军院、司理院,下至诸县皆有狱"。

　　❸　刑部是中央专门审理刑案的部门。

于刑部设监，刑部监狱的管理机构是刑部的司狱司。刑部监的职责为囚禁地方上报的死刑重犯和京师笞罪以上的案犯。明朝改唐宋御史台之制设都察院❶，在都察院下设监狱，关押犯罪的官吏，非平民百姓。明朝还在中央军事机构五军都督府下设五军断事官，管辖五军刑案，五军监狱关押军人犯罪者。由于宦官干政，控制了诏狱，践踏狱法，明朝设置了特务机构厂卫，并在厂卫下设监狱，用于羁押政治犯。这是明朝独有的，是封建专制主义极端强化的结果。此外，地方各级行政单位也都有其管辖的监狱，直辖顺天府（北京）、应天府（南京）以及各省、府、州、县均设有不同级别的监狱。❷ 其管理、监督权由各级行政长官掌握。

　　清朝在中央设置刑部监（归刑部提牢厅和司狱司直接管辖），专为满人而设的盛京刑部监狱（收押盛京地区的旗人、蒙古人与旗人交涉的案犯），宗人府空房（优待皇族犯人的特殊监狱），慎刑司监（监禁犯罪的太监、宫女等），步军统领衙门监狱（羁押京师所在地满人和八旗军人罪犯）。清朝的地方监狱与前朝基本相同，在地方行政辖区均设有监狱。清朝在中央狱方面较前朝有所变化，仅保留了刑部监，大理寺、都察院不再设监狱。但作为对中央狱的补充完善，朝廷也会按实际情况在官署设狱。在地方狱方面，清朝与明朝的监狱制度几乎一样，地方各级衙门均设有监狱。综上可知，清朝的狱制在承袭明朝相关制度的基础上，不断地补充完善，发展得更切合实际。

（二）隋唐至明清时期监狱官的设置

　　一般来说，中央一级的大理寺卿、刑部尚书等具有管理监狱职责的官员被认为是中央监狱官，各级政府的行政长官为地方监狱官。这是我国历代封建王朝的通常做法。具体来说，隋唐至明清时期的监狱官设置情况如下。

---

❶　都察院的职责为监督、弹劾百官，巡查监狱。

❷　彭传林：《论中国古代监狱制度》，《企业家天地》2010 年第 2 期，第 121 页。

1. 隋唐时期

隋唐时期，大理寺狱以卿和少卿作为长官统领监狱事务，在大理寺卿以下设狱丞和狱吏，专事监狱具体事务。御史台狱以御史大夫和御史中丞作为长官统领监狱事务，其下再设侍御史若干人。在唐朝，刑部虽未设监狱，但其下设都官司分管狱政，都官郎中、员外郎、主事、令史、书令史、掌固等官员为专门的监狱管理人员。

隋唐时期，地方行政与司法合二为一，在地方行政机关内一般都设有专门的监狱管理人员。除了地方行政长官兼为监狱官外，地方均设典狱若干人。唐朝在地方组建了一支庞大的狱吏队伍。狱吏配置的人数根据州县规模的大小而定。一般而言，在州一级设 8～18 人的典狱官，在县一级设 6～10 人的典狱官。唐朝的监狱官大致在 15 000 人。❶

2. 宋元时期

宋朝和元朝在中央设置监狱官的情况基本相同。大理寺的官员有卿、少卿、推丞、继丞等，其中，推丞和继丞为专职监狱官。御史台的官员有御史大夫、侍御史、殿中侍御史、监察御史、御丞等，其中，御丞专管御史台狱。刑部的官员有尚书、侍郎、郎中、员外郎、司狱、狱丞、典狱等，其中，司狱、狱丞、典狱作为刑部属官专管监狱事务。宋朝地方监狱的长官由行政长官兼任，与前朝不同的是宋朝路的办事衙门为经略安抚司，又称帅司，路下设提点刑狱司，作为中央在各路的司法派出机构，提点刑狱司长官负责各路辖区内的狱政事务。元朝地方监狱官的设置也有一定的特色。各省设提刑按察司，置提刑按察使一人，司吏多人，调查走访辖区内路、府、州、县的刑狱情况，并向御史台和中书省汇报。路、两京府（上都开平、大都北京）下设司狱一名、丞狱一名、狱典一名，执掌狱政。其他路和州、县的监狱由丞狱、典狱、狱吏等专管。

3. 明清时期

明清两代根据监狱官是否直接管理监狱事务为标准，将监狱官分为有

---

❶   杨习梅主编《中国监狱史》，法律出版社，2016，第 105 页。

狱官和管狱官两类。有狱官在中央是指刑部提牢官，在地方是指州县行政长官。这些官员对地方监狱有统辖之权，但无具体管理监狱之责。管狱官一般为各级司狱，在中央有刑部司狱司所属司狱，在地方有省提刑按察使司所属司狱、府属司狱，以及州县监狱吏目、典吏等。

提牢主事是国家管理监狱的最高长官，清朝提牢厅设提牢主事二人（满汉各一人），主管中央刑部监狱。明清两代的提刑按察使司的主管为按察使是各省总督、巡抚之属官，主管各省司法和监狱事务。司狱是明清两代管理监狱的官员，位于提牢之下，狱卒之上，司狱官通常设于刑部司狱司（六人）、各省按察使司（一人），省以下的各府也设司狱一人。吏目、吏典是明清州县监狱具体管理监狱事务的官吏，级别较低，在行政长官的主管下，负责州县监狱的勤杂事务。

三、隋唐至明清时期监狱官的狱政实践

这一时期的狱政制度趋于成熟，监狱管理的层次亦得到提高，呈现出较高的制度化。所有监狱官员最基本的工作为履行狱禁职责，即适用一系列监狱管理的措施：于特定场所囚禁犯罪之人，保证其不逃跑、按时到庭接受裁决与刑罚措施。除此之外，还包括一些惩罚罪犯、管理罪犯的职责。以下是其具体内容。

（一）囚禁和戒护

这一时期的囚禁分为两种：一种是对相关诉讼参与人的囚禁，保证其按时到庭接受裁判者的讯问；另一种是对已决犯人的囚禁，防止其逃脱惩罚。对罪犯使用狱具等囚禁措施有其严格的要求，因罪犯身份、年龄和性别的不同而又有严格的区别。

戒护意为对囚犯进行警戒和守护。戒护的前置工作就是巩固监舍，使

其更加坚固牢靠,《宋史·刑法志》记载"狱敝则修之使固"❶。戒护内容之一是在监狱中布置严密的看守制度。这一项工作备受重视。罪犯被收监后,就有狱卒分时段负责看守,司狱需要时常前往稽查,如若发现狱卒有松懈、玩忽职守的情况,即向提牢厅汇报,提牢厅根据情况分别责罚狱卒。内容之二是加强检查。定时巡视,加强检查是提牢官的职责,未按规定履职者,也要受到处罚。

（二）使用狱具

到隋唐五代时期,法律对狱具从种类到规格都有了明确的规定。当时的狱具有枷❷、杻❸、钳❹、锁❺。对狱具的使用按罪犯罪刑轻重而定。唐朝的法律规定,对死刑犯在关押期间,同时使用枷和杻,对流、徒刑罪犯和女犯只用枷,对杖刑罪犯不使用狱具。监狱官如违反狱具使用规定,将面临严厉的惩罚。宋朝的狱具与唐朝基本相同,但进行了一定的细化。宋朝进一步规范了根据罪犯的身份、性别、罪行轻重的,使用不同狱具的情形,并在狱具上刻有轻重长短规格,以便狱官选择使用。狱具的使用在明朝时发展成为一种律外刑,称为枷号,是一种带着枷在监狱门口或官衙门口示众的刑罚。枷号的刑期一般为一个月至半年,但也有永久的情况。

（三）对服刑罪犯的生活管理

为缓和阶级矛盾,监狱官对服刑罪犯采取宽宥的态度,保障罪犯在狱内的基本生活。隋初,朝廷不仅把监狱看作执行刑罚的地方,而且当成教化罪犯的场所。监狱官在改善罪犯的待遇上作出了一定的努力。到了唐朝,统治者以"宽仁"为治狱的主导思想,对于家属不能及时提供罪犯

---

❶ 殷啸虎:《宋朝监狱管理制度述论》,《法治论丛》1992 年第 1 期,第 56 页。

❷ 一种束颈的刑具。

❸ 木制的束手刑具。

❹ 铁制的束颈刑具,比枷的尺寸小。

❺ 铁制的束脚刑具。

粮食和衣物的，先由国家提供；对患病的罪犯，由监狱官向上司汇报批准后，给予医疗救治，病重者由监狱官通知家属入监探视。到了宋朝，罪犯在监狱的衣粮保障根据囚（未决犯）和徒（已决犯）身份不同而有所不同：囚之衣粮原则上自备，徒之衣粮基本上由国家供给。宋朝加强了对病囚的管理。监狱官需要对自称患病的罪犯亲自查验，上报上司，为其提供医疗救治。对患有重病的罪犯，监狱官应为患有重病的罪犯脱去枷锁杻，并通知家属（限一人）进监探视。对于病囚的诊治事宜，监狱官需要及时填写病状、医生的姓名、治疗结果等内容，以备检查。

（四）取保在外

《宋刑统·断狱》："公坐流、私罪徒，并谓非官当者，责保参对。"❶从此可以看出，在宋朝就有关于取保候审的相关记载。犯了罪的官员，若符合一定条件，在讯问的时候就可以一并决定对其进行保释。元朝法律规定，怀有身孕的妇女实施犯罪的，在其临产之前均可适用保释的手段，但须在妊娠的 20 日后取消保释收监。明朝法律规定，凡是妇女犯罪的，除了犯奸罪与死罪应当收监外，其余的罪犯可以交给其男性家属暂时看管，没有男性家属的女犯人可以交给有一定血缘关系的亲属或者乡邻看管，但要保证其随时服从官府的传唤。《清律》则规定，对犯徒刑以下的患病犯人可以由监狱官查明禀报，通过一定的手续即可"保外就医"，待医治完毕后再行收监。古代的"取保在外"虽然与现在我们熟知的"取保候审"表面一致，但真正含义天差地别，在其适用对象、原因与后果上都有很大不同，❷ 不可混为一谈。

---

❶　窦仪等：《宋刑统》，吴翊如点校，中华书局，1984，第 16 页。

❷　一是保释的对象不同，古代"保外"是相对于"囚禁"而言的，凡囚禁的对象，都可能成为保外的对象；二是保释的原因不同，古代的保外，有的是因为拷满不承，有的是为了疏狱的需要，有的是基于统治者悯囚恤刑的一时诏令，等等；三是保释后的结果不同，由于古代保外的对象部分是已决犯，这些人被保释的原因消失后，接受的是刑罚。

（五）允囚归家

允囚归家是指在过年之前或特殊情况下，允许囚犯暂时性地离开监狱返回家中，并要求其按规定的期限返回监狱、继续接受囚禁措施的一种管理办法。《新唐书·刑法志》中记载了唐太宗贞观六年时皇帝亲自选录死刑犯人 390 人，允许他们出狱回家，并要求到次年秋天自觉回囚行刑。到期后所有死刑犯人均如期回囚，皇帝嘉奖其诚信而赦免其死罪。❶ 允囚归家是我国古代执行狱禁的特殊措施，体现了对罪犯的人文关怀。允囚归家制度在当时具有鲜明的特点：其一，此制度非律令的明文规定，是由监狱官视情况来施行的灵活性措施。其二，因为此制度的实施主要依赖于监狱官，所以其能否真正被执行并发挥作用，由监狱官的职业操守和业务能力决定。管理者无私高尚，能真正体察囚犯的实际状况，对其运用允囚归家的措施，显然是为国为民的一大好事，反之则未发挥此制度的作用。其三，此制度没有限制适用的对象，即无论罪轻或重、已决犯或未决犯，甚至是对死刑犯都可以适用。其四，此制度没有暴力手段作为其强有力的保障，仅依靠罪犯的信誉为约束力。当然，从资料来看，很少有罪犯到期不返回监狱的情况。

（六）对录囚的新发展

隋文帝非常重视录囚工作，每个季度都亲自审理在押罪犯，加强狱政管理。唐朝自高祖时便亲录囚徒，形成每年开展录囚工作的惯例。至太宗时，录囚开始与赦免或减轻罪犯的刑罚相结合。随后，享有录囚权力的主体由皇帝扩张到中央机构和地方官吏。大理寺作为中央最高审判机关，在复审案件时，如发现原判对罪犯有处罚过当或冤枉之处，经过录囚，可从轻处罚。作为中央监察机关的御史台，通过录囚工作，对各级司法狱政活

---

❶ 司马光：《资治通鉴》，中国戏剧出版社，2002，第 602 页。原文：去岁所纵天下死囚凡三百九十人，无人督帅，皆如期自诣朝堂，无一人亡匿者；上皆赦之。

动进行监督。刑部每年正月都要派遣官员到各地巡察狱情，检阅在押罪犯所带刑具以及粮饷供应情况，惩治各地违法官吏。按照唐朝法律的规定，各州级行政官员，包括都督、府尹、刺史，每年都要定期巡察所属各县监狱，审录在押罪犯，平反冤狱，疏决淹狱。宋太祖在"每亲录囚徒"的同时，下皇命要求两京及诸州长官督促狱掾每间隔五天都要进行一次全面巡视。❶ 录囚工作到了明清时期发展成会官审录制度，其主要包括朝审制度 ❷、秋审制度 ❸ 和热审制度 ❹。

（七）对罪犯分类监禁

我国封建制监狱自创建以来，就对罪犯实行分类监禁。其分类的标准有罪犯的性别、年龄、罪行的轻重等。到了宋朝，监狱对病囚需要另行关押，女犯不仅与男犯分开关押，看守员也是女性。到了明朝，监狱对罪犯分类监禁的法律规制已较为完善。当时的法律明确规定了不同年龄，特别是老年罪犯和未成年罪犯不能与成年罪犯一起关押，病囚需要单独关押、罪行轻重不同的罪犯不能混杂关押。此外，明律将年龄在 70 岁以上、15 岁以下或身有残疾之人分监囚禁，还要依据所犯罪行之轻重选定监狱，不可出现轻重罪混囚的情形。传统中，犯重罪，如强盗、抢劫致人死亡的罪犯囚禁在内监；犯一般之轻罪的罪犯囚禁在外监。

（八）对悯囚制度的发展

起源于西周的悯囚思想，经过秦汉至魏晋南北朝时期的发展完善，到了隋唐至明清时期发展成为重要的行刑制度。其内容主要包含三个方面：第一，对老、幼、残、孕等特殊的群体采取较为宽柔的刑罚政策，对危险

---

❶　万安中：《我国狱政思想及其发展特征初探》，《学术研究》2002 年第 5 期，第 94 页。

❷　明清时期三法司会同公、候、伯爵等共同审理刑部办理的死刑案件。

❸　中央在每年冬至前召集官员共同审录重大案犯。

❹　为疏通监狱，减少狱囚患病，统治者在盛夏到来之前，组织官员对在押囚犯进行审录，遣放轻刑犯，对长期不能结案的罪犯，令其出狱听候。

性比较低的罪犯不加刑具。对女性罪犯采取有别于男子的囚禁方式和刑罚执行方式，如对怀孕的女犯人适用类似于缓刑的措施。第二，关注罪犯在监狱的生活条件，建立了相对规范的监狱卫生条件和生活条件的制度，对有疾病的罪犯还给予一定的治疗。这些都标志着监狱管理的进步。第三，制定监狱官的职责，按照法令管理监狱。如对虐囚和克扣罪犯的行为予以惩处。

（九）申报囚帐 ❶

申报囚帐的做法始于唐朝，兴于宋朝，是指监狱定期将服刑罪犯的姓名、罪状、禁系日期、释放及死亡人数等情况向中央申报。各县监狱每五日向州府申报囚帐，各州每十日向中央申报囚帐。中央在年末根据监狱死囚人数的多少进行赏罚，死囚少或无者，对相关监狱官给予褒赏；死囚多者，对相关监狱官进行黜责。

（十）提牢点视

提牢点视始于元朝，明清时臻于完备，是指提牢定期巡视监狱，查看狱情，点视囚徒，监督考察监狱狱吏、狱卒用法得失的制度。在元朝，提牢并非专职监狱官，而是由各级行政官员的正职、副职和幕僚担任。明、清两朝在刑部下设提牢厅，其长官官名为提牢。

四、对隋唐至明清时期的监狱官狱政实践的评价

（一）皇权由高度集中走向强化

隋唐以来，随着封建制社会生产力达到鼎盛状态，生产关系较之于前朝也发生了变化。社会治理的难度和深度进一步加大，封建王朝统治者为了维护自身统治不得不依靠组建大型监狱、任命大量的司法官员等律法措

---

❶ 囚帐指罪犯的花名册。

施。这使得监狱制度和监狱官制度也在这一时期达到了古代社会的巅峰。皇帝是最高的立法者，又是最高的审判官和监狱官。从监狱设置来看，无论中央还是地方，都体现出行政、司法合二为一的特征，狱政权从属于行政权力。以皇帝为首的统治者把狱情监督作为中央控制狱政的有效手段。到了明清时代，皇权对狱政权的控制更加强化。无论是监狱的立法、监狱官的任命还是狱情的监督，决定权都控制在皇帝的手中。在皇帝的高度重视下，这一时期的监狱各项制度也愈加完善，建立了庞大的狱官队伍，标志着古代监狱建设和狱官管理进入一个新的阶段。这一时期的狱政和监狱官对社会稳定发展起到了一定的积极意义。在保障封建地主阶级的统治的同时，也维护了当时社会的生产关系。宋朝监狱的设置及其不断健全监狱管理制度的过程说明，宋朝统治者非常重视监狱的镇压作用，并随着统治的需要不断变化监狱制度，致使封建狱制发展到完备的阶段。

（二）充分体现了封建等级特权原则

统治者为了保护封建官僚贵族的阶级利益和政治权力，在狱政制度的创设和管理过程中，体现了保护等级特权的目的。隋唐时候的"八议""官当""贵贱异狱"等制度将贵族官僚的特权法律化，对皇族犯罪不按常法处置，而是"刑于家室""幽于别殿"，享受特殊的待遇。在清朝，统治者更是将民族压迫和阶级压迫结合在一起。旗人贵族犯罪可在原判刑罚上直接减刑，也可由重刑种改为轻刑种。恩格斯在《法兰克时代》一文中精辟指出封建制社会的等级特权性："这一种身分等级制度，已经成为国家组织中被确认的、在行政上正式起作用的要素了。"❶

（三）狱制残酷

这一时期诞生的一些狱政思想对后世的监狱制度和狱政管理亦有一定的启发意义，行刑措施和监禁环境亦有所改善，刑罚不再着重表现其血腥

---

❶ 《马克思恩格斯全集（第19卷）》，人民出版社，1963，第556页。

和残酷的一面,兼而带有了一定的文明和教化意义。当然,这一时期的狱政制度和监狱官员的管理依旧属于封建王朝统治机器的一部分,承担了大量的镇压和迫害人民的功能,其最根本的目的依旧是维护封建地主阶级的统治。但监狱制度的执行情况与法度不相契合的情况亦存在。法外用刑的情况频繁出现。自隋唐开始,监狱官无视法律规定,自制狱具,虐待囚犯。在唐朝武则天当政时,监狱中有"狱持"❶"宿囚"❷。到了明朝,监狱法外用刑更加严重,尤其是明朝的厂卫监狱,根本无视法律的规定,任意绑缚百姓甚至官员、非法刑讯。清朝监狱对于刑具的适用更是随意。"苟入监,不问罪之有无,必械手足,置老监,俾困苦不可忍。"❸作为封建制社会末期、行将分崩离析的清朝,皇权统治对民众的血腥镇压达到了前所未有的巅峰状态,监狱制度也非常苛刻黑暗。一方面为地主阶级与农民阶级的阶级矛盾,另一方面为满族人民同汉族人民的民族矛盾,因其两种复杂尖锐且无法解决的矛盾,监狱彻底沦为集权政府实行阶级同民族双重压迫的工具。及至清末,由于行刑手段的多样化和残酷性加重,狱政制度和监狱官员又成了维护腐朽旧势力压迫和阻碍进步的武器,阻碍了社会的发展。

---

❶　狱持是指狱吏以泥耳笼头、折胁签爪、悬发薰耳、卧邻秽溺等残害肢体的种种酷刑虐待囚犯。

❷　宿囚是指闭绝其食饮,昼夜使其不得眠。

❸　薛梅卿主编《中国监狱史》,群众出版社,1986,第174页。

第二章　中国近代监狱官

第一节　晚清租界地的监狱官

1840 年第一次鸦片战争失败后，晚清政府在与外国侵略者的对抗中节节退败，西方国家在中国一步步取得了战争赔款、开放通商口岸、片面最惠国待遇、内河航行等各方面的特权，中国社会性质开始发生变化，逐步沦为半殖民地半封建社会。

西方国家在晚清政府那里享有的特权中，领事裁判权是一项非常重要的权利。在租界地范围内，围绕着领事裁判权的实现，西方国家不仅设立了领事法庭、会审公廨等裁判机构，还设立了巡捕房甚至监狱等刑罚执行机构。

租界地监狱的设立严重损害了晚清政府的司法主权，但也将晚清封建旧式监狱体制撕开了一道口子，让国人直观地看到了西式的新式监狱、接触了西式的狱政思想。

一、晚清租界地监狱设立的历史背景

租界地监狱的设立与西方国家在我国晚清租界地取得领事裁判权密不可分。所谓领事裁判权，是指"一国通过其驻外领事对于在驻在国的本国

国民行使司法管辖权并依据其本国法律加以审判的制度"。❶ 西方国家在晚清租界地享有领事裁判权意味着：享有领事裁判权国家的人在中国境内成为诉讼（包括刑事案件、民事案件）被告人，甚至包括中国公民在租界地受审时，不适用晚清法律，也不在晚清法庭审判，而适用被告人国籍国法律，由该国领事或裁判机构进行审理，并在西方国家在租界地内设立的监狱中服刑。

（一）西方列强在中国建立租界地

《南京条约》向英国人开放了广州、福州、厦门、宁波、上海五处通商口岸，使得英国成为最早在中国建立租界地的国家。五处口岸开放后，包括英国在内的外国人可以在口岸城市合法的、大规模的工作和生活。最初为了便于对在华外国人的管理，清政府对在华外国人所在的五处口岸租地、租房、建造房屋的地点进行了圈定和限制，划定了在华外国人的居留地范围。这些地点在法律和行政管理上仍然属于中国主权范围，仍然由晚清政府管辖。

然而，西方国家显然不满于在华居留地的外国人接受他们认为落后的法律和晚清政府管辖。1845 年，英国驻上海第一任领事巴富尔以"华洋分居"给晚清政府提供管理便利的同时也有利于保障英国人安全为由，要求晚清政府划定一块永租的居留地给英国人，并最终与晚清政府签署《上海租地章程》。该章程除了规定英国人可以"永租"划定区域土地外，还规定了英国领事馆有权对该划定区域的建设房屋、居住、经商行为进行管理，甚至规定了英国领事对居留地公共事务实施管理及摊派该区域道路、码头等公共设施修理费用的权力。❷《上海租地章程》被认定为中国租界地出现的起点，自该章程开始，西方国家一步步夺走中国政府对居留地的主

---

❶ 朱勇主编《中国法制史》，法律出版社，2007，第 356 页。

❷ 张青虎：《论〈上海租地章程〉及其影响》，《韶关学院学报》2014 年第 9 期，第 104－106 页。

管权力，并试图进一步将居留地变为殖民地式的租界。1853 年小刀会起义后，英国、美国、法国侵略者借机统一调配外国海军登陆、组织居留民义勇队，最终借机自行公布了《上海英法美租界租地章程》，正式建立了居留地的政权机关——工部局。随着工部局权力的扩展，外国侵略者逐渐在居留地里建立了一整套的殖民地式的管理机构，颁布了独立于晚清法律体系之外的土地制度、行政制度、法律制度，并最终拥有了租界武装。

除了在上海设立租界地之外，西方国家还在广州、天津、胶州等其他通商口岸城市设立租界地。租界地作为中国领域范围内的"国中之国"，不受晚清政府管辖、不适用晚清中国法律，最终西方列强通过取得领事裁判权强行在租界地设立了适用外国法律及西方列强自行管理的司法机关与监狱。

（二）西方列强在中国取得领事裁判权

"从唐朝到清朝鸦片战争之前，各个朝代的中国政府在处理涉外案件时都遵守'诸化外人，同类自相犯者，各依本俗法；异类相犯者，以法律论'，严格维护并践行独立的司法主权"的原则。❶ 因此，在华外国人在中国居留地居住初始，解决涉外案件的基本原则是：在华外国人之间的纠纷遵守其本国法律的规定，而在华外国人与中国公民之间的纠纷仍然由晚清政府依据清朝法律行使审判权。

然而，西方侵略者不愿意接受晚清政府依据清朝法律对其行使审判权，因此一再借侵略战争中中国的战败来谋求治外法权。1843 年 10 月，英国强迫清政府正式签订了《中英五口通商章程》，其中第 13 条 "英人华民交涉词讼一款"规定："倘遇有交涉词讼，管事官不能劝息，又不能将就，即移请华官公同查明其事，既得实情，即为秉公定断，免滋讼端。其英人如何科罪，由英国议定章程、法律发给管事官照办。华民如何科罪，

---

❶ 王志亮：《清末民初：中国监狱现代转型肇始研究》，中国法制出版社，2011，第130 页。

应治以中国之法，均应照前在江南原定善后条款办理。"❶以上规定标志着清朝司法主权开始丧失，英国开始在中国取得领事裁判权。其后，美国、法国、俄国、德国、葡萄牙、日本等国也与晚清政府签订了不平等条约，分别取得了领事裁判权。

随着清朝政府日渐式微，外国侵略者享有领事裁判权的范围越来越宽，适用对象从条约国公民逐步扩大到所有外国人，最后竟然适用于租界的中国人，以至出现了《清史稿》所记载的"外人不受中国之刑章，而华人反就外国之裁判"❷的现象。

（三）西方列强在中国享有领事裁判权的体现

外国侵略者享有的领事裁判权，最终通过立法和司法得以实现，具体体现在以下几个方面：

第一，由于在华外国人主要遵循其本国已经颁布的法律（包括实体法和程序法等），因而外国专门单独为租界制定的法律规定其实并不多。外国侵略者针对租界实际情况专门制定的法律主要涉及开辟租界、租界基本法及租界自己的管理规定。其中，开辟租界的法律一般来源于晚清政府与西方侵略者签署的不平等条约；租界基本法是由外国侵略者独立制定的有关租界根本制度的基本法，规定了租界立法、司法、行政、土地等涉及租界的基本制度，如外国人在上海公共租界制定的《土地章程》、在意大利租界地制定的《租界章程》、在法国租界地制定的《公董局组织章程》、在日本租界地制定的《居留民团法》等；除此之外，租界当局还制定了大量的行政法规，涉及租界行政管理的方方面面。

第二，具体实施领事裁判权的裁判机构是租界的领事法庭，其中对于华人与洋人、洋人之间发生的民事、刑事案件，均由领事法庭直接审理；

---

❶ 王铁崖编《中外旧约章汇编：第一册（1689—1901）》，三联书店出版社，1957，第42页。

❷ 赵尔巽等：《清史稿》，中华书局，1977，第4216页。

对于租界内华人之间发生的民事、刑事案件，则由租界当局与清政府组建的会审公廨审理。领事法庭设立在领事馆内，案件由被告所属国的领事法院进行审理，审理时适用被告所属国的法律。领事法庭设立之初，主要审理民事案件和轻微刑事案件，对重大刑事案件是无权审判的。在华洋人如果涉及重大刑事案件的，则要解送到其本国法院接受审判并执行刑罚。

　　随着领事裁判权的扩大和租界内华人违法数量的增加，西方侵略者开始取得对租界内违法华人的审判权。1864 年 5 月，上海地方政府与英国领事成立洋泾浜北首理事衙门，该机构作为会审公廨制度的雏形，主要负责审理发生在租界内的被告为华人的民事、刑事案件。1868 年，晚清政府与英国、美国驻上海领事议订《上海洋泾浜设官会审章程》，区分了案件涉及不同国籍的公民时由不同国家处理。在租界设会审公廨，规定只要案件涉及洋人或洋人雇佣的华籍仆人，就由外国外交官参加会审；只有华人涉及的案件，则由中国官员独自审理。1869 年，上海公共租界会审公廨正式设立，其在审理中实际上采用西方诉讼程序，判决刑罚种类也超出了清朝"笞、杖、徒、流、死"的刑罚范围，混合了西方徒刑等现代刑罚种类。1908 年，经清政府认可的《续增上海洋泾浜设官会审章程》进一步将会审公廨的审判权扩大到可判处 5 年徒刑，更是为租界监狱的正式大规模设立奠定了刑罚基础。最后，至辛亥革命期间，驻沪领事团趁机扩大对会审公廨的控制，不但参照适用英国的诉讼程序法，在实体法适用层面直接明确纯粹华人刑事案件也由英美日意四国会审领事适用中国新刑律审理，甚至有权判处死刑。

　　第三，从案件处理的配套设施来说，在案件（尤其是行政违法和轻罪的刑事案件）处理过程中，无论是处以强制措施的审前羁押，还是判处刑罚执行的监禁刑，都需要限制人身自由的场所，租界监狱据此出现在历史舞台上。

　　早在 1854 年 7 月的上海公共租界工部局第一次董事会会议上，西方列强就以维护租界的治安与清洁为由成立了警备委员会，紧接着由其组建租界工部局警察队伍，并租赁民房作为巡捕房，用于执行羁押、逮捕和少量的徒刑行刑职责。

巡捕房主要处理行政违法案件和刑事审前羁押案件，其可以用于执行刑罚的监牢相对较少。那些由外国侵略者在领事法庭审判的轻罪徒刑案件或会审公廨审理的华人执行监禁刑的案件，无法由巡捕房来实现徒刑刑罚的监禁职能，而西方列强又不会将罪犯交由中国监狱（尤其是晚清的旧式监狱）执行刑罚。因此，西方列强开始在租界中建设大监狱。

二、晚清租界监狱官管理的实践

从本书对监狱外延的界定，尤其是近现代监狱外延（国家为执行徒刑这一剥夺罪犯人身自由的刑罚而设立的刑罚执行机构）的界定来看，我国近现代租界内事实上承担了监禁刑执行功能的"监狱"，既包括前期的公共租界工部局巡捕房，也包括后期大规模建立的监狱。

（一）承担部分刑罚执行功能的公共租界工部局巡捕房及其狱政管理实践

1. 公共租界工部局巡捕房的设立

公共租界工部局租界巡捕房的设立始于 1854 年 7 月上海公共租界工部局第一次董事会会议成立的警备委员会。该警备委员会以维护租界的治安与清洁为由设立，负责组建上海公共租界工部局警察队伍和巡捕房。

公共租界工部局巡捕房建立之初主要秉承维护租界的治安与清洁的初衷，因此作为巡捕房长官的警备委员会督察员最初仅有权对罪犯进行羁押且必须在 24 小时内上报工部局董事会，由工部局董事会决定是否向领事法庭或中国地方官员提起诉讼，而无权对罪犯施加刑罚。

随着外国侵略者享有领事裁判权的进一步扩大，那些直接由公共租界领事法庭审判的轻罪徒刑案件、由会审公廨审理的华人执行监禁刑的案件也会少量在巡捕房执行刑罚。据此，巡捕房在主要处理行政违法案件和刑事审前羁押案件的情况下，也少量执行由公共租界领事法庭或会审公廨判决的监禁刑的案件。

公共租界地内建立的第一个巡捕房是中央捕房，由工部局在上海道台资助下于 1855 年建成，建筑设施包括牢房、办公用房、巡捕宿舍及相关生活设施等。后经多次新建、扩建，巡捕房规模大幅增加。到 20 世纪 30 年代，上海公共租界内先后已经建成 15 个巡捕房。

2. 公共租界工部局巡捕房的管理

从狱政管理的角度来说，以上海公共租界为例，《土地章程》从立法层面确定工部局有权对租界进行公共安全管理，具体由工部局警备委员会直接承担租界公共安全管理职责。在管理模式上，工部局没有适用晚清政府的管理模式，而是把西方的公共安全秩序管理体系移植到租界，建立了安保机构巡捕房。

公共租界巡捕房最早的长官是工部局警备委员会的督察员，该督察员直接由工部局董事会聘任，首届巡捕房督察员为资深香港警员克莱夫顿。督察员应对工部局董事会直接负责，其下属的副督察员和巡捕也均由董事会直接聘任，督察员未经董事会许可无权聘用或开除副督察员和巡捕。19世纪 60 年代后，公共租界工部局在工部局各机构和董事会之间设立了总办，此后督察员与董事会之间不再直接联系，需要督察员提交工作报告或董事会和警备委员会发布命令都是通过总办传达。

从法律关系上说，除了督察员、副督察员与租界工部局的关系较为紧密外，普通巡捕与巡捕房之间更多的是聘用关系，巡捕根据级别和种类从巡捕房领取月薪。随着租界对巡捕房管理的日益规范，工部局于 1884 年颁布了《巡捕房章程》，详细规定了巡捕的工作职责。如违反管理规定，巡捕可能会受到降职、降级、罚款乃至开除、解除聘用合同的处分。

3. 公共租界工部局巡捕的构成

最初，租界对巡捕的招聘主要限于西方国家外国籍（尤其具有一定职位的巡捕），但并未严格限制具体的国籍，也未对巡捕的职业背景和犯罪记录等情况进行严格考核。因此，最早的租界巡捕主要是外国船员或水手。之后，由于巡捕需求的增加和外国籍巡捕在数量和质量上已无法满足需求，租界开始招聘印度籍巡捕、日本籍巡捕、越南籍巡捕乃至华人巡捕。

因此，从国籍分类来说，租界巡捕房巡捕主要分为西捕、华捕、印捕以及其他国籍巡捕（如日本籍巡捕、越南籍巡捕）等。无论哪种巡捕，都应遵守《巡捕房章程》等对巡捕职责的基本规定，但各种巡捕在薪金、晋升等待遇方面又有较大的区别。

第一，西捕的管理。西捕是指由西方侵略国家本国公民担任的巡捕。从西捕的来源地来看，早期的巡捕房巡捕均为西捕，主要为英国人，后期也出现了葡萄牙人、俄罗斯人等。从西捕的人员素质来看，巡捕房建立初期，担任西捕的主要是退伍军人和外国水手，素质并不高，流动性也较大。随着管理的规范，工部局一方面开始加强对巡捕的培训（如1898年，工部局开始直接从英国警察学校中挑选毕业生并经培训后派到上海担任租界巡捕），另一方面开始注重从西方国家的警察中招聘高素质的西捕（如1884年起，工部局开始直接从英国警察局中招聘租界西捕），从而使西捕的素质得到了提升。

由于西捕系捕房的主要管理层是工部局最信任的警务力量，工部局非常重视对西捕的管理。1907年，工部局成立了"捕房调查委员会"，负责调查巡捕房及巡捕的组织与管理，并明确西捕的职责主要是对华捕和印捕进行监督，指导巡捕房的新进人员等。因此，西捕虽然是租界地巡捕中人数最少的一股力量，但主要承担监督管理工作，监管其他国籍的巡捕。

从西捕的管理层级来看，在正督察员、副督察员下，设有正副巡官、探长、巡长、探目、巡捕等，均是与工部局签订为期三年的合同。从实践来看，西捕主要的违纪情况有酗酒、玩忽职守或其他轻微犯罪，相应的处罚一般是罚款、警告乃至解雇。

从西捕的待遇上来看，西捕待遇丰厚（如1894年西捕督察员的年薪达到7270两白银、副督察员的年薪达到2000两白银、巡官年薪达到1121两白银、巡长年薪达到849两白银、巡捕年薪达到416两白银），且巡捕房中

均设有图书馆、俱乐部、射击房和弹子房等设施。❶

从西捕的数量上来看，工部局于 1854 年建立巡捕房时有西捕 30 人；后持续增加，到 1862 年时已经到 164 人；再到 1911 年辛亥革命爆发时，西捕已经增加到 262 人；到 1934 年底，有西捕 539 人；1937 年 11 月日军侵占上海后，西捕逐渐减少，主要被日捕代替。❷

总体来说，西捕在所有巡捕中占有最高的地位（正副巡官、探长和巡长均多为西捕），无论是在待遇还是升迁上都是最优越的，甚至很多西捕的职责主要就是监督管理其他国籍的巡捕等。

第二，华捕的管理。华捕顾名思义就是指由华人担任的巡捕。从表面上看，华捕的出现开端于 1865 年，当时担任督察员的彭福尔德向工部局董事会提出聘用西捕所需的工资高于聘用华捕的工资，建议招聘华捕来代替西捕以此节省开支；但从本质上来说，华捕的出现主要来源于租界内"华洋混居"局面的扩大和巡捕房工作量的增加。1865 年，工部局首次批量招聘华捕 34 人。后逐步增加，到 1867 年，华捕已经增加到 58 人。从比例上来说，以法租界为例，到 1871 年，华捕占到了巡捕总数的 28%；到 1903 年和 1906 年，华捕占到巡捕总数的 72%，逐渐成为租界巡捕的生力军。❸

华捕是租界地巡捕中人数最多的一股力量，但最不被工部局信任。相比西捕来说，华捕的待遇远远低于欧籍巡捕，多担任基层巡捕，鲜少被任以管理职务。除了节约开支外，华捕一般遵守纪律、较易管理，且对在押华人罪犯的日常公共安全管理具有沟通优势。但华捕的升迁也受到限制，

---

❶　佚名：《第一节 公共租界警务机构》，http://www.shtong.gov.cn/Newsite/node2/node2245/node63852/node63858/node63882/node64474/userobject1ai57981.html，访问日期：2020 年 5 月 12 日。

❷　佚名：《第一节 公共租界警务机构》，http://www.shtong.gov.cn/Newsite/node2/node2245/node63852/node63858/node63882/node64474/userobject1ai57981.html，访问日期：2020 年 5 月 12 日。

❸　佚名：《第一节 公共租界警务机构》，http://www.shtong.gov.cn/Newsite/node2/node2245/node63852/node63858/node63882/node64474/userobject1ai57981.html，访问日期：2020 年 5 月 12 日。

一般担任低级巡捕，基本不可能升到捕房总巡或者副总巡，作用也主要限于监督和控制低级华人巡捕的工作，较难真正参与巡捕房的管理工作。

从入职来说，华人想申请担任巡捕并不是一件易事，华人想要担任华捕须由有名望的人士推荐担保并缴纳一定的保证金方可进入巡捕房任职。再经工部局警备委员会审查，才决定是否录用。另外，华捕虽然不受工部局的信任，但与本土社会和广大华人有更紧密的联系，因此，华捕也出现不同于其他巡捕的特点，如华捕中不少是帮会分子，利用其特殊身份在租界内从事收受贿赂、包赌包娼、贩卖鸦片、拐卖人口等犯罪活动。❶

第三，印捕的管理。印捕是印度人担任的巡捕，主要是来自印度北部的锡克族人。由于华捕人数剧增，工部局董事会担心难以控制，自 1884 年巡捕房改革后选择聘任来自印度的印捕。

1884 年工部局设立印捕股，开始聘用印度籍巡捕。印捕最初在租界主要从事交通疏通工作，后逐渐也承担起执勤和监狱看守的工作。对于工部局来说，印捕作为巡捕中的外国人，相比华捕来说更为放心，"工部局不仅把印捕作为一支警务力量，还特别注意对印捕进行军事训练，并给印捕配备较好的武装，必要时作为军队调用，成为万国商团之外的'第二武装'，以备应急之需"。❷

从待遇和管理上来说，印捕居于西捕和华捕之间；从级别上来看，虽然比不上西捕，但是印捕中高级巡捕的比例也比华捕高。

上海公共租界地所招聘的印捕，主要是农民、退役士兵，需满足基本的身体素质要求。工部局在招聘印捕后，还为新招的印捕安排巡捕职责学习，语言（英语和上海话）培训等。

从实践来看，印捕的违纪情况主要是酗酒、殴打华人、违抗命令以及其他轻微犯罪等。工部局的处罚一般是罚款、降级乃至开除。

---

❶　佚名：《第一节 公共租界警务机构》，http://www.shtong.gov.cn/Newsite/node2/node2245/node63852/node63858/node63882/node64474/ userobject1ai57981.html，访问日期：2020 年 5 月 12 日。

❷　史梅定等：《上海租界志》，上海社会科学院出版社，2001，第 254 页。

第四，其他国籍巡捕的管理。除了西捕、华捕和印捕外，工部局还招聘了其他国籍的巡捕，如日本籍巡捕、俄罗斯籍巡捕、越南籍巡捕等。以日捕为例，日捕的出现与日本的崛起是紧密相关的。从 20 世纪初，上海公共租界里的日本人便日益增多。为了更好地处理涉及日本侨民的案件，1914 年工部局开始聘用日籍警官，到 1916 年正式设日捕股。后由于日本侨民的进一步增多，工部局开始聘用更多的日籍巡捕。到第二次世界大战开始后，日捕的数量超越华捕和印捕，到 1942 年已有日捕 302 人，被称为仅次于西捕的租界外警。❶

（二）租界监狱的建立及其狱政管理实践

1. 租界监狱的设立

西方国家在中国设立租界地初期，虽然设立了专门审理被告人是外国人案件的领事法庭，但基本没有专门设立的监狱。一方面，是因为领事法庭没有权力判处重罪刑事案件，在华外国人涉及重大刑事案件的仍然要解送到其本国法院接受审判并执行刑罚；另一方面，是因为少数的轻罪刑事案件一般也就交由工部局巡捕房的牢房执行刑罚。

随着租界内华人违法数量的增加，西方侵略者开始进一步扩大其领事裁判权的范围，逐步取得对租界内违法华人的羁押权乃至审判权。随着会审公廨制度的设立及其审判权的进一步扩大，被会审公廨判处刑罚的人数大大增加，再加上原来领事法庭判处的外国人轻罪刑事案件，导致原来在巡捕房短期关押人犯的牢房严重不足，最终西方侵略者将在租界专门修建监狱用于执行刑罚提上议事日程。

上海拥有旧中国面积最大的租界，其租界地上建设的监狱数量也最多。上海租界地的监狱可以分为两类：租界领事馆监狱和租界工部局监

❶ 佚名：《第一节 公共租界警务机构》，http://www.shtong.gov.cn/Newsite/node2/node2245/node63852/node63858/node63882/node64474/userobject1ai57981.html，访问日期：2020 年 5 月 12 日。

狱。其中，租界领事馆监狱由各国领事馆在其租界范围内建设，直接归各国领事馆管辖，如英国租界领事馆监狱直接归英国领事馆管辖；租界工部局监狱主要是指公共租界的监狱，直接由公共租界工部局在公共租界建设并管辖。

1868 年英国领事馆在上海租界厦门路新购置地块建设领事馆监狱，称厦门路监狱。❶ 除了英国外，法国、美国、日本等国相继在各国租界内建立的领事馆监狱，直接受各国领事馆管辖，主要监禁的是犯有轻罪的各国犯人。

与此同时，上海公共租界工部局巡捕房的牢房已远远不能满足收押犯人的要求，通过公共租界工部局执行轻罪徒刑刑罚的功能已经无法实现。到 1889 年，工部局先租下英国领事监狱厦门路监狱的北侧，用于分流在公共租界巡捕房关押的长期刑华人。1903 年，工部局监狱华德路监狱正式建成。❷

到 19 世纪末 20 世纪初，越来越多的领事馆监狱慢慢撤销，而将原由领事馆监狱关押的短期外籍犯人交由公共租界工部局监狱华德路监狱关押。

由此可见，从上海租界内监狱的归属管辖上来看，随着工部局管理的进一步整合，慢慢从最初的各国租界内领事馆管辖领事监狱、公共租界工部局管辖工部局监狱的模式，逐渐发展为主要由公共租界工部局管辖工部局监狱的模式。从租界监狱关押的犯人情况来看，随着外国侵略者享有领事裁判权的进一步扩大，慢慢从初期的租界监狱关押外籍罪犯，逐渐发展到既关押外籍罪犯也关押华人罪犯。

除了在上海租界建立监狱外，德国强租胶州湾，在青岛也建立法院和两所监狱（青岛欧人监狱和李村华人监狱）；沙皇俄国通过《瑷珲条约》

❶　徐家骏：《上海厦门路监狱考略》，《中国监狱学刊》，2010，第 137–140 页。
❷　张姚俊：《提篮桥监狱的风雨沧桑》，http://www.archives.sh.cn/shjy/scbq/201403/t20140312_40418.html，访问日期：2021 年 5 月 12 日。

《天津条约》《北京条约》等一系列不平等条约占据了我国大片领土，先后在东北建立了法院和监狱，其中哈尔滨监狱、旅顺监狱（俄日共同建立）都有较大规模。

2. 租界监狱的管理

监狱规模最大的上海租界监狱主要分为各租界领事馆监狱和公共租界工部局监狱。其中，各租界领事馆监狱是租界监狱建立的雏形，一般最初直接附设在领事馆内，后期才专门新建监狱。不同国家领事馆由于其本国法对监狱执行刑罚的规定有所不同，具体在各国领事馆监狱的管理上又有一定差别。但由于其关押的主要是外籍犯人，各领事馆监狱基本都按照本国刑罚执行的要求和规定来建设和管理领事馆监狱，在此不再赘述。

以下以上海租界为例，专门介绍公共租界工部局监狱的管理情况。

随着西方侵略者享有的领事裁判权范围的扩大，原来承担收押犯人职责的公共租界工部局巡捕房已经不够羁押。工部局于1889年初在英国租界领事馆监狱北侧建设工部局监狱，专门用于关押原巡捕房关押的长期刑华人。此时，工部局厦门路监狱在管理上仍然由巡捕房承担看押职责（有关工部局巡捕房的管理及其巡捕相关情况具体见前文论述），而巡捕对在押犯人的管理也主要只体现在看押上。但与同时期的清政府监狱（尤其是旧式监狱）相比，在工部局厦门路监狱服刑的长期刑华人在监狱的硬件上是具有优越性的，同时犯人在服刑期间还承担相应的强制性劳役（如在狱中从事编席、木工、缝纫、监所保洁等劳役）。

随着领事裁判权乃至会审公廨权力的扩大，工部局厦门路监狱也出现人满为患的情况。1903年，工部局启用在公共租界华德路建设的华德路监狱，该监狱直接归属于公共租界工部局警务处管辖，正副典狱长等高级管理人员一般均由英国人担任，监所看守绝大部分是印籍，华籍看守一般负责关押少年犯的感化院。

工部局华德路监狱自建设伊始，就体现了西方侵略者近代监禁刑行刑的新理念。建成初期，整个监狱有2幢监所，共480间牢房（其中专门隔出30间牢房单独关押感化未满19周岁的少年犯），并设有工场、医院等附属设施。与同时期的清政府监狱（尤其是旧式监狱）乃至与前期的工部局厦门路监狱相比，工部局华德路监狱不但对监狱硬件条件进行了改善，更在行刑过程中体现了近代教育刑的矫正功能。这主要体现在以下几个方面：第一，华德路监狱尤其注意对未成年犯的教育矫正，不但吸收了避免交叉感染的理念，隔出部分牢房专门作为感化院，实现了对成年犯和少年犯的分别关押，还强调对少年犯进行知识文化教育和劳动技能培训；第二，华德路监狱在行刑过程中注意对犯人服刑情况进行考核，实行记分减刑制度，渗透了教育刑的矫正理念；第三，华德路监狱重视劳役在犯人服刑中的重要性，"对于在狱外从事碎石、割草、筑路等重体力劳作的犯人，用粗链条将数人拴在一起，俗称'大链条'，在狱内从事油漆、木工、送饭等轻体力工作的犯人用细链条将几个犯人拴在一起，俗称'小链条'"；❶第四，华德路监狱在硬件上体现了人道主义原则，设有工厂、医院、食堂等设施，比同期大部分清朝监狱（尤其是旧式监狱）要优越，同时还设有完备的探视制度、考核奖惩制度等；第五，自 1912 年会审公廨可以判处长期刑乃至死刑后，大批长期刑乃至死刑犯被关入华德路监狱，但监狱当局视这些犯人为严重威胁，同样对他们单独关押。

综上所述，直接由西方侵略者管辖的公共租界工部局监狱（尤其是后期的华德路监狱）在行刑方面体现出了西方近代教育刑的理念。第一，相比同时期的清政府监狱（尤其是旧式监狱），公共租界工部局监狱在硬件设施方面注重人道主义，对犯人服刑的待遇有所提高（如在结构上采用"三墙一栅"，即三面系水泥墙，一面为铁栅栏，监室全部建立在有通风和敞开状的建筑内）；第二，公共租界工部局监狱注重行刑的教育矫正功能，除了关押外，也注意通过教育、劳役乃至宗教教诲等方式实现对犯人的矫正，在行刑上吸收了西方减刑、假释等理念；第三，对少年犯的教育矫治尤为关注，对少年犯进行文化、技术教育和宗教教诲等；第四，监室在设

---

❶   王志亮：《清末民初：中国监狱现代转型肇始研究》，中国法制出版社，2011，第232 页。

计上体现了分押分管的现行监狱行刑理念，除少年犯感化院外，还根据性别、国籍等对犯人实施分别关押；第五，监狱内部管理较为完备，严格规定了考核奖惩制度、探视制度、分级处遇制度乃至出狱人保护制度。❶

从对监狱工作人员的管理上来说，工部局监狱工作人员的待遇基本与警务处对应级别的工作人员相同（另加监狱津贴）。这也与清朝旧式监狱工作人员的管理完全不同，工部局监狱工作人员的待遇明显高于清朝旧式监狱工作人员。

然而，纵观上海公共租界监狱乃至其他租界的监狱（如由沙俄和日本在中国建立的旅顺监狱），它们都有一个共同的特点，即在同时关押多国犯人的租界监狱中，根据犯人的国籍和种族存在不同的歧视。其中处在歧视链底端的往往是中国犯人，其次是其他国家和种族的犯人，而相对待遇较为优厚的则是与监狱管理方同国籍种族的犯人。不同国籍和种族的犯人无论是在监管要求还是客观待遇上都有所差异。例如，上海公共租界华德路监狱的"西人监"和关押华籍犯人的地方隔开，外国犯人监室条件采光和通风都较好，伙食也好得多，外国犯人也经常被聘用为园丁和洗衣工，不佩戴任何囚标等。这是建立在领事裁判权扩展基础上的租界监狱特有的情况，而在一个内政国家的监狱中是绝对不会出现本国犯人被歧视的情形的。

3. 租界监狱的立法

租界是西方侵略者在中国的"国中之国"，并不适用清朝法律，也不接受清朝政府管辖。租界监狱直接由西方侵略者管辖，不接受中国狱政管理规定的管辖。但租界监狱也不完全等同于西方侵略者自己本国的监狱，在管理上也不宜简单照搬其监狱管理的国内法。

为了更好地加强对租界监狱的管理，西方侵略者针对租界监狱的特殊情况制定了专门的监狱管理规定，如 1905 年工部局颁布的《上海公共租界

---

❶　华德路监狱一度践行出狱人保护制度，由工部局与中国司法部门合作，对刑满释放人员提供生活帮助和就业帮助。

工部局监狱管理人员守则》，1906 年英国领事馆颁布的《上海英国监狱章程》和 1907 年工部局颁布的《上海工部局监狱章程》等。

其中，由英国领事馆颁布的《上海英国监狱章程》于 1906 年开始适用于英国领事馆监狱，共 6 章 268 条，除明确了英国领事馆对英国领事监狱的管辖权外，还规定了对在押犯人实施分别拘押、处遇及宗教教诲等制度。❶

1907 年工部局颁布《上海工部局监狱章程》，该章程由《监狱人员规则》《监房人等规则》《欧洲巡士之专职》《总共属下人员规则》等几个单行法规组成，适用于工部局在上海公共租界建立的华德路监狱，对监狱的管理、监禁、惩罚、卫生等方面都进行了明确规定。

西方侵略者针对租界监狱的专门立法，一方面，汲取了租界的实际情况，尤其结合了会审公廨等司法制度；另一方面，处处体现了西方侵略者近代刑罚观念和狱政管理思想，在对清末司法主权撕开一道口子的同时，也把西方国家的刑罚和监狱制度注入中国国土。

4. 租界监狱官的管理及立法

租界监狱发端于西方侵略者在中国领事裁判权的扩展，其并不适用中国有关监狱管理的规定。但鉴于租界监狱的特殊性，其也不简单直接适用某一西方侵略者国内的有关监狱法律规定，而是由公共租界工部局或各领事馆直接针对具体监狱制定关于监狱管理的规定。

以上海公共租界工部局华德路监狱为例，其适用的是由工部局制定的管理规定，包括 1907 年《上海工部局监狱章程》、1913 年《工部局华德路西牢押犯守则简章》、1936 年《华职员条例》等。同时，在以上规定无具体条款可以引用时，实践中也会援引英国本土的监狱法。

具体到华德路监狱官的管理来说，以上规定均作出了明确的要求。如按照《上海工部局监狱章程》之《监狱人员规则》规定，监狱的管理人员（尤其是监狱的典狱长）直接由工部局任命，其中典狱长多由英国人担任，监狱其他管理人员主要以英国、俄国等外籍人员为主，而监事的看守则多

---

❶　王志亮：《中国监狱史》，中国政法大学出版社，2017，第 252 页。

为印度人和中国人。从职位上来说，监狱人员分为正狱吏、副狱吏、女监长，并具体规定了各狱官的职责和权力。具体到不同国籍的监狱官，也都根据职责作出不同的规定，如《欧洲巡士之专职》规定："当尽职于夜间，而于正、副狱吏之下管理监狱"，即外籍巡士的具体职责就是"慎心勤察属下巡兵和犯人之举动、统巡各监狱、查验犯人一切刑具及各种保安之具是否要贴。"❶ 另外，《上海工部局监狱章程》还对监狱的其他官吏和看守人员的组成、任职条件、职责、考核、预防职务犯罪、监督制度乃至着装作出了明确的规定。与同时期中国监狱官的管理相比，直接源自西方监狱管理制度和行刑理念的租界监狱官管理，无论是在立法上还是在实践上都比中国旧式监狱具备一定先进性，无疑对清朝传统监狱管理造成了一定的冲击，也让中国老百姓和知识分子实际见识了西方监狱管理的先进和可取性。其为民国时期我国监狱的发展提供了可供参考的理论模型和实践经验。当然，这并不能抹灭租界监狱的本质：租界监狱的建立是西方侵略者对中国司法主权的破坏，是清末监狱制度半殖民地化的重要标志，也是西方侵略者在中国国土上迫害中国人民的工具。

三、晚清租界监狱官管理的狱政思想

租界监狱是随着西方侵略者在中国领事裁判权的扩展而出现的，无论是租界监狱的立法规定，还是租界监狱的管理实践，都深深地刻着西方法制的印迹，与同时期的中国监狱存在较大的差别。

抛开租界监狱对中国司法主权的破坏不谈，与其管理相关的立法和实践吸收了西方近代教育刑的理念，在行刑过程中贯彻了教育矫治的行刑方式，对监狱官的管理也呈现规范化和体系化，体现出监狱现代化的表征。

---

❶ 王志亮：《中国监狱史》，中国政法大学出版社，2017，第 252 页。

（一）租界监狱系在西方近代教育刑理念指导下建立的

纵观刑罚研究乃至犯罪学的历史，西方刑事古典学派注重刑罚的威慑功能。随着西方国家近代对刑罚目的研究的深入，人们开始对刑罚的目的进行反思。具体体现为：刑事社会学派不再认为刑罚的唯一目的是惩罚犯罪，相反，他们开始摒弃威慑刑的唯一内涵，提出刑罚的目的是在惩罚犯罪的同时，通过执行刑罚教育和矫治罪犯并最终实现预防犯罪的目的。

近代教育刑理念的兴起，为近代西方整个刑事法律的变革奠定了理论基础。无论是刑法学、犯罪学、监狱法学乃至刑罚执行等方面的研究，还是立法和司法实践都围绕着教育刑理念发生了重大的变革，西方侵略者在自己国内监狱的立法和司法实践中也都贯彻了教育刑的理念。

西方侵略者在中国租界建立监狱时，也把自己国内关于监狱管理、刑罚执行的理念和立法移植到租界监狱。因此，近代中国租界监狱脱离了清朝末期封建监狱的影响，系在西方教育刑理念的影响下建立的。

（二）租界监狱在行刑过程中贯彻了近代西方监禁刑行刑理念

西方侵略者在租界建立的监狱，虽然在规模、管理、存续时间等方面各不相同，但基本都能在行刑过程中适用分押分管、减刑、假释、少年犯教育教化、宗教教诲乃至出狱人保护等西方近代行刑理念。

以各项监狱管理制度较为完善的公共租界工部局华德路监狱为例，其在少年犯行刑时，充分考虑少年犯特殊的身心特征，要求对 19 岁以下的少年犯不得与成年犯共同关押，不仅对其单独关押、避免成年犯造成的交叉感染，还为少年犯开设专门的文化教育、职业技能培训乃至专门的宗教教诲。这在同期中国监狱仍然普遍对成年犯与少年犯采取相同管理方式的背景下，确实体现出了较为先进的近代行刑理念。

又如公共租界工部局华德路监狱曾经一度践行出狱人保护制度。该制度强调通过对出狱人提供帮助以使其顺利重新回归社会，从而达到预防出狱人再犯罪的刑罚效果。工部局曾多次与中国司法部门合作，为刑满释放人员提供生活和就业方面的帮助。

从租界监狱行刑的具体制度来看，贯穿了近代西方监禁刑的行刑理念，甚至部分理念和制度已经有现代化的表征，一定意义上甚至可以说租界监狱体现了监狱近现代化的特征。

（三）租界监狱官的管理呈现规范和体系化

租界监狱在管理上既区别于清朝末年的监狱（并不沿用封建监狱相对粗陋的管理），也不同于西方侵略国家自己国内的监狱（侵略者自己国内的监狱一般不会面对大量的不同国籍犯人和不同国籍监狱官并存的情况）。在涉及监狱官管理的问题上，由于租界监狱要面对不同国籍的犯人，实际上也需要调动不同国籍监狱官的力量，各种管理需求更加复杂，因而在加强对租界监狱犯人管理的同时，租界监狱针对监狱官的管理制定了规范和体系的规定，涉及监狱官的组成、任职条件、职责、考核、预防职务犯罪以及着装等各方面。

最重要的是，在教育刑理念影响下的租界监狱立法和管理实践中，关于监狱官工作性质的认定，已不再认为刑罚的目的是惩罚、监狱官的工作性质主要也就是通过单纯的看守实现这种惩罚，而是认为监狱官的工作除了执行刑罚，还需要教育矫治犯人。因此，监狱官的角色已经从传统的看守丰富为看守、感化者、教育者、医师乃至宗教教诲者等多维角色。尤其对于感化者、教育者、医师乃至宗教教诲者的角色来说，他们在承担监狱官工作时依靠的不再是看守的本领，而是各自领域的专业知识。针对不同角色的监狱官，租界监狱也都制定了相应的管理规范，这是非常难能可贵的。

这种对于租界监狱官的外延扩大和细化管理相比同时期的国内监狱官管理体制来说，明显更加具有优势。但我们也应该看到，租界监狱对监狱官的管理除了不可避免地存在法外情况外，实际上还存在严重的种族歧视，即租界监狱的典狱长及高级管理人员一般多是英国国籍，普通管理人员也倾向于由外国籍监狱官担任，而华人监狱官主要从事看守工作。

综上所述，西方侵略者在租界建立监狱时，将西方国家教育刑的理念和制度贯彻其中。租界监狱的监狱官不再仅是看守，而是包括感化者、教育者、医师乃至宗教教诲者的多种专业技术人员。为了更好地实现对监狱的管理，西方侵略者从加强对监狱官的管理入手，制定了针对监狱官的细致具体的管理规范，其管理水平已经达到相当高的程度。

四、晚清租界监狱实践与中国封建传统监狱管理的碰撞

客观、正确、全面地看待租界监狱在中国监狱法制史上的地位和作用，对其有益的内核加以合理吸收，是我们研究租界监狱实践的初衷。

（一）西方侵略者在租界实施的监狱制度反衬出清末监狱制度的封建性、落后性

司法主权是一个国家主权的重要体现，其主要表现为一个国家对享有管辖权的案件适用自己的法律进行审判并执行刑罚的过程。近代以来，西方侵略者利用武力上的优势，借口清朝法律落后，一步步攫取了领事裁判权，强行在华设立司法机关及执行刑罚的附属机构（监狱）。其中，最突出的是在租界内及其他武力侵占地区设立直接执行刑罚的监狱，关押包括中国公民在内的由领事法庭和会审公廨审判的多国籍犯人，并实行西方侵略者自行颁布的监狱管理制度。这是清末监狱制度半殖民地化的主要标志。

租界监狱的建立及执行领事法庭和会审公廨裁判的刑罚，除了极大地损害了中国司法主权的完整性外，也沦为西方侵略者（勾结反动统治阶级）迫害中国人民（包括迫害中国革命势力）的工具。例如，上海公共租界工部局华德路监狱 1903 年投入使用时仅关押囚犯数百人，但经数次扩建，到 1934 年在监人数已达 6000 多人，关押了众多中国近现代的著名人

物，如章太炎 ❶、邹容 ❷、任弼时 ❸、张爱萍 ❹ 等。

因此，我们应当深刻地认识到，西方侵略者在租界建立的监狱首先是清末监狱制度的一个组成部分。这种畸形的存在是清朝末年作为半殖民地半封建社会在监狱制度上的体现，但同时也反映出近代中国在监狱制度乃至司法制度上与西方国家的差距和差异。

（二）西方国家在租界建立监狱一定意义上启蒙了中国近代监狱制度

虽然西方侵略者在租界建立监狱的本质是对中国司法主权的侵害，也处处体现出侵略者的制度优越性，但租界西式监狱的实践确实将根植于近代教育性理念上的监狱生动地展现在中国人眼前，为中国监狱制度的现代化提供了生动的启蒙和完整的参考。

西方侵略者在租界建立的监狱，不仅在行刑实践层面给同时期的中国人带来直观的冲击和启蒙，也对同时期的清朝政府产生了影响。例如，"光绪三十二年，法部郎中韩兆蕃呈请赴日考查监狱，获准后先于江浙一带考查中国狱政及在华西狱状况，后赴日本东京、横滨等地，凡考查监狱11 所，归国后编成《考查监狱记》一书，光绪三十三年由商务印书馆出版。全书分内编、外编和附编三部。……此外，附编尚有三份文件：《日本监狱章程》《上海英国监狱章程》和《上海工部局监狱章程》"。❺ 西方国家对租界监狱的管理规范《上海英国监狱章程》和《上海工部局监狱章程》后被作为清末政法监狱改良运动中供参考和学习的内容，对清末监狱改良运动乃至后世监狱法学人才的培养均产生了重要的影响。

---

❶　张姚俊：《提篮桥监狱的风雨沧桑》，http://www.archives.sh.cn/shjy/scbq/201403/t20140312_40418.html，访问日期：2021 年 5 月 12 日。

❷　张姚俊：《提篮桥监狱的风雨沧桑》，http://www.archives.sh.cn/shjy/scbq/201403/t20140312_40418.html，访问日期：2021 年 5 月 12 日。

❸　徐家俊：《1929：任弼时在提篮桥狱中》，《检察风云》1998 年第 2 期，第 68–69 页。

❹　徐家俊：《张爱萍被囚提篮桥》，《世纪》2000 年第 2 期，第 9 页。

❺　许章润：《清末对于西方狱制的接触和研究———一项法的历史和文化考察》，《南京大学法律评论》1995 年第 2 期，第 42 页。

综上所述，西方侵略者借用武力在中国攫取领事裁判权并进一步在租界地建立监狱，从法律文化层面来说是西方近代法制文化对中国传统封建法制文化的冲击，虽然这种冲击对中国来说起初是被动的，但仍然打开了中国面向世界的窗口，并最终推动了中国的近现代化进程。

第二节　晚清监狱改良的监狱官

西方侵略者的势力逐步侵入中国，对晚清中国的政治、法律、经济、文化等各方面均产生了深远而重要的影响。以刑事司法领域为例，在西方近代刑事法律及狱政思想的影响及租界地新型监狱生动实践的启蒙下，晚清政府开始改良监狱制度，启动了中国监狱的近现代化转型。

一、晚清监狱改良的历史背景

1840 年第一次鸦片战争后，西方侵略者通过与晚清政府签署《南京条约》《虎门条约》《望厦条约》等不平等条约，一步步破坏了中国的主权。其后，晚清政府在第二次鸦片战争、中日甲午海战以及八国联军之战中均告战败，被迫与侵略者签订一系列的不平等条约。就这样，侵略者通过与晚清政府签署不平等条约，迫使晚清政府向其进行战争赔款、开放通商口岸、割让领土等，侵略者前后取得了片面最惠国待遇、沿海自由航行等涵盖经济、法律、政治等各方面的特权，一步步干涉、控制了中国的内政和外交，甚至取得了领事裁判权。晚清社会最终沦为了半殖民地半封建社会。与此同时，无论是出于自强救国的愿景，还是出于维护统治阶级统治的需要，晚清政府最终拉开了政治变革的大幕。

（一）西方狱政思想及监狱文化的输入

其实自明末清初开始，西方传教士的到来就已经在一定程度上输入了西方文明。但在第一次鸦片战争后，这种西方文化的输入无论是从体量还是从渠道上来说都大为增加。大量传教士及西方商人、洋宾客、驻外使节及国外归来的游历者与留学生都成为西方思潮的引入者。为了传播西方思潮，甚至有传教士在中国积极创办刊物，翻译宣传西方人文科学著作，其中最具代表性的是广学会。中国留学生也将西方民主和法治思想通过出版刊物介绍给国内，如容闳撰写的《西学东渐记》。后在部分清朝洋务派官员的倡议和支持下，清朝政府还创立了翻译馆（处），与新民译书局、大同译书局等民间译书局一起，翻译了卢梭、伏尔泰、孟德斯鸠等人的大量著作，宣传了人权理念、平等观念、法制思想，在晚清社会要求进步的知识界起到了思想启蒙的作用。

具体到狱政思想及监狱文化方面，早在 1846 年清末官员梁廷枏著述的《海国四说》一书中，就介绍了英美等国的刑法、诉讼、监狱等概况。晚清最早亲身接触西方刑狱的应为林针，林针在外国游学回国后，先后著述了《救回被诱潮人记》《西海纪游草》等，记录了其到美国监狱探视被关押华人及自己被拘押的情况，向晚清社会第一次介绍了西方监狱的实际情况。此后，中国清朝名士、政府代表团及清朝驻外官员在西方、日本游学考察和驻外工作中一般均安排参观当地的监狱（如美国纽约州奥本监狱、费城监狱等），后均通过丰富的记述向国内生动介绍了西方狱政思想及监狱实践。❶直至戊戌变法后，晚清为立宪改律，先后翻译出版了《日本监狱法详解》《日本监狱法》《监狱学》《比利时监狱规则》等外国监狱

---

❶ 如清朝首任驻外大使郭嵩焘于 1876 年起出使欧洲 3 年，参观了 7 座外国监狱，详细记载了 39 则监狱管理事项，是首位通过中文介绍国际监狱会议的中国人，并最终促成了清朝政府首次派遣官员参加 1890 年在俄国圣彼得堡召开的第 4 届国际监狱会议。又如，清朝政府刑部候补郎中董康于 1905 年考察日本监狱后，编写了《调查日本裁判监狱报告书》《监狱访问录》等，成为清末狱制改良时重要的参考著作。

学著作。

鸦片战争后，依托于西方政治法律思想与制度在中国的传播，西方狱政思想和监狱文化也传入了中国，打破了清朝专制的文化局面，上至士大夫、下至黎民百姓都接触到了西方思想，在救国图强的社会氛围下起到了思想启蒙的作用，最终对晚清监狱改良起到了促进作用。

（二）国内救国图存运动的兴起

其实早在第一次鸦片战争失败之前，当时的一些仁人志士就已经开始以开放的心态了解西方世界、沟通中西方文化，如林则徐在禁烟期间就提出"必须时常探访夷情，知其虚实，始可以定控制之方"。❶《海国图志》系魏源将林则徐及幕僚翻译的文书合编而成的，作为最早对世界各国地理、历史、经济、文化、军事、政教等方面进行系统介绍的著作，其明确提出了"师夷长技以制夷"的思想。但该阶段对西方世界的接触仍然主要集中在输入技术文明的层面，对西方政治法律文明，尤其是狱政思想和监狱文化的着力仍不多。

第一次鸦片战争失败后，晚清中国社会阶级结构和经济结构逐渐发生了巨大的变化，原来的封建经济基础遭到破坏，部分开明的士大夫及洋务运动中新兴的民族工业利益群体为了救国图存，在输入西方器物文化的洋务运动基础上进一步探索中国传统封建政治法律文化的变革之路，提出了"中学为体，西学为用"的理论，甚至直接明确提出"稍变成法、引进西法""开拓培养洋务法律人才的途径""增设洋务外交机关和提倡公法学""以近代经济法律调整新兴的工业企业""隆礼重刑，匡复旧序"等❷输入西方政治法律文化的建议。如郑观应在《盛世危言》中直接提出改革国家政治制度，分设"议院""公法""刑法""狱囚""厘捐""税则"等

---

❶ 中山大学历史系中国近代现代史教研组、中山大学历史系中国近代现代史研究室编《林则徐集·奏稿》，中华书局，1965，第765页。

❷ 王志亮：《清末民初：中国监狱现代转型肇始研究》，中国法律出版社，2011，第164页。

内容，将向西方学习的重点由技术输入转而触及政治制度层面，从被动学习转向更加自觉主动地吸收西方法文化，为清末法律改良提供了理论导向支持。

严峻的民族危机促进了中华民族的觉醒，在救国图存的奋斗目标和动力下，中华民族的仁人志士从洋务派发展到改良派，最终发展到维新派，将学习西方文明、改革晚清社会的侧重点由技术文明转向制度文明，并最终将思想潮流转化为实际的政治运动——戊戌变法。戊戌变法的核心内容是建立君主立宪政体，以民族资产阶级的维新派为主要力量，代表人物包括康有为、谭嗣同、梁启超、严复等。虽然戊戌变法最终因保守派残酷镇压而失败，但维新派大力传播了西方近代政治法律学说和自然科学知识，对晚清社会是一场有力的思想启蒙运动。

（三）租界监狱实践的影响

19 世纪中叶以后，西方侵略者开始在中国建立租界，并在租界中一步步取得了领事裁判权，最终实现了在租界的域外法权并在租界中按照西方狱制思想设立了监狱。西方侵略者在租界建立监狱虽然侵害了中国司法主权；但从另一方面来说，租界西式监狱的实践确实将根植于近代教育刑理念上的监狱生动地展现在中国人眼前，为中国监狱制度的现代化提供了生动的启蒙和完整的参考。

尤其以上海公共租界工部局华德路监狱为例来说，相比同时期的中国监狱，华德路监狱不仅在监狱建筑等硬件措施上充分体现了近代刑罚的人道主义考量，其在具体行刑制度方面（如教化教育制度、分押分管制度、减刑及假释制度、未成年犯矫正制度乃至出狱人保护制度等）也充分体现出教育刑的现代刑罚理念。"提篮桥监狱是在西方预防刑理念指导下建立的，通过窥探其数十年的发展史，不难发现其蕴含的监狱法律思想、行刑制度等现代化特征"。❶ 因此，华德路监狱对上海狱制的现代化影响很大，其将上海监狱制度带进现代化时期，"上海提篮桥监狱虽然有着一些不光彩的一面，但它仍旧为上海监狱制度的现代化转型提供了模型；它所传播的现代监狱制度理念也为中国监狱制度的现代化奠定了思想基石。"❷

西方侵略者在租界建立的监狱，不仅在行刑实践层面给同时期的中国人带来直观的冲击和启蒙；也对同时期的官方产生了影响，官方开始接触考察西方狱政实际。

（四）晚清修律的开展

中日甲午海战战败后，外国侵略者掀起了瓜分中国的狂潮。严峻的民族危机加速了中华民族的觉醒。1898 年 6 月 11 日，在维新派的推动下，光绪皇帝颁布《定国是诏》，宣布变法，为推行新政，此后的 103 天中颁布了一系列的政令，内容涉及梁启超于《变法通议》中提出的 18 项变法内容，涵盖政治、经济、文化教育等方面，历史上称为"戊戌变法"或"百日维新"。其中监狱改良方面，为这 18 项变法内容中之"十八曰训罪人"，可谓监狱改良的先声。

后变法遭到了强烈的抵制，因为其有损以慈禧太后为首的守旧派（顽固派）的利益。但戊戌变法仍然大力传播了近代西方政治法律学说和自然科学知识，宣扬了自由平等的观念，极大地促进了晚清社会的思想启蒙，推动了中国近代社会的进步与思想文化的发展。

戊戌变法失败后，晚清社会更加陷入内忧外患之中。1900 年八国联军攻陷北京，次年晚清政府签订《辛丑条约》，晚清社会半殖民地化程度越深，国内要求变法的呼声也越高涨。为了挽救摇摇欲坠的政权，慈禧太后于 1901 年 1 月 29 日以光绪皇帝之名颁发"变法"上谕，由此拉开清末变

---

❶ 刘颖：《提篮桥监狱与上海监狱制度的现代化初探》，《广西政法管理干部学院学报》2011 年第 5 期，第 97 页。

❷ 刘颖：《提篮桥监狱与上海监狱制度的现代化初探》，《广西政法管理干部学院学报》2011 年第 5 期，第 99 页。

法之序幕。

晚清修律乃及所谓"预备仿行宪政"是以慈禧太后为代表的晚清统治阶级为维护封建统治而迫于内外危机压力作出的被动应对措施，由于作为晚清统治阶级基础的封建传统政治法律文化与西方政治法律文化存在本质差异，清末变法修律注定不会触及封建统治根本的指导思想和基本原则，最终以慈禧太后为代表的统治集团确立了不变"常经"只变"治法"的修律原则。

在不变"常经"只变"治法"的修律原则下，1904 年 5 月 1 日，晚清政府正式成立修订法律馆，由沈家本负责具体修法工作，明确了"拟订民商诉讼各项法典草案及其附属法，并奏订刑律草案之附属法"等职责。

虽然在清末正式修律之前，封建狱制改革就已经在中央和地方层面有所体现（如张之洞在 1901 年提出的《江楚会奏变法三折》及其在广东、湖北开展的迁善所实践等），但清末大规模的正式修律才最终为清末监狱改良（尤其是监狱革新立法）提供了全面的官方及社会支持。

（五）以"德礼教化"为根基的中国传统监狱行刑文化的本土性资源

一般讲清末监狱改良，传统观念比较倾向于认为更多是受到西方监狱法制的影响，但我们也不能忽视儒家传统"德礼教化"的本土性资源对清末监狱改良的作用。

受儒家传统思想的影响，中国古代封建刑罚除了主要体现惩罚及威慑的一面，也有儒家文化"易得化名"的教化性，强调礼仪教化具有"使民日迁善远罪而不自知"的事先预防及"格非其心"的事后矫正功能。"封建制时期所谓的'刑以弼教'对犯罪人本身施予教化还相当有限，但是寓刑于教的做法收到了相当显著的社会效果。"❶

---

❶　杨殿升、张金桑主编《中国特色监狱制度研究》，法律出版社，1999，第 133 页。

就清末来看，有学者经研究提出，❶苏州府于乾隆十年（1745 年）首创收押已决盗窃再犯的"自新所"，其设立的宗旨是通过教养兼施，使窃犯迁恶为善，适应出狱后生活。虽然后世由于司法腐败导致自新所的实践逐渐背离了制度本意，但到晚清张之洞等地方官吏建立迁善所时，与其说是张之洞等人建立迁善所更多受西方狱制文化影响，不如说是其离不开以"德礼教化"为根基的中国传统监狱行刑文化的本土性资源，是回归自新所立法本意的司法实践。因此，在我们梳理晚清监狱改良的历史背景时，也不能忽视以"德礼教化"为根基的中国传统监狱行刑文化的本土性资源的作用和影响。

二、晚清监狱改良的开展

（一）晚清法制改良的指导思想——"中体西用"

第一次鸦片战争失败后，西方侵略者打开了中国的国门，引起了晚清社会前所未有的剧变：一方面，西方的经济、文化、法律政治思想均对晚清社会产生了巨大的震动；另一方面，晚清政府在后续对抗西方侵略者的战争中均以战败告终，促使部分觉醒的仁人志士在救国图存的奋斗目标下，提出了向西方学习的思想。

晚清时期的仁人志士主张向西方先进技术、文化乃至法律制度学习是有一个过程的：

最早提出向西方学习的是林则徐、魏源、冯桂芬、郑观应等人，他们早在第一次鸦片战争期间就主张"睁眼看世界"，其中魏源在《海国图志》中明确本书"为以夷攻夷而作，为以夷款夷而作，为师夷之长技以制夷而作"。❷但由于受到历史条件的局限，该阶段的向西方学习主要仍然停留在

---

❶ 陈兆肆：《清代自新所考释——兼论晚清狱制转型的本土性》，《历史研究》2010 年第 3 期，第 132–148，191–192 页。

❷ 魏源：《海国图志》，李巨澜评注，中州古籍出版社，1999，第 67 页。

向西方学习先进的科学技术的层面，输入的主要是器物文化。此观念为洋务运动的开办直接提供了理论指导。虽然洋务运动在兴办之初主要是学习西方技术兴办军事工业、民用工业和交通运输业，但同时其倡导的设立新式学堂、选派人才出国留学、创办西书的翻译和出版机构等举措不但为中国培养了大量接受西方教育的人才，也促进了西方政治法律文化的流入，客观上为清末司法改革奠定了基础。

19 世纪 70 年代中后期以后，中国在与西方列强的战争中落败，宣告了仅向西方学习技术思想的失败。救亡图存成了晚清仁人志士的奋斗目标，以马建忠、王韬、薛福成等人为代表的官僚士大夫们开始关注仿效近代西方政治法律制度来改良清末的政体，将从对西方的学习由技术层面扩展到法律政治层面。他们的法律思想包括"仿行西政，倡言变法""振兴商务，以法护商""比较中西法律，加强经济立法"等。❶"改良派把社会改革的侧重点由技术文明转移到制度文明上，即政治制度与法制方面，这是改良派不同于洋务派的主要区别；改良派意在倡导君主立宪政体，没有把思想认识转化为实际的政治运动，因而又区别于甲午战争以后的维新派"。❷

由于民族危机日益严重，部分在思想认识上倡导君主立宪政体的思想家们最终转化为维新派，并支持年轻的光绪皇帝以变法维新来救亡图存，最终促成了政治改革运动——戊戌变法的开展。维新变法在政治、经济、文化教育上大力仿效了西方制度，虽然最终失败，但有力地启蒙了民众，为清末的法制改良发出了先声。

由此可见，向西方学习是近代中国社会发展、清末法制改良的主线。清末的仁人志士乃至统治阶级在向西方学习的过程中，选择了"中学为体、西学为用"这一不会触动封建旧制度的变通思想作为清末法制改良的

---

❶ 张晋藩：《中国近代社会与法制文明》，中国政法大学出版社，2003，第 137–152 页。

❷ 王志亮：《清末民初：中国监狱现代转型肇始研究》，中国法制出版社，2011，第166 页。

指导思想。这一思想最早源于冯桂芬在《校邠庐抗议》中指出的"中国之伦常名教为原本，辅以诸国富强之术"。❶ 后张之洞在其《劝学篇》中进一步对其进行了具体解释，即中国封建社会根本的三纲五常是体，是万万不可改变的；而法制、器械、工艺等具体的制度是可以变通、可以向西方学习的。

"中学为体，西学为用"的思想由于未动摇封建统治的根本而受到了清末统治阶级的青睐，最终慈禧太后在被迫启动清末法制改良中就采用了"中体西用"的思想，称"世有万古不变之常经"，而"无一成不变之常法"。

（二）晚清监狱改良的思想

晚清监狱改良作为晚清法制改良的一部分，秉承的也是"中学为体、西学为用"的基本原则。具体到改良的思路和途径等问题，张之洞、沈家本等人的狱政思想及其改革主张对推进清末监狱改良均发挥了至关重要的作用。

1. 张之洞的《江楚会奏变法三折》

晚清重臣张之洞主张吸收西方法律改良旧监狱制度。早在张之洞任两广总督时就试办了具备改造罪犯性质的新式监狱机构——迁善所。张之洞调任湖广总督后，不仅继续推广迁善所的实践，并联系两江总督刘坤一，于 1901 年一起向清廷呈交了有关变法的《江楚会奏变法三折》，提出矿律、路律、商律、刑律的制定及司法改革方面的建议。其中第二份奏章《遵旨筹议变法谨拟整顿中法十二条折》就是一份专门涉及监狱改良事宜的奏章。张之洞认为"狱为生民之大命"，狱政改良是"内政外交最要之举"，而清代旧式监狱"滥刑株累之酷，囹圄凌虐之弊"，据此张之洞提出了包括"恤刑狱""结民心"在内的 12 项变法建议，主张建新式监狱，推行令紧系者学习各种手艺作为出狱后谋生手段的"教工艺""改罚锾"等措施。

---

❶　冯桂芬：《校邠庐抗议》，上海书店出版社，2002，第 34 页。

张之洞改良狱政的建议最终得到了清廷统治者的认同。为了具体推行监狱改良，1902 年 3 月，清廷责成张之洞等人"慎选熟悉中西律例者，保送数员来京，听候简派，开馆编纂"。❶后张之洞与刘坤一等人联名保奏沈家本、伍廷芳为修律大臣，正式进入清末监狱改良的实践阶段。

2. 赵尔巽的《通设罪犯习艺所折》

在张之洞提出建立"教工艺"后不久，时任山西巡抚的赵尔巽也在 1902 年向清廷提出《通设罪犯习艺所折》，奏请晚清政府在各省通设罪犯习艺所。

1903 年清廷批准了赵尔巽的建议，开始改革封建刑罚种类中的答、杖、流等刑罚，建议变通为赎罪银，并明确"除常赦所不原外"，军流以下之罪"俱酌改入习艺所工作"，习艺所开支由赎罪银负担。

在赵尔巽的建议下，各地建立起习艺所，其中较为成功的是兴办于 1903 年的天津习艺所。天津习艺所仿照日本新式监狱模式，有别于中国封建旧式监狱风格，预示着清末监狱改良的开始。

3. 麦秩严的《改良监狱亟宜整饬折》

为改良狱制，刑部候补郎中董康、主事麦秩严等人于 1905 年受清政府派遣远赴日本调研裁判监狱相关事宜。回国后，除将考察成果记录于董康等编译的《裁判访问录》《监狱访问录》《司法访问录》外，麦秩严还向清廷提出《改良监狱亟宜整饬折》，提出改良监狱亟待整顿的四项建议：采用分房制监押囚犯；规划罪犯作业；专门就未决犯设立看守所、制定专门的监狱法律；委任专人管理监狱。

4. 沈家本的《奏请改良监狱折》

1902 年 4 月，光绪皇帝发出上谕，"现在通商交涉，事亦繁多，著派沈家本、伍廷芳，将一切现行律例，按照交涉情形，参酌各国法律，悉心

---

❶　张铭新、王玉洁：《略论清末〈公司律〉的产生及特点》，《法学评论》2003 年第 3 期，第 149 页。

考订，妥为拟议，务期中外通行，有裨治理"❶。以沈家本、伍廷芳为首的清末法制改良自此进入实际操作阶段。

1907年，在晚清政府先行完成对封建刑罚制度的局部变革、开始推行自由刑后，建立监禁自由刑罪犯的新式监狱也成为清末法制改革的亟待解决的问题。1907年5月，沈家本在张之洞等监狱改良思想主张的基础上，向清廷提出《实行改良监狱折》，主张废除封建旧式监狱，提出以感化教育的方式改造罪犯，并提出了监狱改良的框架，为后续监狱改良奠定了基础。

5. 徐谦的万国监狱改良精神

1910年，京师高等检察长徐谦与奉天高等审判厅厅长许世英代表中国，参加了在华盛顿举办的"第八届世界改良监狱大会"，并到意大利、法国、比利时、荷兰、德国、奥地利、英国、俄国等地考察西方国家监狱制度。

回国后，徐谦在向清廷呈交的奏折中对西方国家的监狱大为赞美，对中国建立新式监狱的样式、典狱官员的选任等方面提出了具体的建议，对后世的监狱改良思想产生了积极影响。

（三）晚清监狱改良的开展

狱制及监狱管理方面的规定及运作，一定程度上体现了一个国家的文明及进步程度。由清末仁人志士乃至最后清政府针对中国封建狱制的改革，最终促成了封建传统狱制向近代狱制的转型，在中国监狱史上具有极其重要的意义。

1. 刑罚改革

封建五刑一直饱受西方国家诟病，被认为是晚清法律落后野蛮的标志之一。因此，清末修律也积极调整了刑罚制度。1905年，晚清政府颁布法

---

❶ 张生：《清末民事习惯调查与〈大清民律草案〉的编纂》，《法学研究》2007年第1期，第125页。

令对封建五刑进行改革，宣布废除凌迟、枭首等酷刑，改为斩立决；斩、绞立决改为监候，等待秋审；斩、绞监候也改为徒、流，无须发配，一律入习艺所习艺。1911年，晚清政府颁布《大清新刑律》，正式将封建五刑调整为主刑"死刑、无期徒刑、有期徒刑、拘役、罚金"，并确立了中国最早的自由刑——徒刑和拘役。刑罚的改革，尤其是自由刑的确立为建立近现代监狱奠定了基础。

2. 监狱改良

晚清修律前后，作为社会文明进步的标志，士大夫阶层数次向晚清政府提出监狱改良，如1901年7月12日、7月19日、7月20日，两广总督刘坤一和湖广总督张之洞一并上奏《江楚会奏变法三折》，提出了制定矿律、路律、商律、刑律及司法改革方面的建议。而第二份即专门提及监狱改良的奏章，主张建立现代监狱制度，并且，张之洞已经在广东和湖北实际开展了习艺所的实践。沈家本于1907年向晚清政府呈递《实行改良监狱宜注意四事折》《法部奏议实行改良监狱折》，提出自己的监狱改良主张等。最终，晚清政府核准了沈家本的《法部奏议实行改良监狱折》，推广监狱改良，主要内容包括改善监狱硬件条件，实施惩戒与感化并重；分别设立习艺所；在京师法律学堂和各地法政学堂设立监狱专科等内容。后晚清法部还多次奏定监狱改良的规则，进一步促进了监狱改良建议举措的具体化。

在监狱改良的浪潮中，地方实力派也筹建了新式监狱、罪犯习艺所等，❶有力地推动监狱改良运动落到实践。

3. 制定监狱法律

晚清之前的封建王朝从未制定过专门的监狱法典，有关监狱制度的内容基本依附于诸法合体的《大清律例》中。晚清狱制改良开始后，最早颁布的监狱法规是1903年光绪皇帝颁布的《习艺所办法》，该办法较为简

---

❶　如京师模范监狱、奉天模范监狱、湖北省城模范监狱、顺天府习艺所、保定习艺所、天津罪犯习艺所等。

单，只有 10 条，系针对晚清狱制改革出现的习艺所（该规定所规范的习艺所，其实同时包括已决监狱和未决拘禁之所）而制定的，规范了习艺所的种类、羁押对象、建筑要求、监狱组织等方面内容。一般认为，该办法应该是晚清监狱改良时期颁布施行较早的一部监狱法规。

到晚清集中修律时期，各种监狱改良的奏章及实践虽然在一定程度上分散地体现了刑罚变革及监狱改良的内容，但相互之间尚不统一、缺乏系统性，有必要制定一部专门的监狱法典。后晚清政府选择参考学习日本体例制定监狱立法。日本监狱学家小河滋次郎于 1908 年接受清政府的聘请，作为顾问帮助主持起草监狱法法典和设计新式模范监狱。1909 年，时任大清刑部主事的麦秩严上奏《改良监狱亟宜整饬折》，提出专门制定监狱律的重要性。小河滋次郎以日本监狱法为蓝本，顺应世界监狱改良的形势需要，以监狱行刑的目的是教育矫正犯罪人的教育刑理念为理论基础，将教育改造作为基本原则制定《大清监狱律草案》，这也成为中国史上首部专门的监狱立法。虽然该草案还未通过，晚清政府就被辛亥革命推翻，但该草案在内容上已经涉及近现代监狱的种类、管理体制、基本原则、行刑与管理制度等各方面，对后续民国时期的监狱立法产生了重大影响。"北洋政府 1913 年 12 月颁布的《中华民国监狱规则》，国民党政府 1928 年 10 月颁布的《监狱规则》以及 1946 年公布的《监狱条例》等法律，基本上是《草案》的翻版"。❶

三、晚清监狱改良过程中监狱官的管理

监狱官是监狱对国家监狱法律法规的具体执行者，也是教育刑理念的实践者。一个国家的监狱官制度直接决定了该国监狱官的素质、理念和监狱行刑时效，而一个监狱官的素质也将直接影响具体监狱行刑的良莠。晚

---

❶ 薛梅卿、叶峰:《试谈〈大清监狱律草案〉的立法意义》,《政法论坛》1987 年第 1 期,第 47 页。

清监狱改良过程中，清政府仿照西方模式建立了与封建传统监狱官体制完全不同的监狱官管理制度，对晚清监狱乃至民国监狱的改良产生了长远的影响。

（一）晚清监狱改良中革新监狱官制度的思想

在晚清监狱改良过程中，改革家们很早就意识到中国传统封建监狱官制度存在弊病，强调了改革监狱官制度的重要性。

张之洞早在其与刘坤一联名上奏的《江楚会奏变法三折》中直称中国封建传统监狱"徒以州、县有司政事过繁，文法过密，经费过绌，而实事爱民者不多，于是滥刑株累之酷，囹圄凌虐之弊，往往而有。虽有良吏，不过随时消息，终不能尽挽颓风"，❶ 提出"派专官监羁""专司稽查各属监狱之事"等建议。

沈家本也非常重视统辖整个监狱的典狱一职，认为"治狱乃专门之学，非人之所能为"，典狱也因其"统辖全监，非兼有法律、道德及军人之资格，不能胜任"。❷ 沈家本在其上奏的《奏请改良监狱折》中指出，监狱改良主要问题涉及专门培养监狱管理人员，所谓"养成监狱专官"，并具体提出改定狱官品级，仿照西方培养、选拔监狱官吏的方式等主张。

麦秩严在沈家本奏请监狱改良一折的基础上，在其《改良监狱亟宜整饬折》中提出"必须修改章程，彻底训练典狱官，始不失改良宗旨，及感化矫正之实"，❸ 并明确建议"以监狱毕业生充补典狱、看守长"等。

清末狱制改良中，众多仁人志士都深刻地认识到革新监狱官制度对狱制改良的重要性，提出了很多真知灼见，其中部分主张甚至还被清末政府采纳，如沈家本"养成监狱专官"的部分主张得到了法部的采纳，法部同

❶　公丕祥：《司法主权与领事裁判权——晚清司法改革动因分析》，《法律科学（西北政法大学学报）》2012 年第 3 期，第 8 页。

❷　张晋藩：《试论沈家本的法律思想（上）》，《法学研究》1981 年第 4 期，第 53 页。

❸　殷导忠：《刍议清末监狱改良所受日本之影响》，https://www.zjjy.com.cn/xssfx/2018/0115/c199a15857/page2.htm，访问日期：2020 年 5 月 11 日。

意在京师法律学堂及京外法政学堂设置监狱学专科。此外，在各省筹建的大监狱设置正副典狱官各一名，级别分别是从五品和从六品，其他管理人员的设置，如医官、书记员等，则由该省省督酌量增置，并报法部备案。麦秩严在《改良监狱亟宜整饬折》中提出的加强对典狱官管理的建议也得到了法部的认同。

总体来看，在晚清监狱改良的监狱官制度革新问题上，改革家和清政府均比较统一地认识到应摒弃中国传统封建监狱官管理体制、引入西方监狱官管理方式，培养遴选具有专业技能的高等人才，从资质、待遇、品级等方面提升监狱官的质量。尤其值得指出的是，通过建立教授西方教育刑理念的监狱教学体系，直接从源头将教育刑理念灌输给将来执掌监狱的学生，事实上对晚清乃至民国监狱改良实践产生了深远的影响。

（二）晚清改革监狱官管理制度的实践

1. 举办监狱学堂，培养和储备监狱专门管理人才

在奏复沈家本"养成监狱官吏"一策时，晚清法部采纳了设立监狱学堂的建议。于 1906 年 10 月创办了中国第一所官办法律学堂——京师法律学堂，监狱法即为专门的教学课程。1907 年 11 月，晚清学部通令京师和各省法政学堂增设监狱学专科，编订监狱学专科课程，专门研究学理和管理技能。❶1908 年 5 月，京师法律学堂开设监狱科，主要学习小河滋次郎的《监狱学》和《大清监狱律草案》。后各省也通过陆续开设各种官办监狱学堂，或在法政学堂、警务学堂内增设监狱学科等方式，专门培养监狱管理人才。晚清开设专科监狱学堂的举动开启了我国历史上专科培养监狱管理的先河，为新式监狱的建立培养输送了大批管理人才，产生了深远的影响。

---

❶ 郭辉、杨晓辉：《近代监狱改良视阈下的监狱官制度考》，《河北法学》2017 年第 12 期，第 109 页。

2. 提高监狱官的待遇，改定监狱官品级

我国传统封建监狱官吏（尤其是直接负责监狱官吏的有狱官）品级不高，待遇也不高，是造成封建狱制不良的原因之一。沈家本就曾经明确提出"改定狱官品级"的建议。晚清政府接受了这些意见，针对狱政与司法、行政不分的混乱局面，大力进行了监狱官制改革，如"改刑部为法部，原刑部提牢厅改为典狱司；设立了各级监狱专官。地方按察司改为提法司，下设典狱科，专管一省狱政，各科通常设科长一名，一等科员一名，二等科员二名，书记员若干名。同时相应地提高了各级狱官的品级：典狱科科长秩视五品、一等科员秩视六品、二等科员秩视七品、书记员秩视八九品；各级监狱官的经济待遇也得到提高"。❶ 另外，除了改革监狱官制、采用感化理念外，监狱还设立了课务、医务、保管、会计、药剂师等职务。

3. 颁布法律规定，明确监狱官职责

从中央层面来看，晚清政府于 1908 年颁布了《司法警察职务章程》，并着手制定首部监狱法律——《大清监狱律草案》。以上法律规定均明确了监狱官的职责。其中《大清监狱律草案》有 14 章，共 241 条，分为总则和分则：其中第 4 条规定"监狱归法部管辖"，明确了法部作为领导机关对监狱实施监督；并且明确要求监狱官不得伤害在监人的身体，不服监狱处分者可以向监狱官署或巡察管理提起告诉；尤其在分则部分对监狱官的具体职责作出了细致的规定，❷ 基本奠定了近现代我国监狱官制度的基础。

除晚清中央政府的狱政立法外，各地方一般对地方自建的改良监狱制定具体的管理章程，均在一定范围内对监狱官职责等问题进行了明确。

---

❶　龚春英：《论清末监狱管理人才的培养》，《泉州师范学院学报》2011 年第 1 期，第 98 页。

❷　具体包括收监、拘禁、教诲及教育、给养、戒护、作业卫生及医疗、出生及死亡、接见及通信、赏罚、领置、特赦减刑及暂释和假释等方面的职责。

四、晚清新建监狱的实践

1907 年，晚清政府下诏批准执行《实行改良监狱宜注意四事折》，从官方层面正式启动晚清监狱改良。加上前期改革刑罚工作的开展，晚清政府全面启动了包括改革刑罚、改建习艺所和新式监狱、培训和储备监狱管理人员、制定监狱法规在内的监狱改良措施。

（一）罪犯习艺所的设置

1902 年，山西巡抚赵尔巽正式向晚清政府提出《通设罪犯习艺所折》，提出"军、流、徒等犯罪名本意全失，流弊滋多"❶，并奏请各省通设罪犯习艺所。1903 年，清廷批准了赵尔巽的建议，开始改革封建刑罚种类中的笞、杖、流等刑罚，筹建习艺所。"但与现代监狱不同的是，习艺所采用法律界定的方法把犯人和社会上需要援助的人分开，它把无家可归者、懒汉、乞丐、失业人员、无技能工人和一些轻刑犯人按组分开。而且，把道德评估与法律因素放到同等重要的地位，因为习艺所的管理机制是按照犯人的勤惰划分的"❷，即习艺所除了承担执行犯罪人监禁刑的功能外，还承担着对"无家可归者、懒汉、乞丐、失业人员、无技能工人"进行职业教育，将其培养成具有劳动技能社会人的功能。

从各地方实践情况来看，顺天府习艺所、保定习艺所、天津罪犯习艺所、奉天习艺所、山西习艺所等属于全国范围内较为成功的习艺所，其中天津罪犯习艺所最具有代表性。

虽然习艺所在培养劳动技能方面很有特色，甚至有的习艺所的犯人还从事了当地企业的一些劳务外包工作，但许多习艺所在缺乏政府支持的背

---

❶ 高艳：《清末罪犯作业的创办》，《犯罪与改造研究》2008 年第 5 期，第 72 页。
❷ 冯客：《近代中国的犯罪、惩罚与监狱》，徐有威等译，江苏人民出版社，2008，第 46 页。

景下最终还是难以维系生存，并在开办后几年相继停止。"然而，还是有一小部分习艺所扩大规模或称为现代监狱。习艺所的教育使命和重视专业培育的方法被中国第一批模范监狱所效仿。"❶

（二）第一批新式模范监狱的出现

在狱制改良之前和推行期间，晚清政府曾经多次派员出国对欧美、日本等国的监狱制度进行考察。1907 年，晚清政府核准了《法部奏议实行改良监狱折》，规定各省省会及通商口岸先建一所模范监狱；明确监狱改良的宗旨是惩戒与感化并重，以分房制、阶级制为最善；并对新式模范监狱的建造提出了一些硬件上的要求。

1907 年至 1911 年，全国范围内建成或在建的新式模范监狱有：京师模范监狱、奉天模范监狱、湖北模范监狱、两江（江宁、江西）模范监狱、云贵模范监狱、山东模范监狱、广东模范监狱；筹建的监狱有：河南、闽浙、热河、广西、安徽等地监狱。除新建外，各地还有原州县旧式监狱改建的新式模范监狱，❷原罪犯习艺所改建的新式模范监狱。❸因此，总体来说，晚清政府筹建新式模范监狱的实践于各地间差异较大，其中较具代表性的有京师模范监狱、湖北模范监狱、奉天模范监狱等。

以京师模范监狱为例，该监狱最早是由法部尚书戴鸿慈向朝廷上书《奏设模范监狱折》中提出，经晚清政府核准该奏章后由政府划拨专款兴建。京师模范监狱由日本监狱学专家小河滋次朗设计，耗银 231 200 余两建成，堪称当时模范监狱中之模范。但遗憾的是，京师模范监狱尚未最终竣工，清朝政府就垮台了，直至后来民国北洋军阀政府接受后才最终竣工。因此，京师模范监狱在晚清政权期间其实并未实际运转，也未体现出该模范监狱对狱制改良政策最终执行的效果。

---

❶ 冯客：《近代中国的犯罪、惩罚与监狱》，徐有威等译，江苏人民出版社，2008，第48页。

❷ 如湖北汉阳、广东南海、奉天兴京、奉天锦州、奉天营口、奉天长白等地的监狱。

❸ 如保定、承德等地的监狱。

由于晚清政府开展狱制改良很多是从地方大员的各地实践先行的，因此，湖北、奉天两省早在法部建设京师模范监狱之前，就已经开始兴办新式模范监狱。如清末狱制改良重要的推动人张之洞，在其执政的湖北省内，仿日制，于1905年动工建设湖北模范监狱，于1907年动工投入使用。湖北模范监狱"是中国近代由省政府建成的第一座彻底改良的新型监狱。在建筑上最现代，监狱用现代的建筑材料石头和钢材建筑而成，拥有当时最完善的设施，包括玻璃、水龙头、电灯和灭火器。在行刑理念上最现代，倡导教育犯人，重视对犯人的职业培训和基础教育，为犯人开办工厂，专门教犯人缝纫、编织和加工竹器。劳动之余对犯人进行道德教育，鼓励他们改过自新，监狱还专门针对未成年犯人进行教育，鼓励他们悔过自新。监狱重视制度建设，实行狱官改革，明确职责，加大奖惩力度，注重培养训练。"❶从监狱官设置的规定来看，湖北模范监狱按照现代监狱官的理念进行管理，设典狱长一人总管监狱事务，下设三课（文牍课、守卫课、庶务课）、二所（教务所、医务所）。

在省模范监狱建设的浪潮推动下，省级以下的地方监狱也开始效仿省级新式模范监狱进行改良。但由于省级以下地方财力有限，无法负担完全新建新式模范监狱，因此，省级以下地方监狱的改良主要还是在原地方监狱或罪犯习艺所的基础上进行，并引入现代意义上的狱制管理制度。

（三）总结

晚清狱制改良虽然在不同地方取得了一定的实效，但受制于晚清社会半殖民地半封建性质导致其改良不彻底，并且客观上清朝政府在狱制改良后不久就垮台了，因此，晚清狱制改良其实是中国狱制现代化转型刚寻找到出路，但仅开了个头就停止了。然而，不可否认的是，晚清狱制改良在整个社会层面接受和启蒙了近现代刑罚理念，尤其清政府在狱制改良过程

---

❶ 王志亮：《清末民初：中国监狱现代转型肇始研究》，中国法制出版社，2011，第236–237页。

中对监狱人才的严格要求，为系统培养、储备监狱高级管理人员奠定了基础（甚至民国狱制改良的主力主要都是晚清狱制改良过程中培养出来的），对民国政府继续中国监狱现代化转型产生了重要而深远的影响。

第三节　民国初年的监狱官

1911 年 10 月 10 日，辛亥革命爆发，推翻了清朝在中国的统治。1912 年 1 月 1 日，中华民国南京临时政府成立，中国社会进入一个全新的发展阶段。但由于南京临时政府成立不久即被北洋政府取代，因而本书所指的民国初年，包括了南京临时政府、北洋军阀的民国北京政府统治时期这两个历史阶段。

民国初年上承最后的封建王朝——清朝，下接南京国民政府，该时期中国国内局势持续动荡，各种政治运动和思潮风起云涌，即使只从狱政制度角度而言也是晚清监狱改良和南京国民政府时期监狱制度建设高潮的重要联结点，在中国监狱现代化转型过程中起到了非常特殊的作用。

一、民国初年的历史背景

（一）中华民国南京临时政府和北洋军阀统治的民国北京政府的历史背景

1911 年 10 月 10 日，武昌起义掀起了辛亥革命。在一个月内，全国 18 个行省中的大部分省的许多州县宣布起义。宣告独立的各省都督府或军政府在武昌召开会议，共同推举孙中山为中华民国临时大总统。1912 年 1 月 1 日，孙中山于南京宣布建立中华民国南京临时政府，并宣誓就职中华民国临时大总统，改国号为中华民国。

中华民国南京临时政府成立后，与清朝北京政府相对峙。南京临时政府作为资产阶级革命派的政治组织，由于未能充分发动群众保卫已夺取的政权，很多独立省份的政权旁落到晚清立宪派或者旧军阀手中。因此，革命虽然发展很快，但革命成果却不稳固，更无力北上武力推翻清政府。晚清重臣袁世凯看准了南京临时政府的软弱，提出以劝说皇帝退位为筹码换取中华民国临时大总统的职务。以孙中山为首的中华民国南京临时政府为了巩固革命成果，接受了袁世凯的建议。1912 年 2 月 12 日，清朝宣统皇帝溥仪宣布退位，中国封建君主制至此正式终结。同年 2 月 13 日，袁世凯向中华民国南京临时政府致电，宣布"共和为最良国体"。3 月 10 日，袁世凯在北京就任临时大总统。4 月 1 日，孙中山正式辞去职务，临时政府随后迁往北京，建立了代表大地主和买办资产阶级利益的北洋军阀政权，史称"中华民国北京政府"或"北洋军阀政府"。北洋军阀政府建立后，军阀头子袁世凯、段祺瑞、曹锟和张作霖等人先后掌控政权，进行军阀独裁统治。

回顾民国初年的历史风云，孙中山任中华民国临时大总统的南京临时政府是中国近代史上唯一具备资产阶级共和国性质的革命政府，集中代表和反映了民族资产阶级的利益。为了预防袁世凯独裁专制，南京临时政府于 1912 年 3 月在孙中山正式辞任前颁布了《中华民国临时约法》，作为中国历史上第一部资产阶级宪法性文件，从法律层面明确了资产阶级共和国的国体。除此之外，南京临时政府还在 1912 年 1—3 月，先后执行颁布了一系列体现资产阶级三民主义立法指导思想的政治法令、财政金融政策、军事法规及文化教育措施等各方面的法律法规，并开展了以司法独立为目标的司法制度改革。袁世凯为给其独裁统治披上合法的外衣，在北洋军阀政权上台伊始也宣称"谨守约法"。因此，南京临时政府颁布的法律规定对北洋军阀政权还是产生了一定影响的。

南京临时政府在资产阶级软弱性的支配下，仅存 3 个月后就向以袁世凯为代表的对外代表帝国主义侵略势力利益、对内代表大地主和买办资产阶级利益的北洋军阀政权妥协，辛亥革命胜利的果实被窃取。北洋军阀政权表面上打的是"中华民国"的旗号，但建立的封建地主买办阶级专政的政权与南京临时政府性质完全不同，是在"民主""共和"的幌子下实行的军阀独裁统治。"接替孙中山当上民国临时大总统的袁世凯，企图通过实行个人独裁制度，试图在清末改良的基础上建立起稳定的政府和强有力的制度，从而在清末的政治制度层面与民国政治制度层面之间保持明显的连续性。"❶

（二）民国初年监狱制度承继晚清监狱改良

在西方狱政思想及监狱文化输入、国内救国图存运动兴起、清末修律、以"德礼教化"为根基的中国传统监狱行刑文化的本土性资源影响等多种因素的共同作用下，晚清兴起了监狱改良运动。但其拉开序幕后未及全面开展，晚清政府就被推翻了。虽然说晚清监狱改良运动在起始时主要是社会精英引导的，但晚清的西方政治法律文化输入及辛亥革命，极大地启蒙了普通民众，西方监狱文明及狱制思想潜移默化地已经输入中国社会的各个阶层。民主法治成为不可逆的时代潮流，甚至可以说晚清政府的灭亡并不意味着清末变法的终结，反而成为民国初年监狱改良运动的新起点。

还有一个不可忽略的因素是人才。晚清监狱改良运动中，培养了大量的监狱学人才，根据相关数据，仅在清宣统年间，全国各类专门法政学校有 47 所，法政学生人数达 12 282 人。法学留学生的人数在清末也大幅增加，❷ 如此大规模的法学教育体量，也孕育了大规模的监狱学教育体量。而在晚清政府垮台后，这些接受西方法学、监狱学教育的人才进入了民国政府任职，掌握了民国初年国家监狱制度发展的话语权，为晚清未尽的监狱

---

❶　冯客：《近代中国的犯罪、惩罚与监狱》，徐有威等译，江苏人民出版社，2008，第60页。

❷　从 1905 年至 1908 年，赴日的公费法学留学生约有 1145 人；从 1872 年至 1908 年，赴欧美的法学留学生有几十人（有姓名可考的 28 人）；从 1908 年至 1911 年，赴欧、美、日的公费和自费法学留学生有 958 人。陈谤林：《最近三十年中国教育史》，上海：太平洋书店，1930，第113 页。

改良运动得以在民国初年承继创造了条件。

另外一个不可忽视的因素是废除领事裁判权的压力。西方帝国主义侵略者在租界享有领事裁判权是对国家主权的重大侵害。随着西方政治文明思想的输入，中国社会的仁人志士开始意识到领事裁判权造成的弊端，并将撤废领事裁判权提上日程。为了向国际社会争取撤废领事裁判权，中国司法改良状况应能满足西方对法制的基本要求。据此，民国初年监狱改良在一定程度上被赋予了争取国家民族主权的意义，也受到了民国初年政府的重视。

综上可见，起始于清末的监狱改良运动虽然由于晚清政府的覆灭而戛然而止，但为后世的监狱改良奠定了基础，晚清监狱改良的思想、制度设计最终被民国初年的监狱改良运动承继，前后相继，一以贯之。在晚清监狱改良奠定的思想和制度设计基础之上，中华民国最终将监狱改良运动推向纵深，开启了中国监狱现代化的进程。

二、民国初年监狱改良运动的开展

（一）中华民国南京临时政府监狱改良运动的开展

1. 中华民国南京临时政府时期的法律背景

由于作为资产阶级革命政府的中华民国南京临时政府存续时间过短，因而尚未来得及对晚清政府留下的半殖民地半封建社会进行资本主义改造，当然也未能全面实践监狱改良运动。但就在这 3 个月内，在颁布《中华民国临时约法》的同时，南京临时政府还颁布了政治法令❶、财政金融政策❷、改革司法制度的法令❸ 及文化教育措施❹ 等各方面的法律法规，并开展

---

❶ 《中央行政各部及其权限》《南京府官制》等。

❷ 《商业注册章程》《商业银行暂行则例》等。

❸ 《大总统令内务、司法两部通饬所属禁止刑讯文》《大总统令内务、司法部通饬所属禁止体罚文》等。

❹ 《普通教育暂行办法》《普通教育暂行课程之标准》《禁用前清各书通告各省电文》等。

了以司法独立为目标的司法制度改革。

《中华民国临时约法》颁布后，原法部改为司法部，由伍廷芳出任司法部总长，负责民国初年的司法行政工作。伍廷芳作为晚清修律大臣之一，积极支持延续晚清监狱改良的思想和实践，继续推进筹建新式模范监狱的工作。

2. 中华民国南京临时政府时期监狱改良的法律体系

1912 年 2 月 4 日，司法部发布《令各省司法筹备处、地方检察厅速遵监狱改良办法筹画推行文》，在提到筹建新监狱的重要性时，该行文明确指出："监狱改良急于救焚拯溺，本部前经拟定监狱图式公布施行，顾以经费好繁，不得不分年筹备。当此新旧擅迁之际，回顾昔日狴犴情形，莫不地狭人稠，空气不足，积污丛垢，疫病繁兴，使不亟待图改革，是凡收入新监狱者，或得收感化之效，而收入旧监狱者，则仍是颠连无告，日转辗秽污黯默之区，何以示公平而遵人道，兹特拟定就监狱改良办法八条，通令各该厅处长参照本部第一百二十二号及一百六十七号指令，务须详切筹画，克日推行，并将整理改良情形绘具图说报本部备核。此令。"❶另外，该行文还具体规定了已决犯与未决犯隔离关押、分房关押、监区之间进行隔离、劳动改造、医病、通风光照等具体管理原则。

1912 年 3 月 2 日，南京临时政府还颁布了《大总统令内务、司法两部通饬所属禁止刑讯文》，3 月 11 日颁布《大总统令内务、司法部通饬所属禁止体罚文》。❷该等法令否定了纠问制诉讼模式下刑讯合法的做法，明确规定不论行政司法官署及何种案件，一概不准刑讯，该行文对监狱关押未决犯的具体制度起到了重要的作用。

1912 年 3 月 16 日，司法部又颁布了《促进监狱改良办法》，再次下发《令各省司法筹备处、地方检察厅速遵监狱改良办法筹划推行文》，强调筹

---

❶　薛梅卿等编《清末民初监狱改良专辑》，中国监狱学会，1997，第 7 页。

❷　规定行政、司法官署审理案件一概不准刑讯逼供，不法刑具悉令焚毁，其罪当处笞、杖、枷号者，一律改为罚金、拘留。违反命令者褫夺公权并治罪。

建新监狱的重要性。

1912 年 3 月 20 日，司法部颁布了《司法部咨江苏都督提江宁模范监狱旧存款项文》，批复请江苏都督协助查明所存银两用于修建南京模范监狱。同月，司法部还颁布了《司法部批筹办南京监狱改良进行总会发起人孔繁藻等请立案呈》，对组织建立全国性监狱改良总会作出批示，根据该批示，孔繁藻等人经修订章程，设立"中华监狱改良协会"。于 3 月 31 日召开成立大会，推举王宠惠为会长，吕志伊、陈其美为副会长。该协会后续为民国监狱改良运动起到了不可忽略的作用。

由此可见，虽然南京临时政府仅仅存在了三个月，但其在监狱改良方面还是开展了相当多的工作，体现了南京临时政府对监狱改良工作的高度重视。

（二）中华民国北洋军阀政府监狱改良运动的开展

1. 中华民国北洋军阀政府时期的法律背景

以袁世凯为代表的北洋军阀政权虽然同样打着"中华民国"的旗号，但其建立的是对外代表帝国主义、对内代表封建买办地主阶级利益的政权。因此，北洋军阀政权建立后，按照其政权的需要对南京临时政府颁布的法律进行了部分修正。

袁世凯为给其独裁统治披上合法的外衣，在北洋军阀政权上台伊始宣称"谨守约法"，并于 1913 年 10 月通过了《中华民国宪法草案》，即《天坛宪草》，其以资产阶级宪法的形式实行责任内阁制，对限制总统任期、国会对总统的牵制权作出规定。袁世凯的专制独裁统治受其阻碍，1914 年 1 月蛮横下令解散国会，《天坛宪草》随即作废。后在袁世凯掌控之下，北洋军阀政权于 1914 年 5 月颁布《中华民国约法》，又称"新约法"，以区别于前临时约法。该约法为推行专制独裁提供法律依据，它确认了袁世凯专制独裁制度，取消国会制，设参政院为总统的咨询机构。至此，从《中华民国临时约法》到《中华民国约法》，辛亥革命的胜利成果一步步被窃取。

在刑事法律层面，北洋军阀政府于 1912 年 4 月颁行《暂行新刑律》。

袁世凯在发布该法令时称："所有从前施行之法律及新刑律,除与民国国体抵触各条应失效力外,余均暂行援用。"❶ 北洋政府法部随即拟定《删修新刑律与国体抵触各章条等并删除暂行章程文》,是为《暂行新刑律》。它在《大清新刑律》基础上稍作修改,篇章体例一如之,基本变动不大。该法实施后,北洋军阀政府分别于 1912 年 8 月和 1914 年 12 月颁行《暂行新刑律施行细则》和《暂行新刑律补充条例》,对其进行部分修订。1915 年 2 月,北洋政府以《暂行新刑律》为基础,完成刑法修正案,共 55 章,432 条,《暂行新刑律补充条例》的内容被正式列入刑法草案正文。袁世凯在这一草案议决公布前即倒台。1919 年,段祺瑞政府再次修订刑法草案,予以一定程度的调整,次年《刑法第二次修正案》完成,最后未能公布,但为 1928 年南京国民政府制定刑法奠定了基础。从北洋军阀政府刑事法律制定情况来看,已经完全取代封建时期"笞杖徒流死"的刑罚种类,规定的主刑主要包括有期徒刑、无期徒刑和死刑,并且规定了附有剥夺民事权利并且没收财产的拘留。这些监禁刑的规定为监狱改良运动奠定了基础。

虽然北洋军阀政府在宪政层面呈现出独裁和反动的特征,但在司法体制改革的问题上,"在以后的民国北京政府统治时期,继任者即使没有在实际行动上进行监狱改良工作,那么至少也在理论倡导上仍然在坚持监狱改良的原则。"❷

2. 中华民国北洋军阀政府时期监狱改良的法律体系

（1）中华民国北洋军阀政府时期监狱法体系的建立

虽然北洋军阀政权是对外代表帝国主义、对内代表封建买办地主阶级利益的政权,但历史的巨轮一旦启动即无法倒退,北洋军阀政权也确立了体现资产阶级革命派意识的司法制度,并在监狱改良运动过程中顺应了监狱现代化的时代大潮。在这样的大背景下,北洋军阀政权在清末未及颁布

---

❶ 此处所指"新刑律",即清末修律公布后、尚未来得及实际实施晚清政府就垮台的《大清新刑律》。杨惠:《北洋政府时期"易笞条例"评介》,《法学杂志》1995 年第 4 期,第 34 页。

❷ 王志亮:《清末民初:中国监狱现代转型肇始研究》,中国法制出版社,2011,第 248 页。

的监狱法规基础上进行整理，并进一步颁布了较多具体的监狱法规，建立了北洋军阀政权的监狱法律体系，进一步承接了自清末启动的中国监狱现代化转型历程。

民国初年，对清末修律成果，北洋军阀政府总体上持肯定态度，"从1912 年至 1919 年，北洋军阀政府有关部门，一方面对清末未及颁行的狱法进行整理、删改增补等，制定颁布了诸多监狱法规，建立起了民国北京政府的监狱法律体系"❶。

1913 年 12 月，北洋军阀政府在吸取未及颁布施行的《大清监狱律草案》的教育刑的行刑理念的基础上，修订颁布了《中华民国监狱规则》。该规则成为中国历史上正式颁布施行的首部专门规范监狱管理的单行法律，在中国监狱改良运动的过程中起到了重要的作用，共实施了 15 年，并对后世国民党南京政府于 1928 年颁布的《监狱规则》产生了重要的影响。它将民国监狱定性为"监禁被处徒刑及拘役者之所。有不得已时，看守所得代用为监狱"等（但在监狱的属性上，《大清监狱律草案》包括徒刑监、拘役监和留置监；而《中华民国监狱规则》原则上仅将监狱视为关押已决犯的场所，而将看守所分离出来），并在立法理念上基本体现了教育刑的现代狱制思想和具体制度，具体制度上分 15 章共 103 条，分为总则❷、分则❸ 两部分。

除《中华民国监狱规则》外，为了细化对犯人的管理制度和对监狱官

---

❶　王志亮：《清末民初：中国监狱现代转型肇始研究》，中国法制出版社，2011，第249 页。

❷　对监狱的隶属、监狱的管辖及适用、收监的范围、监狱犯人的申诉制度、监狱参观和视察制度等内容进行了规定，也对民国监狱的基本属性进行了明确。

❸　对收监、监禁、戒护、劳役、教诲及教育、给养、卫生及医治、接见及通信、保管、赏罚、赦免及假释、死亡等各项具体制度进行了规定。

吏的管理制度，北洋军阀政府还先后颁布了一系列规定。❶

《中华民国监狱规则》和较多的狱制单行规定构成了中华民国北洋军阀政府时期的监狱法律体系，在制度上充分体现了现代西方狱制和监狱文明的思想，是我国监狱发展历史上非常大的进步，将清末以来的监狱改良推进到了全面铺开实践的阶段。

（2）中华民国北洋军阀政府时期监狱改良的政策支持

具体到监狱改良政策支持的层面，按照《中华民国临时约法》规定，中华民国北洋军阀政府将法部改名为司法部、将下辖的典狱司改名为监狱司，任命许世英为司法总长，田荆华、王文豹为监狱司长，虽然由于政权的更迭导致司法部高级官员不断变换，但在王文豹自 1914 年至 1928 年任职期间均保持了机构的连续和稳定，持续推行清末开始的监狱改良。

1912 年，民国第四任司法总长许世英上任。许世英曾在清末担任奉天高等审判厅厅长，一向积极支持监狱改良。自许世英起，在北洋军阀政府颁布监狱法律法规的同时，司法部也从政策管理层面对监狱改良运动的开展予以支持。

许世英在上任伊始就发布了《司法计划书》，在全国范围内推行了声势浩大的司法改良运动，监狱改良运动在其中占了重要的作用。在谈到监狱改良与司法进步的关系时，许世英明确提出：若夫监狱制度，则与刑罚裁判有密切之关系，狱制不备，无论法律若何美誉，裁判若何公平，一经宣告，执行之效果全非，外人领事裁判权，所以绝对不肯让步者，大抵一吾国法律裁判监狱三者不能与世界各国平等，故常籍为口实，实吾国之莫大耻辱，今改良监狱，改良裁判，而不急谋所以改良监狱，犹未达完全法

---

❶ 1912 年先后颁布《监狱看守教练规则》《监狱看守考试规则》；1913 年先后颁布《监狱处务规则》《监狱教诲教师医士药剂师处务规则》和《视察监狱规则》；1917 年颁布《县知事疏导人犯扣俸修监章程》；1919 年先后颁布《监所职员任用暂行章程》《监所职员奖励暂行章程》《各县监狱看守所规则》《监狱官考试暂行章程》《监所职员官等法》和《监所职员官俸法》；1920 年颁布《监犯保释暂行条例》；1923 年颁布《假释管理规则》等。

治之目的也。❶ 并且，许世英提出了筹建新监狱的五年计划，计划在五年期限内建设三百余所新监狱，相当于在中国 1700 多个县城中每 6~7 个县城新建一所新监狱。许世英在新监狱建设上一并提出以下要求：关押人犯 250 人以下的新监狱建筑采用单十字形结构，关押超过 250 人的大规模新监狱建筑采用双十字形结构。特别值得注意的是，许世英已经在理论上开始区分关押已决犯和羁押未决犯，并开始在建筑格局上对看守所和监狱有所区分。尽管许世英在任时间不长，但其在监狱改良方面的主张对整个北洋军阀时期的监狱改良运动有着重要的作用，甚至对后世的国民政府时期监狱改良实践也产生了影响。

　　为了落实监狱改良运动的要求，北洋军阀政府先后发布了多个政策、法令对监狱改良的有关安排进行细化。司法部于 1913 年 1 月发布《拟定监狱图式通令》，指出："监狱之于刑法，其利害当息息相关，预制不良，即不达刑期无刑之目的，矧吾国监狱黑暗，久为各国所訾讥，稽列国之规模。亦未便因陋就简，用特博才各国狱制，制成图样，并附监狱图目录，及图示说明书做法说明书各一件，虽不敢谓遽跻完善，但使依式建筑，或可收改良之效果，为此令行各该处嗣后新建监狱，务必按照部颁图示，切实办理"，❷ 并将新式监狱各个构造部分的示意图一并下发。为了在建立新监狱的同时对旧监狱进行整顿，司法部还在 1913 年 3 月发布《旧监狱改良办法》，提出："各旧监狱专收已定罪之人犯，但未设有看守所地方所有刑事被告人亦得羁禁于此，惟须另行划分一部严行离隔；各旧监狱除杂居房外应说酌设分房；各旧监狱之杂居房如系漫无区划者即须酌量形势实行离隔；各旧监狱须视收入之多少设相当之工场；各旧监狱应划设病室；各旧监狱大都空气缺乏光线不足地势卑即须设法整理"，❸ 对旧监狱整顿一并提出了明确的要求。1915 年 7 月，司法部发布《改良监狱切实推行令》，提

---

❶ 薛梅卿等编《清末民初监狱改良专辑》，中国监狱学会，1997，第 58 页。

❷ 赵琛：《监狱学》，上海法学编译社，1931，第 56 页。

❸ 山东省劳改局编《民国监狱法规选编》，中国书店出版社，1990，第 37 页。

出："新监狱以作业为感化，毋徒袭形式为文明，旧监狱以除弊为要图，再徐谋粗浅之工艺，务令所收之犯，变为生利之人，出监以后，永无再犯之事"，分类规定了新、旧监狱的不同改良内容。1916 年 12 月，司法部发布《司法会议议决改良监狱办法》，规范了全国监狱的名称，❶ 并明确提出了筹建新监狱相对整顿旧监狱更为重要。

三、民国初年的监狱官制度

民国初年的监狱改良非常重视培养专业的监狱管理人员，但由于南京临时政府仅仅存在了三个月，最终民国初年监狱官的变革在北洋军阀政府时期落实到具体实践。

从广义上来说，民国初年的监狱官员主要包括三类：高级监狱官员、普通监狱官员和其他专门人士（如教诲师、技士、医士、药剂师和看守人员）。其中普通监狱官员是监狱官的主体、承担监狱管理的日常工作，而高级监狱官员和专门人士的整体管理上与普通监狱官还是有所区别的。

（一）民国初年监狱官定位及工作职能的变革

民国初年延续西方教育刑理念下的监狱改良运动。教育刑理念认为，刑罚执行的目的不仅仅甚至不主要是为了惩罚犯罪，更多的是为了教育矫正犯罪人，最终实现预防犯罪的效果。因此，在教育刑理念下，监禁刑刑罚的执行不仅要看管和戒护犯罪人，还要在刑罚执行过程中实现对犯罪人的教育矫正。"由监禁戒护，至教化作业，是现代监狱行刑的特征之一。"❷ 民国初年，监狱官的工作增加了监狱作业、教育教诲、各项信息统计、出

---

❶　"现在京外新监狱有以县名者，有以府名者，亦有以第一、第二名者，名称极为不一，应照此议决办法，将各省会之新监狱改为某省第一监狱，其他推广之，新监狱按照成立之次序名为某省第二、第三、第四监狱，其未经改良者均仍旧称以示区别而资振作。"山东省劳改局编《民国监狱法规选编》，中国书店出版社，1990，第 69 页。

❷　林纪东：《监狱学》，三民书局，1966，第 54 页。

狱人保护等内容。

1. 监狱作业制度

劳役是现代监禁刑行刑的重要内容，能有效培养犯罪人的劳动技能，促使其养成劳动习惯，从而实现对其犯罪心理的矫正。因此，北洋军阀政府时期多次发布法令推广监狱作业制度，要求各监狱"扩充作业使全监无坐食之囚"，并提出监狱作业的宗旨在于："（一）培养发展犯人之谋生技术或能力，使出狱后得独立谋生而不再犯罪；（二）转移犯人之注意于工作，以减少其在监之痛苦；（三）养成犯人勤劳之习惯；（四）增进监狱之收入，而减轻一般纳税者之负担；（五）使犯人在执行自由刑之期间有相当收入，以赡养家庭或供储蓄而维持出狱后之生活。"❶

监狱作业种类分为在监狱内部作业的内役和可以到监狱外作业外役两种。❷内役一般主要是从事纺织业工作，而外役较多承担修建道路或其他工程项目的工作，如司法部于 1924 年向各地函令，要求各地监狱与各省建设厅联系，要求各地如有筑路工程，可拨充犯人。在以外役方式较多承担当地修路工程的地方监狱，甚至还出台了专门的规定规范外役行为，如《上海第一特区监犯修路章程》《山西省监犯修路章程》等。

监犯在监狱从事劳役是监禁刑的重要内容，该项刑罚是强制性的，但监狱管理方须注意根据不同的犯人情况安排不同的作业工作，"服劳役者须斟酌其年龄、罪质、刑期、身分、技能、职业及将来之生计体力之强科之"❸。另外，为了激发犯人参加劳役的热情，监狱会根据劳役情况向犯人发放一定的赏金，由监狱代为保管至出狱时发放。

研究民国初年监狱作业制度的一个不可忽视的问题是，民国初年各地监狱工作开展，甚至监狱作业本身开展都面临资金不足的情况，监狱作业

---

❶　薛梅卿等编《清末民初监狱改良专辑》，中国监狱学会，1997，第 113 页。

❷　一般来说，内役适用于所有在监犯人，而外役对可以出监的犯人要求更高，如无逃逸之虞者、入监前生业关系适于外役或不妨就外役者、平日行为足以信其就外役不至违犯纪律者，无严加管束之必要者等。

❸　薛梅卿等编《清末民初监狱改良专辑》，中国监狱学会，1997，第 126 页。

在有利于在监犯人的同时，也能增加监狱的收入、缓解监狱工作经费困难的情况。具体到监狱官的工作上来说，监狱作业制度的推广意味着监狱官工作的部分内容调整为对在监犯人作业情况的管理。由于监狱作业有利可图，为了避免监狱作业因为逐利而干扰监狱作业的宗旨，司法部专门发文禁止监狱官私自贩卖监狱产品。另外，需特别说明的是，由于监狱作业的专业性，在具体从事监狱作业的工程中，除了监狱官进行管理外，监狱可能还会需要从监狱外部聘用专门的技术人员向在监犯人传授作业技巧。

2. 监狱教育教诲制度

在教育刑行刑理念模式下，刑罚的主要目的不再仅是惩罚犯罪人，更多的是通过执行刑罚实现对犯罪人的矫正。因此，民国初年的监狱在传统的行刑模式下，增加了对犯罪人进行教育教诲的内容要求（其中教育更多的是对知识文化专业技术的教授，而教诲更多的是对犯罪心理的矫治）。

具体从制度上来看，1913 年司法部在其颁布的《中华民国监狱规则》中专设第六章"教诲及教育"，在教诲方面要求"在监者一律施教诲"、在教育方面要求"未满十八周岁者一律施教育，但满十八周岁者自请教育或监狱官认为必要时亦得教育之"，❶ 初次将有关教育教诲制度纳入我国监狱行刑要求，这标志着我国狱政制度正从传统的苦辱主义刑罚向感化主义刑罚转变。

从教育内容上来说，司法部规定的教育主要体现在文化教育方面，教育科目包括识字、修身、算学、常识、体操和唱歌。教员一般就直接由监狱官职员担任。

从教诲内容上来说，"南京国民政府监所教诲内容主要分为以下几类：首先是因果报应等宗教类，其次为道德格言类，再者为政治教材类"❷。主要的教诲工作由专门的教诲师进行，特别的教诲可能由各宗教人士或教育

---

❶ 刘迪：《论中国近代以来的教育矫正措施及改革方向》，《佳木斯教育学院学报》2013 年第 9 期，第 290 页。

❷ 柳岳武：《南京国民政府监所教诲政策研究》，《东方论坛》2013 年第 3 期，第 8 页。

名人进行。其中，江苏第二监狱教诲师邵振玑编写的《教诲浅说》经江苏省高等检察厅报司法部核准，作为全国教诲感化工作的蓝本向全国发行。❶

具体到监狱官的工作上来说，监狱行刑过程中要求的教育教诲工作内容大大拓宽了监狱官的工作范围。监狱官除了能够承担部分基础的教育和教诲工作外，专业的教诲工作对监狱官的资质提出了更高的要求，教诲师遴选应具备以下条件：其一，在高等初级师范毕业，曾任中学教员三年以上，或高级小学教员五年以上者；其二，对监狱学、犯罪学、心理学，素有研究者；其三，年龄在 40 岁以下，身体健全者。❷ 这意味着除了监狱官外，随着监狱管理工作的精细化和专业化，其他专业技术人员（如教诲师、技士、医士、药剂师和看守人员等）也介入到监狱管理工作中来。

3. 监狱各项信息统计制度

监狱统计是现代监狱制度的一项重要内容，全面准确的监狱统计将为监狱日常管理及今后制度评估带来支撑作用。因此，监狱统计同时也是民国初年，北洋军阀政府考核及培训监狱官人才的必备科目。按照民国初年《监狱报告规则》规定，监狱日常统计的内容包括：犯人出入人数表，犯人罪名、刑名、家庭情况、职业及其资产、年龄、入监时文化程度，假释及撤销假释人数，监狱作业，犯人疾病死亡等各方面，一般由各监狱以月报、年报的形式按期呈报司法部。如出现监狱官吏变动及承接事项、监狱灾变事项、在监人反狱事项、在监人逃走捕获事项、在监人死亡等非常事项时，由监狱临时向司法部呈报。

民国初年，监狱统计制度日益完善，监狱统计也成了监狱官日常监狱管理工作中的一项重要内容，监狱官等考任及任职培训等工作都体现了对监狱统计的要求，做好监狱统计工作也成了监狱官一项常规工作之一。

---

❶ 佚名：《第二节 思想政治教育》，http://www.shtong.gov.cn/Newsite/node2/node2245/node73095/node73104/node73143/userobject1ai86243.html，访问日期：2020 年 5 月 12 日。

❷ 柳岳武：《南京国民政府监所教诲政策研究》，《东方论坛》2013 年第 3 期，第 7 页。

4. 出狱人保护制度

在采纳教育刑理念的同时，民国初年的监狱也在具体制度上采纳了西方监狱制度中的假释、保外就医等制度。为了确保假释、保外就医的犯罪人能够顺利回归社会，首任司法总长许世英就在其《司法计划书》中倡议建立出狱人保护事业，成立出狱人保护协会，"解衣衣之，推食食之，无所栖止者，则为之筹居处。无所职业者，则为之谋生计。或给予资本，使自为营生。或借贷器用，使不至空乏。或与以旅费，使之回籍，以免于流落"，以帮助出狱人"涤其旧染之汙，开其更生之路"。❶

司法部 1913 年 1 月颁发《出狱人保护事业奖励规则》对出狱人保护制度进行规定，明确由监狱长具体负责出狱人保护事业的开展，并组织民间集资成立出狱人保护协会，司法部将根据各地出狱人保护制度的开展情况对具体监狱给予奖励。

该制度的出发点本身是较好的，但是由于出狱人保护制度不仅需要监狱工作的配合，还需要民间社会筹资形成合力，在民国初年的历史背景下实现尚有一定难度。最终真正实践该项制度也仅是京师地区成立新民辅成会和俄犯救济会，并未在全国范围内铺开。

相比监狱管理的其他制度而言，出狱人保护制度并不是严格的民国政府要求各地监狱应当实现的硬性制度，更多的主要是从奖励层面进行推广。相应的，对各地监狱，尤其对普通监狱官而言，出狱人保护制度其实并不是其日常监狱管理工作的内容。

（二）民国初年监狱官的管理

1. 民国初年监狱官的教育培养

北洋军阀政权第一任司法总长许世英在上任之初就提出，典狱、看守长为"执行自由之官吏，若以不学者而治之，是无异立朝夕于运钧之上，

❶　张万军、魏顺光：《民国初年监狱制度的近代化——对许世英 1912 年 "司法计划书" 的解读》，《求索》2010 年第 11 期，第 236 页。

檐竿而求，其末盖不可得也"❶。后司法部在清末设立监狱学堂和法政学堂增设监狱学一科的基础上，继续深入各省普设监狱专修学校。

北洋军阀时期的监狱学校包括公办和私立两种，但无论是公办监狱学校还是私立监狱学校，其办学资格均应报司法部批准。另外，司法部均专门下达了统一的《监狱学校规则》标准，明确规定了监狱学校的入学资格为年龄 25 岁以上且中学毕业及与中学毕业相当之程度者或曾于法律政治学校修业二学期以上者；入学后学习的科目包括法学通论、刑法、法院编制法、监狱学、监狱法、监狱实务、监狱施行细则、出狱人保护制度等 21 门科目；课程修完毕业后，监狱学校毕业生可申请司法总长指定监狱进行监狱实务的实习。放眼来看，民国初年全国范围内掀起了兴办法律学校、监狱学校的高潮，最多时全国各地建有法律学校 64 所之多。

以上对监狱官教育培养主要针对的是普通监狱管理人员的教育，高级监狱官员总体来说除了监狱法的入门要求外，更需要其他层面综合素质（如政治、年资等），而专门人士在任职资格上主要考量的是各自领域范围内的专业知识。

应该说，民国初年大规模的培养专门的监狱官人才并提高监狱官的入门资质，是中国历史上第一次将监狱官提高到如此高度，意味着监狱官作为教育刑行刑目的的实践者已经远远超出封建监狱狱制下仅视为看守的角色定位，也意味着自此监狱官成为整个刑罚执行体系中独立的重要一环。经由监狱学校培养专业的监狱官，大大提高了监狱官的综合素质，将教育刑的理念直接传导到了一线的监狱官狱务实践，也为确保监狱改良取得实效、落实政府发布的各项监狱管理规定奠定了基础。

2. 民国初年监狱官的任用

民国初年，北洋军阀政府在文官任用制度方面推行文官考试制度，通过文官考试制度的考生才有成为公务员的资格。在监狱官方面，除了高级

---

❶ 郭辉、杨晓辉：《近代监狱改良视阈下的监狱官制度考》，《河北法学》2017 年第 12 期，第 108 页。

监狱管理人员和专门人员采用荐用的方式入职监狱外，普通监狱官主要通过文官考试获得委任入职资格。

第一，民国初年应试监狱官的资格。

按照北洋军阀政府 1919 年公布的《监狱官考试暂行章程》规定，"凡年满二十岁以上具有下列各款资格之一者得应监狱官考试。一、经司法部核准之监狱学校或监狱专修科毕业得有文凭者；二、在外国警监学校毕业得有文凭者；三、在本国或外国法律法政学堂一年半以上毕业得有文凭者；四、曾委任以上文职者。"❶ 由此可见，北洋军阀政府时期将接受过法学教育作为监狱官的主要应试资格，从入职门槛上将监狱官定位为法律职业体的一员。此外，该章程还对应试者的品行、能力等作出了明确的限制性规定，❷ 确保了应试者的基本素质。

第二，民国初年监狱官考试的主管机构。

按照北洋军阀政府 1920 年公布的《监狱官考试事务处章程》规定，监狱官考试由监狱官考试事务处组织和主持。监狱官考试事务处系司法部内部的常设机构，各省、区高等检察厅检察长或审判处长受司法总长委托举行考试时，在组织的检察厅或审判处也可临时设立专门的考试事务处。监狱官考试事务处具体负责组织管理监狱官考试的全部流程，其组成人员由司法部选定或经各省高等检察厅及审判处提出人员后报司法部核准。

由此可见，除了纳入文官考试的大体系，民国初年针对监狱官的特殊情况还专门设立了地位较高、专业较扎实的考试主管机构，为监狱官考试的公正、高质量开展奠定了制度基础。

---

❶ 王素芬：《近代中国监狱官制度考论》，《政治与法律》2007 年第 6 期，第 173 页。

❷ "有下列各款情事之一者虽具有前条各款之资格不得应监狱官考试。一、曾受五等有期徒刑以上之宣告者；二、剥夺公权或停止公权尚未复权者；三、品行卑污被控有案查明属实者；四、受破产之宣告尚未复苏者；五、有精神病或年力衰弱者；六、亏欠公款或侵蚀公款者；七、其他法令有特别规定者。"王素芬：《近代中国监狱官制度考论》，《政治与法律》2007 年第 6 期，第 174 页。

第三，严格监狱官考试的整体流程。

根据《监狱官考试暂行章程》及北洋军阀政府 1920 年公布的《监狱官考试暂行章程实行细则》等规定，监狱官考试有一套严格的管理流程，涵盖监狱官考试的报名、审核、甄录试、正试、实务练习等各个程序。

自报名程序开始，监狱官考试事务处的审核要求就非常严格，除了要求对应试人员提交的各种文凭和履历证书进行审核外，还要求应试人员出具同乡荐任官两人以上之书署为合式的保结书，并对应试人员出具虚假材料及保结人员违法保结的法律责任进行了明确，即在考试前发觉者应予扣考，在考试及格后发觉者撤销及格资格、追缴及格证书等。

监狱官考试分为甄录试和正试两个环节：甄录试主要以国文为内容，经甄录试合格后方可参加正试环节的考试；正试主要以法律专业知识为考试内容，❶考试成绩平均 70 分以上为及格，其中监狱学、监狱现行法规和新刑律是主科，必须及格。

通过监狱官的甄录试和正试后，司法部授予监狱官考试及格证书，并安排到各省新式监狱进行实务练习。经六个月的实习期后，遇有监所空缺时由司法总长遴派外并得由检察长或处长呈请派充，才能正式成为监狱官。

通过对监狱官任用整体流程的严格管理，有力保障了监狱官素质的整体水平，为监狱改良在民国初年的进一步推广奠定了人员的基础。

第四，开展在职监狱官的轮训。

除了严格监狱官的入职门槛外，北洋军阀政府还开创性地规定了在职监狱官的轮训制度。

按照北洋军阀政府在 1921 年公布的《监务研究所章程》规定，司法部监狱司司长设立并主管监务研究所，负责对各新监狱的委任典狱长、分监长、看守长及普通监狱官进行监务培训。培训内容包括普通科目和特别科

---

❶　包括监狱学、监狱现行法规、新刑律、刑事诉讼法和监狱统计学等。

目。❶ 培训期为 3 个月，期满考试合格后回原任继续工作，但考试成绩最优者和不及格者将呈报司法部进行相应的奖惩。

除了以上专门针对新监狱监狱官的在职培训外，针对大量旧监狱监狱官的培训问题，北洋军阀政府于 1921 年公布了《管狱员补习所章程》，规定在各省高等检察厅或新监狱内设置管狱员补习所，要求各旧监狱管狱员（除了办理新设监所事务一年以上成绩显著或在新监狱实地练习半年以上确有心得者外）都必须进入补习所培训。培训内容有文官服务令及监狱官吏特别注意事项和监所现行法令，培训期为 3 个月。培训期满后，同样要求对培训情况进行考试，对于成绩最优者和不及格者将呈报司法部进行相应的奖惩。

3. 民国初年监狱官的奖惩制度

民国初年对监狱官的管理是非常严格的，既对监狱官表现优异的情况进行奖励表彰，也对监狱官失职乃至违法犯罪行为进行惩罚。

1915 年 2 月，司法部下令要求各省高等检察厅检察长严格考核所属监狱官员的工作业绩（县级监狱的考核工作由高等检察厅检察长督促各县知事完成），并将考核结果详报司法部。另外，司法部还自行派员到地方监狱考核监狱官工作情况，甚至必要时将部分监狱官调京接受考核。

4. 民国初年监狱官的任职保障

在中国漫长的封建时期监狱制度下，监狱官吏（尤其是直接承担监狱实际管理工作的有狱官）地位低下，收入微薄，这也是造成封建时期监狱管理残忍刻薄的一个重要原因。清末监狱改良时，沈家本在《奏请实行改良监狱折》就提出"养成监狱专官，改定狱官品级"。民国初年，进一步提升了监狱官的地位，并给予了相应的任职保障，大大改善了监狱官的执业环境。

北洋军阀政府在 1919 年发布的《监所职员官等法》中将监狱官员等级

---

❶ 普通科目有官吏服务令、监狱官特别注意事项和暂行监狱法规等；特别科目有监狱统计、实习指纹、新式账簿等。

分为七等，其中一至三等为荐任官，主要是京师地区新监狱和部分京外新监狱的典狱长，任命由司法总长报请大总统批准；四至七等为委任官，主要是部分京外新监狱的典狱长、分监长、看守长和普通的监狱官，任命由司法总长批准。至此，从级别来看，监狱官不仅单列序列等级进行管理，而且该级别相比封建时期监狱官的官衔已经有了较大的提高，甚至与同时期的其他司法官员级别相差无几了。

级别上的保障体现到俸禄上，最直接的表现就是民国初年监狱官的俸禄从规定层面来说是较高的。按照北洋军阀政府 1919 年公布的《监所职员官俸法》规定，监狱官员的俸禄按照七等级别，典狱长的月俸能到 120~300 元，看守长的月俸能到 30~75 元，普通监狱官及专业人员的俸禄未作明确规定。虽然在监狱管理具体实践中由于经费紧张，可能未能严格按照以上规定落实监狱官的俸禄，但从制度上对提高监狱官的俸禄进行确定已是监狱改良中的进步。

四、民国初年监狱官管理对晚清监狱改良的承继

（一）民国初年监狱改良推动了我国监狱的现代化

辛亥革命的爆发、中华民国南京临时政府的成立，宣告了封建帝制在中国的终结，中国的政治体制、法律体系进入了新的历史发展阶段。虽然民国初年政治上军阀动荡，甚至时有复辟帝制的历史倒退，但在监狱改良领域，清末启动的监狱改良运动已经是大势所趋。

从监狱制度的基础——刑事制度来看，民国初年"暂行援用"了清末修订后尚未实际施行的刑律，从立法层面基本废除了封建时期"笞杖徒流死"的刑罚种类，规定的主刑主要包括有期徒刑、无期徒刑和死刑，并且规定了附有剥夺民事权利并且没收财产的拘留。这些监禁刑的规定为监狱改良运动奠定了发展基础。另外，在西方思想广泛传播的背景下，禁止刑讯逼供、改善监狱环境等也成了司法改革的主流。

具体到监狱改良过程中，民国初年颁布了较多监狱改良的法令，❶ 这些法令充分体现了西方教育刑理念下的现代狱制要求。众多新兴的行刑制度，如作业制度、教育教诲制度、出狱人保护制度等，标志着我国狱政制度正从传统的苦辱主义刑罚向感化主义刑罚转变。另外，民国初年出资建立了较多的新式监狱，并在新式监狱中推行狱制改良运动。

在监狱官管理的问题上，民国初年相比封建狱制有了翻天覆地的变化，监狱官的地位得到较大提高，监狱官的法律定位和工作职责也有了巨大的变化：监狱官不再仅被视为看守，而更多地被视为承担对在监人员教育矫治职能的法律专业人士。正是在这个层面上，近现代意义上的监狱官制度才正式在我国建立起来。

（二）民国初年北洋军阀狱制的黑暗现实

当然，受北洋军阀政府在袁世凯去世后军阀割据、封建独裁的政治大环境影响，虽然北洋军阀政府时期有关狱制改良的法律规定体现了良好的憧憬和愿景，但在具体落实上存在监狱制度腐败而不统一、监狱治理极其黑暗的一面。

1. 北洋军阀政府在某种程度上恢复了流刑、笞刑

清末刑制改革颁布的《大清律例》已经废除封建刑种中的流刑、笞刑等刑种，后民国初年援用的刑制也体现了这一进步。但 1914 年 7 月，袁世凯即在其颁布的《徒刑改遣条例》中规定："凡被判无期徒刑和五年以上有期徒刑的'内乱''外患''妨害国家''强盗'等罪各犯，一律改为发遣，发往吉林、黑龙江、新疆、云南、贵州等地，并须编入当地户籍"，公开恢复了流刑；❷ 1914 年 11 月，袁世凯在其颁布的《易笞条例》中公开

---

❶　如《中华民国监狱规则》《监狱看守教练规则》《监狱看守考试规则》《监狱处务规则》等。

❷　万安中主编《中国监狱史》，中国政法大学出版社，2010，第 133 页。

恢复了笞刑。❶

北洋军阀政府恢复流刑和笞刑是对封建狱制的复辟，在本质上是袁世凯复辟帝制的一个步骤，但在民主和进步的大背景下，北洋军阀狱制的复辟是在倒行逆施。

2. 北洋军阀政府的部分监狱公然实行"掌责"制度

清末刑制改革时，就明确废除了封建刑种中的肉刑。南京临时政府成立伊始颁布的《大总统令内务、司法两部通饬所属禁止刑讯文》和《大总统令内务、司法部通饬所属禁止体罚文》更是明文禁止刑讯逼供和体罚，规定行政、司法官署审理案件一概不准刑讯逼供，不法刑具悉令焚毁，其罪当处笞、杖、枷号者，一律改为罚金、拘留。然而，司法部在 1914 年颁布的《核准北京第一监狱掌责办法令》中就规定了"掌责"制度，准许各地新监狱对犯人可以用肉刑惩处，并规定掌责在四十板以下，由监狱长酌情决定。除北京第一监狱外，奉天第一监狱也对在监犯人实施"掌责"制度，并且经奉天高等检察厅颁布《改正疏通监狱惩罚办法》予以固定。

通过地方监狱的实践、司法部或地方监狱主管部门的发文肯定，北洋军阀政府事实上将封建狱制的肉刑制度复活并合法化了，这也造成了监狱实际管理过程中肉刑的泛滥，极大侵害了在监犯人的基本人权，与现代狱制的要求背道而驰。

3. 北洋军阀政府继续维护帝国主义侵略者的权益

在政治上，北洋军阀政府对内代表封建地主买办阶级利益、对外代表帝国主义侵略者的利益。为了获得帝国主义侵略者对其政权的支持，袁世凯甚至与日本签订《二十一条》《中日民四条约》等出卖中国利益的不平等条约。

具体体现在狱制上，北洋军阀政府对帝国主义国家在华租界的领事裁

---

❶ 凡是犯罪较轻"奸非""和诱""盗窃"和"欺诈取财"等罪，应处三月以下有期徒刑、拘役和百元以下罚金折易监禁者，"得易以笞刑"。其一日刑期折为笞打二下，在监狱执行，"由检察官或知事会同典狱官监视"。万安中主编《中国监狱史》，中国政法大学出版社，2010，第133 页。

判权仍然予以承认及推行，极大侵害了中国的司法主权完整。而在北洋军阀政权统治期间，租界的外国监狱在建设规模和关押人数上都比清朝末年有所增加，甚至新设专门关押华人犯人的监狱；另外，即使对不在中国享有领事裁判权的外国国家，北洋军阀政府也给予司法特权。❶

4. 北洋军阀政府利用狱制镇压革命志士

北洋军阀政府时期是中国革命从旧民主主义革命向新民主主义革命转变的时期，革命思潮高涨、革命运动频发，如 1919 年 5 月 4 日爆发的五四运动、1921 年共产党诞生后领导的工农运动风起云涌。

为了维护统治，北洋军阀政府加大对革命运动的镇压，将大批革命者投入监狱，堂堂关押监禁刑犯人的新式监狱成了北洋军阀政府镇压革命志士、维护反动统治的阶级工具。其中最为臭名昭著的就是奉系军阀张作霖于 1927 年 4 月 6 日逮捕了中国共产党的创始人之一李大钊，将其投入京师第二监狱（清朝末年创设的"京师习艺所"，后成为国民党北平第二模范监狱）受尽折磨，使其最终于 4 月 28 日在狱中被害。

（三）总结

总体来说，民国初年是终结封建帝制、启动中国近现代化进程的重要历史时期。就民国初年的监狱改良而言，虽然愿景的法律规定未在狱制实践中完全得到落实，部分狱制也有管理黑暗的情况，但该时期的监狱改良顺应了时代发展的大潮，承继了清末启动的监狱改良运动，较大程度吸收和体现了西方教育刑理念下的狱制思想，在监狱发展制度上是历史的进步，也进一步推进了中国监狱制度及监狱官制度的近现代化。

---

❶　如北洋军阀政府于 1919 年颁布的《审理无约国人民民刑诉讼章程》和 1920 年呈准的《审理无领事裁判权国人民重罪案件分别处刑办法文》，规定对无领事裁判权国的外国人均收入新监。

第四节   南京国民政府时期的监狱官

虽然北洋军阀政府对内代表封建买办阶级和大地主利益，对外代表西方侵略者利益，但北洋军阀政府仍然在民国初年承继了清朝末年开启的法制改革和监狱改良的重要成果，启动了中国监狱官制度的现代化进程。

1927 年 4 月 18 日，蒋介石在南京建立国民政府，史称"南京国民政府"。南京国民政府成立之后，将孙中山提出的"权能分治""五权宪法"奉为指导思想，在民国司法建设期间，进一步推动了全国范围的法制建设，形成了六法体系❶，在监狱改良方面以中华民国"法统"的继承者自居，推行教育刑，继续推动清末启动、北洋军阀政府承继的监狱改良运动，并进一步推动中国监狱官制度的现代化。1937 年全面抗日战争爆发后，国民党政府举行了以提高诉讼效率为中心的改革，在大后方增设法院，司法经费由国库负担，继续考录培训监狱官，监狱官职业化的历史进程在战争中并没有中断。但由于南京国民政府在政治上的腐败性和反动性，监狱行刑实践中充满了野蛮与黑暗。

一、南京国民政府的历史背景

（一）广州国民政府的建立

袁世凯成功窃取了辛亥革命胜利果实之后，建立了对内代表封建买办阶级和大地主利益、对外代表西方侵略者利益的民国北京政府，公然撕毁《中华民国临时约法》，内阁制被总统制取代，就此，袁世凯独揽大权，并最终走上了复辟帝制的道路。

---

❶   六法体系以宪法、民法、刑法、民事诉讼法、刑事诉讼法、行政法为主体。

对于袁世凯的野心与以其为首的北洋军阀政府的倒行逆施，孙中山发动了"二次革命"及"护法活动"，以此反对袁世凯，但此时孙中山手中已经没有军队，只能依靠西南军阀，但西南军阀另有二心，最终"二次革命"及"护法活动"都以失败告终。

1921年4月，孙中山在广州组织召开国民非常会议，通过了《中华民国政府组织大纲》，并由此成立了广州军阀政府，同时选举孙中山为大总统。1924年1月，孙中山在广州召开国民党第一次全国代表大会，确定了以联俄、联共、扶助农工为三大革命政策，第一次国共合作就此形成。1924年1月，冯玉祥邀请孙中山北上商讨国是，不曾想孙中山旧病复发逝世于北京。中国国民党政治委员会决议组建国民政府，以此统一全国。1925年7月1日，国民政府在广州正式建立，史称"广州国民政府"。

（二）南京国民政府的建立

1926年7月，广州国民政府发动了北伐战争力求推翻北洋军阀。北伐军在北上过程中屡战屡胜，迅速攻占了华南、中南很多地区。1926年10月，国民革命军成功攻克武汉三镇，于是将国民党中央党部和中央政府从原来的广州迁移至武汉。1927年2月21日，武汉国民政府正式开始办公，史称国民党武汉政府。

1927年初，北伐军攻克上海和南京，时任北伐军总司令的蒋介石不顾国共合作的约定，在上海决定"清党"。1927年4月18日，蒋介石建立南京国民政府。在这段时期内，国民党的南京政府与武汉政府双方呈对峙状态。

1928年2月，国民党二届四中全会在南京召开，会议决定改组国民政府，自此武汉国民政府便不再存在。之后，国民政府继续北上，1928年6月，北伐革命军成功攻克北京，同月15日国民政府发表全国统一的宣言。同年8月，国民党二届五中全会在南京召开，会议决定国民政府由五院制组成，并宣布全国进入训政时期。同年10月，南京国民政府公布《中华民

国国民政府组织法》，规定国民政府总揽中华民国治权。❶

1928 年 12 月 29 日，张学良在东北通告全国"遵守三民主义，服从国民政府，改旗易帜"，承认中华民国南京国民政府。

至此，南京国民政府在全国范围内建立了自己的统治。

（三）南京国民政府对监狱改良的再推进

从北洋军阀政府到南京国民政府时期，虽然政治上较为动荡，但"南京新政府继续致力于废除不平等条约运动。此外，争取国家主权和国际承认与国内的社会改良和民主重建计划相联系。"❷ 在司法制度上基本保持了统一，在监狱改良运动上也呈现进一步推进的趋势。

1928 年之后，民国著名监狱学家王元增主理全国狱制事务。王元增进一步推进了监狱改良的进程，出版了《监狱学》《狱务类编》《中国监狱之沿革及现今状况》等。与此同时，南京国民政府时期涌现出一大批监狱学家，如赵琛、李剑华、孙雄等人，对学习西方监狱制度的中国化、监狱学的集合学性质、监狱行刑应同时兼具"行慈善、施感化"的功能等问题进行研究，形成了自清末监狱改良时期研究监狱法学的第二波高潮。

除了对监狱学的研究进一步纵深外，南京国民政府时期延续了自清末启动、北洋军阀政府推荐的监狱改良运动，在建立六法体系和出台监狱单行法的同时，进一步推进感化主义的教育刑行刑理念，并由司法行政部在实践工作中推行了较多的训令、指示等。但同时，为了维护自身统治，南京国民政府更加残酷地剥削和镇压人民，在普通监狱体系外还建立了"军人监狱法律体系"和"反省院法律体系"两个特殊的监狱体系，一定程度上背离了监狱改良的方针。

---

❶　国民政府采取委员制，政府由立法院、行政院、司法院、监察院、考试院组成，设主席一人（主席兼任陆海空军总司令）。

❷　冯客:《近代中国的犯罪、惩罚与监狱》，徐有威等译，江苏人民出版社，2008，第22 页。

（四）抗日战争中的司法调整

1937 年 7 月 7 日，卢沟桥事变爆发，国家进入全面抗日战争时期，国民政府进行了以提高诉讼效率为中心的司法改革，在大后方增设法院，司法经费由国库承担，继续考录监狱官，基本确保了监狱官职业化的进程没有因战争而中断。

二、南京国民政府进一步推进监狱改良

（一）南京国民政府时期的法律背景

南京国民政府时期是我国近现代转型的重要历史阶段，其法律制度颇具特色：一方面，它延续了半殖民地半封建社会法律制度的特征；另一方面，它吸收了较多西方国家近现代立法精神，这使得我国近代法制更加完善，至少在形式上如此。

南京国民政府时期的立法以孙中山的"遗教"为根本原则，采取大陆法系以成文法为主的法律体系，其中成文法立法主干就是"六法"❶，六法体系的形成标志着受西方先进法文化的影响，开始于清朝末年的中国法律近代化进程初步完成。

南京国民政府时期的宪法或宪法性法律文件一共有四部。❷ 这四部宪法性法律文件颁布于不同的历史阶段，体现了各历史阶段的特殊背景，但其实四部文件都在进一步确认国民党的一党专政以及蒋介石的独裁统治。

南京国民政府时期，1929—1931 年颁布了我国历史上第一部民法典——《中华民国民法典》，该民法典包括"民法总则、债、物、继承、

---

❶　"六法"为：宪法（及相关法律规定）、刑法（及相关法律规定）、民法（及相关法律规定）、刑事诉讼法（及相关法律规定）、民事诉讼法（及相关法律规定）、行政法（及相关法律规定）。

❷　分别是 1928 年颁布实施的《中国国民党训政纲领》、1931 年颁布实施的《中华民国训政时期约法》、1936 年颁布实施的《中华民国宪法草案》和 1947 颁布实施的《中华民国宪法》。

亲属"五编，自此改变了我国没有独立民法典的历史，自清末修律以来引进西方民事法律规范所付出的努力也得到了彰显，同时，对促进扭转重刑轻民的传统有正面作用。

在刑法方面，1928 年颁布的《中华民国刑法》是我国历史上第一部以"刑法"命名的刑法典。之后，1935 年颁布了《中华民国新刑法》。以上刑事立法以维护国民党统治地位、维护封建宗法家庭等为宗旨，同时也确立了罪行法定主义原则和保安处分措施。❶ 此外，南京国民政府还制定了数量较多的特别刑事立法。❷ 以惩罚政治犯罪，消灭异己势力为宗旨。这些特别刑事立法构成刑法体系的重要组成部分，适用范围为特定期间、特定地点、特定的人和事。

此外，南京国民政府还颁布实施刑事诉讼法两部和民事诉讼法两部，使诉讼程序有了明确的法律依据。在司法制度方面，南京国民政府普通司法机关的审级制度是由《法院组织法》确立的，即三级三审的审级制度。但在普通司法体系之外，南京国民政府还同时有特种刑事法庭和军事审判法庭的特别司法体系。此外，为了增强对革命者和进步人士的镇压，南京国民政府还设立了中统、军统等特务机构。

（二）南京国民政府时期监狱改良思想的深化

在清朝末年对西方狱制思想进行介绍和传播的高潮后，自 20 世纪 30 年代起，南京国民政府时期又掀起了对监狱改良研究的高潮。这个阶段的监狱学家在个人经历、知识背景乃至研究方向和侧重上都有所不同，极大地推动了监狱改良研究的本土化和深入化。

在这个时期的监狱学者中，王元增不仅是集大成者，出版了《监狱

---

❶ 所谓保安处分措施，是指国家基于维护社会秩序与安全的需要，除行使刑罚权之外，对于具有社会危险性的特定的行为人，适用的医疗、禁戒、强制工作、监禁、禁示驾驶、禁止执业、驱逐出境等具有司法处分性质的措施。

❷ 如《反革命案件陪审暂行法》《危害民国紧急治罪法》《戡乱时期危害国家紧急治罪条例》等。

学》《狱务类编》《中国监狱之沿革及现今状况》等著作；也在 1928 年之后主理全国狱制事务，具有丰富的实践经验。王元增在监狱学上的主要学术观点包括：第一，对国外的监狱制度，即使是先进的监狱制度，也要立足国情进行研判，不能罔顾国情全盘采用，要斟酌取舍，循序渐进；第二，提出监狱学是"集合学"，是包含诸多社会人文学（如法律学、行政学、教育学、社会学、心理学、医药学等）的学问，对监狱学者的研究提供了正确的研究工具和方法；第三，提出监狱行刑除矫治罪犯的"特殊预防功能"外，还应满足教育世人、预防犯罪的"一般预防功能"；第四，重视对西方监狱改良主义及其学术观点的推介，介绍了西方监狱改良主义的思潮和具体制度范例；第五，重视基层监狱实务理论的总结和归纳，对监狱实务问题的意义进行了不懈的探求。

另外，南京国民政府时期还涌现出其他各有特色的监狱学家，如赵琛在刑法学方面有深厚的理论背景，❶ 使其在监狱学方面的研究也更偏向于监狱学总论部分的理论研究；李剑华的监狱研究更多的是从犯罪人社会学的角度出发，为当时的监狱学研究提供了新的视角和研究方法；孙雄的监狱学研究更多关注实务，其出版的《狱务大全》就是南京国民政府时期实务研究的典范；此外，南京国民政府时期还翻译了德国人薛尔文特编著的《苏联监狱制度》和柯勃等编著的《苏联监狱》，在清末介绍西方监狱制度的基础上向国内引进了苏联监狱制度。

总体来说，相比清朝末年对监狱改良的研究更多集中在思想启蒙和西方狱制的介绍，南京国民政府时期对监狱改良的理论研究已经明显更加深入，呈现出以下的特点：第一，已经注意到在中国开展监狱改良运动应注意对西方狱制的中华化；第二，对监狱学的内涵和外延都进行了更深刻的挖掘，并探索了监狱学的集合学性质；第三，针对已经有一定基础的监狱改良实践，南京国民政府注意到研究实务的重要性，并能从研究实务出

---

❶　其主要著作包括《监狱学》《少年犯罪之刑事政策》《刑法分则实用》《中国刑法总论》《新刑法原理》《刑法总则讲义》《刑法总则》等。

发对监狱改良提出建议；第四，除了对英美等国的监狱制度进行学习借鉴外，也开始对苏联等不同社会制度的监狱制度进行介绍。由此可见，南京国民政府时期对监狱改良的理论研究相比清末已经在深度和广度上进一步发展，形成了自清末监狱改良时期研究监狱法学的第二波高潮，并且在狱制研究中形成了"感化教育"等有特色的制度和理论，成就了中国监狱现代转型的理论研究高峰。

（三）南京国民政府时期监狱改良的法律背景

1.普通监狱法律体系

所谓普通监狱法律体系，是指规定中央和地方政府所辖的监狱及其行刑规范的法律体系。南京国民政府统治期间，其普通监狱法律体系由两个阶段构成：第一个阶段以 1928 年《中华民国监狱规则》为主干法律，第二个阶段以 1946 年《监狱行刑法》为主干法律，同时以南京国民政府司法行政部和其他中央政府机关颁布的有关法规、法令、指示等作为补充，再与地方性法规共同组成普通监狱法律体系。

南京国民政府接管了北洋军阀政府时期的监狱后，于 1928 年颁布了《中华民国监狱规则》，该规则与 1913 年北洋军阀政府颁布的《中华民国监狱规则》在基本理念上一脉相承，体现了教育刑的现代狱制思想和具体制度，只在个别条款上有所增减。同时，该规则详细规定了各层级监狱事务的负责机制。❶ 根据 1928 年《中华民国监狱规则》的基本精神，南京国民政府陆续颁布了大量具体法规（尤其在监狱管理方面），涉及监狱官的人员配置、考试、训练、任用、审查等各方面的规定。

作为南京国民政府"六法"之一的《刑事诉讼法》是在 1935 年颁布的，该法对行刑制度进行了规定。此后以南京国民政府《刑事诉讼法》为

---

❶ 按照 1928 年《中华民国监狱规则》的规定，监狱由司法行政部统一管辖，各省监狱监督长官由司法行政部委任的各省高等法院院长担任。全国到县级的监狱事务由各级对应的负责部门管理，详细分为全国监狱事务由司法行政部设立的监狱司统一管理，各省范围内监狱事务由该省高等法院负责，各县监狱事务由该县县长直接负责。

基础拟定了《监狱行刑法》❶，并于 1946 年 1 月颁布，取代了 1928 年的《中华民国监狱规则》。在颁布《监狱行刑法》后，南京国民政府又颁布了《监狱组织条例》《行刑累进处遇条例》等作为监狱法律体系的组成部分。据此，从体例上来看，南京国民政府时期制定的监狱法律内容已经较为完备，尤其是增加了维护在监犯罪人权益、改善在监犯罪人生活待遇的内容，符合当时西方对监狱行刑的国际标准，一定程度上体现了南京国民政府时期监狱法律制度的进步性。

2. 特殊监狱法律体系

所谓特殊监狱法律体系，是指独立于普通监狱法律体系之外的，适用于军人监狱、反省院等特殊监狱及其行刑规范的法律体系。从内容上来说，特殊监狱法律体系主要分为"军人监狱法律体系"和"反省院法律体系"两大块，具体形式更多体现为法规、条例、规则、指令、训令等。

从军人监狱法律体系来说，南京国民政府在 1928 年颁布了《军人监狱规则》《军人监狱组织大纲》《军人监狱处务规则》，适用对象为监禁被判处徒刑及拘役刑的陆海空军人及依法受军法裁判的监狱非军人。军人监狱归军政部管辖，主要由中央地方监狱和各省军人监狱组成，另外还设有海军军港监狱。抗日战争时期，南京国民政府还颁布了许多战时临时监狱法规，❷对战时军人监狱法律体系作出特别规定。

从反省院法律体系来看，反省院国民党中央和省党部管辖的监狱，隶属于司法行政部监狱系统，关押对象主要是共产党人、政见不同的爱国志士等，政治犯具体适用的实体法为《危害民国紧急治罪法》和《暂行反革命治罪法》两个刑事法规，专门配置的监狱立法为 1929 年颁布，之后多次修正的《反省院条例》。《反省院条例》不仅规定了反省院关押的罪犯，还

---

❶ 《监狱行刑法》共 16 章 98 条，内容包括通则、收监、监禁、戒护、作业、教化、给养、卫生及医治、接见及通信、保管、赏罚及赔偿、假释、释放及保护、死亡、死刑之执行、附则。

❷ 如《非常时期监所人犯临时处置办法》《战时监犯调服军役办法》《移垦人犯减缩刑期办法》《看守所附设监狱作业暂行办法》等。

规定了行刑期限、管理体制等。❶ 相比普通监狱，反省院在行刑过程中更加注重对被反省对象进行反革命思想灌输。抗日战争后，反省院停办。

3. 其他

从南京国民政府时期监狱体系的实践来看，除了法定的普通监狱法律体系和特殊监狱法律体系外，其实还存在特别感化院和集中营这类秘密监狱。其中，战时投降共产党的军人专门关押在特别感化院，与反省院相比，特别感化院会借一些非正当理由长期甚至无限期监禁被感化者；集中营直接是由国民党的特务组织管理，遍布国民党统治区，较大的有中美合作所、上饶集中营、息烽集中营、西北劳动营、南京宪兵司令部看守所等，关押、囚禁、刑讯乃至残杀了大量共产党人和革命人士。

特别感化院和集中营这类秘密监狱直属于国民党政治军事机关及特务组织，游离于正规监狱制度及正规监狱法律体系之外，其执法、关押、刑讯乃至残杀革命者没有明确的法律依据和限制，给南京国民政府监狱法律制度和实践抹上了野蛮与黑暗的色彩。

（四）南京国民政府对监狱改良的进一步推进

从北洋军阀政府到南京国民政府，虽然政治上较为动荡，但司法制度上基本保持了统一和延续，这也使得北洋政府延续自晚清末年的监狱改良运动在南京国民政府期间得到进一步推进。

南京国民政府建立后，北洋政府时期的监狱由其接管，并着手确立管理监狱的国家统一标准。1935 年 9 月 16~21 日，南京国民政府召开全国司法会议，除新疆、青海外，全国各省份都派代表参加了会议。会议审议的 79 项提案内容全部都属于监狱改良范围，其中涉及在监犯罪人作业外役及移垦方面的议案有 20 项，涉及在监犯罪人教育教诲方面的议案有 16 项，

---

❶ 此后，南京国民政府又颁布了《反省院训育工作大纲》《各省反省院训育章程教材纲领》《反省院训育主任工作大纲》《各地反省院训育主任工作成绩考核办法》等规范，进一步规定了反省院的制度。

涉及监狱职员方面的议案有 15 项，涉及监狱经费及建筑方面的议案有 10 项，涉及整顿监狱积弊方面的议案有 12 项，涉及监狱法规方面的议案有 6 项。

根据以上监狱改良的会议精神，南京国民政府先后颁布了一系列涉及监狱改良方面的政策法规，❶ 内容涉及人满为患监狱的疏通、新旧监狱按照统一标准进行整顿、强化在监犯罪人的教育教诲及作业工作、构建出狱人保护制度等众多方面。

三、南京国民政府的监狱官制度

应该说，南京国民政府时期的监狱管理制度（包括监狱官制度）是对民国初年监狱管理制度（包括监狱官制度）的进一步推进。因此，南京国民政府时期的监狱官制度与民国初年（尤其是北洋军阀政府时期）的监狱官制度有承继的关系，在监狱官总体的分类、任命、考核、职能、法律责任等方面都有一定同质性（或者基本的制度基础和狱政思想是一以贯之的）。但南京国民政府时期的监狱官制度在很多地方也有自己的特色并向纵深发展。

（一）南京国民政府时期监狱官工作向纵深发展

监狱行刑的内容是一个系统的过程。❷ 由于受历史局限，1928 年颁布的《中华民国监狱规则》尚未能对所有行刑内容进行具体细致的规定，很多监狱管理活动（如收监、累进处遇、减刑、假释等）更多的是由各个监狱自行探索，有关操作尚未法律化。在 1946 年颁布的《监狱行刑法》及后

---

❶　如《司法部改良监所方案》《训政时期改进监狱制度工作大纲》《监犯保外服役暂行办法》《疏通吸毒犯办法》《囚犯伙食定量统一标准及购买办法》《实施监犯教育计划十条》《出狱人保护奖励规则》等。

❷　其中包括收监、监禁、戒护、作业、教化、给养、卫生及医治、接见及通信、保管、赏罚及赔偿、假释、释放及保护等方方面面的内容。

续颁布的相关法规中，从立法层面对监狱行刑的各方面均进行了细致的规定，也对监狱官承担部分监狱管理活动的细节进行了法律化规定。

1. 收监制度的法律化

所谓收监制度，是指监狱按照法定程序将判处自由刑的罪犯收押入监的过程，是监狱执行监禁刑的开始。

关于收监制度，南京国民政府在1946年颁布的《监狱行刑法》中规定了监狱在收监过程中应开展的工作。由此可见，虽然民国初年的部分监狱（主要是指部分先进地方的新建监狱）已经有一套收监程序，但该程序更多的是各个监狱自己的操作，尚未法律化，且对入监过程中发生的特殊情况（如病患、怀孕、监区分配考量等问题）体现尚不深入。相比民国初年等监狱收监程序，南京国民政府颁布《监狱行刑法》后，对监狱收监程序明确作出了法律规定，并且内容更加丰富，也对监狱官有关收监工作的要求进行了细化。

2. 释放安置制度的法律化

所谓释放安置制度，不仅是监狱服刑期满后将罪犯释放出监狱大门即可，还衔接了出狱人保护制度，以确保将罪犯正常释放，并与社会衔接，此为监狱执行刑罚的结束。

从释放安置制度的立法情况来看，虽然在民国初年就有对出狱人保护制度的尝试，但正式从立法层面将其与犯罪人释放衔接起来还是在1946年颁布的《监狱行刑法》第十三章首次明确规定。由此可见，释放安置制度并不仅是将犯罪人释放出监狱大门就万事大吉，而是贯彻了民国初年首任司法总长许世英提出的出狱人保护精神，以帮助出狱人自力更生。这种行刑的思路和制度，甚至在今天看来都具有相当价值。

但从释放安置制度的实现来看，其成功运作不仅仅依赖于监狱的工作，更要依赖于社会组织的配合和接纳。由此，虽然释放安置制度在法律层面得以确认，但其在现实中仍难以贯彻执行。

3. 累进处遇制度的法律化

所谓累进处遇制度，是指针对在监狱服刑的犯罪人，根据判决宣告的刑期分为不同阶段，依照犯罪人改造的程度，逐渐由下级过渡到上级，并随着级别的递增采取较为缓和的服刑管理措施，以鼓励犯罪人积极配合行刑、改过自新。

一般认为，南京国民政府于 1946 年 3 月公布、1947 年 6 月施行的《行刑累进处遇条例》创我国监狱累进处遇制度的先河。累进处遇制度体现了监狱官在行刑过程中对犯罪人管理的精细化，更加体现监狱官的水平。如负责认定累进处遇事项的"处遇审查会"，就是由教化科、调查分析科、作业科、卫生科、戒护科及女监主管人员构成，由教化科科长担任主席，经审查后集体作出审查意见提交监狱最终审定。

4. 减刑、假释制度的法律化

减刑、假释制度均属于刑罚执行制度，是在犯罪人执行监禁刑过程中，因表现良好或其他特别事宜，依照法定程序，一定程度减轻原判决刑罚或直接附条件提前释放的制度。减刑、假释制度充分考虑了犯罪人在监狱执行刑罚的表现，是教育刑的主要体现之一。

一般来说，民国初年虽然也有减刑、假释制度的实践，但并没有从立法层面对减刑假释的适用标准及程序进行明确的规定。直到 1932 年南京国民政府颁布的《大赦条例》及 1935 年颁布的《中华民国刑法》才对减刑、假释制度作出了明确的规定。根据这些法律规定监狱作为行刑部门，在减刑过程中其实际工作主要集中在将符合法定条件的减刑案件保送法院裁定。但需要特别说明的是，《大赦条例》乃至南京国民政府时期的减刑，更多的是普遍性的减刑，尚未完全建立根据犯罪人行刑期间具体表现而作出减刑规定。

针对假释制度，《中华民国刑法》首次明确规定了受刑人有悔改迹象并且已经完成部分实刑才可以申请假释。相比民国初年的减刑制度，假释制度较多地体现了犯罪人在刑罚执行过程中的表现良好。从这个方面来说，监狱对于犯罪人在监表现的认定就非常重要了。具体在监狱执法的实践中，监狱在决议假释事项时，需要审查犯罪人的身份簿、作业表、视察表、惩罚表、赞誉表、人犯身份关系表等监狱日常管理材料。1948 年南京国民政府公布的《假释管束规则》，对假释的条件和程序作出了进一步调整和细化。

5. 总结

从中国近现代监狱改良运动的实践来看，南京国民政府时期的监狱改良实践是民国初年监狱改良实践的承继和进一步深化。因此，很多民国初年监狱改良实践中尚未明确立法的制度到南京国民政府时期逐步形成法律化，监狱管理也愈加完善，相应的，南京国民政府时期的监狱官在工作职责方面也更加丰富。但是，与立法进一步完善形成鲜明对比的是，很多南京国民政府时期的监狱立法并没有得到认真执行，监狱管理实践中违背法律，乃至以国民党党治取代立法的情况并不鲜见，造成了该时期监狱行刑制度进一步完善的立法规定与狱政实践之间的巨大差距。

（二）南京国民政府对监狱官的管理

1. 监狱官的组织设置

民国初年的监狱一般设典狱长一人，负责统一管理全监狱事务，下设三科二所❶，各科设主任看守长一人、各所设主任一人。1934 年，南京国民政府颁布《监狱事务分掌及监狱官会议规程》❷，重新规定监狱官的设置。按照该新规，监狱官的部门职责更加清晰，也与教育刑理念下监狱行刑工作的主要内容更加匹配。

此后，南京国民政府于 1947 年 6 月又颁布执行了《中华民国监狱组织条例》❸，更加优化了监狱的组织机构和人员配置。另外，监狱设监务委员

---

❶ 分别为第一科、第二科、第三科和教务所、医务所。

❷ 按照该规程，监狱不再设立三科二所，而是设置文书科、会计科、戒护科、需用科、作业科、教务科及医务科。

❸ 按照该条例，监狱设典狱长、监狱秘书各一人，下设调查分类、教化、作业、卫生、戒护、总务六个科，除狭义的监狱官外，还配备相应数量的调查员、教诲员、作业导师、医师、药剂师等专业人士。

会❶作为集体管理机构，负责对监狱重要事务及在监者重要处分（如减刑、假释等）的决策。

由此可见，相比民国初年，南京国民政府时期对监狱的组织机构和人员配置做了更加科学的分类，使监狱官的分工更加明确，并且注意引入专业人士的力量加强监狱管理的专业性（如在监者教育教诲工作、减刑假释工作等），大大提升了监狱官工作的深度，拓展了监狱官工作的广度，具备了现代监狱官制度的基本雏形。

2. 监狱官的职责

南京国民政府时期对监狱的管理进一步细化（尤其随着收监、释放安置、累进处遇、减刑、假释制度的法律化），相应的对监狱官的职责也进一步细分、要求也进一步提高。但总的来说，在教育刑的理念背景下，南京国民政府时期的监狱官均应在感化在监犯罪人的原则下开展工作。

典狱长作为监狱的第一长官，负责对监狱的整体管理，职责重大。根据《军人监狱处务规则》第二章规定，监狱长的职责如下：（1）监狱长当严守关于监狱之一切法令并督率其他官吏使之遵守；（2）监狱长当严禁所属各员私役在监人，以防流弊；（3）关于监狱事务之监督官署命令，监狱长应记入训示簿传示各员知照；（4）监狱长对于监房、工场及其他一切场所每24小时巡视一次；（5）在监人之被服卧具及其他有关在监人之一切物品，监狱长得随时检查之；（6）在监人不守法规者，监狱长须亲自审问，遇必要时得不使其他官吏列席；（7）监狱长因训练及预防之必要得为消防及其他非常之练习；（8）监狱经费收支保管等事，监狱长负完全责任；（9）监狱中各种建筑及所属之国有财产，监狱长须注意整理保管之；（10）监狱职员之服务在监人之待遇及遵守事项，监狱长得于法令范围内发相当命令训示。❷

---

❶　监务委员会由典狱长、副典狱长、秘书、监长、科长及各主管人员组成，下设调查分类、教化、作业、卫生四个指导委员会（由学术、行政、企业等机关、团体的专门人员及社会热心人士组成）。

❷　山东省劳改局编：《民国监狱法规选编》，中国书店，1990，第540页。

具体到普通的监狱官，按照 1934 年南京国民政府颁布的《监狱事务分掌及监狱官会议规程》，监狱官设置分为文书科、会计科、戒护科、需用科、作业科、教务科及医务科。具体每个部门监狱官的职责为：文书科负责文印保管、文书收发编纂及保存、统计及报告事项、职员进退、收监及释放等事宜；会计科负责监狱预算及决算、金钱出纳、保管在监者的财物等事宜；戒护科负责监狱纪律及在监者之戒护拘禁、在监者接见及书信、在监者状况及赏罚、看守的训练及点检等事宜；需用科负责物品买卖借贷出纳及保管、建筑修缮及官有财产、在监者之给养等事宜；作业科负责监狱作业的计划经营、作业赏与金的计算、在监者的职业训练等事宜；教务科负责在监者教育教诲、释放者保护等事宜；医务科负责监狱卫生、在监者医疗及配药等事宜。

除狭义的监狱官外，在监狱工作的专业技术人员（主要指教诲师、教师、医师、药剂师）被视为广义范畴上的监狱官。该部分专业技术人员的职责由《监狱教诲师医士药剂师处分规则》予以规定。按照该规定，教诲师的职责是培养在监人道德，通过教育感化实现刑罚目的；教师的职责是根据在监人的年龄、智能、性情、境遇等情况，对在监人进行分类教育（监狱未设置教师时，由教诲师兼任此项职责）；医师的职责是负责关于在监人之检诊治疗及监狱卫生的事务；药剂师的职责是负责调和药剂的事务（监狱未设置药剂师时，由医师兼任此项职责）。

由此可见，南京国民政府时期对监狱官的职责进一步细化，此时的监狱官已不再仅仅是看守在监犯人的看守，而是南京国民政府时期感化行刑工作中重要的一环。

3. 监狱官的选任

早在北洋军阀政府 1919 年公布的《监狱官考试暂行章程》就对监狱官的应试资格、应试流程等内容进行了规定，基本建立起监狱官的考试录用制度。

之后，南京国民政府颁布《中华民国高等考试监狱官考试条例》（1930年）、《监狱官任用暂行标准》（1932年）等法律文件，对监狱官考试和任用的规定进一步细化。

《中华民国高等考试监狱官考试条例》详细规定了监狱官参考的资格以及考试科目。可以参加监狱官高等考试人员的第一项资格便是需有对应的学历，或者是相关专业技能、著作。❶ 考试科目也详细规定了三项：第一试科目为"国文""党义"，第二试科目为有关法律及监狱业务学科，第三试为面试。三试皆及格者可以授以合格证书，分发各新监练习，练习期满，依法任用。

另外，除了从考试层面对监狱官准入条件进行限制外，1932年司法行政部公布的《监狱官任用暂行标准》也进一步对不同层级监狱官的任用要求进行了细化。并且，该标准还规定了监狱官的禁入情形，包括"夺公权尚未复权者，亏空公款尚未清偿者，曾因赃私处罚有案者，吸食鸦片或其代用品者，精神患者，残废或身体衰弱不能服务者，曾受破产宣告尚未复权者，有'反革命'行为经证实者"。❷ 此外，该标准还专门规定"对于女犯之管理应尽量任用女官员"。❸

4. 监狱官的培训

南京国民政府时期的监狱官培训主要包括两方面的内容：一方面，监狱官经考试合格后、正式任职前的上岗培训；另一方面，已经任职监狱官的在职培训。

按照1932年司法行政部颁布的《监狱官练习规则》规定，参加监狱官考试及格得有证书，由司法行政部指定新生派往练习，监狱官练习期限为3个月，前1个月在监房、工场练习，后2个月在各科练习。练习期满由典狱长考核成绩、评定分数、造句请册连同日记呈报司法行政部分发任用。

---

❶ 应为公私立大学或独立学院或专科学校的相应专业学习三年以上并获学历者，或相当其学历者，或确有监狱专门学术技能或著作经审查合格者，或经普通考试及格有一定专业实践经验者，方可应考。

❷ 蔡鸿源：《民国法规集成（第66册）》，黄山书社，1999，第109页。

❸ 蔡鸿源：《民国法规集成（第66册）》，黄山书社，1999，第109页。

对于在任监狱官，设有专门监狱看守训练所，训练对象主要是本监所现有男女看守，也对外招募少量的练习生；训练的内容也有专门规定。❶

5. 监狱官的待遇

国民党政府建立后，为了改善监狱管理状况，对狱政人员分级确定其薪资待遇，极大地提高了监狱官的待遇。

按照 1930 年司法行政部公布的《监所委任职员待遇津贴暂行规则》规定，监所委任待遇各职员之津贴为：（1）甲种新监狱（容额 500 人以上者）教诲师，9 级至 1 级；医师，9 级至 1 级；教师，16 级至 13 级；药剂师，16 级至 13 级；分监教诲师兼教师，11 级至 5 级；医师兼药剂师，11 级至 5 级；候补看守长，15 级至 13 级。（2）乙种新监狱（容额不满 500 人者）教诲师兼教师，11 级至 5 级；医师兼药剂师，11 级至 5 级；候补看守长，16 级至 14 级。其中初任监所委任待遇职员及其津贴应自最低级开始，后随工作表现晋级或降级。❷

6. 监狱官的给假制度

1936 年 8 月，司法部公布《新监所职员给假规则》，对监狱官的事假、病假、产假、旷假等请假行为进行了详细的规定，使得监狱官请假制度更加规范，也使在监监狱官能更好地安排工作和生活。例如，新监所职员非因疾病及确实不得已事由不得请假；职员因事请假每年合计两星期为限，但因特别事故经该所长官核准者不在此限；职员因病请假每年合计一月为限，须出具医师证明；职员遇婚丧大事请假者应报该所长官根据路程、交通等核定；女职员因生育请假者，其假期以两个月为限，其余以病假论等。

---

❶ 主要有三民主义学说、当时施行的各种监所法规、现行刑罚大要、现行法院编制法大要、公文程式及纪录报告方法、体操及戒具使用方法、消防演习、武艺等课程。

❷ 王志亮、周洁：《国民政府时期监狱官官制管窥》，《安徽警官职业学院学报》2014 年第 4 期，第 90-93 页。

（三）抗日战争中对监狱官制度的司法调整

国民政府在全面抗日战争之初就制定了《抗战建国纲领》，提出"抗战与建国并行不废"。随着国民政府机关迁往重庆，大量司法人员也随之迁往重庆，沦陷区的监狱系统受到了严重的破坏，监狱及监狱官管理也随之调整。

1. 抗日战争中监狱管理制度的司法调整

全面抗日战争时期，国力主要用于战事，在监犯人的待遇直接受到影响。民国监狱生活、卫生方面进行了必要的改革和酌减。这既是狱政近代化进程的一步，也是全民族支持抗日战争的一种努力。

由于监犯作业能提高国家生产能力、支援前线抗日战争，全面抗日战争时期的国民政府非常重视监犯作业的开展。司法行政部于 1941 年 2 月发布训（监）字第 617 号训令：查监狱作业为执行自由刑之要件，监狱规则及旧监狱作业办法规定详尽，当此非常时期监狱作业尤关后方生产亟应切实推行。后 1942 年司法行政部颁布《看守所附设监狱作业暂行办法》、1943 年司法行政部颁布《监所扩充工场注意事项》和《旧监所扩充工场注意事项》等，将生产军用轻工业作为监狱作业主要科目。

另外，在全面抗日战争的特别历史背景下，抗日战争后方的监狱管理还开创了监犯移垦制度：国民政府制定《徒刑人犯移垦暂行条例》，规划了四川平武、安徽宣城、贵州平坝三处设置外役监，系在开展监内作业受客观因素而不能的历史前提下，安排在监人犯开垦闲置的荒地作为农业生产用地，并通过累进制度使得在监犯人能完成从正常社会生活到监狱生活的过渡。此时期的监犯移垦制度实属创举，无案例可循，在其特殊的历史背景下起到一定的积极作用。

此时，民国政府为了满足战争中浩大的兵力需求，颁布了包括调服军役在内的各类临时兵役法令 ❶ 以扩大兵源。这些临时兵役法令明确规定了调服军役的条件、程序、要求等，为疏散人犯、增加抗日战争人力作出了一定贡献。

2. 抗日战争中监狱官管理制度的司法调整

在监狱官管理方面，由于战争，大量监狱官失散，监狱管理人员出现很大缺口。为了尽快充实监狱官人员，司法行政部除放宽司法官考试的条件外，还商请教育部于 1942 年开始在中央大学、中山大学、西南大学、西北大学、武汉大学等设立司法组，培养法律专门人员，规定司法组学制四年，毕业后可以不参加正式的司法官考试，只要经过考核合格即取得司法官资格。

抗日战争胜利后，国民政府又积极开展司法复员工作。早在 1943 年，司法行政部即开始着手研究制定"战后司法复员计划纲要"。1945 年 8 月，日本投降，国民政府迁还南京，该计划予以实施，重新恢复法院监所；并且在司法人员的储备上，也采取了维持旧有人员和增设选拔新进人员两方面的措施。

因此，在回望南京国民政府时期的监狱官制度时，尤其值得一提的是，即使在抗日战争最困难的时期，南京国民政府仍然由中央财政承担司法经费，在军阀割据、战乱频繁、财政匮乏的情况下，民国监狱官职业化进程虽步履蹒跚，但仍奋力前行！

（四）南京国民政府时期监狱官职业化、现代化进一步完备

由于南京临时政府存在时间较短，而北洋军阀时期又处于军阀割据的状态，因而民国初年尚未进行全国范围的司法改革，有关监狱及监狱官管理尚未在全国范围内深入推进。

南京国民政府成立后，1928 年 10 月公布《中华民国国民政府组织

---

❶　例如，1937 年公布了《战时监犯调服军役办法》，1939 年公布了《非常时期监犯调服军役条例》。

法》，树立五权分立的模式，随后又公布了《司法院组织法》《司法行政部组织部》等，适用于全国，至此，全国司法制度趋于统一。1932 年 4 月，南京国民政府司法行政部拟定并实施《监狱改良方案》，整体的监狱改良工作全面实施。

在统一的司法制度基础之上，南京国民政府在监狱官管理上呈现整体化发展的特点：立法体系的配套、监狱官管理统一纳入司法官员管理范畴、新式监狱官的培养和考选、监狱官职责的强化和考核等各方面制度均取得较大成绩，甚至是在抗日战争时期都力图确保了监狱官职业化进程不受战争的重大影响，这难能可贵。因此，可以说，与清末的狱政改良和民国初年的狱政情况相比较，南京国民政府时期的狱政在进一步推进。

四、南京国民政府监狱官制度的进步和存在的问题

（一）南京国民政府时期最终废除了领事裁判权，推动中国监狱制度与国际接轨

自清末以来，废除领事裁判权一直都是推动狱制改良的因素之一。民国政府同样在为废除领事裁判权而努力，1912 年时任民国司法总长的许世英在《司法计划书》中就曾经提出："若夫监狱制度，则与刑罚裁判有密切之关系，狱制不备，无论法律若何美善，裁判若何公平，一经宣告，执行之效果全非，外人领事裁判权，所以绝对不肯让步者，大抵以吾国法律、裁判、监狱三者不难与世界各国平等，故常籍为口实，实吾国之莫大耻辱，今改良法律，改良裁判，而不急谋所以改良监狱，犹未达完全法治之目的也。" ❶

第一次世界大战结束后，1919 年中方代表在巴黎和会上提出了取消西方各国在中国领事裁判权的提议，而西方各国以我国司法不完备为借口，提出要成立一个司法调查团，到我国实地考察后再做定夺。1926 年，由西

---

❶　薛梅卿等编《清末民初监狱改良专辑》，中国监狱学会，1997，第 58 页。

方 13 个国家组成的中国治外法权委员会召开会议，提出应把我国司法体系达到法律科学的水准作为放弃治外法权的先决条件，此后委员会从 5 月 10 日到 6 月 16 日参观了国民政府 14 所新式监狱，对参观结果基本满意。1929 年 12 月 28 日，国民政府颁布特令，宣布自 1930 年 1 月 1 日起，"凡侨居中国之外国人民现时享有领事裁判权者，应一律遵守中国中央政府及地方政府依法颁布之法令、规章"。❶ 最终伴随着南京国民政府的一步步抗争和狱制改良的进一步推进，我国领事裁判权初步废除，同时，随着世界形势的变化各国也相继放弃在华的领事裁判权。❷

　　在现代刑罚的国际交流层面，自清末政府派员参加 1890 年第四届国际监狱大会、1910 年第八届国际监狱大会外，民国政府后续也派员参加了第九、第十届国际监狱大会。总结现代监狱行刑的理论基础，1934 年国际联盟通过《受刑人待遇最低标准规则》，这项规则给南京国民政府的监狱工作带去了不可忽视的积极作用，具体体现在 1935 年南京国民政府制定的《监狱待遇犯人最低限度标准规则》，反映了南京国民政府时期的监狱努力融入国际社会的决心。

　　由此可见，从清末开始，中国近现代的监狱改良就受到了西方行刑理念和国际监狱实践的深刻影响。经过了清末到民国历届政府的努力，中国监狱的近现代化取得了显著的成效，也在一定程度上为国际社会所接受，尤其在华领事裁判权逐步被废除后，中国开始以一个独立主权国家的地位走进了国际社会的监狱领域。

---

　　❶ 中国第二历史档案馆编《中华民国史档案资料汇编》第 5 辑第 1 编外交（1），江苏古籍出版社，1994，第 52 页。

　　❷ 十月革命胜利后俄国率先放弃了在华的领事裁判权；接着是第一次世界大战的战败国德国、奥地利、匈牙利相继放弃了在华的领事裁判权；后比利时（1928 年）、美国（1943 年）、英国（1943 年）、挪威（1943 年）、加拿大（1944 年）、瑞典（1945 年）、荷兰（1945 年）、瑞士（1946 年）、法国（1946 年）、丹麦（1946 年）、意大利（1947 年）、葡萄牙（1947 年）等国在华的领事裁判权相继被废除。

（二）进一步促进了中国监狱学的发展

中国传统文化中对监狱的研究基本无人问津，直到 19 世纪中后叶，中国才开始大规模地接触西方监狱学理论，一直到 20 世纪后，随着清末监狱改良运动的开展，近现代意义上的中国监狱学才应运而生。从最开始清末监狱学研究侧重于对西方刑罚和监狱学理念的介绍，到民国时期学者开始结合中国国情深入研究监狱学，中国监狱学的研究进一步深入。到南京国民政府时期，中国监狱学已有一定程度的发展，出版了不少监狱学及监狱法学方面的著作，如王元增于 1924 年出版的《监狱学》是中国第一部以"监狱学"冠名的监狱学著作，芮佳瑞于 1934 年出版的《监狱法论》是中国第一部以"监狱法"冠名的监狱学著作，在当时都颇具代表性。

"在法学研究兴盛之势的浸润下，以监狱改良为实践基础的监狱研究也随之勃兴起来，除了开展监狱学教育之外，不仅出现了监狱学研究的学术机构——监狱学会、狱务研究所，也出现了监狱学研究的学术咽喉——监狱学刊物。"❶ 如民国初年，北京成立了中华民国监狱协会，并在章程中把办理监狱杂志作为协会事务之一，后因"政局不宁，交通梗塞，会务随之停顿"；❷1921 年 4 月，民国北京政府率先以开展实务研究的方式、发布了《狱务研究所章程》，对狱务研究作了细致的规定。此外，南京国民政府在继续推行全国监狱改良的同时，监狱协会也在恢复中，河北省监狱协会率先于 1928 年成立，并创办发行了《监狱杂志》刊物。该刊物是我国有史以来第一部监狱学专业期刊，虽然仅发行了四期，但其体例安排和选刊内容达到了一定水平，为研究探讨监狱学理论和实践操作提供了专业研究平台。另外，各类法律学会成立，不少监狱学文章登载于相关法学刊物

---

❶ 连春亮：《不能忘却的民国初期的监狱学研究》，《安徽警官职业学院学报》2021 年第 2 期，第 89 页。

❷ 连春亮：《不能忘却的民国初期的监狱学研究》，《安徽警官职业学院学报》2021 年第 2 期，第 89 页。

中。❶ 据上海图书馆统计，从 19 世纪末期到 20 世纪中期，各类报纸杂志登载的有关监狱方面的论文、消息等多达 2000 余篇，❷ 为中国近现代监狱改良运动提供了智力支持。

（三）司法党化的问题

在司法与政党的关系上，民国初年和南京国民政府时期采取了两种完全不同的态度：为了确保司法独立和司法官员行使司法职权过程中能够客观公正，民国初年主张司法官应超出党派之外；而南京国民政府时期在司法和政党的关系上则主张司法党化，即要实现司法活动的党义化、党人化，最终体现在司法官的党义化和用党的思想、纲领统领司法工作。

具体到监狱管理过程中，司法党化也体现在了监狱工作的各个方面：第一，在监狱官入职考试过程中，除了注重对应试人员法律知识和人文素质的考察外，在甄录试中还增加了党义科目的考试；❸ 第二，在监狱官的在职培训过程中，将对党义和党纲的训练作为对监狱官在职培训的一个重要内容；第三，监狱在教育教诲工作中，以党义培训为重要内容的感化是监狱工作的重要一环。

政党政治的全面推行，使得司法活动反而成为政党的附庸，失去了应有的公正性和独立性，这也使得南京国民政府是"党治"时代取代了"法治"时代。在党治时期，党指导监督国民政府，党义党纲就是处理一切事务的依据，国家立法不能抵触党义党纲，否则便是无效立法。党义党纲虽然没有

---

❶　如北京法学会成立，《东方杂志》《东吴学报》《清华周刊》《北京大学季刊》《法政学报》《法学季刊》《法律评论》等法学专业刊物都登载了相当数量的监狱学文章。

❷　张倩：《民国时期罪犯心理研究状况考察及其评价》，《广西警察学院学报》2018 年第4 期。

❸　"党义"考试内容包括三民主义、建国大纲、建国方略、中国国民党重要宣言及决议案等。

根本法的形式，但实际起着根本法的作用。除了党义党纲再没有形式上的国家根本大法，这便是党治时期与法治时期和训政时期的区别。❶

五、南京国民政府时期狱政实践

南京国民政府在《监狱行刑法》中规定："徒刑拘役之执行，以使受刑人改悔向上，适于社会生活为目的。"也就是说，南京国民政府监狱行刑的目的是使受刑人在狱内接受教育和教诲，通过劳动作业习得谋生的手段，在刑满释放后可以顺利回归社会。但从南京国民政府时期的狱政实践情况来看，却与立法相差甚大。例如，立法规定受刑人所做的劳动应该考虑卫生、教化、经济以及受刑人所被判处的刑期、受刑人的身体状况、自身文化素质、出狱以后生计之道，但狱政实践中作业强度较大，作业劳动违背了立法制定的初衷，从教育和教诲变成了惩罚受刑人。又如，南京国民政府规定了假释制度，司法行政部要求适用假释除了具备刑法的法定条件外，还要求本人出狱后生计确有保障，狱政实践中很多犯罪的富人据此申请假释，而被囚禁的贫苦受刑人即使具备法定的假释条件，也会因为出狱后无法确保生计而无法获得假释。

虽然从立法上来看，南京国民政府时期的监狱法律规定继续朝着监狱近现代化的方向发展，但由于南京国民政府本质上代表的是大地主、大买办资产阶级的利益，决定了南京国民政府时期监狱狱政的行刑目的本质是镇压和束缚广大民众、监禁和迫害共产党员和其他革命者，因此，其狱政实践情况必然与立法有较大差距。

---

❶　谢振民编著：《中华民国立法史（上册）》，张知本校订，中国政法大学出版社，2000，第 193 页。

第五节　新民主主义革命时期的监狱官

新民主主义革命时期的监狱官是指从 1927 年至 1949 年新中国成立以前，❶ 在中国共产党领导的羁押待审犯和已决犯的看守所和监狱中履行监管、教育、改造职能的工作人员。这支新型的监狱官队伍自产生之日起便承担起了中国共产党改造社会的历史使命和教育人、改造人的神圣任务，并伴随革命战争时期的战火逐渐发展。新型的中国监狱官在革命年代，在硝烟中所积累的宝贵经验，对新中国成立以后发展我国劳动改造事业有着直接影响。

在封建社会，监狱工作人员的职责侧重于监管，在行刑中存在虐待、欺压被行刑人的情况。这一份职业在当时的社会中是不受人尊重的，他们曾被称为"牢头"或者"狱卒"，这些称谓伴随新民主主义革命时期的到来而发生了变化。当时的监狱官未有统一名称，有关文献中有监所工作人员或监所干部之称谓。本章拟用监所干部一词指代这一历史时期的监狱官。

一、新民主主义革命时期监所干部的行刑背景

（一）新民主主义革命时期的行刑思想

新民主主义革命政权是以马克思主义作为指导思想，为推翻腐朽的封建旧政权和帝国主义在中国的殖民统治而建立的。新民主主义革命时期的看守所和监狱作为这一新政权的职能部门，是工农阶级反抗、镇压封建豪

---

❶　第二次国内革命战争初期，各地工农武装在摧毁反动统治和反革命势力过程中，建立了肃反机关看守所、拘留所等监狱组织，新民主主义革命时期的监狱官也随之产生。

绅地主等反动势力的政治工具。当时行刑思想的理论基础主要是马克思主义的国家学说和唯物史观。

马克思主义国家学说认为国家是阶级统治的工具，需要借助一整套法律、制度、国家机器来实现其职能。其中，监狱是国家机器的组成部分之一，是建立在一定经济基础之上的，同时体现了经济基础状况，并为之服务。性质相同或相近的国家政权更替，只需改良原有国家机器便可适应新的统治阶级的需要。性质不同的国家政权更替就需要建立起新的上层建筑。"工人阶级不能简单地掌握现成的国家机器，并运用它来达到自己的目的"。❶ 由此，我们认为：新民主主义革命时期的中华苏维埃政权是工农民主政权，是一种新型的与封建统治旧政权截然不同的政权。新的政权成立后需要建立新的国家机器，构建新的监狱，体现无产阶级的利益，巩固工农民主政权。新民主主义革命时期的监狱和监所干部是不同于以往的，是代表着我国社会发展方向的新型监狱和监所干部。

马克思主义唯物史观认为无产阶级是伟大使命的承担者。在这个伟大的使命中包含改造人类自身和改造社会的任务。虽然服刑罪犯是被刑罚处罚的对象，但他们是社会的一员，是国家的公民，同样属于无产阶级改造的对象，改造他们是无产阶级的使命之一。对于这一理论，毛泽东在其后也作出了更为深刻的阐述，提出了"无产阶级和革命人民改造世界的斗争，包括实现下述的任务：改造客观世界，也改造自己的主观世界——改造自己的认识能力，改造主观世界同客观世界的关系。"❷ 这一论述进一步深化了改造世界的内容，为新民主主义革命时期监所改造罪犯提供了思路。简言之，无产阶级的唯物史观为我国新民主主义革命时期的监所干部改造罪犯提供了强大的理论支持，为开展具体的思想教育改造和劳动改造指明了方向。

马克思主义的劳动观从劳动在人类形成和发展过程中的重要作用出

---

❶　马克思、恩格斯：《马克思恩格斯全集（第 1 卷）》，人民出版社，1979，第 292 页。

❷　毛泽东：《毛泽东选集（第 1 卷）》，人民出版社，1991，第 296 页。

发，首先提出了"对罪犯的改造过程，实质上又是矫正罪犯头脑中对客观世界认识的过程，而正确的认识只能来源于实践"❶这样的观点。其次，该理论认为，罪犯在接受劳动改造过程中自然而然地提高了劳动技能。劳动实践是养成和提升劳动技能的重要途径，除此别无他径。我国罪犯劳动改造的实践充分证明了这一点，同时也证明了劳动改造在国家经济困难时期对弥补国家监狱经费投入不足的积极作用。的确，作为社会中的人，生存是基本的需求，而劳动技能是生存的根本，劳动改造是切实有效的改造手段之一。

在马克思主义的指导下，新民主主义政权把教育改造罪犯作为一项重要的工作来对待。教育改造罪犯有着深刻的思想基础，除了以上提及的理论基础外，毛泽东关于人是可以改造的思想和观点也是其理论基础之一。此外，新民主主义革命时期教育改造罪犯还吸收了中华优秀法律文化中关于行刑的一些思想，诸如："礼乐刑政""明德慎罚""德主刑辅""恤刑慎杀""圜土之制""施职劳役""礼法合一""悯囚录囚""设置徒流""男女异狱""疑罪从赦""金作赎刑"等。这些思想都渗透在当时的狱政思想中。在这些思想的指引和影响下，新民主主义革命时期中国共产党提出改造罪犯从思想开始，从思想深处改变罪犯的观点。由此，我们可以看出，中国共产党领导下的中国新型监狱改造罪犯的勇气和决心。

新民主主义革命时期的监狱是无产阶级革命专政的职能部门，承担着改造罪犯的历史使命。监禁和惩罚罪犯不是当时监狱的终极目的，而是监禁刑行刑的手段；当时监狱的终极目的是"改造罪犯"。这些罪犯包括可以挽救的犯罪分子、反革命分子和其他坏分子。这一观点在毛泽东思想中得到充分的体现："对于反动阶级和反动派的人们，在他们的政权被推翻以后，只要他们不造反，不破坏，不捣乱，也给土地，给工作，让他们活下去，让他们在劳动中改造自己，成为新人。他们如果不愿意劳动，人民的国家就要强迫他们劳动。也对他们做宣传教育工作，并且做得很用心，

---

❶ 王戌生主编《罪犯劳动概论》，法律出版社，2001，第 231 页。

很充分，像我们对俘虏军官们已经做过的那样。"❶ 这是中国共产党人在马克思主义的指导下，践行其伟大历史使命过程中，在行刑工作方面的具体体现。

在马克思主义的指导下，我国新民主主义的监所建设指导思想呈现不断发展的趋势，可以分为以下三个阶段：第一阶段，在工农民主政权时期，强调行刑人道化，制定的狱政指导方针是对罪犯实行感化、教育和改造。第二阶段，在抗日战争时期，监所建设的指导思想是强调教育改造罪犯思想，提出思想教育为主刑罚惩罚为辅、严禁虐待罪犯和人道主义的行刑原则。"以无产阶级思想和感情、满腔热情地去挽救罪犯"是抗日民主政府在当时重点提倡的狱政思想。第三阶段，在解放战争时期，解放区人民政府继续坚持前两个阶段的指导思想，实践中对罪犯着重采用"感化主义"，并将此写入当时的根本大法《陕甘宁边区宪法原则》。

总之，新民主主义革命时期的行刑思想是以尊重罪犯人格、重视对罪犯的教育改造，提倡教育改造和劳动改造相结合、提倡以革命人道主义精神感化罪犯，反对和摒弃刑罚报复主义、废除肉刑和酷刑为内容的。先进的行刑思想为当时的监所干部队伍指明了工作方向，也为罪犯改过自新树立了信心。

（二）新民主主义革命时期的监所设置

新民主主义革命时期，监狱的设置随着革命斗争的深入而逐渐发展。新生政权首先设立的监狱是看守所。看守所承担了羁押未决犯和已决犯的职责。随后，根据形势需要，根据地先后设立了法院和司法处，并在这两个机构下先后又设立了罪犯自新学艺所、监狱、劳动感化院三种行刑机构。❷ 随着解放区逐步扩大，解放区政府新建立了五大行政区，设立了相关的管理机构和监所。在这个时期，监所数量不仅有所增加，监所形式除

---

❶　毛泽东：《毛泽东选集（第4卷）》，人民出版社，1991，第 1476–1477 页。

❷　这些先后出现的行刑机构在本章中统称为监所。

了前述提到的罪犯自新学艺所、监狱等外，还出现了管训队、劳动改造队等形式。具体情况如下：

1927 年蒋介石叛变革命以后，中国共产党领导人民经过三年左右的艰苦斗争，在湘赣、鄂豫皖等十来个革命根据地建立起各级革命政权。监狱作为与敌对势力做斗争、稳定根据地秩序的机构也很快建立起来。肃反委员会在当时是一个承担着艰巨任务的部门，除了羁押已决犯外，还羁押未决犯，并且对被羁押的罪犯进行强制教育。为更好地开展工作，新政权在肃反委员会下还设置了看守所或拘留所。这个时期革命根据地尚未稳固，革命政权机构随着战争的形势变化处于流动状态，肃反机关监所的职责虽然是羁押、教育未决犯和已决犯，但在实践中只能做到看管好罪犯不逃跑，不发生自伤、自杀等事故，并且其监管手段比较简单、粗糙，负责监所工作的人员（也就是新政权下最早产生的监所干部）也未形成稳定的队伍。与现代意义的监狱相比，根据地监所的设置尚存在诸多不完善之处，监所队伍的建设发展仍需加强。

到 1931 年 11 月，工农民主专政的中华苏维埃共和国成立，建立了中央工农民主政府。工农民主政府带领根据地人民进行了法制建设。为使审判工作、检察工作、司法行政工作有法可依，工农民主政府制定了相关的法律。监所工作作为司法行政工作中的重要部分，有关法律规范也对其进行了规定。1932 年 6 月 9 日，中华苏维埃中央执行委员会颁布了《中华苏维埃共和国裁判部暂行组织及裁判条例》。该条例在《中华苏维埃共和国中央苏维埃组织法》的基础上对地方监所的设置作了规定：各级政府设立监所，省、县两级裁判部下设劳动感化院，负责长刑犯的监管、改造；各级裁判部下设立的看守所监管、改造未决犯和短刑。自此，新政权下监所的建立和工作的开展有了法律依据，当时的监所有看守所❶、劳动感化院、

---

❶ 在新民主主义革命时期，监所形式虽有多种，但看守所是最为主要、建立时间最早的监所形式。自 1927 年至 1937 年 7 月，即使在陕甘宁边区高等法院设立之初也只有看守所，因此未将已决犯与未决犯进行划分，而是统一由看守所羁押。

监狱 ❶、苦工队 ❷ 等组织机构。从机构设置的情况看，我们可以将当时的监所干部定位为从事司法行政事务的工作人员。

抗日战争时期根据地政权建设有了很大的发展，监狱的设置随之完善。广大的监所干部和其他工作人员凭着对革命的热情开展工作，经过初创、整顿、发展三个阶段，按照边区政府设置的情况进行了监所的建设工作。❸ 最初设立的监所为看守所。由于当时只有延安设有地方法院，其他边区在地方设置的是司法处，因而看守所是边区高等法院和各县司法处的下属单位。在各级法院、司法处下设的看守所负责羁押、改造未决犯和已决犯。根据革命斗争形势的需要，各根据地法院和司法处先后又设立了监狱。以陕甘宁边区为例，1941 年 1 月，陕甘宁边区政府高等法院正式成立专门的劳动改造机关——劳动生产所，将劳作队从看守所管辖下分离出来。1941 年后，陕甘宁边区的高等法院均开始设置监狱或分监，组织已决犯进行生产劳动。❹1942 年 9 月，边区政府根据实际需要将在直属县范围内 1 年以上的徒刑犯，非直属县范围内 2 年以上的徒刑犯交由新成立的高等法院监狱监管。1943 年，边区政府对各分区的监所进一步分级设置，以期实现对罪犯的有效监管和改造。其具体做法是：新设边区行政监察专员公署高等法院分庭监狱，将各地区被判处 3 年以下有期徒刑的罪犯关押于此，对其进行管教，这样就在边区政府辖区内形成了中央和地方两级监狱结构。这样的做法有其积极意义，但后来由于监所干警人员配置难以到位，分庭监狱于 1945 年 12 月被取消了，仍然由边区县级司法处看守所负责关押和教育原本由分监关押的罪犯。❺ 此外，边区政府还设立了感化院

---

❶ 在鄂豫皖和川陕根据地设监狱，作为已决犯和未决犯的执行场所。

❷ 在战争环境，中国工农政府将判处短期监禁和案情较轻的罪犯组成苦工队，到前方承担战争勤务。

❸ 当时政权的设置一般分为边区、县、乡三级，边区的派出机构是专署，县的派出机构是区公所。

❹ 薛梅卿主编《中国监狱史》，群众出版社，1986，第 52 页。

❺ 张希坡、韩延龙主编《中国革命法制史（上册）》，中国社会科学出版社，1987，第541 页。

等监所机构。感化院随后正式更名为自新学艺所，主要改造对象为受日伪训练派遣的少年犯和由沦陷区过来的政治嫌疑分子，1942 年又将其改为对较长刑期进行教育改造的机关。❶ 由此，我们可以看出，1940 年后，各抗日根据地的监所体系大体形成，边区高等法院对各级监所执行徒刑刑期的范围大都有了明令规定，对判处较短徒刑者，由各县看守所自行管教；判处较长徒刑者，一律解送高等法院监狱。

到了解放战争时期，监所的建设虽然经历了一些波折，但是总体来说呈发展态势，特别是在三大战役后，解放区监所建设进入了重大发展期。这个时期的监所有联合看守所、联合监狱、分区监狱、管训队、劳动改造队等形式。联合看守所、联合监狱是地方公安机关和保卫机关为方便联合行动而组建的监狱。分区监狱是在已有边区监狱之外成立的，如晋绥边区曾建立第一、第二、第三分监，把所属各县判处 1 年以上徒刑的罪犯集中到分监教育改造。❷ 管训队是在解放战争即将胜利的条件下，为迅速清理、打击、分化、转化旧政权的反动势力，而在公安机关内部临时设置的监所形式，其监所干部基本归公安机关领导。随着革命斗争形势的推进，解放区政府内部出现了一些国民党党政军警特重要分子对革命工作进行破坏。解放区政府在与这些党政军警特分子斗争的过程中，产生了一批这样的政治犯，为此，解放战争初期我国在长春、北平和河南等地的公安机关还曾成立专门机构 ❸ 用于改造这些罪犯。1948 年后，解放战争临近全面胜利，监所罪犯日益增多，监所羁押罪犯压力加大。在这样的背景下，部分地区司法机关受到当时"农村包围城市"战争路线的启发，避开城市到农村以及偏远的地方寻找改造犯罪分子的基地，探索新的行刑路径。这一新的做法最初是由东北一些省、市司法机关率先实施的。其具体做法就是组织一批干部，将一部分具有劳动能力且罪行较轻的罪犯组成劳动改造队，到远

---

❶ 1942 年 1 月，该所收押判处较长刑期的犯人，成为对犯人进行教育改造的机关。

❷ 李金华、毛晓燕主编《中国监狱史》，金城出版社，2003，第 24 页。

❸ 这些机构为"政治感化所""清河训练大队"或"感训班"。

离城市、条件艰苦的地方从事生产劳动，如矿场经营、劳动改造农场。劳动改造队采用军事化管理，无论是监所干部还是服刑人员都住集体宿舍，过集体生活，在艰苦的条件下共同劳动、共同生活。劳动改造队改造罪犯的模式不仅符合当时国家经济贫困、监狱人满为患的现状，而且锻炼出一支吃苦耐劳的新中国监所干部队伍，为新中国成立后形成"监企合一"的监狱模式打下基础。新中国成立前创建的劳动改造队可以说是新民主主义革命时期劳动改造罪犯的智慧结晶，其最为突出的特点就是把生产劳动作为改造罪犯的途径，把思想教育作为搞好一切工作的关键。各地劳动改造队普遍开展丰富多彩的思想教育、政治宣传和文化活动，通过考核、评比、奖励、惩罚等方式实现对罪犯的改造。自此至1994年，经历了近半个世纪的时间，我国罪犯的管理模式主要是劳动改造队的劳动改造模式。

　　我国新民主主义革命时期监所的设置既考虑了战争环境下对机构设置的精简、效能、权力相对集中的需求，也考虑了保证新民主主义政权能够及时、便利地实现对司法工作的领导问题，贯彻了将司法审判与刑罚执行融为一体的思路。这在当时的边区司法实践中尤为突出，是一项因地制宜的创举。

二、新民主主义革命时期监所干部概况

（一）监所干部为司法行政工作人员，受所属机构领导

　　根据所隶属机构不同，监所干部大体有看守所干部、监狱干部、劳动感化院监所干部、管训队监所干部等类。这些干部根据所在监所受领导机构不同分别属于不同机构的工作人员，受所属机构领导。他们的职责也会因为所属机构工作职责的侧重而有所差别。例如，国家政治保卫局看守所干部负责对反革命案件中罪犯的拘押看守任务，裁判机关的看守所干部承担监禁未审判的罪犯或已判决短期监禁的罪犯，肃反委员会的看守所干部负责看守未决的反革命案犯及一般刑事案犯以及被判处短期监禁的已决犯。新民主主义革命时期的监狱由法院设置，监狱干部属于法院编制，受

法院领导，负责对法院审判前后和审判期间需要由法院监禁罪犯的监管。值得一提的是，在解放战争时期公安机关看守所干部属于公安机关预审部门的下设机构的工作人员，直接受预审科科长和预审股股长的领导。

　　总之，新民主主义革命时期监所干部属于司法行政工作人员，分别隶属于法院、司法处、公安机关等机构。这一点在 1944 年 3 月高等法院院长在边区司法会议上的司法工作报告中得到佐证。报告明确指出："今后法院、法庭、司法处，都要把监所工作看作职责内的工作，不能再以司法行政由行政首长委办为借口而推诿不管。"❶

（二）监所干部的设置和职责分工

　　从总体上看，新民主主义革命时期监所的主要职责是对罪犯进行关押和看守，并创造条件对罪犯进行教育。具体来说，监所工作人员的主要职责包括认真执行狱政工作方针和政策，搞好监所管理、教育、生产，抓好思想工作；通过个别谈话、集体上课、参加罪犯生活检讨会和政治学习讨论会等方式，有的放矢地启发教育罪犯改过自新，关心罪犯生活，并认真听取罪犯对监所工作的意见；做好警戒看守工作，认真执行罪犯出入监所的检查登记制度，在看守警戒时不得擅离岗位，对罪犯早晚点名，认真考核罪犯在守法中的表现和转变错误的程度，作出评估，实行奖惩。由于条件所限，当时的监所未将执行刑罚与关押未决犯的职责分开，因而其职责还包括拘禁未决的汉奸分子、敌探、内奸以及破坏边区的犯罪分子。这些在当时的法律法规中均有体现。例如，《陕甘宁边区高等法院组织条例》规定看守所在所长指挥下执行下列任务：犯人收押、检查、点检及看管，登记及保管犯人之财物，计划及实施犯人之教育，组织及分配犯人之工作或劳动，考查犯人之活动，登记犯人出入。❷从总体看，这些职责的履行

---

　　❶ 北京政法学院编《中华人民共和国审判法参考资料汇编（第 1 辑）》，北京政法学院，1956，第 168 页。

　　❷ 韩延龙、常兆儒编《中国新民主主义革命时期根据地法制文献选编：第 3 卷》，中国社会科学出版社，1981，第 357 页。

是通过设置不同的岗位，由不同的人员以分工合作方式完成。一般来说，监所设管理员一人，负责管理、领导一切案犯参加劳动生产及卫生教育事宜；设法警若干人，担任公审时之看管、押解及待审处之警戒。❶但是，不同时期、不同监所在完成这些职责的过程中体现了一些差异。在工农民主政权时期，监所干部的主要任务就是不让罪犯逃脱，而到了抗日战争时期和解放战争时期，监所干部的职责就开始逐步转变为强调教育改造、组织管理生产。在同一阶段不同的监所，由于条件不同，人员的配备和分工的粗细也有所区别。根据《陕甘宁边区高等法院组织条例》之规定，高等法院看守所的人员配备包括所长、看守员及武装警卫队，但是，在不同阶段相关人员配备数量有所不同，初期人员较少，存在仅有一名看守员的情况，或者由一名监所干部兼任多种职责的情况，到了后期相关人员逐渐有所增加。县一级看守所的组织机构与人员设置情况是：一般只设置所长、事务长和警卫武装三个岗位，除所长为一人外，其他岗位的实际人员数量也不多，却需要承担比高等法院看守所更为繁重的工作。每个看守所关押罪犯从三五十人到一百二三十人不等。监所的设施更是简陋，有些监所处于流动状态，没有固定的地点。在这样的条件下监所人员之间即使有分工，但在具体执行时职责往往是极为模糊的。隶属公安机关的监所组织机构更为精简，一般设所长一人，负责领导监所一切事务；设事务长一人，管理罪犯的生产、伙食和各种总务工作配备；警卫武装一个班左右，担任看守、警戒和提解。随着劳动感化院的出现，监所内部的机构设置有所细化，监所人员的分工相对明晰。《中华苏维埃共和国劳动感化院暂行章程》对这方面的规定较为具体，且具有代表性。该暂行章程不仅明确了院长、副院长、科室人员的配置情况，而且细化了在劳动感化院内具体科室之间

---

❶ 韩延龙、常兆儒编《中国新民主主义革命时期根据地法制文献选编：第3卷》，中国社会科学出版社，1981，第329页。

的分工。❶虽然有些科室也存在只有一人的情况，但是监所干部的职责已向明确化、具体化的方向发展。此外，值得一提的是，感化院在任用工作人员时，开始吸纳劳动妇女，如江西第二劳动感化院设置了女检查员，公略县的东固区任命妇女充当看守员。❷这在当时是一项人事任用方面的重大进步。在劳动感化院初步取得生产方面的突出成绩后，中央工农政府对其内部机构设置作出了进一步调整。1933年夏，劳动感化院工厂和劳动感化院企业管理委员会成立，负责组织领导服刑罪犯的生产劳动和产品销售。两机构的相关负责人和管理人员由所在地之国民经济部和裁判部会同选定，由中央国民经济部委任。由此，监所的工作基本分为两大类。监所的生产劳动由企业管理委员会在中央国民经济部的直接领导下，负责具体指导劳动感化院工厂的生产与营业部的销售事宜，而罪犯的日常管理教育等工作，仍在裁判部的直接领导下执行。由于工作职责的划分，感化院各机构需要的费用分别预算、分别核准发放。企业管理委员会、工厂、营业部的一切费用，由管理委员会编造预算，呈报中央国民经济部核准发给。劳动感化院之经费，仍由感化院编制预算，呈报裁判部核准，由财政部发给。❸在裁判部和地方经济管理部门的领导下，劳动感化院干部开创了刑罚执行与经济建设相结合的实践，在当时困难的战争年代起到了积极的作用。

---

❶ 劳动感化院设院长一人，副院长一人，科长若干人。由院长、副院长及各科长组成管理委员会，院长为该委员会主任。管委会对劳动感化院负全责，向该级政府裁判部负责并随时报告工作。劳动感化院还设立总务、劳动管理、文化等科室，每科设科长一人；劳动感化院设立各种手工工场，组织犯人从事生产劳动，并设立店铺，出售劳动感化院的产品。总务科"管理劳动感化院的一切财产、器具、经费、生产品的出卖、原料的购置及制造劳动感化院的预算决算等事宜"；劳动管理科"进行建设及管理各种工厂，监督和指导犯人的工作等事宜"；文化科"组织和管理犯人的教育事宜，如识字班、政治课、俱乐部、列宁室、图书室、墙报编辑、游艺晚会、音乐、弈棋、编辑剧本等事宜"。

❷ 江西省妇女联合会、江西省档案馆选编《江西苏区妇女运动史料选编》，江西人民出版社1983，第111页。

❸ 中华人民共和国司法部编《中国监狱史料汇编（下册）》，群众出版社，1988，第387页。

在解放战争时期，监所形式还有"管训队"和在已解放城市新建的监狱。"管训队"的人员设置情况为：队长、指导员、干事、预审员各数人。这些人员在有所分工的情况下，协作完成工作。由于未设置警卫和保卫人员，管训队的相关警戒工作由公安武装负责。新型的监狱管理机构一般设典狱长1人，其下设若干科室：总务科、管理科、教育科、生产科，各个科室配备相关的人员。

在临近解放时期，我国还设置了劳动改造队这一监所形式。劳动改造队监所干部带领罪犯，在较为艰苦的环境下从事生产劳动，在劳动中教育罪犯、改造罪犯、管理罪犯，在新中国成立之前总结劳动感化院的经验，闯出了一条教育改造徒刑犯的新途径。监所干警除了承担教育改造罪犯的职责外，还要亲力亲为从事生产劳动，因此监所干部一人往往同时承担管理生产、参与生产、教育罪犯、管理罪犯等多项职责。

总之，新民主主义革命时期的监所干部担负着拘禁、教育未决犯和已决犯的职责，到了后期还承担管理生产等多重任务。监所干部队伍普遍存在配备数量较少，具有一定流动性的特征。他们的工作环境极差，监所设施简陋，既无高墙壁垒，又无牢固监房。在这种情况下，为搞好工作，一方面，基层司法机关的科室领导、裁判员、保安科执行股干部往往直接担负对罪犯管教的责任；另一方面，将已改造好的罪犯和出身较好的农民吸收成为监所工作人员，担任一定的监管工作。例如，当时晋西北的监狱工作人员中，除了行政上的几个负责人是当时看守所和监狱的职员外，看守员一般会找较好的工农分子充当（不包括富农）。他们的保管员是一个烟犯，看守长是一个"假释"的敲诈犯，文书是贪污犯兼烟贩，而看守员18个人中仅有两个不是罪犯，作业股长、事务干部全部从罪犯中提拔。❶这种情况在当时较为普遍，有利于罪犯自新进步。这既是一种不得已的做法，也是一种有效解决工作人员缺乏问题的措施。

在战争时期，尽管监所干部和工作人员的配置存在欠妥当的地方，但

---

❶　亚苏：《晋西北的监狱》，《解放日报》1942年12月28日，第2版。

是监所干部的监管实践对当时的新民主主义政权的巩固起到了重要作用。随着解放区的扩大和县城的解放，解放区政府也逐步重视加强对监所干部的管理和监督，努力健全了各项规章制度，在监所队伍建设方面为新中国的成立做了积极的准备。

（三）对监所干部职务行为的规范与管理

1. 以制度规范监所干部的行为

新民主主义革命时期的监所不同于旧政权的监狱，革命人道主义精神为当时行刑的主要理念和思想，把罪犯改造成支持、加入中国共产党革命事业的新人是行刑的最高目标。为树立全新的工作风格，防止旧监狱那种黑暗、腐败、野蛮的行刑作风的影响，新民主主义政权机构或政府出台的施政纲领和人权保障条例所规定的各项司法原则成为监所干部从事监所管理工作必须遵循的基本原则。除此之外，当时的政府也努力逐步制定监所工作的办法，健全管理制度，对监所干部的职务行为进行规范。受旧社会的影响，加之监所干警业务素养不高，当时在行刑中还是存在问题的，问题之一就是殴打、苛待罪犯，问题之二就是收受罪犯的财务或敲诈盘剥罪犯。针对这个情况，当时的监所管理法规普遍都规定了相关纪律，并对违法乱纪行为，视情节轻重给予必要的处分，罪行严重者给予法律处罚。从资料看，《陕甘宁边区高等法院监狱管理规则》对监所干部行为规则的规定较为全面❶，对规定的执行也较为严格，有因打骂体罚罪犯而受到撤职处分的。当时，监所干部也出现过玩忽职守的情况，同样也受到了严肃的处分。总之，新民主主义革命时期监所人员工作纪律以尊重罪犯的法律地位，保护罪犯的合法权益为宗旨，制定了不得侵犯罪犯一定范围内的自由、杜绝肉刑、禁止打骂、侮辱罪犯；罪犯的物质待遇须按规定数量、质

---

❶ 《陕甘宁边区高等法院监狱管理规则》规定"对受法人不得随意捆绑打骂及凌辱""看守人的私人生活，不得随意支配受法人去做，对女受法人不得随意调笑，及任何不正当行为""看守人不得收受受法人的任何钱财礼物""受法人物品之待遇，照规定数量发给，不得克扣"等。

量发放，不得克扣；严禁贪污挪用罪犯的财物，收受罪犯的贿赂等规定。凡违反纪律者，视情节轻重，分别给予政纪处分，甚至刑事制裁。这样的规定使新兴政权的监狱有别于旧制度的监狱，有利于对监所干部职务行为的规范和监督，有利于监所干部队伍的成长与壮大。

2. 加强监所干部队伍建设

自第二次国内革命战争时期，中国共产党就对监所干部的队伍建设极为重视，严格人员的任命、调动以及培训。在 1932 年制定的《中华苏维埃共和国劳动感化院暂行章程》就专门对人事任用的问题作了明确规定，❶ 对加强监所干部队伍建设起到了积极作用。在行刑实践中，新民主主义政权总结了经验，认为监所队伍建设重在对干部的思想教育，因此在法院、公安等系统内开展了多种形式的思想教育，监所内部也进行了对干部的思想教育活动。在解放战争时期，随着人民政府不断开始接管旧监狱，监所干部需要与国民党监狱腐朽的管理思想和制度进行斗争和抵制。在这样的背景下，监所干部的行刑意识、行刑能力的提高更加成为不可忽视的问题。为此，当时各地的监所建立了干部学习制度，开展了学习政策、学习业务的活动。广大监所干部通过学习毛泽东同志的人民民主专政理论、解放区的法律、法令及司法政策，总结监狱工作的经验教训，树立了新民主主义的法制观念、教育改造主义的狱政观念。

三、新民主主义革命时期监所干部的狱政实践

新民主主义革命时期监所关押罪犯的基本状况反映了当时监所干部是

---

❶　该章程在人员的调任上要求"整理各地看守所及劳动感化院的组织，充实他们的工作人员"，"不经上级同意，不许将工作人员调换"；在技能培训方面规定"看守所与劳动感化院的工作人员，应该经常研究看守的技术，加紧工作人员的训练，提高他们的文化和政治水平，使他们懂得自己的任务"，办短期培训班以"提高和训练干部"为目的，"对新提拔的工作人员，多注意他们的训练，实行强迫教育"，"轮流调换下级的工作人员到上级接受实际训练，以养成技术较高的专门人才"。

以改造和惩罚破坏新民主主义革命的罪犯为使命的。在中华苏维埃共和国时期，敌对势力处心积虑地采取各种破坏措施企图破坏新生政权，为此中华苏维埃共和国中央执行委员会分别发布了有关惩治反革命和惩治贪污的法令。闽西苏维埃政府、川陕省苏维埃政府也都先后制定了相应的条例和刑律，以保卫新生政权。这个时期的条例和刑律对反革命罪犯和其他刑事罪犯处罚是极为严厉的，凡属罪行严重或比较严重的均处以死刑，监所监禁的罪犯基本为轻刑犯，其刑期一般均在六个月以上五年以下。监所干部的工作就是对刑期较短的已决犯和在押未决犯进行羁押和改造。抗日战争时期，各个解放区在总结经验的基础上普遍重视和加强了法制建设，使监所干部的行刑工作更加规范化。各抗日根据地制定了惩治罪犯的条例。❶另外，晋察冀边区、晋冀鲁豫边区、太行区、晋绥边区和山东省也都先后制定了有关惩治战争罪犯、汉奸、盗匪、贪污、贩毒、赌博等犯罪分子暂行条例、办法。根据颁布的法律，边区法院对于罪行极其严重的罪犯处以死刑，对于其他罪犯则根据罪行和犯罪情节处以六个月以上十年以下不等的刑期。此时，监所干部需要改造的对象不再仅仅是短刑犯，还包括一些十年以下的长刑犯。到了解放战争时期，各个解放区，特别是几个大行政区的各级政府进一步加强了法制建设，制定和颁布了许多刑事法规。这个时期新民主主义政权惩治的主要对象是战争罪犯、汉奸、国民党反动派特务、反动会道门头子、土匪、不法地主。押犯的刑期一般在六个月以上十五年以下，较为严重的被判处无期徒刑。在这一时期，有的地区已经把看守所和监狱从职能上进行区分，监狱关押已决犯，看守所监禁未决犯，一些重点监狱还关押外籍犯。例如，哈尔滨市监狱关押的罪犯中就有日本、朝鲜、苏联、德国、波兰等十余个国籍的罪犯。新民主主义革命时期的监所干部在战争年代克服困难，不断摸索、不断成长，随着革命斗争形势的深入，他们的法治思想亦进一步提高，在改造罪犯的方法上也有所

---

❶　陕甘宁边区先后制定了《陕甘宁边区抗战时期惩治汉奸条例（草案）》《陕甘宁边区抗战时期惩治盗匪条例（草案）》《陕甘宁边区惩治贪污条例（草案）》。

创新。

（一）对罪犯进行政治思想教育

犯罪分子之所以走上犯罪之路，思想认识的错误是主要的问题。有的是阶级立场错误，站在反共反人民的立场；有的是对当前形势和新民主主义政权产生误解；有的是对政治和政策法令愚昧无知。因此，在新民主主义革命时期监所干部把对罪犯的思想教育作为一项重要的工作来看待，只要具备条件，就不断探索具体教育的方法、内容。通常监所干部采用的主动教育方式是上课与谈话，发挥罪犯的主动性，将罪犯自学与讨论相结合。从教育的内容看主要包括当前形势政策、公共道德观念和正确的劳动价值观。对罪犯思想教育的直接目的就是消除他们对新政权的敌对心理，促使其认罪悔改。在第二次国内革命战争时期，监所干部对罪犯的思想教育工作有了一定的深入，教育形式更多样化，除了专门授课、个别谈话外，还组织识字班、读报班，以及举行有教育意义的文娱活动等，思想教育效果有一定的提升。在抗日根据地，不少犯罪分子是持反动的政治立场的，他们是由于对抗日战争这一民族正义事业及边区政权人民民主性质和政策法令的愚昧无知而走向人民对立面的。因此，当时的政治思想教育的内容是有针对性的，除了当时的政策法令外，还包括爱国主义的抗日战争教育、新民主主义的革命道理。监所干部对罪犯的思想教育除上课、做报告、组织讨论之外，重点推行了个别谈话教育方法。从实效看，抗日战争教育的成效是极为明显的，通过抗日战争教育不少汉奸犯对自己出卖民族利益的行径感到悔恨不已，表示要痛改前非，不少罪犯从人民的敌对者变成能立功赎罪的抗日战争分子。解放战争时期，监所干部对罪犯的思想工作进一步深入了。一些监所设有管教干事，专门负责罪犯的思想工作，对罪犯在监狱的各个阶段、各个环节上的思想活动有规律地进行深入了解，并有针对性地开展教育工作，克服罪犯恐惧、苦闷、抵触等不正常情绪，并努力做到个别化教育。当时的哈尔滨市监狱在个别化教育上做得较为突出，监所干警按犯罪性质把罪犯分为反革命、贪污、盗窃、强盗、贩毒、通奸等十四种类型，分析其犯罪原因、危害后果、错误思想，进行分类教育，起到很好的教育作用。❶监所干部对罪犯进行的新民主主义革命理论的教育也是这一阶段对罪犯进行思想教育的重要内容。毛泽东的著作以及报刊上的有关文章作为当时思想教育的主要教材。很多监所以民主问题为主题，结合毛泽东的著作和文章办讲座、开讨论会，掀起了轰轰烈烈的学习高潮。其具体方式是由司法机关和监所干部讲解政策、法律、著作和文章，然后组织罪犯进行讨论。在讲解的同时，监所干部结合典型事例，生动具体地教育罪犯犯罪行为的危害性、犯罪后的出路、党和政府的政策，以及对一切坚持错误拒不悔改的分子定会予以严惩的具体规定。解放区政府在掀起了对罪犯进行思想教育活动的同时，也抓住契机不断要求监所干部严肃工作作风，反对官僚主义和粗枝大叶的不良工作作风，提倡深入细致的思想教育作风，强调转变罪犯思想是监所工作的中心环节。思想教育工作取得了明显的效果，在诸多成功经验当中，陕甘宁边区高等法院监狱监狱长党鸿魁对罪犯实行思想教育的做法成为当时的典范，得到政府的推广。党鸿魁在改造实践中发现思想改造工作应该采用灵活的、易于让罪犯接受的方式，于是他率先改变了机械、呆板的工作方式，以润物细无声的方式把思想教育工作融入监所各项工作和各种活动，在深入了解罪犯思想状况的基础上，以中国共产党人宽广的胸怀、坦诚的态度，打消了罪犯的顾虑，解决了罪犯各种具体思想问题，取得了显著的成效。为了做好思想改造工作，一些监所还设立了罪犯之间互帮互助和交流的组织，在这些组织中最为突出的是"救亡室""俱乐部"。这些互助组织的建立以及活动的开展激发了罪犯改造的积极性和主动性，取得了显著的成效。

通过思想改造，罪犯认识到边区政府和国统区是两种不同的社会制度，是两种截然相反的政权。他们认识到共产党所领导的民主革命事业和新民主主义制度反映了中国历史发展的规律和广大人民的要求，代表了中国的远大前程。

---

❶　王志亮：《中国监狱史》，中国政法大学出版社，2017，第 324 页。

（二）对罪犯进行文化教育

新民主主义革命时期，文化教育也是监所干部工作的重要内容之一。在第二次国内革命战争期间，由于监所经常处于流动状态，监所工作人员和工作制度尚未成熟，对罪犯的文化教育开展得不多。到了抗日战争期间，监所工作有了一定的发展，行刑不再局限于对罪犯的关押，而是开始追求改造的目标。抗日根据地的犯罪分子多是文盲、半文盲，愚昧无知使一些人走上犯罪道路。因此，提升罪犯的认知能力，使罪犯摆脱文盲状态成为当时监所干部的工作内容之一。由于教员有限，监所干部在罪犯中挑选表现好、有一定文化的罪犯做教员，开展识字竞赛活动，对学习成绩优异者进行表扬和奖励。有条件的监所还设立了书报阅览室。阅览室尽量收集、购买供不同层次的罪犯阅读的书籍，以便在监所营造读书、读报的氛围，使读书作为所有罪犯经常性的学习内容，做到既学政治，也增加文化知识。在陕甘宁边区高等法院看守所和监狱，干警们还为罪犯教授算术课和常识课，以丰富罪犯的知识和技能。文化教育工作的深入推进促进了罪犯的思想转变。边区高等法院看守所 1940 年上半年测验，劳作队多数人每月识字 20~30 个，少数人能识字 50~70 个；未决犯多数人每月识字 50~60 个，少数人每月识字 90~120 个。[1] 到解放战争时期，对罪犯的文化教育在总结抗日战争时期经验的基础上，有了更进一步的发展。文化教育不仅在内容上和形式上有了提升和创新，而且有条件的监所还设置专门的负责罪犯文化学习的专职教员，制定了完善的罪犯文化教育制度。

（三）以人道主义精神管理罪犯日常起居生活，使其接受革命的感化

新民主主义革命时期的行刑无论是在目的、方式、内容等方面，还是对待罪犯的态度和做法上均不同于旧政权的行刑。此时期的监所干部以感

---

[1]　中国人民大学中共党史系资料室：《中共党史教学参考资料：抗日战争时期（下册）》，1981，第 408-409 页。

化罪犯为己任，对他们给予人道待遇。从第二次国内革命战争时期起，工农民主政府就关注行刑中对罪犯的态度和待遇问题，一再强调不能虐待罪犯，并以条例等方式明确规定具体内容。《川陕省革命法庭条例（草案）》❶和《中华苏维埃共和国司法人民委员部对裁判机关工作的指示》❷等当时的法律文件从对罪犯的教育、生活、健康、休息等方面作出具体规定。

在抗日战争时期，监所干部继续以革命人道主义精神对待罪犯，在伙食供给方面做到让罪犯吃饱，并在发展生产的基础上适当改善罪犯的生活。如晋察冀地区，干部每日每人供给只是略高于罪犯的标准。由于发展了监所生产，陕甘宁边区罪犯的实际生活水平还略高于干部的供给标准。此外，监所卫生和罪犯的医疗保健工作也是监所干部建设文明监狱的重要内容。如根据地各监所还专门制定了《卫生规则》，严格监所卫生制度，让罪犯定期洗澡、理发、洗衣、晒被、定时"放风"、晒太阳等室外活动。监所干部还对罪犯进行卫生常识教育，有条件的地方还由医务人员给罪犯上卫生常识课，以改变罪犯不讲卫生的习惯。监所建立了医疗制度，对生病的罪犯及时医治，对不易诊治的重病罪犯，实行保外就医和交村执行。监所工作人员在工作中特别注重对罪犯作息时间和活动内容的安排。一般监所都安排有早操、读报、劳动、上课、学习讨论、文化体育和自由活动等内容。当时很多监所都能做到严格按照规定对罪犯实行劳逸结合的改造管理，每日罪犯劳动时间控制在 6~8 小时，生产最忙时也不超过 10 小时，保证罪犯 8~9 小时的睡眠时间，星期日和重要的节假日罪犯也能得到休息。这样，监所对罪犯的管理从根本上改变了罪犯单纯受苦役的状况，形成了充实活跃而有规律的生活制度，真正达到了对罪犯实行感化教育的重要目标，体现了新民主主义监狱制度的优越性。

---

❶ 《川陕省革命法庭条例（草案）》明确规定反对旧式监牢虐待犯人的做法，对于犯罪的劳动者，要有系统地进行教育。

❷ 韩延龙、常兆儒编《中国新民主主义时期根据地法制文献选编：第 3 卷》，中国社会科学出版社，1981，第 300 页。

在解放战争时期，监所干部对监所和罪犯的管理初步做到以制度管人、管事，在工作中坚持感化教育和革命人道主义，除个别危及安全的事由外，一般不使用手铐、脚镣等戒具。在发展监狱生产的基础上，监所改善罪犯生活，实行新的作息制度，利用多种方式对罪犯进行教育，建立罪犯"俱乐部"或"自治会"，开展罪犯自我教育的活动。此时的监所建立了更为科学和严格的卫生制度，使罪犯能定期洗澡，有病隔离治疗；对于旧监狱，监所干部采取了改造环境和卫生条件的措施，使罪犯的改造环境得到改善。

新民主主义革命时期的监所干部采取了得当的人道主义改造措施，取得了很大的成绩，得到了赞赏和肯定。参观过陕甘宁边区监狱的人士评价道："在犯人住的窑洞里，如学校的宿舍、军队的营房一样整体清洁。"❶ "这里的条件确实很不错，夏天没有苍蝇的骚扰，好比住在医院病房里一样舒适。" ❷

（四）探索劳动改造之路径

劳动改造罪犯是新民主主义革命时期中国共产党在马克思主义思想的指导下结合我国实际提出的行刑方式之一，新型的监所从创建之初就将劳动改造作为改造罪犯的重要手段之一，但是在第二次国内革命战争期间，由于特殊的历史条件限制，劳动改造罪犯并未真正全面贯彻。1939 年 2 月，为应对日寇、国民党反动派对各边区政府，特别是对陕甘宁边区实行封锁而导致的经济困难，毛泽东同志提出了"自力更生"的方针政策，在边区开展了大规模的生产运动，借以缓解边区经济困难、保障抗日战争物资供给。在这样的形势下，边区政府也积极鼓励监所开展生产工作，实行劳动

---

❶ 李秀茹：《抗战时期陕甘宁边区刑法建设初探》，硕士学位论文，四川大学中国近现代史系，2004，第 48 页。

❷ 李秀茹：《抗战时期陕甘宁边区刑法建设初探》，硕士学位论文，四川大学中国近现代史系，2004，第 48 页。

改造。为响应号召，陕甘宁边区高等法院首先发布第一号通令 ❶，要求罪犯在监管下进行劳动改造。自此，我国新型监狱拉开了有组织的劳动改造的序幕。当时的未决犯和没有技术、体力又弱的已决犯从事技术含量较低的手工业和农业生产劳动。这些劳动主要包括捻羊毛线、纺线、搓绳编席和种植庄稼。已决犯中有技术的人员从事有技术含量的工作。❷ 边区监所干警在带领罪犯从事生产的过程中发现，大多数罪犯来源于当时社会中游手好闲、不思进取的后进分子，他们触犯的罪名是盗窃、诈骗、毒品犯罪等。未树立正确的劳动观念和缺乏劳动技能是这些人犯罪的重要根源，因此抗日民主政府提出了"教育为主、教育与生产劳动相结合"的方针，明确了生产和教育之间的关系：教育是第一位的，生产是第二位的。边区政府为践行这一方针，一方面，大力提倡对罪犯进行政治思想教育，以转变罪犯思想；另一方面，通过重视生产劳动实践，来教育改造罪犯。各地监所在领导带头，监所全体干部参加下，轰轰烈烈地开展了监所劳动改造活动。边区高等法院看守所干部在组织罪犯的生产实践中，总结出把教育与劳动结合起来的具体经验，提出"生产与守法联系"的新观点：引导罪犯在参加生产劳动中，开展思想斗争，提高互相监视的觉悟，争当劳动模范，帮助罪犯深刻认识到参加生产工作，也即直接参加了抗日战争工作，使生产工作成为罪犯纠正错误的好机会，生产工作因此成了纠正错误的衡量器之一。

解放区监所干部在工作中也非常重视监狱生产，坚持对罪犯实行劳动改造。据调查，解放区监所罪犯犯抢劫、盗窃、诈骗等侵犯财产罪名的占在押犯的半数以上，如 1948 年在哈尔滨监狱占 57% 以上，1949 年下半年在陕甘宁边区监狱占 69%。❸ 对这些罪犯进行劳动改造是极为必要的。在监所干部的指导和带领下，罪犯在服刑中培养了劳动观念，掌握了劳动技

---

❶ 该通令中写道："目前全区人民均在生产运动中，为解决抗战困难，给犯人表现转变的机会，凡已判决的犯人，应在严密看管下，使之参加生产，并随时注意加紧教育。"

❷ 这些工作主要包括缝衣、织布、做鞋、做豆腐、做木匠活等。

❸ 万安忠主编《中国监狱史》，3 版，中国政法大学出版社，2015，第 197 页。

能。在这个时期，抗日战争阶段已建立的对罪犯的三大教育（政治、劳动、文化教育）中的劳动教育进一步凸显，扩大了监所的规模，发展了劳动管理制度，而且在 1948 年以后，解放区对罪犯的劳动改造逐步向监狱外扩展，在借鉴晋察冀边区自新学艺所的劳动改造实践的基础上，以劳动改造队的形式得以创新和发展。劳动改造队的建立缓解了当时监狱监管压力大的问题。早期的劳动改造队有双鸭子矿山劳动改造队、岭东矿劳动改造队、松（松江省）哈（哈尔滨）劳动改造队以及 1949 年沈阳市法院领导建立的规模较大的弓长岭劳动改造队。❶ 可以说，劳动改造队是一种具有中国特色的劳动改造罪犯的形式。

劳动改造罪犯是一项极具科学性的罪犯改造途径，不仅可以使罪犯学习和掌握劳动技能，培养劳动习惯，也能为监所自身甚至社会创造物质财富。劳动改造在当时起到了积极作用。

（五）在实践中不断完善各种监管改造制度

制度是开展工作的基础，也是工作得以顺利完成的保障。在工农民主政权时期，虽然根据地尚未稳固，且不断受到敌对势力的破坏和威胁，但是中国共产党在领导监所工作时也非常注重建设监所制度，在广大监所干部的实践经验基础上逐渐制定和完善制度。1932 年司法人民委员会制定《中华苏维埃共和国劳动感化院暂行章程》《中华苏维埃共和国裁判部暂行组织及裁判条例》《中华苏维埃共和国国家政治保卫局组织纲要》，初步确立了监所管理制度。抗日战争时期，监所各项制度建立较为完善的是陕甘宁边区，在 1938 年之后，陆续制定了《看守所规则》《看守所检查规则》《在所人犯财物保管规则》《看守所参观规则》《课堂规则》。1948 年中共中央社会部制定了适用于全解放区监所的《监狱管理规定》，规范了罪犯出入登记、检查及接见规则，罪犯财物保管以及监所人员的工作职责和纪律，规范监所干部的职务行为，同时实现了有章可循地对犯罪分子的管

---

❶ 万安忠主编《中国监狱史》，3 版，中国政法大学出版社，2015，第 199 页。

理。该规定是在总结新民主主义革命时期监管实践经验的基础上制定的，对完善监管制度，规范监所干部的职务行为起到了积极作用。新民主主义革命时期的监所制度主要包括以下内容。

1. 罪犯进出监所登记制度

罪犯进出监所登记制度在工农革命政权时期就已初建，当时的登记制度主要是为了备案，因此在收押和开释时，监所干部只关注对收押和开释的合法凭据。到了抗日战争时期以后，监所登记制度就逐步完善，分为审查和登记两个阶段。在审查阶段，对于未决犯，监所主要是审查拘捕羁押及开释除名手续是否合法，决定逮捕的单位是否为有权机构，是否为有权机关送来羁押者，是否有送押证明等。对于已决犯，监所则要有司法机关的公文、判决书和罪行通知书，否则，监所拒绝接收罪犯。因无罪开释、刑满释放、保外执行、假释、解送等出监所者，也必须经有关单位的批准，有权机关应向监所发出开释和提解通知书。罪犯进监、出监的登记制度和审查制度规范了监所干部对罪犯入所和出所的管理行为。

2. 检查与接见制度

检查与接见制度在抗日战争期间创建。该制度是为了保证监所的秩序和罪犯的人身安全而制定。检查制度的具体内容为：罪犯进监时要对其身体进行检查，不准罪犯携带可能威胁监所安全的物品；送给罪犯的物品和罪犯寄出去的信件必须严格检查；对女罪犯必须由女工作人员进行检查。在检查中，如发现与案情有关的证物及可供法庭参考的材料，则交由法庭处理；如查处违禁物品，须转告法庭依法裁判。被羁押人所携带物品，除日常生活必需品外，均由监所代为保管。在押人犯的来往信件及送出之物品，也须经过检查后确保无违反规定的，才允许发出或接受。同时，监所工作人员还要对罪犯宿舍及罪犯携带日常使用之衣物，经常进行检查。接见制度的具体内容为：罪犯接见亲友，必须经过监所审查批准，并在监所人员监督下进行，以防带入或带出违禁品及危险物品，并防止非法传出不当信息。

3. 看守制度

看守制度初建于工农民主政权时期，当时的相关法规主要从监所的房屋牢固性、看守安全性两个角度规定了相关条款，其主要目的是防止罪犯逃跑。到了抗日战争时期和解放战争时期，该制度得到发展。一方面，确立了分押分管制度，当时分押分管虽较简单，但也是有层次性的。首先，将押犯根据性别、是否为已决犯进行划分；其次，根据罪犯罪行轻重、犯罪性质进一步划分；最后，在适当考虑罪犯的籍贯因素后实行分房关押和分别管理。对于同案犯当时也实行分房关押，以防他们商量口供，对以后的讯问或审判工作不利。另一方面，制定了严密的警戒和管理制度，规范了对罪犯及时清点制和 24 小时看守制，关注罪犯的行动，加紧日常检查工作。严格的看守制度确保了监所的安全和秩序。

4. 罪犯财物保管制度

为了保障罪犯合法财产权，新民主主义革命时期各地监所都实行代为保管罪犯财物制度。1933 年 4 月，中华苏维埃共和国临时中央政府司法人民委员部发布了《关于没收犯人的财产和物件的手续》的命令，明确了中华苏维埃政府保护犯人合法财产的决心，规定了对犯人财物的登记保管制度，以及搜查及处置犯人财物的具体程序。对于在搜查中发现的犯人财物，首先，进行记录，由搜查人、参加人和犯人在记录表上签字，并将记录表置于卷宗内作为该案件的材料；其次，对犯人的金钱和物件封好保存；最后，在案件审结后，根据情况给予返还或没收。

到了抗日战争后期，该制度进一步细化，完善了财物保管中的操作规范细节。例如，罪犯临时需要使用代为保管的财物时，经本人申请，监所领导批准，可酌情发给。保管罪犯财物，必须详细登记，并当面对证清楚，由罪犯按盖指印。罪犯出监时，应如数发还被保管财物，如有损失，除因不可抗力等免责事由外，由监所保管人员负责赔偿等。

5. 通信会见制度

通信会见制度初建于抗日战争时期，随着监管实践的深入，逐步完善。其基本内容是：在严格监管下，允许亲友会见和以书信形式的对外联系。如"外人与犯人会面，必须得到裁判部的许可，犯人写出去的信，必须经过严格的检查，亲友给犯人的信件经检查合格后交予犯人，如信件内容不利于罪犯服刑的，监所可扣押。"❶"亲友探视犯人需要监所同意，探视时不仅要限时，也需要派工作人员在旁边监视。"❷

6. 对罪犯的奖惩制度

奖惩制度是对罪犯管理中极为重要的制度。其内容包括日常考核和到期奖惩两个部分。在新民主主义革命时期，中国共产党一直重视对罪犯的奖惩制度，在法规和决议中明确规定考核和奖惩的具体内容。在实际践行奖惩制度的过程中，各地各时期都有一定的特色。如在抗日战争时期，监所除了在其他监管方面规定了奖惩措施外，在生产管理中还建立了严格的奖惩制度，明确了生产奖励办法、奖励的条件和种类，对罪犯定期检查评定。对于生产表现好者，给予精神鼓励，乃至减刑假释；对于生产中表现不好、消极怠工或者其他不良行为的罪犯，视其情节轻重给予批评、检讨、停止或撤销奖金之一或全部。赣东北苏区的感化院每月根据罪犯在学习、劳动、生活中的表现情况评定他们的等级，评定的结果分为甲、乙、丙、丁四个等次，甲和乙分别为表现好和良好的，丙和丁分别为改造态度不好和态度恶劣的，评定的等级直接与罪犯的伙食标准挂钩。❸在经济较为困难的情况下，这样的奖惩措施起到了积极作用。合理的奖惩措施对罪犯的改造起到了积极的导向作用，从一定程度上抑制了违法违规行为的发生，激发了罪犯思想行为向好的方向转化。总之，新民主主义革命时期监所干部的监管改造工作，以监管改造反革命犯、战争犯、汉奸以及其他刑事犯为目标，在不断总结改造罪犯经验的基础上，逐步形成了反映新型监

❶ 瑞金县人民法院编《中华苏维埃共和国审判资料选编》，人民法院出版社，1991，第62页。

❷《鄂豫皖革命根据地》编委会编《鄂豫皖革命根据地（第2册）》，河南人民出版社，1989，第507页。

❸ 平日吃饭时分菜的分量按四个等次分配，在7天一次的加餐中，评定等级为丁的罪犯不给肉吃。

狱性质和任务的监管制度，形成了新民主主义的狱政制度体系。

四、新民主主义革命时期监所干部狱政工作的经验总结

我国新民主主义革命时期的监所干部在艰难的历史条件下克服困难，创造条件改造罪犯，为保障新生政权的稳固起到了重要的作用。然而，在当时的背景下，战事频发，新生政权尚未在全国立足，监所工作的法制化、科学化还有待提高。

首先，边区政府虽颁布了相关的法律、法规 ❶，从根本制度上保障了罪犯的基本人权，对狱政管理制度进行了规范，但这些纲领性问题都较为原则和抽象，在具体的制度上没有深入、详细的规定，很多程序性事件和细节都没有涉及，各地监所管理标准不统一，这给当时监所干部的工作带来了困难。从抗日战争开始到 1941 年的这段时间，仍然存在部分监所沿用旧的工作方法和工作作风管理罪犯的情况。这一点在 1946 年的《太行区司法工作概况（节录）》中有所体现：旧的看守人员，逃亡投敌，新的看守人员，又都是农民出身，因此在管理方法上强调纪律和戒具。同时沿用旧的方法，在罪犯中布置内线。❷ 对于法律法规尚未涉及的事务，出现了一些工作人员滥用自由裁量权，侵害罪犯合法权益的事件或执法权威的行为。总的来说，当时在行刑过程中出现了两种极端的情况：第一种情况，监所设立之初，由于缺乏规范的规章制度，绝大多数监狱管理人员深受封建传统行刑思想的影响，他们凭借着抗日积极性对罪犯进行管理，将罪犯与监所的关系视为敌我斗争的关系，即使当时政府一再强调在行刑中反对报复主义和惩罚主义，但是当时报复和惩罚的成分在狱政管理过程中仍然存在。这些做法违背了新民主主义革命政权行刑的初衷，侵犯了罪犯的人格

---

❶　以陕甘宁边区为例，出台了《陕甘宁边区施政纲领》《陕甘宁边区高等法院组织条例》《陕甘宁边区高等法院监狱管理规则》《陕甘宁边区保障人权财权条例》等。

❷　中华人民共和国司法部编《中国监狱史料汇编（下册）》，群众出版社，1988，第317 页。

尊严，加大了罪犯与监所干部之间的对抗情绪，行刑效果较差。第二种情况，对罪犯的人道主义精神进行扩大化的理解和运用。从思想上，这种极右的倾向过分强调罪犯的权利，漠视罪犯应受惩罚性。为了激发罪犯自我改造的信心，新民主主义监所实施罪犯自治，但在实践中混淆了"犯人自治"与政治民主之间的区别，将犯人选举为管理者，甚至主张犯人与监狱管理人员"平起平坐"。当然，这样的做法相较于极"左"的行刑情况而言出现得较少。对于错误的做法，政府分析原因并采取措施，及时纠正了工作中出现的偏差，维护了监所的正常管理秩序。

其次，虽然新民主主义政府一再强调对罪犯进行教育，要求监所人员提高教育手段和方法，但实践中，对罪犯的教育也存在一些不妥当的情况。对此，1939 年的边区政府年度报告也指出了存在的问题：过去在清凉山时虽有对罪犯的教育，但那时因为没有充分的经验，缺乏适当的方法和手段，甚至进行过游击战术等军事科目，不能根据罪犯的特性而进行针对性的政治教育；在政治方面，只是纯理论的教育，不能与转变错误的实践联系起来，更没有好的经常性的方式等。基于这样的原因，所以获得的效果也小。❶ 此外，当时在行刑中也出现了文化教育与感化教育形式化的问题，甚至有个别县份由于监所干部文化水平较低，教育工作完全依赖罪犯进行，对具体的工作都不过问。为此，高等法院院长于 1944 年在边区司法会议上的报告中也提出，6 年多的边区监所工作虽呈现向前推进的趋势，但是这种进步背后也存在监所工作的不足。❷

最后，政府对监所工作的领导和监督不足。这一点从边区到专区再到县里的监所都不同程度地存在同样的问题。相关公文下发后，政府对执行情况和成效过问不多，指导工作的情况就更少。加之，公文内容较为原则，监所对公文内容的执行按各自监所条件和监所干部的理解执行，出现

---

❶ 汪世荣等：《新中国司法制度的基石：陕甘宁边区高等法院（1937—1949）》，商务印书馆，2011，第 90 页。

❷ 北京政法学院审判法教研室编《中华人民共和国审判法参考资料汇编：第 6 辑》，北京政法学院出版社，1958，第 183 页。

了相同政策却执行不同的情况。另外，监所干部配备相当紊乱。在调任监所干部的问题上缺乏严肃性和严谨性。其原因在于忽视监所工作的专业性和重要性，简单地认为监所工作就是看住罪犯，不让罪犯逃跑。在实践中出现了随意调换监所干部，甚至将一些在其他部门工作能力较弱的干部调至监所工作的情况。由于处于战争时期，监所需要针对战事的突发情况或者基于罪犯患病等原因对罪犯实施回村执行等一些特殊的措施。这是一种相对新的、变通的执行方法，很多监所干部对此方式不能很好地把握尺度，政府对此也没有做到相应的监督和指导。

总之，由于监所干部文化素养普遍较低，而后又忽略对其教育和培养，在行刑中受重刑主义思想残余的影响，对新的行刑思想认识也不到位，加之艰苦的战争环境，行刑工作面临诸多的困难。正如毛泽东同志所说，"我们的工农民主共和国是一个国家，但是今天还是一个不完全的国家" ❶，因此，在行刑方面，在维护人权等方面还只是最初的尝试。尽管行刑中出现了一些问题，但是新民主主义革命时期的监所干部在行刑中在维护人权方面的努力和行刑方面的实践，是中国人权史中的宝贵财富，也是新中国成立后创建新的狱政制度可以借鉴的宝贵经验。

（一）罪犯教育工作方面的经验

在监所工作实践中，监所干部在当时行刑思想的指引下，努力摒弃旧的行刑思想，厘清监管和改造的关系，逐步树立和践行了以感化教育改造罪犯的方针。

1. 统一思想，反复强调对罪犯感化教育的方针

犯罪者在监所改造中，其人身自由被依法剥夺，思想和精神上的痛苦不可避免。而边区监所行刑的指导思想是尽量减少罪犯的痛苦，从思想上端正态度，使他们在行动上遵守监规，认真接受改造。边区政权在实行感化教育的过程中提出反对两种错误倾向：一种是把实行感化教育主义理解

---

❶　毛泽东：《毛泽东选集（第 1 卷）》，人民出版社，1991，第 230 页。

为放松监管，任其自流，听之任之，漠视罪犯的反改造活动，不敢给予应有的惩罚的倾向；另一种是把感化教育同阶级斗争对立起来，认为推行感化教育就是丧失无产阶级立场，搞投降主义，不敢坚决执行的倾向。新民主主义革命时期监所在与两种错误倾向的行刑观念的斗争中，走出了一条发挥了感化教育作用的行刑路径，收到了显著的成效。有的罪犯把监狱看成自己的家庭，出狱后常写信回来，有的罪犯出狱后成了战斗英雄，有的成为支持新民主主义政权的骨干人员。

边区政府强调教育感化的行刑方针是与当时边区的实际情况密切相关的。其一，边区是刚从半殖民地半封建社会转变过来的，旧社会造成的种种不良影响，还不同程度地侵蚀着人们的思想。由于在全国抗日战争的历史环境下，新民主主义政权不可能立即进行全面彻底的民主主义改革，强调对罪犯感化教育的方针提纲挈领地指明行刑方向。其二，日军侵华战争的破坏、国民党对边区的封锁以及各种自然灾害的袭击，都给边区带来严重的社会现实问题。减少罪犯与政府的对抗，使罪犯尽量改造成为新人是壮大革命力量，是团结可以团结的一切力量的体现，是减轻边区政府社会矛盾的途径之一。其三，日伪统治区和国统区污浊的社会风气不断侵袭边区，这些都是产生犯罪的客观原因。政府对犯罪的原因有了正确的认识：犯罪不是犯罪人先天固有的特殊秉性，而是一种社会现象，有着深刻的社会原因；边区政府也深刻了解边区的罪犯大多数是贫苦群众，是旧社会制度的受害者。基于这种认识，边区政府强调，监所的主要任务是要以"治病救人"的态度对罪犯实行感化教育，要从尊重他们的人格开始，关怀其生活和前途，以说服教育的方法，帮助其认识犯罪的根源和获得新生的道路。只有罪犯真正感到工作人员是关心他们而不是有意惩罚他们，才能消除其敌对的情绪，才能使其产生自觉接受教育的愿望。陕甘宁边区政府主席林伯渠在边区政府工作报告中屡次阐明这一思想，他说："边区监所对人犯，不采取报复与惩办主义，而注重政治教育与感化。"❶1942 年的《陕甘宁边区司法纪要》明确指出了边区监狱是罪犯教育机关，1942 年晋察冀边区行政委员会工作报告中称监所是感化教育使人向善的学校，晋冀鲁豫边区高等法院在边区临时参议会第二次大会上所做的工作报告中也指出了对自新人的教育方针是感化主义。❷在当时对监所的性质往往被说成"带强制性的生产教育学校，是感化教育积极改造犯人的场所"❸，"是个治病（思想病）救人的地方"❹。

刑罚是对犯罪的必然结果。执行徒刑是对罪犯实施惩戒的一种方式，其中包含对罪犯的惩罚，但执行刑罚并不意味着仅强调对罪犯进行惩罚，而是要通过一定的惩戒实现对罪犯的改造。因此，对罪犯的感化教育改造是行刑的主要内容之一。与国统区不同，边区的监狱不是一座因牢，犯罪者也不是困坐监狱。边区政府创造了一个有利于改造的环境，进行感化教育，采取抓紧学习、多鼓励少批评、说服劝告等方法，促其罪犯认罪服法，提高他们改造自新的自觉性。

2. 党鸿魁感化教育的实践是新民主主义革命时期监所干部教育罪犯的典范

新民主主义革命时期监所干部感化教育的实践取得了较大的成效。在这些实践中凝聚了监所干部的艰辛付出，体现了他们在践行行刑指导思想、行刑路线方针过程中的创造能力。在这一时期众多的模范人物和相关的成功经验中，最具代表性的是"党鸿魁经验"。

党鸿魁自担任典狱长后，成功落实了教育感化罪犯的思想，他的教育感化罪犯的思想至今仍具有借鉴意义。他认为监所工作人员是代表边区

---

❶　北京政法学院审判法教研室编《中华人民共和国审判法参考资料汇编：第 6 辑》，北京政法学院出版社，1958，第 338–339 页。

❷　张希坡、韩延龙主编《中国革命法制史（上册）》，中国社会科学出版社，1987，第 546 页。

❸　杨殿升主编《监狱法学》，北京大学出版社，1997，第 159 页。

❹　杨殿升主编《监狱法学》，北京大学出版社，1997，第 161 页。

政府履行教育和改造罪犯职责的主体。从本质上讲，工作人员与罪犯在人格上是平等的。工作人员只能在职责范围内履行行刑工作，并没有权力私自、任意惩罚报复被关押的罪犯。他认为任何捆绑、体罚、冻、饿罪犯的做法与旧式监狱没有什么不同，不能从根本上改造罪犯，只会将罪犯逼到政府的对立面。他主张对罪犯的改造主要从思想教育入手，思想工作做通了，罪犯也就能从根本上转变自己。

多年的行刑工作经验使党鸿魁认识到改造罪犯应从感化罪犯开始，而感化罪犯应从关心罪犯出发。为此他从罪犯的实际困难出发，及时给予帮助。当时的监所有限，不仅人员拥挤，而且通风和卫生条件都不好，非常容易感染疫病，党鸿魁一方面想办法改善监所条件，另一方面教育罪犯注意卫生，教授卫生和健康知识，防止疫病，对于患病罪犯及时进行治疗，取得了明显的成效。1945 年，监所所在地红寺村疾病流行，但是监所里却没有罪犯感染疾病。❶ 党鸿魁不仅关心罪犯，还关注罪犯子女和家属，尽力帮助解决罪犯子女和家属在生产、生活、读书等方面的问题，解决罪犯后顾之忧，使罪犯能够放下思想包袱，接受改造。曾经有一位罪犯郭某在入狱时因家中无其他亲人可以抚养其子女，只能将其孩子带至监狱，她的孩子进入监狱后就无法接受学校教育。郭某对此焦虑不安。党鸿魁得知情况后积极向边区法院争取，最终由边区法院承担一切费用，将孩子送到合作社小学读书。后顾之忧已解决，郭某从此认真接受改造。她感激地说道："一辈子也没想到，人犯了罪，孩子还能上学，天下只有共产党才能做得到呀！我再不好好务正生产，真该死！"❷ 对于一些因主要劳动力服刑而失去生活依靠的家庭，党鸿魁设法进行帮助，通过组织他们进行生产劳动，让他们有房住、有饭吃、有衣穿，不仅使罪犯家属摆脱了生活上的困难，也使罪犯安心接受改造，从内心真正拥护边区政府。这样的做法在今

---

❶ 闫潇萌：《陕甘宁边区狱政制度研究》，硕士学位论文，郑州大学，2016。

❷ 西南政法学院函授部编《中国新民主主义革命时期法制建设资料选编（第 4 册）》，西南政法学院函授部图书出版社，1982，第 337 页。

天仍然是值得学习和借鉴的。党鸿魁以博大的胸怀、细致的工作，诠释了革命人道主义精神，赢得了罪犯的敬佩。

党鸿魁对罪犯的教育改造是在感化的同时进行改造。在行刑中他除了尊重、帮助、关心罪犯外，还注重引导罪犯，给罪犯讲解边区的各项政策法律，教罪犯学习文化知识。党鸿魁认为谋生技能对罪犯的改造和释放后在社会立足至关重要，因此对没有生产技能的罪犯，他还手把手地教农活和一些劳动技能。党鸿魁的模范工作作风，深深地感动了罪犯，许多罪犯在获释时热泪盈眶地说："我再犯法，没脸见典狱长。"❶ 在他领导延安监狱的几年中，监所工作取得了重大的成效，没有逃走一个罪犯。

党鸿魁对罪犯的关心和帮助是多方面的，他不仅关注罪犯行刑时的情况，也关心他们刑释后的出路。对于那些无家可归和不愿离开的获释人员，他竭尽所能，设法提供帮助，组织他们参加生产，保障他们的基本生活。很多罪犯在党鸿魁的说服教育下不仅转变了思想，认识到了自己在思想上存在的问题，而且成了拥护新生政权的积极分子，释放后投身到边区建设的伟大事业中。党鸿魁个别教育的做法可谓是行刑个别化原则在新民主主义革命时期的尝试，在今天看来仍然具有积极价值，值得我们认真学习。

3. 提倡罪犯的自我教育与相互教育相结合

在抗日战争时期，在监所干部对罪犯进行教育和指导的前提下，监所采取了罪犯自我教育和相互教育相结合的方法。这种方法首先是由监所工作人员对罪犯进行思想教育，激发罪犯改造的积极性和主动性；其次，在监所工作人员的指导下，充分发挥罪犯中的积极分子和罪犯组织的积极作用，创建罪犯自我教育、互相监督、共同进步的各种"民主生活"形式❷，开展各种思想教育和发现错误、改正错误的活动。与此同时，罪犯们利用

---

❶ 曾克：《模范典狱长党鸿魁》，《解放日报》1945年1月1日第1版。

❷ 民主生活常见的形式为：生活检讨会、检查评比会、鉴定会、思想总结会、思想转变好者的典型报告会、对破坏捣乱者的批判会等。

监所的墙报、监狱小报等形式，宣传思想改造的经验，表扬先进、批评落后。此外，监所罪犯还建立了"救亡室""俱乐部"，"俱乐部"有相对固定的人员和明确的分工。❶罪犯的这些自治和自新组织在监所干部的指导和监督下，主要进行下列活动：动员罪犯遵守监所规定，努力完成学习、生产任务，自觉改造思想；配合罪犯小组，搞好民主评功、讨论奖惩，开好生活检讨会、思想总结会及其他自我教育活动；主持开展文化娱乐活动、卫生监督和评比竞赛，协助搞好伙食，订立劳动生活、反逃跑等公约。形式多样的罪犯自我教育组织和丰富的自我教育活动，极大调动了罪犯的改造的积极性，取得了较好的改造效果。

4.努力尝试个别教育形式

新民主主义革命时期，中国共产党领导下的边区政府要求监所干部在行刑过程中深入了解罪犯，做到对症下药，提高行刑效果。为响应此号召，监所干部在具体的工作中探索了对罪犯个别教育方式。对出于反动的政治立场，进行汉奸反革命活动而触犯刑律的罪犯，监所干部监督他们进行政治形势学习，以深入浅出的方式，运用鲜活的例子，揭露旧政权的反动本质，指出这些罪犯的犯罪行为造成的危害。对劳动人民出身，但因好逸恶劳而走上犯罪道路的罪犯，监所干部则从劳动的意义和价值出发，启发他们思想觉悟，培养他们的劳动技能和习惯。对出于泄私愤而犯罪的罪犯，监所干部则着重进行法纪教育。除了在思想教育上各有针对性外，监所干部针对不同性质的罪犯，在劳动改造措施的实施上也有所不同。譬如，对汉奸反革命罪犯，学习时间多些，劳动时间稍少。对盗窃、贩毒等犯罪者，劳动时间要相对长些，更强调在劳动实践中改造。个别教育在太行区各监所开展得也较为成功，并积累了较好的经验。在诸多经验中较具特色的就是"三个自觉"和"两个针对"的措施。"三个自觉"是指从思

---

❶　俱乐部设委员会，委员会一般设主任委员一人，教育、生产、伙食、文化娱乐、卫生等委员各一人，有的还设墙报委员，他们由监所全体犯人选举产生并需经监所领导批准。

想上唤醒罪犯的做法，即"唤醒其历史自觉"❶"唤醒其现实自觉"❷"唤醒其前途自觉"❸。"两个针对"是指针对思想症结，给予解决；❹针对积极性，给以发扬。❺太行区各监所由于在个别教育方面用对了方法，走对了路子，仅 1944 年至 1945 年两年时间内，经过教育得到改造的汉奸、特务、盗匪、小偷、流氓超过 1000 人，有的被改造为奉公守法、勤劳生产的人，有的成了劳动模范、模范干部、互助模范、参战模范。❻

　　新民主主义革命时期个别教育的成功经验是：以诚恳和关爱的态度关心罪犯，拉近罪犯和监所干部之间的距离；深入调查和了解罪犯的实际情况和犯罪原因，对症开展思想教育改造和其他教育改造。这是一项考验监所干部工作耐心和能力的工作，也是提高监所工作成效的关键环节。

　　5. 把思想教育贯彻于监所各项工作中

　　人对社会的认知具有一定的稳定性，同理，促使罪犯实施犯罪行为的错误思想也会在罪犯心里存续一定的时间，有些还会根深蒂固。在新民主主义革命时期，监所紧抓对罪犯的思想教育工作，并将思想政治教育作为一条主要的线索深入工作的方方面面。监所干部如果在日常对罪犯的管

---

　　❶　唤醒其历史自觉有两种方法：一种是根据罪犯的阶级出身，让他详细追溯自己为什么穷。这对因懒惰、浪荡、吸毒而破产的人，很有作用。另一种是寻找祸根，详细追溯自己为什么犯了罪。这些人一旦思想通了，便会万分忏悔，而痛改前非。

　　❷　唤醒其现实自觉的范围是很广泛的，如拿家庭的溺爱教育与政府真正关心的教育相比，唤醒其对政府的感情；以其个人在新旧社会不同生活不同地位相比，唤醒其良心上的觉悟；以家人相互比较，拿其家庭父兄妻子、亲友、好的人物对比其现状；个人历史对比，以其历史上的好对比其现状。用这些办法，可以使其从现实中觉悟。

　　❸　唤醒其前途自觉是指从前途上唤醒其觉悟，使其有新生的希望，有了希望便有改造的可能。

　　❹　这往往是打通思想的关键，需要实事求是的工作作风，说服教育，解开症结，则一通百通，促进转变。

　　❺　犯人思想中，既有积极因素，也有消极因素，当消极因素占了上风，便形成犯罪，当积极因素占了上风，便可克服消极因素，所以发现犯人积极因素，则应不断发扬，正气发扬之后，邪气便可克服。

　　❻　王福金：《新民主主义革命时期的监所情况简介》，《河北法学》1984 年第 3 期，第 36 页。

理过程中发现了不良思想的苗头，或者在生产劳动过程中发现了思想问题等，就会努力抓住思想教育契机，解决罪犯在各种活动中暴露的各种思想问题。这样的教育方法遵循了思想教育的客观规律，是改造罪犯成功与否的关键。此项工作的顺利开展对当时的监所干警队伍提出了挑战，不仅需要政治素养和业务能力过硬的专业工作人员，还需要稳定庞大的监所干部队伍。然而，在新民主主义革命时期，当时的监所干部队伍状况与需求之间存在很大差距，但是他们仍然克服困难，创造条件，力所能及地在行刑的各个环节抓住时机开展思想教育活动。真诚、认真、细致是他们做好思想教育工作的法宝。

（二）组织罪犯生产劳动的经验

1.明确在行刑中劳动改造是改造罪犯的重要手段之一

由于在第二次国内革命战争期间，新生政权尚未建立根据地，无固定的监所，因而也就没有条件组织罪犯进行劳动改造。对罪犯进行劳动改造起源于抗日战争时期，顺应了党中央对抗日本侵略者和国名党对根据地的双重封锁的需要。在劳动改造过程中，许多罪犯以亲身的感受深切体会到了劳动带来的喜悦和收获，认识到劳动对人的真正意义。抗日战争时期陕甘宁边区监所干部在组织罪犯劳动生产的成效是显著的，其所积累的经验，对其他边区监所，甚至是解放战争时期的监所提供了丰富的可借鉴的做法。

然而，监所在组织罪犯开展生产劳动的过程中，也不同程度地出现了生产和改造之间的矛盾问题。由于当时客观上监所需要通过生产创造经济效益，用以解决监所运营的经费，因而不得不重视劳动生产及其成果，但是当时的政权也认识到劳动只是改造罪犯的一个手段而已，应该为罪犯的改造服务。行刑实践在这矛盾的两个方面出现了难以两全的情况。一些监所一度出现了只抓罪犯生产，忽视对罪犯的教育。中国共产党领导人对此极为重视，不仅指出了问题，也提出了解决的思路。林伯渠在边区政府工作报告中指出"在劳动与教育并重的原则下，整理与改良监狱工作"❶。林伯渠强调，劳动是改造的手段，反对把劳动作为一种惩罚罪犯的手段，也反对单纯地将监所生产定位为增加经济收入的来源。根据林伯渠的指示，陕甘宁边区高等法院监所率先带头采取措施，纠正了各县监所片面生产的做法，增加了罪犯学习时间，加强了政治思想教育，进一步摸索到了在劳动生产中加强思想教育的方法和措施。各地监所在积极修正过于关注生产的问题，在向高等法院监所学习的同时，明确行刑目的，注重因地制宜地采取措施，加强对罪犯的教育，并在管理、教育、生产三项工作中，努力确保教育工作居于主导地位。

　　2. 激发罪犯生产积极性，提高监所劳动生产率

　　抗日战争时期开启的劳动改造罪犯的举措具有其科学性和现实必要性，陕甘宁边区高等法院率先付诸行动，其他根据地监所随即效仿学习。但从总体看，在开展劳动改造罪犯的初期，由于监所组织劳动生产的能力、罪犯劳动的技能，特别是罪犯的思想觉悟不够，边区监狱的生产劳动出现了"早晚三顿饭，松紧一天工"的磨洋工现象。为此，各根据地法院和监所制定了激励罪犯参加劳动的措施，以适当的奖惩方式，引导罪犯自觉投入监所劳动。陕甘宁边区高等法院于1942年制定了《陕甘宁边区监狱劳动生产第一所奖惩办法》和《陕甘宁边区高等法院在押人犯服役奖惩暂行办法》，规定了对犯人奖惩的办法，以期实现对犯人鼓励和鞭策的作用。奖励的对象是：埋头苦干不偷懒者；服从组织遵守纪律，不妨害他人工作，不讲坏话者；不浪费或窃取材料及生产品者；能积极提出关于增长生产效率之意见或方法，行之能收实效者；圆满或超额完成生产任务者。以上奖惩办法的颁布对于激发罪犯的生产积极性，提高监所劳动生产率，虽有一定的作用，但效果不明显。如何将规定的奖惩内容更好地运用到实践中，以增强罪犯劳动积极性，这一问题摆在了监所干部面前。各地监所

---

❶　郑林华：《林伯渠：遵纪守法、廉洁奉公的表率》，https://www.sohu.com/a/246033115_100007786，访问日期：2020年8月24日。

工作人员发挥主观能动性，在依法依规的情况下，调动罪犯的劳动积极性。较为典型的是党鸿魁创新的方法。党鸿魁在考察激励罪犯劳动的措施时发现，早先措施中劳动并不能或者很少给罪犯带来经济利益，因此"磨洋工"的现象不能根除。党鸿魁上任典狱长后，认真分析其中原因，认为罪犯懈怠劳动的一个根本原因在于劳动成果与罪犯劳动之间没有直接挂钩，于罪犯而言干多干少一个样，干好干坏一个样。党鸿魁大胆实行分红制，把罪犯的劳动生产与经济利益联系起来，极大地调动了罪犯的生产积极性，同时也为边区创造了财富。例如，监狱烧炭厂在 1943 年，13 个人全年共烧炭 6 万斤。1944 年实行分红制后，7 个人 4 个月就烧炭 4 万斤。同时，监狱生产大发展使得罪犯的收入也增加了许多，有的罪犯年终向家里汇去边币 2 万元，不少罪犯为释放后从事生产积累了一定资金。❶ 此外，党鸿魁将监所劳动成果的归公部分用于改善罪犯在监所的生活条件，使罪犯进一步深刻体会到通过自己的劳动带来的实惠。罪犯的劳动主动性和积极性因此得到提升。党鸿魁在监狱管理和罪犯改造方面的成绩得到很高的评价，"虽然很不完备，但已经显示出新民主主义监所应有的主要特点" ❷。

3. 领导干部带头参加劳动生产，与罪犯同甘共苦

在开展劳动改造的初期，监所干部、警备人员并未亲自参加劳动生产，而是组织、管理、监督罪犯进行生产劳动。罪犯因犯罪而被剥夺人身自由在监所接受改造，其本身有一定的精神压力和不同程度的对改造的对抗情绪。面对繁重的劳动，监所干部却在一旁监工，这种对抗情绪进一步升级，监所生产劳动的效果不佳。工作人员发现问题后，认真调查摸清了问题的根源，积极转变态度，采取应对措施，与罪犯一起进行劳作。监所干部的实际行动鼓舞和感染了罪犯，使罪犯的生产情绪迅速高涨。此外，到了解放战争时期，边区监所普遍执行"生活待遇上实行罪犯与工作人

---

❶ 闫潇萌：《陕甘宁边区狱政制度研究》，硕士学位论文，郑州大学，2016。
❷ 汪世荣等：《新中国司法制度的基石：陕甘宁边区高等法院（1937—1949）》，商务印书馆，2011，第 93 页。

员同样的政策"。例如，陕甘宁边区监狱典狱长党鸿魁就带头执行"三同"的政策，即和罪犯同吃一样的伙食、同住一样的房子、同参加生产劳动。罪犯除没有个人的行动自由和不发给津贴外，一切待遇与监所工作人员没有多大差别，甚至参加生产劳动的罪犯吃粮标准还要稍高一些。监所干部在边区物资困难面前带头克服困难，与罪犯同甘共苦的做法激励了罪犯参加生产劳动的积极性和主动性。

干部带头参加劳动、与罪犯同甘共苦是新民主主义革命时期边区政府发展边区生产的一条重要原则，也是搞好监所生产的重要成功经验，不仅实现了生产自给，而且拉近了监管人员和罪犯的距离，以此消除罪犯在生产中的对立情绪，有利于干部以自身行动对罪犯进行言传身教，进一步了解罪犯的思想与生产状况，更好地组织生产、进行思想教育。这样的优良作风不仅使监所干部在困难时期赢得了罪犯的尊重，顺利完成了历史使命，而且被新中国的监狱工作者所继承，吃苦耐劳、艰苦朴素成了新中国监所干部代代相传的优良品质。

4. 吸收罪犯参加生产管理

在生产活动中，边区监所广泛地动员罪犯参加劳动生产的积极性，除了奖惩措施、"三同"政策外，监所还吸收部分罪犯参加生产活动的组织领导工作。在监所领导下成立的罪犯组织、罪犯积极分子都充分加入生产计划的制订、劳动竞赛的开展、奖励以及收入分红的评定等工作。生产作业组长一般都由罪犯自己担任，罪犯俱乐部设有生产委员，有的监所还由罪犯选出生产管理委员会，协助监所领导生产。这样的措施与罪犯自治有效结合，促进了监所生产的发展，也使罪犯的改造效果有了明显的提升。

（三）创造了监外执行制度

在新民主主义革命时期，边区政府为了应对战争环境，节省人力和开支，尽量减少服刑人犯数量，创造了一些监外执行方式，特别是在抗日战争期间，监外执行的运用较多，常见的有回村执行、战时分遣、保外服刑等。

1. 回村执行

这是抗日根据地实行徒刑的一种方法，名称在各边区有所不同，或称为"回村执行"，或称为"监外执行""回村服役"。回村执行的罪犯都属于罪行较轻，在社会服刑不至于对社会实施危害行为的人。但是，一些人身危险性和主观恶性较大的罪犯，如累犯、汉奸或者回村后会引起群众不满的罪犯，则不能使用回村执行。回村执行的罪犯主要交由村公所管理，由群众监督。监所还经常派出工作人员，访问其所在乡村，进行考察了解。对于表现好者，可减刑、假释、提前开释；对表现不好者，根据具体情况进行批评教育、作出撤销回村执行的决定、给予适当的惩处，最为严重的则会考虑加刑。

2. 战时分遣

战时分遣是在战争到来前，为了确保罪犯的安全和防止监管的完全中断而因地制宜地将其安置在一定场所的行刑方式。分遣前监所需要做好准备工作，确定分遣对象、选好隐蔽村庄，找好保证人，填好保证书，准备分遣通知书，并对人犯进行思想教育。对于罪行严重及不思悔改者，战时随监所转移，不得分遣。

3. 保外服刑

保外服刑也叫调服外役，是指在押罪犯经担保到监外服劳役以执行余刑的一种方式。保外服刑的罪犯必须具备一定的条件并履行一定的手续。其条件之一为罪犯在监所表现良好，无逃跑和再犯之可能性。条件之二为罪犯已执行一定刑期。❶条件之三为保外服刑同时还需有可靠保证人，出具保状。

4. 取保假释

取保假释主要针对的是罪犯为家庭主要劳动力的情况。作为家庭主要劳动力的人员一旦入狱服刑就会影响家庭经济生活，因此新民主主义革命

---

❶ 也就是判处两年以下徒刑或劳役的，已执行刑期在 1/5 以上者；判处两年以上五年以下徒刑的，执行刑期在 1/2 以上者；判处五年以上徒刑的，执行刑期在 3/5 以上者。

政府规定了罪犯在监所表现较好，家中缺乏劳动力，同时又执行一定刑期的，可以对他们取保假释。为确保这一制度的正确执行，当时的法律规定了相应的操作程序：由罪犯家属或村政府申请，村公所出具证明，经县政府审查同意后统一上报边区高等法院审查批准。❶

5. "春耕假""秋收假"

新民主主义革命时期的监所还采取了"春耕假""秋收假"制度。在农忙季节，监所放假让罪犯回家进行家庭农业生产，放假期限可折抵刑期。由于罪犯回家路途的限制，该制度的适用对象局限在罪犯家在监所所在地，罪犯罪行轻微，刑期在三年以下徒刑者，或三年以上徒刑者，确有悔改且有可靠保证无逃亡之虞者。为确保罪犯在假期遵纪守法，"春耕假""秋收假"的最终批准必须有适格的人为其担保，代为履行监督教育的责任，同时罪犯回家后，还必须接受村政府的监督和管教、遵纪守法、按时返监。"春耕假""秋收假"的目的是在确保行刑安全的前提下，帮助缓解罪犯家庭农忙时的压力，因此不适用于未决犯。"春耕假""秋收假"是有条件限制的允许罪犯短时期出监劳动的制度，因此需要考虑短期出监的社会效果。当时的法律也从消极条件的角度规定了不能使用这一制度的情形：即使案情轻微，但其返家后可能引起群众不满者，或者前次放假期未能很好遵守相关规定的，不可批准"春耕假""秋收假"。

总体来说，新民主主义革命时期监所干部队伍的发展伴随狱政实践的探索进程，大致经历了初创、初步形成、着手培训三个阶段。在 1939 年以前，监所干部队伍处于初创期，队伍中人员处于流动状态，监所干部的业务能力和专业素养不高。他们在监狱管理的实践中尚没有系统的狱政制度可供借鉴，仅凭革命积极性和党的除奸政策开展狱政工作。这一时期的监所干部虽有一定的对社会主义狱政的实践探索，但由于缺乏管理经验和统一的规章制度，以及受到旧式监狱管理思想的影响，监所管理过程中曾出现一些侵犯罪犯权益的情况。1939—1942 年，监所干部队伍的建设处于初

---

❶ 李金华、毛晓燕主编《中国监狱史》，金城出版社，2003，第 126 页。

步形成阶段，他们对监所和罪犯的管理已具备初步的理论指导和一定的实践经验，监所干部队伍逐渐形成。在监管实践中，监所干部摸索了对罪犯分类管理的方法，以罪犯所犯罪行轻重为标准，有针对性地对罪犯进行分类个别教育。监所干部还从组织罪犯进行劳动生产、开展思想教育两个主要方面对罪犯进行改造。监所干部对罪犯日常生活的管理从改善对罪犯的居住环境入手，保证罪犯在监所的生活条件。在监所干部的努力下，新民主主义革命时期的监所改造工作取得了较好的实践效果：罪犯的思想已有明显的改变，在政治觉悟方面有了很大的提升。他们深刻认识到边区政府是区别于以往剥削人民的政府，是真正的民主革命政府。此外，罪犯在生活习性和劳动技能方面也有了很大的进步。这一时期监所干部的狱政实践还有一个发现问题解决问题的特色。监所在狱政实践过程中发现个别监所干部的一些徇私枉法、滥用职权等不良行为，监所对此作出及时的处理。监所发现开展的文化教育和娱乐活动流于形式，监所组织干部分析了原因，认为监所管理工作缺乏民主性，于是开展了监狱管理民主化的活动。太行区监所提出并实施的监狱管理民主化成为当时监所管理民主化的典范。随着监所干部狱政实践的进步，政府对这一支队伍的管理也逐渐开始通过制定和完善制度的方式进行。1943 年至新中国成立之前，属于开始着手培训监所干部，提升他们业务素质的阶段。在这一阶段中，边区政府通过整风运动教育，统一了监所干部的政治思想，提高了他们的政治素养。边区政府还总结了前期监所管理过程中取得的经验和教训，健全了对监所干部的管理制度和狱政制度，提高了建设队伍和管理监所的水平。监所干部在管理罪犯的过程中更加注重对罪犯人权的尊重，更多采用说服教育的方式改造罪犯；在生产中实行分红制，调动罪犯生产积极性，为出狱后的生活积累资金，安置罪犯家属，免去罪犯后顾之忧。监所生产实现了自给自足，奠定了看守所教育建设、卫生建设的基础。许多看守所民主氛围浓厚，自新人有管理自己生活的权利和自由，有思想、言论、集会（各种生产技术、文化学说的组织）、出墙报、批评管理人员的自由。在战争过程中，曾经出现看守所被冲散后，不少自新人自动集合回看守所的情况，有的自新人被敌俘获后，又想尽办法逃回看守所来。**❶** 党鸿魁狱政工作是该阶段最具代表性的实践经验。

新民主主义革命时期的监所干部的狱政实践是在中国共产党的领导下探索的具有中国特色的行刑路径，取得了较好的成果和较为丰富的经验。但不能忽视的是，当时的行刑思想过多地强调了监狱是国家暴力机关的这一特性，行刑工作带有明显的阶级痕迹。监狱制度与法规始终以维护监狱内部的秩序，防止罪犯反抗为最高目标。这样的行刑格局导致监狱作为刑罚执行的工具淡化，而作为国家的暴力性和政治性工具突显，监狱在行刑关系中处于绝对的控制地位。

---

❶ 李金华、毛晓燕主编《中国监狱史》，金城出版社，2003，第318页。

第三章　新中国监狱官

第一节　新中国成立初期的监狱官

新中国成立初期，监狱官队伍的成长伴随监狱的建设经历了两个阶段：第一阶段是新中国监狱官创建阶段，历时 4 年（1949—1953 年）；第二阶段是新中国监狱官的初步发展阶段，历时 11 年（1954—1965 年）。在第一阶段，新中国监狱官带着对国家的热爱，将工作重心投入到组织和带领大批罪犯进行劳动改造的工作当中。在此过程中，监狱官们得到了成长。在第二阶段，新中国监狱官迎来了《中华人民共和国劳动改造条例》（以下简称《劳动改造条例》）的颁布与实施，在《劳动改造条例》的指导下依法开展行刑工作。新中国监狱官们在监管实践中不畏艰辛、以身作则、克服困难，改造了大量罪犯。

受经济、政治条件等因素的影响，新中国成立初期我国监禁刑的执行是以劳动改造为主要内容，监狱也被统称为劳动改造机关。1950 年年底，全国劳动改造机关全部划归公安部门领导和管理，当时的监狱管理人员属于公安系统编制。他们被称为劳动改造工作干警、劳动改造干警，或者监所干部。本章以劳动改造干警指代这一阶段的监狱管理人员。

一、新中国成立初期劳动改造干警的行刑背景

（一）新中国成立初期的行刑思想

新中国成立初期，国家百废待兴。在行刑领域，很多法律法规尚待制定，毛泽东关于改造罪犯的思想便成为当时行刑的主要指导思想。毛泽东关于改造罪犯的思想是以毛泽东为代表的新中国第一代领导集体自新民主主义革命时期以来，坚持把马克思主义与中国行刑实践相结合，创造性地继承、发展马克思主义而最终形成的。

恢复生产、发展经济、确立安定的社会秩序是新中国进行社会主义建设的首要任务。监狱作为国家的主要行刑机构和场所，担负着维护社会安定、保障经济发展的使命。由于战争刚结束，新政权初建立，监狱面临着监管大批在战争中被俘虏的战犯、破坏新生政权的反革命分子和各种普通刑事犯罪分子的任务。此外，在旧政权遗留下的监狱中也有大量服刑罪犯需要认真盘查、分别处理、区别对待。事关新生政权稳定大局，毛泽东等第一代领导人高度重视此项工作，亲自过问并组织领导监狱建设工作。他们对监狱工作的指导思想是通过会议讲话、对文件汇报的批示批语以及理论著作的形式得以体现的，这些指导思想包括以下内容。

1. 改造罪犯是改造人类社会使命的组成部分

该思想代表了中国共产党和中国政府行刑思想的阶级性和改造罪犯的方向性，将改造罪犯纳入共产党人改造人类社会的伟大任务，明确了全体劳动改造干警所肩负的任务是把罪犯从罪孽的深渊中拯救出来，使其转变成为对他人、对社会有益的守法公民。可以说，该观点与现代社会刑罚追求的目的不谋而合。

2. 罪犯是可以被改造的

人是可以被改造的，就是政策和方法要正确才行。❶ 我国社会中蕴含的改造罪犯的整体力量包含社会、经济、阶级、政权以及罪犯等各个方

---

❶　王顺安：《论毛泽东改造罪犯的思想》，《中国人民大学学报》1999 年第 1 期，第 75 页。

面，行刑机关及其工作人员在开展行刑工作过程中，不仅需要发挥自身主观能动性，而且需要依靠社会力量。这样罪犯的改造不仅具有可能性，而且具有现实性。

3. 改造罪犯的基本规律

改造罪犯的基本规律是由被动改造逐步向主动改造转化。这是一个成功改造罪犯的过程，也是罪犯转化的普遍规律。罪犯开始接受改造时，由于角色尚未转换、思想还未转变、行刑环境还未适应等，往往会对改造产生抵触心理。在服刑过程中，在劳动改造干警的教育帮助下，大多罪犯改变了原来错误的思想，正确认识所犯罪行，逐渐由被动改造转化为主动改造。

4. 改造罪犯的基本途径

改造罪犯的基本途径是从思想改造入手，做到思想改造与劳动改造并用。由于犯罪的实施起源于错误的思想，因而对罪犯的改造需要从思想的转变开始，把思想改造放在重要的位置，并与生产劳动有机结合，使改造罪犯的工作真正收到实效。这是一条科学的改造罪犯的思路。毛泽东指出："抓紧思想政治工作，做思想工作第一，作好这一面，不仅不会妨害生产，相反还会促进生产。"[1] 在对罪犯的改造中要把其当作人，从政治上启发他的觉悟，思想上做通他的工作。

5. 对罪犯实行革命的人道主义

在新中国成立初期，国家强调监狱是专政工具，这与当时的社会政治环境相吻合，也与当时人们对法的本质的理解有密切关系。监狱作为专政工具对敌人实行专政，对服刑的罪犯同样也实行专政。对专政对象既不能讲民主，也不能讲人权，但是可以对其实行革命的人道主义。从人道的角度出发，作为人的罪犯应该在生存条件上得到基本的保障，监狱应满足罪犯衣食住行等基本生活条件，监狱应给予罪犯在教育、医疗、人格等方面

---

[1] 麻小平、郑玑：《毛泽东改造罪犯思想研究》，http://www.law-lib.com/lw/lw_view.asp?no=2591，访问日期：2021 年 6 月 14 日。

应有的待遇。此外，监狱在改造罪犯过程中应突出教育感化的方式，做到社会主义监狱行刑与旧政权压制和酷刑相区别。将革命的人道主义作为改造罪犯的一种策略与当今国际上提倡的罪犯人权保护视角虽不同，但有异曲同工之妙，在根本内涵上具有一致性。

　　6. 集中管理、领导劳动改造工作

　　这是毛泽东改造罪犯思想中管理论部分的内容。由于劳动改造工作是一项政策性和执行性很强的工作，因而对该项工作需要集中管理和领导，以避免出现政令不一的情况。由于监狱行刑工作的运行直接影响国家刑事司法制度的有效运转，对保护经济与社会发展、维护社会秩序、实现社会正义具有重要作用，因而该项工作需要集中管理和统一领导，确保工作的高度一致性，避免出现令行相左的情况。对监狱工作的领导和对监所干部的培养是实现对劳动改造工作集中管理和领导的重要途径。毛泽东同志在谈到监狱工作时多次强调："劳改工作的领导与管理要集中""必须认真加强党对劳改工作的领导""劳改工作干部不能太弱"，对监狱人民警察"要训练、要教育"。[1]

　　根据毛泽东关于改造罪犯的思想，我们可以总结出第一代领导人对刑罚的定位是建立在双重目的说的基础上的，是刑罚报应主义的体现，同时凸显对犯罪的特殊预防功能。这一思想在 1954 年政务院颁布的《劳动改造条例》第 4 条规定的"惩罚管制与思想改造相结合、劳动生产与政治教育相结合"的劳动改造方针中得到了体现。该方针对当时的劳动改造工作起到了方向性的指导作用。实践证明，贯彻执行这一方针，对当时行刑工作保持正确的方向，促进劳动改造事业的发展起到了重要的作用。

　　毛泽东关于改造罪犯的思想把刑罚任务与社会理想联系在一起，体现出一定的政治意识形态色彩。这是当时特定历史时期的选择。这一点也体现为《劳动改造条例》的立法目的："为了惩罚一切反革命犯和其他刑事

---

　　[1]　佚名：《毛泽东改造罪犯理论的科学体系及研究价值》，http://www.lunwendata.com/thesis/2006/13379_2.html，访问日期：2017 年 10 月 30 日。

犯，并且强迫他们在劳动中改造自己，成为新人，特制定本条例。"当时国家对打击反革命犯的重视既是特定历史条件下的必然要求，也是无产阶级政治理念的外在反映。这种理念广泛地存在于当时中国共产党的执政群体中，他们具有很强烈的历史使命感。广大的人民群众受到中国新民主主义革命胜利的鼓舞，对于执政群体的一切主张都有很强的认同感。个别受西方思想影响很深的学者，也因为对新中国炽热的爱国热情和政府的大力引导，采取了积极地靠拢党和政府的态度，逐渐在认知上形成了共识。因此，新中国成立初期的社会认知是比较单一的，人们的价值体系也是比较单一的。在一个特定的历史时期，当时这一行刑思想对于我国劳动改造工作的影响显而易见。

毛泽东关于改造罪犯的思想是新中国成立初期我国行刑工作的总指导思想，具体行刑思想则随着新政权的建立和巩固的情况而有所侧重和发展。1949—1950 年这两年内，监狱关押着的罪犯中有大批战犯。针对这些战犯，当时人民民主政府提倡"不杀而教"的行刑思想，对他们不适用死刑而是进行监管教育。1951—1953 年，中华人民共和国处在国民经济恢复时期，国力薄弱。在这样的条件下，度过经济上的困难、巩固新生政权成为当时急需解决的问题。1951 年 5 月，在中央的直接领导下，公安部召开全国第三次公安会议，会议提出了"三个为了"的方针，即为了改造罪犯、为了解决监狱的困难、为了不让判处徒刑的反革命分子坐吃闲饭，必须立即着手组织劳动改造。❶ 这是国家处于经济困难的条件下提出的监狱工作方针，强调了劳动改造的重要性，是符合当时我国现实情况的。在正确工作方针的指引下，我国的行刑工作取得了重大的成果。在短时间内，我国高效构建了从中央到地方的劳动改造机关管理体制，解决了监狱经费困难的问题；基本实现了自给自足，解决了监狱人满为患的困境，为我国劳动改造事业创造了新路子，为以后劳动改造工作的顺利进行奠定了基

---

❶　王明迪：《一个甲子的辉煌——新中国监狱工作 60 年的回顾（上）》，《犯罪与改造研究》2009 年第 9 期，第 27 页。

础。自此，劳动改造成为我国改造罪犯的一项具有特色的内容。在监狱经费初步自给的情况下，中央为使行刑工作保持正确的方向，在 1954 年颁布的《劳动改造条例》中提出了坚持惩罚与改造相结合，劳动与教育相结合的方针，在肯定劳动改造的基础上，也强调了教育改造的重要性。

值得一提的是，任何一种公共制度的建立与适用，都离不开社会群体的认同与支持，这是所有公共制度得以产生并发挥作用的基础。刑罚制度也是如此。行刑实践除了需要方针、政策的指引外，同样也受广大群众刑罚意识的影响。在解放初期，广大群众对行刑的认识仍处于复仇和报应的阶段。他们除了对"杀人偿命，欠账还钱"这一最古老的观点的认同外，难以对法治、人权及文明行刑进行深入理解。在大多数人的观念里，犯罪之人就应该受到惩罚、遭到报应，罪犯的人权以及各种权利是不应该得到保障的。这种深藏于广大人民群体中的狭隘而又缺乏理性的认知，对新中国监所干警的行刑实践同样产生了一定的影响。

（二）劳动改造法学的初建

我国新民主主义革命时期和新中国成立初期的行刑实践是劳动改造法学的初建基础。早在民主革命时期，解放区就已经建立劳动改造制度，当时就已经把劳动生产和思想教育作为改造罪犯的重要手段和途径，并积累了相当经验。不过，在战争环境下，这些经验和做法还很难成为研究劳动改造法学和全面付诸立法的基础。

新中国成立以后，一方面，监狱收押了大量基于政权更替所产生的被称为"反革命犯"的罪犯以及其他普通刑事犯；另一方面，新生国家百废待兴、国力薄弱，国家财政难以保障行刑经费。为了解决这一矛盾，我国采取了对罪犯既使其劳动又对其改造的行刑策略。这一策略并非只要求对罪犯实行劳动教育，同时也要求思想文化教育，其实施效果获得了举世瞩目的巨大成功，实现了罪犯劳动生产与国民经济建设相结合、对罪犯进行生产劳动教育与其出监后的就业相结合的良好社会效益，为劳动改造法学的建构奠定了实践基础。

与此同时，一些零星的立法开始出现也为劳动改造法学的建构起到了促进作用。1954 年，中华人民共和国政务院制定并颁布了新中国第一部比较系统的劳动改造法规——《劳动改造条例》。这一条例从行刑指导方针到具体的行刑制度等方面均作出了具体规定，是以后近 40 年我国对罪犯实行劳动改造的基本依据。该条例颁布后，我国又在总结劳动改造工作实践经验的基础上，逐步细化相关制度，制定了《劳动改造管教队工作细则（试行草案）》（公发〔1962〕127 号）等一些草案和意见。这些试行性草案和意见，虽然还比较粗糙、不够成熟，但也是我国劳动改造工作的基本依据，起着劳动改造法规的作用。

劳动改造罪犯实践的发展需要劳动改造法学 [1] 理论的指导，这是一个不可忽视的问题。为了适应这一需要，我国于 1950 年随着"劳动改造"的概念从狭义到广义的发展，关于如何实施劳动改造的研究也应运而生。[2]一些政法院校为满足教学和培训需要，组织力量编写了若干"劳动改造法讲义"。这些讲义构成了劳动改造学学科知识体系的雏形。当时，该学科以政策讲话和经验汇编为载体，以领袖思想、国家文件精神为理论依据，通过演绎性的铺叙和解释形成了对实践的权威性教导和规范性话语。劳动改造法学作为一个学科名称由此而获得初步确认。随后，有关院校开设了劳动改造法学课程。这一举措为该学科的构建起到了促进作用，如北京政法学院于 1959 开设劳动改造法学课程、中国人民大学于 1962 开设了劳动改造法学课程。课程的开设为新中国培养了大量的监所干部，为研究我国劳动改造罪犯理论提供了平台。当然，从严格意义上说，这个时期对劳动改造法学的研究也还是初步的，大体停留在对劳动改造工作经验的总结阶段。该学科仅仅作为对刑法、刑事诉讼法学科的延伸，尚未成为一门真正

----

[1]   劳动改造法学从某种意义上讲，也可以称为研究具体惩罚犯罪、改造罪犯成为新人的一门科学，是在对罪犯实施惩罚和改造过程中研究减少和控制犯罪的学科。它来源于劳动改造实践，又反过来给劳动改造实践以理论指导。

[2]   郭明：《中国监狱学史纲：清末以来的中国监狱学术述论》，中国方正出版社，2005，第 188 页。

意义上的独立学科，但为独立学科的构建奠定了坚实的基础。在此基础上，新中国成立以后 30 年来构建而成的劳动改造学，既是中国监狱学的组成部分，又是新中国社会主义法学的组成部分。

（三）新中国成立初期的司法改革运动

我国司法系统在新中国成立之后很快完成了组建工作，侦查、审判、执行等相关工作有序开展。这对维护新生政权起到了积极的作用。然而，伴随着新旧政权的更替，出现了新旧思想、新旧做法的冲突。在严峻的形势面前，党中央决定推行司法改革运动。司法改革运动自 1952 年 6 月开始，至 1953 年 2 月底结束。此次运动不仅涉及法院、检察院，也涉及了公安系统（包括监狱），是在否定封建狱政制度和废除六法全书的基础上，从转变法律意识形态入手，批判了反动的法律思想，树立了司法为民的观点，强调了司法独立论和程序法定论。由于司法理念的转变在当时显得极为重要，董必武同志在第一届全国司法会议 ❶ 上，提出了司法应为人民服务的思想，体现了当时司法改革的原则。在司法改革运动之后，司法系统将司法为人民服务原则与程序法定原则相结合，提出了司法便民化的具体实现路径：程序设计繁简结合，诉讼步骤方便公民。❷ 便民司法是在继承了新民主主义革命时期方便群众诉讼的司法实践经验的基础上发扬光大的，体现了新中国司法为人民服务的宗旨。当时，这方面工作成效突出的典范就是马锡五审判方式。该审判方式充分体现了司法活动从群众的需求和实际情况出发，解决人民群众内部矛盾的理念。司法系统还贯彻了群众路线原则。该路线要求司法依靠群众，发动群众，依靠群众力量与犯罪做斗争。这是中国共产党在战争期间积累的经验，具有深刻的理论和实践意义，是马克思主义在中国司法活动中的发展和创新。正确路线的实施有效

---

❶ 该会议于 1950 年 7 月至 8 月召开。

❷ 陈光中：《新中国建立初期司法改革运动评说》，首届中国法学名家论坛会议论文，2009。

解决了新中国成立初期我国司法资源有限的困难。

此次司法改革运动还整顿了旧司法人员，加强了司法队伍建设。为避免赘述，该部分内容将在本节第三部分"劳改干警简况和干警队伍建设"中阐述。

（四）政法院校的整顿和调整

为从思想上实现转变，彻底肃清旧法观点对法律院系的影响，解放初期我国还借助高等教育调整的契机，整顿改造了大学政法院系，使原来的53 所政法院系 [1] 最后合并成 4 所以培养政法干部为目标的政法学院和 4 个综合性大学的法律系，即北京政法学院、华东政法学院、中南政法学院和西南政法学院，以及中国人民大学法律系、东北人民大学法律系、武汉大学法律系、西北大学法律系。当时这 8 所院系被称为政法教育的"四院四系"。1958 年西安政法学院（1963 年更名为西北政法学院）建立后，又有"五院四系"之称（1958 年西北大学法律系被并入西安政法学院，1954 年北京大学法律系从北京政法学院中独立出来）。[2]

由于教师在法学高等教育工作中发挥着重要的作用，因而在政法院校的整顿、调整过程中，国家对政法院校的法学教授进行摸底调查和针对性的调整。对接受社会主义新思想、新理念的教师给予鼓励和支持；对抵制新思想、新理念，但可以担任其他非意识形态学科教学的教师作出改教其他课程的处理；对理念难以转变，难以在大学安排其他课程的教学，但适合从事中学基础学科教学的教师，改任中学教员；确实不适合从事教师工作的，帮助其落实转业改行。在整顿原来法学教师队伍的同时，国家还选拔了一批具备新思想、新理念的法学人才充实政法教育工作队伍。

新的法律思想和意识不会随着新政权的建立而产生，需要通过自上而

---

[1] 《中国教育年鉴》编辑部编《中国教育年鉴（1949—1981）》，中国大百科全书出版社，1984，第 265 页。

[2] 何勤华：《华政的故事——共和国法治建设的侧影（一一五）》，https://fashi.ecupl.edu.cn/2019/0908/c502a132467/page.htm，访问日期：2020 年 4 月 15 日。

下的建设逐步转变。无论是新中国成立初期的司法改革运动，还是劳动改造法学的初创、政法院校和司法人员的调整，实际上都是解决新旧司法意识形态在新中国成立初期同时运行而产生矛盾的工作。此项工作是以马列主义、毛泽东思想为指导，对旧的司法人员及其思想、作风、制度等所进行的一次必要改造。通过此项工作而逐步形成的司法传统和基础理论对我国后续的司法工作和法学的发展产生了深远的影响。

二、劳动改造工作和劳动改造干警管理机构的设置

新中国成立后，劳动改造工作和劳动改造干警管理机构的设置成为一项重要的工作。在新中国成立后一年多的时间里，政府一方面巩固和健全了新民主主义根据地监狱，另一方面接管了原国民党统治下的监狱，并将接管后的监狱归人民法院管理。当时的法院除了有审判职能外，也有对罪犯执行监禁刑的职能，因此劳动改造工作和劳动改造干警归法院统一领导，劳动改造干警属于司法人员。对此，1949 年 12 月 20 日中央人民政府委员会批准的《中央人民政府司法部试行组织条例》做了明确规定：司法部主持全国司法行政事宜，同时规定司法行政共有 15 项任务，其中第 6 项是关于犯人改造监管机关之设置、废止、合并、指导、监督事项。❶

新中国成立后一年多的时间里（1949 年 10 月—1950 年 11 月），我国劳动改造工作和干警管理机构的设置情况为：司法部是全国劳动改造工作的领导机关，也是管理监所干部的最高领导机关；大行政区司法部或高等法院负责管理辖区内的监狱工作和劳动改造干警；地方各级人民法院负责管理所辖区域内各省、专署、县内的监狱（包括劳动改造队、看守所）的工作和劳动改造干警。

为进一步加强对监所工作的管理，1950 年 11 月 3 日，中央人民政府政务院在《关于加强人民司法工作的指示》中提出了"关于监所管理，目

---

❶　袁红兵、孙晓宁：《中国司法制度》，北京大学出版社，1988，第 129 页。

前一般宜归公安部门负责，兼受司法部门指导"❶的指示精神。根据这一精神，司法部和公安部立即着手落实。在两部多次对接和磋商的基础上，1950年11月30日，时任司法部部长的史良和公安部部长的罗瑞卿联合发出将监狱、看守所和劳动改造队移转归公安部门领导的具体指示。新中国劳动改造工作和劳动改造干警由司法部管理一年多的时间后，转由公安部领导，劳动改造单位归于公安系统，劳动改造干警属于公安人员。

在当时，社会秩序的维护需要投入大量的警力，为此中央决定从人民解放军队伍中抽调出一部分人员充实公安队伍，并组建了"中国人民解放军公安部队"。公安部队承担了所有警种（包括公安、劳教干警、司法警察、武警等）的职责。为进一步加强对劳动改造工作和劳动改造干警的管理，公安部做了深入的调查和研究，将监狱管理机构的完善工作作为第三次全国公安会议的主要议题。会议通过了《关于组织全国犯人劳动改造问题的决议》。该决议对劳动改造工作和劳动改造干警队伍的管理机构作出具体且明确的规定：全国管理劳动改造工作的管理机构自上而下分为中央、大行政区、省市、专署和县，与当时的行政辖区管理体制相吻合。自大行政区至县一级公安部门均设立劳动改造管理处（或科、股），其人员配备根据管理机构级别和辖区范围不同而有所区别。大行政区、省和市公安部门所设的劳动改造管理处人员配置数量为20~30人，专署一级的劳动改造管理科人员配置数量为5~10人，县一级劳动改造管理股人员配置为2~3人。劳动改造管理处下设教育、管理、生产3科，劳动改造科（或股）不再下设具体业务部门，在有条件的情况下工作人员会有所分工。❷

为有效指导和监督劳动改造生产，提高生产效率，国家在中央和地方按行政辖区设置的情况分别都筹建了劳动改造生产管理委员会。1952年12月，以薄一波为主任委员、罗瑞卿为副主任委员的中央劳动改造生产管理

---

❶ 周恩来：《中央人民政府政务院关于加强人民司法工作的指示》，《山东政报》1950年第11期，第25页。

❷ 闫新：《中国共产党重要文件汇编》，学苑音像出版社，2004，第367页。

委员会成立。之后，各地相继设立劳动改造生产委员会。各级委员会一般以各级财政、公安机关负责人担任正、副主任，以财政、农林、水利、工业、贸易、司法等有关部门负责人为委员。劳动改造生产委员会自成立之日起着手开展劳动改造工作的长远规划，确定重点投资项目，旗帜鲜明地指出我国劳动改造生产的发展方向，指挥、监督、帮助我国劳动改造单位有准备地分时分批地向地广人稀的地区转移，实现了解放初期劳动改造工作不与民争利、发展经济、改造罪犯等良好的社会效益。

劳动改造工作管理机构在初建阶段出现了人浮于事的问题，第一次全国劳动改造工作会议将此问题列入议事日程并重点讨论。会后，劳动改造系统逐渐缩减县一级、专属一级的劳动改造工作管理局，解决了劳动改造管理工作效率低下的问题。中央人民政府公安部于1953年3月增设劳动改造工作管理局（第十一局），负责管理全国劳动改造的业务工作和劳动改造干部。1954年6月，中央人民政府委员会根据其第三十二次会议的决定，❶撤销了大行政区一级行政机构，设立在大行政区的劳动改造管理机构也因此撤销了，劳动改造工作和劳动改造干警的管理机构就逐渐发展成为以省管为主，中央和省级两级管理体制。中央人民政府公安部设置劳动改造工作管理局，管理全国劳动改造工作和劳动改造干警。省（自治区、直辖市）公安厅（局）设置劳动改造工作管理处（局），管理本省（自治区、直辖市）劳动改造工作和劳动改造干警。自此，两级管理体制已成为我国基本的监狱管理体制。

在不断摸索和总结经验的基础上，劳动改造单位基层机构建设和思想政治工作对劳动改造工作的重要意义日渐凸显。1952年召开的第一次劳动改造工作会议明确了在基层监所按需要设立政治委员、政治教导员及其他必要的政治工作人员，并强调政治工作人员的职责是在党委的领导下，通过采取组织、宣传、教育等多种工作方式，保证党的政策、方针在劳动改造工作中的贯彻和执行，确保新中国监狱工作的正确方向。1962年12月4

---

❶ 即《中央人民政府关于撤销大区一级行政机构和合并若干省、市建制的决定》。

日，公安部颁布了《劳动改造管教队工作细则（试行草案）》（公发〔1962〕127 号），对劳动改造基层单位的建设做了更为具体的规定。其基本内容为：在干部管理和机构建制上，实行军事化管理制度，逐级设立小队、中队、大队、支队、总队，并建立相应的政治工作机构和政治人员。总队建制相当于现在的省级劳动改造机关，一般不具体负责羁押罪犯的工作。支队建制相当于现在的监狱，实行党委领导下队长、政委分工负责制，关押的罪犯在 2000 人以上。劳动改造支队是独立执行刑罚的机关和生产单位，其下所设的大队、中队附属于支队，不具独立的执法资格。大队相当于现在的监区规模，设大队长和教导员，关押的犯人在 500~800 人。中队相当于现在的分监区，设中队长、指导员，关押的犯人为 150 人左右。❶ 支队长、大队长、中队长主管生产和行政管理。政委、教导员、指导员主管干部政治思想工作和犯人的改造工作。由于中队为改造罪犯最基层的单位，直接影响劳动改造工作的成果，因而第六次劳动改造工作会议对加强劳动改造中队建设问题作出了更为具体的意见：中队的干部不得少于 5 人，把支队 60%~70% 的干部放在中队。这样从数量、质量上加强了中队干部的配置，使每个中队都有懂得政策的干部。

三、劳动改造干警简况和干警队伍建设

（一）劳动改造干警简况

新中国成立初期，我国劳动改造干警短缺的问题凸显，党和国家给予了高度重视。针对此问题，公安部在第三次全国公安会议通过了《关于组织全国犯人劳动改造问题的决议》。该决议规定了两项有针对性地强化劳动改造干警队伍的措施：一项是在各级公安部门内增设专门管理劳动改造工作和劳动改造队伍的机构和人员；另一项是调配劳动改造队的干部，其供给按军队干部待遇。为贯彻执行上述决议的内容，地方党委调配了一

---

❶   李金华、毛晓燕编《中国监狱史》，金城出版社，2003，第 279 页。

批得力干部到各级劳动改造工作管理机构，一批部队转业干部、青年知识分子和必要的技术干部补充到劳动改造队中。监狱内部从工人中抽调了一批不具有干部身份的人参与监狱管理工作，他们可以转为警察，但不能转干。在措施得当的情况下，劳动改造干警的配备逐渐符合第三次全国公安会议的要求：干部配备比例为押犯数的 3%～5% 的标准。资料显示：1949年劳动改造干警人数为 830 人。其中，女性干警 59 人，占总干警人数的7.11%；男性干警 771 人，占总干警人数的 92.89%。当时，全国从事劳动改造工作的监狱和事业单位有 243 个，每个劳动改造单位的人均干警仅为3.4 人。1950 年劳动改造干警人数增加到 3015 人。其中，女性干警 135 人，占总干警人数的 4.48%；男性干警 2880 人，占总干警人数的 95.52%。当时，全国从事劳动改造工作的监狱和事业单位有 418 个，每个劳动改造单位的人均干警仅为 7.2 人。1951 年劳动改造干警人数增加到 13 816 人。其中，女性干警 1136 人，占总干警人数的 8.22%；男性干警 12 680 人，占总干警人数的 91.78%。当时，全国从事劳动改造工作的监狱和事业单位有 2452 个，每个劳动改造单位的人均干警仅为 5.6 人。1952 年干警人数为 27 160 人。其中，女性干警 2030 人，占总干警人数的 7.47%；男性干警 25 130 人。占总干警人数的 92.53%。当时，全国从事劳动改造工作的监狱和事业单位有 1992 个，每个劳动改造单位的人均干警仅为 13.6 人。1953 年干警人数为 45 729 人。其中，女性干警 2875 人，占总干警人数的6.29%；男性干警 42 854 人，占总干警人数的 93.71%。当时，全国从事劳动改造工作的监狱和事业单位有 1780 个，每个劳动改造单位的人均干警仅为 25.7 人。1954 年劳动改造干警人数增加到 56 584 人。其中，女性干警 4077 人，占总干警人数的 7.2%；男性干警 52 507 人，占总干警人数的92.8%。当时，全国从事劳动改造工作的监狱和事业单位有 1540 个，每个劳动改造单位的人均干警为 36.7 人。劳动改造单位在不断整合的过程中，劳动改造干警的人数在不断增加。到了 1966 年，劳动改造干警人数为112 425 人。其中，女性干警 9683 人，占总干警人数的 8.61%；男性干警102 742 人，占总干警人数的 91.39%。当时，全国从事劳动改造工作的监

狱和劳动改造单位有 918 个，每个劳动改造单位的人均干警为 122.4 人。❶
以上数字充分说明了新中国成立初期，我国劳动改造干警队伍建设在中央
的重视和支持下逐年得到充实和发展，为劳动改造工作的顺利完成提供了
人力保障。

当时的监狱工作人员除了劳动改造干警外，还有工人和留场就业人
员。1949 年工人总数为 1795 人，当年没有留场就业人员；1950 年工人总
数为 2577 人，留场就业人员为 81 人；1951 年工人总数为 4379 人，留场
就业人员为 540 人；1952 年工人总数为 10 611 人，留场就业人员为 9372
人；1953 年工人总数为 15 871 人，留场就业人员为 12 006 人；1954 年
工人总数为 22 361 人，留场就业人员为 57 833 人；1966 年工人总数为
188 813 人，留场就业人员为 507 328 人。❷ 劳动改造单位中的工人和留场
就业人员起到了补充劳动改造单位人力资源的作用。劳动改造干警、工
人、留场就业人员是有分工的。劳动改造干警主要负责罪犯的思想教育工
作、劳动改造机关的管理型事务；工人从事一些后勤和生产等事务性的工
作；留场就业人员只能从事由劳动改造干警在工人事务性工作范围内指派
的工作。

虽然中央采取了措施，劳动改造干警短缺的问题在当时的条件下得到
了一定的解决，但总体来看，新中国成立初期劳动改造干警队伍具有“三
多两少”的特点，❸ 而且干部的业务素质和文化普遍较低。劳动改造干警队
伍业务素养的培养需要不断加强。

---

❶ 司法部监狱管理局编《当代中国监狱概览（1949—1989）》，法律出版社，2000，第
3-4 页。

❷ 司法部监狱管理局编《当代中国监狱概览（1949—1989）》，法律出版社，2000，第
3-4 页。

❸ “三多两少”指：复转军人多，党团员多，年轻人多；文化技术水平高的少，劳动改造干
部与押犯比例少，特别是领导骨干、财务、技术、医务人员更是缺乏。

（二）新中国成立初期劳动改造干警的薪金制度

新中国成立初期，劳动改造干警的劳动报酬经历了供给制、包干制、工资制。劳动改造干警一开始享受的是供给制。供给制是指对国家工作人员实行只提供生活必需品，不发放薪酬的供给分配制度。这是新民主主义革命时期中国共产党在部分解放区实行的制度。这在当时经济困难、物质匮乏的条件下，起到了积极的作用。在新中国成立后，国家同样存在经济上的困难，需要再次运用该分配制度。当时供给制适用范围不大，主要是针对国家机关工作人员。据统计，除了人民解放军的官兵实行供给制外，在全国全民所有制单位的 1100 万职工中，有 100 万职工（主要是国家机关工作人员）实行供给制，❶ 劳动改造干警就属于这一部分的人员。供给的物资包括衣、食、住、行、学习等必需用品和一些零用津贴。当时，由于经济条件所限，供给的数量是有限的，很多生活必需品的供应并未能得到有效保障。这种不区分职务和岗位的平均供给制得以实施的前提是当时的国家机关、军队的领导人和干部具有很高的政治觉悟，不计较个人得失。供给制的实施虽有其一定的积极意义，不仅起到支付劳动报酬的作用，还起到社会保障的功效；但在实行过程中也出现了一些问题。其一，很多生活需要的物资得不到及时供给；其二，部分供给物资因不能满足实际需求而被浪费；其三，供给制的实施需要一支专门从事生产、采购、运输和分配工作的后勤保障队伍，而该队伍的运转需要专门的经费保障；其四，供给制是与薪金制同时实施的，❷ 同工不同酬的情况明显，享受供给制的党政军干部实际收入要比享受工资制的人员少得多。面对供给制的问题，1952年国家对实行供给制的人员（包括劳动改造干警）按工作职务高低增加津贴，减少与享受薪金制工作人员之间的物质待遇差距。然而，这样的局部调整不能从根本上解决党政军工作人员的收入差距问题，1954 年国家改供

---

❶　邱小平：《工资收入分配》，2 版，中国劳动社会保障出版社，2004，第 26 页。

❷　新中国成立初期对党政机关留用人员实行原职原薪。

给制为包干制 ❶。包干制虽也存在分配上的平均主义，但其标准略高于供给制，劳动改造干警的收入有了一定的提高。

1955 年，国家取消供给制和包干制，实行了国家工作人员工资制度。劳动改造干警开始享受工资制待遇。工资制是一种较为合理的分配制度，是按劳分配原则的一种体现，既解决了同工不同酬的矛盾，又在一定程度上促进了干警的工作积极性和进取心。

虽然劳动改造干警在工资待遇上逐步得到提高，但是他们的工作环境仍然很艰苦，工作场所远离城市，他们的个人婚姻、家庭等实际问题得不到解决，出现部分人员不安心工作，等着调离工作的情况。在这样的情况下，劳动改造干警队伍中的领导和骨干成员（他们多是老红军、老八路军）发挥克服困难、坚韧不拔的精神，始终坚守在工作第一线。他们的行为鼓舞和带动了一大批劳动改造干警，对队伍的稳定和发展起到了十分重要的作用。

（三）劳动改造干警的队伍建设

新中国劳动改造干警队伍建设是在特定历史背景条件下开始的。新中国成立初期，由于意识形态和国际政治气候的影响，我国被西方资本主义国家围困和全面制裁，队伍的建设丧失了向国外学习的机会。在这样一个相对封闭的环境中，劳动改造干警队伍从初步构建逐步走向发展壮大，这不得不说是在党中央、国务院和各级党委、政府领导正确领导下，广大劳动改造干警艰苦奋斗的结果。这一阶段国家对劳动改造干警的管理和对行刑工作的领导虽然不能完全脱离中央的指示和行刑政策的指导，但是随着法律法规的逐步制定和颁布，也开始向法制化轨道发展。

1. 司法队伍的整顿和清理

在当时的司法队伍里，旧司法人员确实不在少数，大约占到总数的

---

❶   包干制的做法是每人每月除按一定标准供给伙食外，再发给一定数量的实物和货币，由领取者自由支配使用。

22%。❶新中国的司法和劳动改造工作急需专业人才的加入，然而中国共产党自新民主主义革命时期以来由于战争的压力无力专门培养相关人才，因而出现人才匮乏的情况。新中国成立后，司法人员的紧缺现实决定了当时我国不得不借助并倚重旧的司法人员和监狱管理人员。旧司法人员在新中国的司法机关担任主要职务并占据骨干位置的情况在劳动改造机构也广泛存在。他们虽有一定的司法技能和知识，但是他们中的很大一部分人的思想意识、工作习性与新政权的执政理念是矛盾的。不少旧司法人员深受封建思想的影响，思想政治觉悟存在问题；有的旧司法人员目无法纪，甚至犯下了严重罪行。董必武同志明确指出："这些人过去一直是为反动统治阶级服务，给反动派专门充当镇压革命和压迫、敲诈劳动人民的直接工具，他们思想上充满了反革命反人民的法律观念，政治上受反动影响很深。"❷

在新中国司法建设过程中，对旧司法人员（包括旧的监狱管理人员）的清理和对新生力量的补充是一项势在必行的工作。在"反贪污、反浪费、反官僚主义"运动的基础上，我国对旧司法人员进行了清理。清理工作的开展是有步骤、分情况的：首先是对旧司法人员摸底，弄清情况，然后进行教育，最后根据摸底和教育的情况分别处理。对于思想顽固僵化的旧司法人员作出不得从事审判等司法工作的决定；对于司法机关中的坏分子，坚决地予以清除；对思想败坏而犯罪者，立即法办；对于没有发现较大问题但先进性不足者，加以训练和改造，转为从事法院中非审判职责的工种或调到其他部门工作；对于在新中国成立后思想、工作都表现较好的、进步的司法人员，原则上留用，但调离原工作地点。在清理、整顿旧司法人员的基础上，中央采取了选拔新的司法干部的措施。在劳动改造领域，新的工作人员的补充主要通过三个渠道：选派一批较老的革命同志担

---

❶　史良：《关于彻底改造和整顿各级人民法院的报告》，《人民日报》1952 年 8 月 23 日第 2 版。

❷　董必武：《董必武政治法律文集》，法律出版社，1986，第 233 页。

任劳动改造单位的骨干分子和领导职务；吸收一批青年知识分子，承担相关技术指导工作；此外，还吸收了一批积极参加新中国建设的先进分子进入劳动改造机构。除了积极落实新的司法人员的补充问题外，我国对于新的司法人员的教育与培训工作从大到教育培训机构的设立，小到师资力量的组织与配置及教材的选用均做了细致的安排。通过培训，一支新兴的劳动改造干警队伍正在不断成长和壮大。

2. 对劳动改造干警的思想教育

对劳动改造干警采取政治整训和整风活动等思想教育是极为必要的。当时，干警对罪犯的改造工作处在一个艰难的时期。新生政权受到帝国主义国家的否认和敌对，被推翻的敌对阶级和敌对势力不甘心失败，进行反攻倒算。当时，我国国力十分薄弱。1949 年，中国人均国民收入 27 美元，不及整个亚洲平均收入 44 美元的 2/3。❶ 在这样的形势下，犯罪分子十分猖獗，我国出现了两次对抗新生政权的犯罪高峰。相对应的，这一时期的绝大多数罪犯都属于政治犯。这些政治犯包含国民党残余势力以及资产阶级右派的反党反社会主义分子。这样的环境对新中国劳动改造干警的政治素质、业务素质提出了更高的要求。

1954 年 10 月，为配合《劳动改造条例》的深入学习，公安部作出了关于 1954 年冬季在劳动改造单位中进行干部整训的指示。干部整训利用岁暮年初的生产空隙，集中两个月左右时间，由各劳动改造单位组织，对干部进行一年一次的政治思想培训。其目的就是提高干部的政治思想水平与政策业务水平。整训的中心内容是以政治理论教育为主，着重对过渡时期总路线、总任务，劳动改造工作的性质，劳动改造工作责任心以及社会主义法制进行培训教育；整训的主要对象是劳动改造干部，但也不放松对一般工作人员（工人、勤杂人员等）的政治思想教育。整训的效果是明显的。广大劳动改造干警不仅加强了敌情观念、提高了社会主义觉悟、克服

---

❶ 胡绳、中共中央党校研究室：《中国共产党的七十年》，中共党史出版社，1991，第 289 页。

了骄傲自满情绪以及资产阶级思想，而且认识到劳动改造工作的重要性、长期性和艰苦性，进一步熟悉了劳动改造工作的各项政策。

新中国成立初期，我国劳动改造干警还先后参与了1950年的整风运动、1951年的"反贪污、反浪费、反官僚主义"运动、1953年的"反对官僚主义、反对命令主义、反对违法乱纪"运动。这些运动从统一思想出发，纠正了一些劳动改造干部敌我不分、放松管制等倾向，纠正了部分干警不安心工作、计较个人得失等思想，改进了他们的思想政治水平、工作作风。

3. 对劳动改造干警初步进行依法管理

1954年《劳动改造条例》的颁布开启了我国依法管理劳动改造干警的道路。该条例明确了劳动改造干警的法律地位是代表国家执行惩罚与改造罪犯职责的主体，劳动改造干警与罪犯之间的执行惩罚与被惩罚、改造与被改造的关系由劳动改造法律规范调整。该条例也明确了劳动改造干警的职权：对监禁刑的执行、对刑罚的变更提出申请、对罪犯权利的保障、对罪犯教育改造等。这些都是由法律授权的。自此，劳动改造干警职务行为有了法律的保障，对他们履行职责的管理和监督也有了明确的法律依据。

自1957年后，我国对劳动改造干警的管理也有了专门性的法律规定。1957年《中华人民共和国人民警察条例》颁布实施。由于劳动改造干警属于人民警察序列，因而该条例也是在劳动改造干警的准入资格、日常管理、纪律、处分和待遇等方面规范劳动改造干警队伍的专门文件。按照《中华人民共和国人民警察条例》的规定，中国人民警察（同时指劳动改造干警）必须具备如下条件：有中华人民共和国公民资格；身体健康；具备一定的文化程度；在自愿的前提下，经县、市以上公安机关审查合格。被剥夺政治权利的人不能担任劳动改造干警。对劳动改造警察的管理和考评是以现任职务、政治品质、业务能力和对革命事业的贡献四个方面为基础评定等级，对工作成绩突出的给予表扬或者授予荣誉称号、国家奖章或勋章等奖励；对违反纪律和失职的劳动改造警察，可以根据情节给予警告或者撤职等纪律处分；构成犯罪的劳动改造警察，送人民法院审判。因公残废的劳动改造警察和因公牺牲或者病故的干警家属分别享受与现役军人及其家属同等的抚恤和优待。1957 年以后，新中国对劳动改造干警的管理走上了法制化的道路。

1962 年公安部制定并颁布的、各地普遍施行的《劳动改造管教队工作细则（试行草案）》（公发〔1962〕127 号）第 55 条规定了劳动改造工作干警"六不准"纪律，❶ 对劳动改造工作干警提出了普遍的纪律准则。"六不准"着重从规范劳动改造干警职务的廉洁性方面规定了具体的内容。

随着法律、法规的逐步完善，我国已走上对劳动改造干警依法管理的道路。这表明了我国针对劳动改造干警队伍的管理水平上了一个台阶。

四、新中国成立初期劳动改造干警的工作实践

（一）改造罪犯

1. 对日本战犯的改造

新中国成立初期，我国监狱关押了一大批日本战犯。据统计，20 世纪 50 年代中期，我国监狱关押的日本战犯共 1109 名，主要由两部分组成：一部分战犯是 1948 年、1949 年先后被人民解放军逮捕的，共 140 名；另一部分是 1945 年被苏联军队俘获，并于 1950 年 7 月移交给中国政府的，共 969 名。❷ 中共中央根据国际法和我国法律，结合监管实际，提出了改造这批罪犯的政策：立足于思想改造，惩办少数，宽释多数。新中国的劳动改造干警按照中央的指示，发扬革命的人道主义精神，对这一批战犯采用劳动改造和思想教育相结合的手段。由于方法得当，这些罪犯有了重新思考的

---

❶ "六不准"包括：（1）不准打骂犯人、克扣囚粮和侮辱犯人的人格；（2）不准使用犯人搞私人家务劳动；（3）不准接受犯人及其家属的馈赠；（4）不准占用、挪用或购买发给犯人的物资和犯人的财物；（5）不准请客、送礼，假公济私，生活特殊；（6）不准违反国家财政经济纪律，弄虚作假。

❷ 谢玉叶、赵月琴：《我国教育改造处理日本战犯工作的伟大胜利》，《当代中国史研究》1995 年第 6 期，第 25 页。

机会，深刻反省了侵华战争给中国人民带来的危害和灾难，认识到自己的罪行，除 47 名死亡、1 名拒不悔改外，其余全部都改造成为新人，并成为中日友好的骨干力量。❶ 这批日本战犯被释放后通过成立社团、创办杂志等方式向世人揭露了日本帝国主义发动侵略战争的内幕。❷ 我国劳动改造干警对日本战犯的成功改造举措被誉为创造了人间奇迹。

2. 对国民党战犯的改造

国民党战犯组成人员较为复杂。他们当中有国民党顽固分子，仇视新中国和中国共产党；有抗日战争时期与中国共产党有关人士共同抵抗日本侵略者的战士和将领，对中国共产党有好感；有在解放战争时期率部起义的将领；也有立场摇摆分子。据统计，这批国民党战犯共计 926 名。❸

由于其组成成分的复杂性，对他们的改造需要因人而异的方法。中央成立了"处理战犯专案小组"。在劳动改造干警的努力改造下，这些罪犯认识到了以蒋介石为首的国民党反动派的阶级本质，正视和否定了罪恶的过去。除了刑满释放、病亡、按起义对待的 100 多名以外，其余 800 名左右的国民党战犯分 7 个批次全部改造为新人，赦免释放。❹

3. 对伪满、伪蒙战犯的改造

对伪满战犯（61 名）、伪蒙战犯（10 名）❺ 党中央从人道主义出发，对这些战犯采取"一个不杀，分批释放"的总方针。劳动改造干警通过耐心细致的工作，通过思想教育、劳动培训、参观学习等方式，最终将他们改

---

❶ 劳改专业教材编辑部《中国劳改学研究》编写组编《中国劳改学研究》，社会科学文献出版社，1992，第 215 页。

❷ 黄丽嘉：《试论新中国初期的监狱改造——以贵州监狱为对象的考察》，硕士学位论文，西南政法大学，2010，第 7 页。

❸ 劳改专业教材编辑部《中国劳改学研究》编写组编《中国劳改学研究》，社会科学文献出版社，1992，第 20 页。

❹ 劳改专业教材编辑部《中国劳改学研究》编写组编《中国劳改学研究》，社会科学文献出版社，1992，第 20 页。

❺ 劳改专业教材编辑部《中国劳改学研究》编写组编《中国劳改学研究》，社会科学文献出版社，1992，第 20 页。

造为能够自食其力的新人。

4. 对普通刑事犯的改造

新中国劳动改造干警对普通刑事犯的改造成效也是有目共睹的。在思想教育改造和劳动改造双管齐下的有效措施的实施下，不少罪犯认识到自己所犯罪行的严重性，切身体验到劳动创造财富的喜悦，成为自食其力的人民中的一员。在刑满释放人员中也有一部分人在新中国的建设中表现突出，有被选为人民代表、政协委员的，也有担任各自工作岗位中领导职务的，还有被评为劳动模范的，等等。据调查，这些优秀的人员占这批刑满释放人员的 20% 左右。❶

总之，新中国成立初期劳动改造干警对战犯和普通刑事犯的改造经验是我国行刑史上宝贵的财富。新中国成立初期，我国罪犯重犯率多年来一直保持在 6%~8% 左右，❷ 这与当时世界各国相比都是很低的。对战犯的成功改造使一大批对抗新政权、对抗社会主义的犯罪分子和侵略者变成了我国与他国建立和平友好关系的促进者以及新政权的拥护者和建设者。1959年，我国在北京举办了"全国劳动改造罪犯工作展览会"，展示了新中国监狱官在共产党的领导下克服艰难困苦所取得的工作成就。

（二）开展生产活动，保证监狱自给自足

针对新中国成立初期我国经济困难的状况，党中央于 1951 年发出了让百万罪犯参加劳动改造的号召。新中国的劳动改造干警积极响应号召，带领罪犯到全国最偏僻、最荒凉、生存条件最为艰苦的地方，因地制宜地开展农业、矿业、水利等建设活动。在艰难的自然环境条件下，干警们与罪犯一起在荒凉的地方搭窝棚；在物质极端匮乏的情况下，干警们将食品和衣物、被褥让给了罪犯。干警们与罪犯一同劳动、一起生活、不搞特殊。他们在工作和生活中用自己的行为诠释了革命人道主义精神和乐观主义精

---

❶ 韩京京：《论新中国监狱法制建设发展及展望》，《犯罪研究》2007 年第 4 期，第 36 页。

❷ 韩京京：《论新中国监狱法制建设发展及展望》，《犯罪研究》2007 年第 4 期，第 36–40 页。

神。这一精神深深感动了罪犯，是当时成功改造和教育罪犯的重要因素。

劳动改造使成千上万的罪犯在服刑期间加入到了建设新中国的行列中，用自己的劳动洗刷了罪行，解决了当时监狱行刑面临的经济困难。到1965年，全国劳动改造工业总产值达到17.6亿元，粮食总产量达到18.4亿斤。❶事实证明，在劳动改造干警身先士卒精神的感召下，劳动改造机构创造了巨大的财富，为新中国监狱的发展奠定了物质基础。这是中国监狱史上值得讴歌的一段历史，也是中国监狱官的骄傲。广大劳动改造干警吃苦耐劳的精神一直激励和感染着后续的监狱官。

（三）成功改造旧监狱，建造新监狱

新中国成立后，陆续接收了国民党政府的监狱。据统计，1947年国民党的监狱共有151所，❷但分布不均。当时的监狱有感化院、救济院、教养局、医院、戒烟所、集中营等。国民党监狱是为维护其反动统治而设立的，在行刑时体现出残忍性和反人道性。在国民党的监狱中，息烽集中营以残酷地迫害共产党员而闻名。在行刑目的、管理制度、基本设施以及监管人员的工作作风和思想等方面，国民党的监狱与新中国的监狱截然不同。因此，为了新中国的长治久安，在接管国民党的监狱后就必须对其进行彻底地改造。

劳动改造干警对接管的国民党监狱以从易到难的思路，逐步推进深入改造。首先，劳动改造干警着手治理旧监狱的环境和卫生状况，组织犯人治理监区环境，涤除监舍外的垃圾、粪便，进行环境消毒；其次，劳动改造干警对监舍进行修缮改造，将潮湿、阴暗的监舍改造成宽敞明亮、通风顺畅的改造场所；最后，劳动改造干警从罪犯的医疗条件入手，建立了严格的卫生医疗制度，培养罪犯养成良好的个人卫生习惯。这些有效的措施

---

❶ 王福金：《中国劳改工作简史》，警官教育出版社，1993，第18页。

❷ 王燕：《略论中国近代的监狱改良》，《辽宁教育行政学院学报》2009年第3期，第41页。

大大地改善了国民党旧监狱阴暗、污秽的恶劣环境。

除了从监管环境进行改造外，劳动改造干警抛弃了旧监狱暴戾的行刑作风和思想，创造了符合新政权执法理念的、具有中国特色的行刑制度。劳动改造干警以改造罪犯为己任，以劳动改造和思想改造为行刑的主要手段，将改造罪犯工作落实在劳动过程、思想教育过程、日常作息过程中。行刑中，劳动改造干警发扬革命人道主义精神，关心、帮助、感化服刑罪犯。劳动改造干警的付出不仅成功改造了罪犯，也确保了监管秩序的稳定和生产任务的圆满完成。

（四）探索"监企合一"的管理体制

由于新生政权是不同于国民党和封建统治的旧政权，因而构建新中国监狱管理体制应该在废除旧政权监狱体制的基础上进行。当时，苏联所创设的社会主义劳动改造制度已成体系，相同的政权性质和历史使命使新中国从一开始便以苏联的模式作为我国学习和借鉴的主要来源。此外，我国新民主主义革命时期根据地监狱管理体制也是重要的借鉴来源。

面对新中国成立初期的实际情况，全国第三次公安会议提出了"三个为了"的工作方针，❶ 为新时期解决行刑困难，创建新中国监狱和监狱制度提供思路。我国劳动改造干警将劳动改造融入具体的行刑实践，并且让劳动改造成为主要的改造手段之一。"需要管理的组织活动总是在一定的环境中利用一定的技术条件，并在组织总体战略的指导下进行的。"❷ 构建机构的组织结构和体系是执行机构职能的基础工作，是为机构发挥职能所做的铺垫。在中央的正确领导及劳动改造干警的努力下，我国劳动改造组织机构很快构建，组织和领导全国的劳动改造工作。监狱的生产劳动，罪犯的劳动改造伴随新中国监狱的创办和监狱制度的建立而发展壮大起来。

---

❶　"大批应判徒刑的犯人，是一个很大的劳动力，为了改造他们，为了解决监狱的困难，为了不让判处徒刑的反革命分子坐吃闲饭，必须立即着手组织劳动改造工作"。

❷　周三多、陈传明、鲁明泓编《管理学——原理与方法（第3版）》，复旦大学出版社，1999，第279页。

　　经过初步实践，监狱的劳动改造取得了预期的成果，"监企合一"的体制开始形成。1954 年 5 月，我国召开了第二次全国劳动改造工作会议。该会议在总结实践经验的基础上着手梳理了"监企合一"的管理体制。会议在分析研究劳动改造生产的实践工作和取得成果的基础上，决定将劳动改造生产归入地方国营经济，由地方进行管理，但仍由中央掌握劳动改造财务。1954 年 9 月，政务院公布实施了《劳动改造条例》，健全和完善了我国"监企合一"的体制，明确了劳动改造生产的目的是为国家经济建设服务，监狱生产的领导机构为劳动改造生产管理委员会。

　　从现代经济的视角看，任何企业应该同时具有生产和经营职能，然而，在计划经济条件下企业仅具有生产职能，经营职能并不明显。劳动改造单位在新中国成立初期的计划经济条件下从事生产活动具有一定的优势：其一，劳动改造单位只集中精力组织生产劳动，供、销活动由国家统管；其二，在新中国成立初期，我国社会主义商品生产一直处于短缺状态。在计划经济指令的指导下，劳动改造单位主要集中生产社会极度短缺的但同时又不具备技术含量的原料产品、初级产品。劳动改造单位方便组织人力、人力资源纪律性和组织性较强的一些优势得到了充分的发挥。劳动改造单位的经济效益非常显著，成了所在地区的经济支柱，监管和教育工作也取得了较好的效果。然而，虽然"监企合一"的劳动改造管理体制从总体上看有利于当时监狱发挥其职能作用，但由于企业生产和行刑职能的重合，部分监狱开始出现了过度强调生产而忽视教育改造和罪犯权利保障的情况。虽然从全国来看，这只是局部的现象，但暴露、反映出改造罪犯成为新人的行刑目的和监狱企业完成经济任务之间自始存在难以回避的冲突。这也是劳动改造罪犯本身蕴含的一组矛盾，特别是在以后的市场经济条件下，生产和改造二合一的管理体制或许将出现越来越多的问题。

五、新中国成立初期监狱官劳动改造工作的经验总结

（一）劳动改造政治思想工作的创建

在学习苏联和东欧的一些社会主义国家的行刑制度，继承新民主主义革命时期的监所工作经验的基础上，劳动改造干警吸收了我国优秀的传统文化，确立明刑耻之的教化手段，进一步深刻认识到政治思想在监狱工作和对罪犯进行思想教育上的重要性，并在劳动改造机构中设置了政治工作干部。这些从事政治工作的人员分别为政治委员、政治教导员、政治指导员。他们的主要职责是：在劳动改造单位党委的领导下，通过组织、宣传教育等工作，实现党的政治思想对监狱工作的领导；以党的政治思想感化罪犯、引导罪犯。中央对劳动改造政治思想工作也极为重视，在第一次全国劳动改造工作会议上，与会人员探讨了对罪犯进行政治思想教育的内容，提出要将认罪服法、劳动创造世界、时事、罪犯前途和生产知识等作为长期教育罪犯的内容，以循序渐进的方式启发罪犯，使他们拾起重新做人的信心。劳动改造干警根据《第一次全国劳改工作会议决议》要求，按照政治形势的发展、罪犯的年龄结构、罪犯性质和心理状态开展了集中教育、分类教育、个别教育等工作。例如，在新中国成立初期，劳动改造干警在区分罪犯类型、了解犯罪原因的基础上进行了矫正和感化，开展了多样化的教育。1964 年召开的第六次全国劳动改造工作会议上重申了对罪犯的政治思想教育工作的重要性并做了部署。根据会议精神，全国劳动改造干警加强了对罪犯的改造工作，在实践中尝试对罪犯实施认罪关、改造决心关、劳动关的教育改造活动，设置专管犯人教育的机构。在通常情况下，劳动改造干警都力求做到每天都有对罪犯的思想教育时间，对每个犯人都制订有长期的教育计划和短期的教育安排。在教育方式上既有共同教育，也有因人施教。在监所政治工作干部的努力下，新中国成立初期监狱基本实现了政治思想教育和改造罪犯齐抓共管的局面。

（二）劳动改造工作制度的初步规范

1. 对罪犯进行分类管理

从 20 世纪 50 年代初期开始，立足于改造罪犯而对罪犯进行分类管理的研究工作已经启动，当时的研究重点放在应用研究上，由于参加研究的人数较少、规模较小，研究成果相对较少。有限的成果中，有的被劳动改造法规所采纳，有的被用于指导劳动改造机关改造罪犯个人的实践。除了理论研究，劳动改造干警在实际工作中对罪犯分类管理也进行了探索。在理论和实践探索的基础上，我国第三次全国公安会议对罪犯的分类管理提出了初步的意见，并在第三次全国公安会议发布的《关于组织全国犯人劳动改造问题的决议》中作出明确的规定。该决议对罪犯的分类主要以罪犯刑期为标准，将罪犯划归不同行政区域的监狱。❶ 当时的分类虽较为粗糙，但也具有一定的意义，表明了我国已启动罪犯分类监管、改造的工作，为后续进一步细化相关工作奠定了基础。1956 年 12 月，公安部十一局发布了《关于对犯人实行分关分押制度中几个问题的通知》。该通知规范并充实了罪犯分类管理制度，明确了对罪犯实行不同等级管理的条件和具体的内容。除以上的分类管理制度外，劳动改造干警还按照罪犯从进监时的收押、进监后管理、日常生活的待遇以及接见和通信制度、保外就医制度、释放制度等不同情况对罪犯进行了有针对性的管理，为罪犯分类制度的进一步深化积累了经验。

2. 对罪犯以奖惩制度进行激励

奖惩作为通常而有效的激励制度对罪犯进行改造必不可少。我国《第一次全国劳改工作会议决议》中也对罪犯奖惩问题做了规定。劳动改造干

---

❶　具体内容为：判处 5 年以上徒刑的犯人，组成劳动大队，由省级以上各级政府，按照国家建设的需要，从事大规模的水利、筑路、垦荒、开矿等生产事业。对判处 2 至 5 年以上徒刑的犯人，一般由专署管理，但在必要时，亦可以由省以上政府调用。判处 2 年以下 1 年以上徒刑的犯人，原则上应在本市、县参加劳动。判处 1 年以下徒刑的犯人，在当地群众和原告同意的条件下可交群众管制。这种罪犯一般都应自食其力，不领囚粮。

警按照《第一次全国劳改工作会议决议》要求建立罪犯档案、卡片，严格对罪犯进行考核，以考核结果为依据，对罪犯实施奖惩。劳动改造干警对罪犯服刑表现的考核主要是从罪犯主观上认罪服法的程度，客观上接受教育改造的表现两个方面进行的，考核的结果作为狱政奖惩和提请减刑、假释的依据。此后，随着劳动改造工作的深入，罪犯奖惩制度在奖惩的种类、奖惩的条件、奖惩的适用、奖惩的权限等方面进行了细化和完善，并对罪犯的奖惩分为在刑法意义上的刑事奖惩 ❶ 和监狱行政管理意义上的监狱奖惩 ❷ 两类，初步构建了对罪犯的奖惩制度。

3. 教育制度

在新中国成立初期，我国监狱行刑工作的重点虽然放在了罪犯的劳动改造和监狱的生产上，但是未放松对罪犯的教育改造。在劳动之余，劳动改造干警沿袭新民主主义革命时期的做法，仍然在力所能及的范围内创造条件对罪犯进行思想教育和文化教育。在新中国成立以后召开的第一次劳动改造工作会议中明确了监狱行刑对罪犯进行教育的重要性，并指出了教育罪犯的具体内容就是认罪服法教育、时事教育、罪犯前途教育和生产知识教育四个主要的方面。第三次全国公安会议后，全国监狱在会议精神的指导下探索采用多种方法，因人而异、因地制宜地以启发、引导、灌输、强制等各种方式展开了对罪犯的教育改造，并随着形势的发展，教育内容也有所发展，教育方式不断改进。总体来说，新中国监所对罪犯的教育是在人民民主专政理论的指导下，运用共产主义思想和劳动改造的手段对罪犯进行矫正和感化。

4. 初步探索新中国出狱人保护路径

为了切实解决刑释人员出狱后的生计问题，减少国家解决失业问题的压力，维护社会秩序，新中国成立初期的劳动改造干警在国家政策的指导下探索了出狱人保护制度，实施了刑满释放人员的留场就业措施。该措施

---

❶ 指减刑、假释和对狱内犯罪的处理等。

❷ 指表扬、物质奖励、记功和警告、记过、禁闭等。

分两个阶段执行，并随着形势变化，逐步调整、逐步完善，为实现新中国成立初期刑满释放人员较低的重新犯罪率作出了积极的贡献。留场就业措施第一阶段采用的是"多留少放"的做法。该做法由 1953 年 12 月第二次全国劳动改造工作会议中提出，在 1954 年 8 月经政务院颁布的《劳动改造罪犯刑满释放及安置就业暂行处理办法》（以下简称《处理办法》）❶ 得到进一步的发展。《处理办法》对刑满释放人员的出狱保障的主要措施不再局限于留场安置，而是提出了统筹的办法，根据刑满释放人员的具体情况分别实施社会安置、留场就业、建立新村三种措施。对于刑满后能够顺利重回社会的，❷ 交由社会安置；对符合《处理办法》所列条件之一的，❸ 由劳动改造单位以留场就业方式安置，并按照劳动能力条件或者技能评定工资；对于不符合留场就业又不愿接受社会安置的，有条件的劳动改造单位可划出部分土地，组织集体生产。该做法一直执行到 1963 年。留场就业的第二阶段采取的是"四留四不留"❹ 措施。该措施在 1964 年我国召开的第六次全国劳动改造工作会议的会议纪要，也就是《关于加强劳改工作若干问题纪要》中明确作出了规定。从两个阶段采取措施的情况看，第一阶段是多留少放。从刑满释放人员的构成和我国当时的社会环境来看，社会对刑满释放人员的容纳能力有限，多留少放措施有利于解决刑满释放人员刑满释放后的生存问题。第二阶段是少留多放。到了 1964 年，我国的经济有了一定的好转，社会秩序逐步稳定，社会有了容纳和解决刑满释放人员就业的能力，加之当时羁押的罪犯结构有了一定的变化，出身农村的普通刑事犯逐渐增多，刑满释放后他们有继续务农的条件，仍然可以成为家庭的主要

---

❶　该《处理办法》于 1954 年 8 月 26 日政务院第 222 次政务会议通过批准。

❷　回归社会后，不致再犯罪，且在社会有一定的谋生技能。

❸　具体的条件为：自愿留队就业、而为劳动改造生产所需要的；无家可归的、无业可就的；在地广人稀地区劳动改造的罪犯，刑期满了以后需要结合移民就地安家立业的。

❹　"四留"是：改造不好的；无家可归又无业可就的；家在边境口岸、沿海沿边县以及靠近沿海沿边和大城市的；放出去有危险的和其他有特殊情况的。"四不留"是：改造好了的；家在农村的（包括大城市的郊区）；家中有特别需要（如独子）和本人坚决不愿意留场的；释放出去政治影响不大的和老弱病残、丧失反革命活动能力、危害不大的。

劳动力。总之，留场措施的执行在当时具有积极的意义：一方面，为罪犯解决了刑满释放后的生活问题；另一方面，为当时的劳动改造机构保留了技术力量。同时，在该措施的执行过程中，劳动改造干警还按照公安部的指示做到了根据形势发展不断调整运用，取得了良好的执行效果。

六、结语

新中国成立初期，新中国劳动改造干警承担了羁押、改造罪犯、组织罪犯从事生产的艰巨任务，成功改造了各类战犯以及普通刑事犯，使大多数罪犯成为自食其力的劳动者和新中国的建设者，堪称我国监狱史上的一项壮举。劳动改造干警的艰辛付出为维护社会治安，巩固人民政权、保卫社会主义建设作出了贡献。实践证明，新中国成立初期劳动改造干警的工作成效是显著的。新中国监所干部队伍建设是在特定历史背景条件下开始。当时，由于意识形态和国际政治气候的影响，我国被西方资本主义国家围困和全面制裁，在队伍的建设过程中除了向苏联、东欧社会主义国家学习外，难以与西方资本主义互相学习、互相影响。在这样一个相对封闭的环境中，劳动改造干警队伍从初步构建逐步走向发展壮大，这不得不说是在党中央、国务院和各级党委、政府的正确领导下，在人民群众和各部门积极支持下，广大劳动改造干警艰苦奋斗的结果。这一阶段国家对劳动改造干警的管理和劳动改造干警的行刑工作虽然不能完全脱离中央的指示和行刑政策的领导，但是随着法律法规的逐步制定和颁布，也开始向法制化轨道发展。

第二节　改革开放初期的监狱官

改革开放初期的监狱官队伍是在"文化大革命"刚刚结束这一特定

历史条件下，在"拨乱反正""恢复整顿"的基础上重建的，对他们的称谓仍然是劳动改造工作人民警察，简称劳动改造干警。在这一时期中，我国监狱官队伍的发展经历了从 1976 年至 1981 年的重建期和从 1982 年至 1993 年的改革开放发展期两个阶段。在第一阶段，军管撤出劳动改造机关，国家着力落实劳动改造干警政策，为受迫害的警察平反昭雪、恢复名誉，许多被调出的劳动改造干警陆续调回原单位、原系统开始工作。此外，劳动改造机关还整顿了监管改造秩序，调整了监所布局，恢复了被撤销的各级劳动改造工作管理局和新中国成立以来行之有效的监狱工作制度。广大劳动改造干警以崭新的面貌和姿态重新投入工作。在第二阶段，中国劳动改造干警队伍进入了制度创新和思想文化变革的时期，向着队伍建设现代化方向发展。在新的历史时期，面对公安工作战线过长、任务过重的现实，1983 年 5 月，党中央、国务院决定将对监禁刑执行的管理工作移交给司法部，在新形势下理顺了监狱、劳动改造单位的管理体系。

一、劳动改造干警行刑思想的转变

（一）对行刑思想的拨乱反正

在"文化大革命"结束后，监狱成为我国当时拨乱反正 ❶ 工作的重要阵地。在拨乱反正的过程中，中央领导多次强调监狱的地位和作用，胡耀邦同志对劳动改造领域中的拨乱反正工作倾注了大量心血。据不完全统计，仅 1979 年 7 月至 1980 年 8 月 1 年的时间，胡耀邦同志就对监管工作做了 23 次批示，提出监狱是我们教育犯人改邪归正的一个重要阵地，这方面工作如果做得不好，带来的后果很不利。❷ 同时，彭冲同志强调，劳动改造工作对罪犯具有教育意义。他明确要求："我们一定要努力把劳动改

---

❶ 拨乱反正是指纠正错误的行刑思想和路线，确立以马列主义、毛泽东思想为指导思想。

❷ 王明迪：《监狱工作改革开放的基础工程——追忆监狱工作的拨乱反正》，《犯罪与改造研究》2008 年第 10 期，第 6 页。

造劳教场所，办成教育人的学校，办成改造人的地方。"❶ 他还提出广大干警要树立教育人、感化人、挽救人的思想，严格按照党的政策和国家法律办事，自觉地接受法律的约束。

为进一步明确劳动改造工作的方向，1980 年 4 月和 10 月，中央政法委先后两次召开以劳动改造、劳教工作为议题的会议，会议取得了较好的成效。首先，会议明确了当时劳动改造工作的地位、方向，提出劳动改造工作是保障社会安定的重要环节，认为刑事司法工作中侦查、审判工作的正确实施只是完成了整体工作的一半，行刑工作的圆满完成才能最终有效地解决治安问题，保障整个社会的政治安定，巩固无产阶级专政。其次，会议提出在具体的劳动改造工作中正确认识改造对象的问题。我国当时的改造对象具备"三多"现象和"两个基本估计"的特点。"三多"现象是指：在服刑罪犯中年纪轻的多，30 岁以下的占 80% 以上；劳动人民子弟出身的多，约占 95%；普通刑事犯罪的多，约占 95%。"两个基本估计"是指：这些改造对象本身既是实施危害社会和他人合法权益的人；也是"文化大革命"的受害者，他们虽实施了犯罪行为，但是具有可塑性，能够被教育改造。最后，会议讨论了劳动改造干警在工作中要端正业务指导思想的问题。"文化大革命"结束后，我国在政治上进行拨乱反正，在监狱监管工作中也要着力改变以阶级斗争为纲的指导思想。在中央的正确指导下，很多劳动改造干警抓紧思想政治学习，克服林彪、"四人帮"的思想影响，逐步树立了正确的、符合我国国情的行刑指导思想和理念，保证了党的路线、方针、政策的正确贯彻。监狱系统在 20 世纪 70 年代末和 80 年代初期提出了对待犯人的态度问题，并用"三个像"❷ 进行总结。到了 20 世纪 80 年代中期，"教育、感化、挽救"被认为是新的监狱工作方针。不论这个方针的成熟程度如何，这毕竟是对监狱工作方针的一种积极探索。

---

❶　王明迪：《监狱工作改革开放的基础工程——追忆监狱工作的拨乱反正》，《犯罪与改造研究》2008 年第 10 期，第 6 页。

❷　对待犯人像医生对待病人、像老师对待学生和像家长对待自己犯了错误的孩子一样。

（二）以教育、感化、挽救的方针为指导，明确行刑规范

劳动改造干警在"教育、感化、挽救"这六字方针的指导下，从以下三个方面对行刑实践进行规范。首先，劳动改造干警严格依法行刑。所有干警都要守法执法，各级领导干部更要以身作则，做守法执法的模范。在法律规定的范围内，依法执行行刑工作。其次，在管理罪犯的问题上落实"文明管理八件事"❶。这"文明管理八件事"是当时亟待解决的问题，表述上朴实无华，实践中可操作性强，得到广大干警的认可。很多监所在执行"文明管理八件事"的过程中，结合监狱实际做到了发展和提升。最后，着手改进监狱管理罪犯工作，明确行刑工作规范。在不断改进监狱管理罪犯的工作过程中，劳动改造干警着重在以下八个工作方面进行探索，总结出相关的行刑规范。第一，劳动改造干警严格履行告知义务，向服刑罪犯宣告必须遵守的纪律和履行的义务，宣布他们在法律上享有的权利，明确减刑和奖励的幅度。第二，劳动改造干警必须深入服刑罪犯的学习、生产、生活现场，做到 24 小时有人管罪犯，坚决铲除牢头狱霸，恢复"犯人申诉意见簿"和"劳动改造积极分子委员会"。第三，对改造表现好的服刑罪犯，试行春节回家探亲、非节假日准假回家处理特殊重大事件。第四，对罪犯的教育改造，坚持思想领先，以理服人、说服教育的原则；对罪犯的处理出现错误的，劳动改造干警要敢于实事求是地向罪犯承认和纠正错误。第五，劳动改造干警要对服刑罪犯进行系统的政治常识教育、法制教育、道德品质教育和文化技术教育；劳动改造干警还要在监区搞好文

---

❶ "文明管理八件事"是中央政法委员会于 1981 年 8 月在北京召开改进改造工作座谈会上提出的，其中"八件事"指的是：不饿饭，吃熟、吃饱、吃得卫生；不打骂，不体罚；每个人要有睡觉的地方；消灭疥疮，有病及时治疗；让犯人洗澡，搞好个人卫生和环境卫生；井下、高温作业的保健费和健康补助费要按国家规定发足，并保证物资供应；建立起学习、劳动和业余文化生活的正常秩序；刹住罪犯逃跑风，发生逃跑，要迅速追回。应当注意的是，"文明管理八件事"只是就改革开放初期的实际情况所做的具体工作要求，并不是我国劳动改造机关对罪犯文明管理的标准和全部内容，现时的文明管理水平已远远高于这些要求。

娱和体育活动，开展社会帮教活动，有条件的监区还可组织罪犯外出参观。第六，建立、健全监狱教育机构。从省、直辖市、自治区劳动改造局到劳动改造支队都建立教育处、科，劳动改造支队要逐步建立政治、文化、技术等教研室。第七，强化对服刑罪犯的生活卫生管理，从劳动改造局到劳动改造支队都应建立生活卫生的管理机构，要求罪犯人均居住面积不少于三平方米，寒区保证冬季取暖。第八，保障服刑罪犯的日常伙食。粮油、副食和细粮比例应按国营企业同工种劳动力的标准供应到每位服刑罪犯；犯人食堂要建立副食基地，种菜、养猪，改善罪犯的伙食；成立罪犯伙食管理委员会，实行民主管理。具体的行刑规范和制度为劳动改造干警的行刑活动指明了方向。

二、劳动改造干警组织管理机构的恢复重构与发展

（一）劳动改造干警组织机构的恢复重建

1978 年 7 月，公安部在恢复了劳动改造局建制后立即组建劳动改造局领导班子，以组织领导劳动改造工作的开展。其具体情况是：调黑龙江省公安厅副厅长兼劳动改造局局长李悌光任公安部劳动改造局副局长，将"文化大革命"前的部劳动改造局局长李石生、副局长沈秉镇和部劳动改造局办公室主任崔凤轩，分别从云南省和中央其他部门调回部劳动改造局任局长和副局长，同时还将公安部政治部张万和落实政策办公室蒋端方同志调到部劳动改造局组成公安部劳动改造局新的领导班子。❶ 在中央和公安部劳动改造局的统一领导下，各省（自治区、直辖市）劳动改造局也分别得到恢复、充实和调整。被撤销、移交的劳动改造基层单位或者重新成立或者收回。❷ "文化大革命"中交出或被占用的大批监狱、劳动改造队的

---

❶　王明迪：《监狱工作改革开放的基础工程——追忆监狱工作的拨乱反正》，《犯罪与改造研究》2008 年第 10 期，第 8 页。

❷　杨习梅主编《中国监狱史》，法律出版社，2016，第 334 页。

土地也按政策陆续收回，大批老干部重新回到领导岗位，大批被调离或下放的业务骨干陆续调回劳动改造系统。此外，国家还补充了一批从转业干部、劳动改造干部子弟中择优吸收的劳动改造干警新生力量。劳动改造工作人民警察队伍得到充实。

在中央正确的领导下，在广大劳动改造干警的努力下，劳动改造干警的组织管理体制的恢复重建工作很快取得了显著的成果。中央人民政府公安部成为领导全国劳动改造干警从事劳动改造工作的最高机构，劳动改造机构隶属于公安系统，劳动改造干警属于公安人员。劳动改造工作的管理机构恢复了中央和省两级管理体制：中央人民政府公安部设置劳动改造工作管理局，管理全国劳动改造工作的业务工作；省（自治区、直辖市）公安厅（局）设置劳动改造工作管理处（局），管理本省（自治区、直辖市）劳动改造工作的业务工作。各地市劳动改造管教支队隶属于各省（自治区、直辖市）公安厅（局）设置劳动改造工作管理处（局），并下设大队、中队、小队。这一管理体制既是对新中国成立初期监狱管理体制的沿袭，又是对其的发展。

（二）劳动改造干警管理机构的调整

1981 年 8 月，公安部在北京召开了第八次全国劳动改造工作会议（以下简称八劳会议），形成了《第八次全国劳改工作会议纪要》（以下简称《八劳会议纪要》）。会议及时对新时期劳动改造工作出现的新问题、新情况进行了探讨，并积极寻求应对的新方法、新措施。会议强调加强干警队伍建设，建立健全劳动改造管理体制的问题。可以说，八劳会议是新中国监狱史上的一次重要事件，是加强监狱警察队伍建设的重要标志，开启了监狱工作的新征途。

继八劳会议后，中央为了加强对劳动改造工作的管理，从工作本身的性质和有利于该项工作发展的角度出发，决定将全国的监禁刑执行事务移交到司法行政部门领导和管理。为此，公安部、司法部于 1983 年 8 月 13 日在北京联合召开监狱劳教工作交接大会，明确从 1983 年 8 月 15 日起，监狱工作正式由公安部移交司法部管理。❶ 对此，很多劳动改造干警曾担心国家因此减弱对监狱工作的支持。司法部接手了对监禁刑行刑工作事务的管理后，采取有效措施，加强管理力度，使劳动改造工作中一些长期存在的历史遗留问题逐步得到解决，打消了劳动改造干警的顾虑，鼓舞了他们的工作热情。

此次管理机构的调整是合理的、科学的，有利于劳动改造工作的开展。公安部门主要履行的是刑事侦查权和治安行政权，这些权力属于司法判决前的国家权力，在权力属性上与司法执行权截然不同。司法执行权是国家执行生效判决的权力，属于司法判决后的国家权力。劳动改造单位负责对监禁刑的执行，拥有司法执行权。将劳动改造部门移交司法部，符合国家权力管理规律，这是世界上绝大多数国家通行的做法。同样，将公安人员分为刑事公安和行政治安两部分进行管理，也是符合公安警力管理的规律的。总之，将劳动改造单位从公安系统分离出来符合公安部门侦查—检察机关公诉—法院审判—司法行政机关执行的刑事司法流程模式，有利于司法公正，是构建法治社会的必然。

监狱管理体制的调整进一步理顺了劳动改造干警队伍的组织管理体制。自此，全国劳动改造工作和劳动改造干警由中央人民政府司法部领导，劳动改造干警隶属于司法行政系统，是司法行政人员。劳动改造管理体制仍然为中央和地方两级。中央一级的管理机构为司法部内所设的劳动改造工作管理局，地方一级的管理机构为省一级司法厅（局）内所设的劳动改造工作管理处（局）。前者管理全国劳动改造工作，后者管理本省（自治区、直辖市）劳动改造工作。以省管为主的劳动改造工作管理体制已形成。省劳动改造局以下按监管罪犯的犯罪性质、罪行轻重和年龄特点，分别设置监狱、劳动改造管教队和少年犯管教所三种形式的监狱。

---

❶　涂发中：《试论改革开放三十年来中国监狱工作的十大变化》，《警官教育论坛》2010 年第 00 期，第 97 页。

1. 监狱

监狱主要监管改造罪行较重、刑期较长的罪犯，具体来说就是监管不适宜在监外劳动的罪犯。❶监狱设狱政、教育、生活卫生、生产、财务、供销、政治等科、处部门和若干大队、中队，设监狱长、副监狱长、政治委员、副政治委员、科长、队长等领导岗位。对于女犯，监狱单独设立女犯队，由女干警管理教育。

2. 劳动改造管教队（简称劳改队）

劳改队主要监管改造可以在监外劳动的罪犯。这些罪犯需要符合在监外劳动不至于逃跑，并具备一定的体力劳动能力的条件。❷劳改队的建制分总队、支队、独立大队。大队设管教、生活卫生、财务、供销、政工等部门，设大队长、教导员等领导岗位。大队下设支队和独立大队，支队和独立大队按大队的建制设置相关部门和领导岗位。

3. 少年犯管教所（简称少管所）

少管所监管改造 14 周岁以上、18 周岁以下的未成年犯和收容教养法律规定由政府收容教养的违法少年。少管所设管教、生活卫生、生产等科室及若干大、中队，设所长、副所长、政治委员、副政治委员等领导岗位。

三、劳动改造干警队伍的重建与发展

在监狱和组织不断恢复重建的同时，劳动改造干警队伍的恢复和重建工作也在同时进行。劳动改造干警的干部身份和队伍恢复重建的问题在明确的政策指导下得到落实。然而，随着社会的发展和变化，出现了监狱内部干警配备不合理、劳动改造干警短缺、干警行刑思想和意识需加强等新

---

❶　不适合在监外执行的罪犯包括：反革命犯，判处死刑缓期 2 年执行、无期徒刑、10 年以上有期徒刑的刑事犯以及外籍犯、女犯。

❷　一般来说这些罪犯包括：判处有期徒刑，余刑在 1 年以上、10 年以下有期徒刑的犯人。

问题。调整、充实、加强劳动改造干警队伍成了该阶段劳动改造工作亟须完成的任务。

（一）整顿和建设劳动改造干警队伍

在改革开放初期，很多在编的劳动改造干警受"文化大革命"思想的影响，对行刑和罪犯产生了错误的认识；一些"文化大革命"的顽固分子仍然在劳动改造干警的队伍当中。对他们进行法制教育，纠正他们错误的思想，整顿纪律作风成为当务之急。在中央的正确领导下，监狱开展了思想整顿工作，严重违法乱纪的干警受到了严肃处理；少数不适合做劳动改造工作的干部被调离了劳动改造机关；监狱系统还开展了清查工作，清理了"三种人"❶，净化并加强了劳动改造工作干部队伍。

1983年9月，全国开展了"严打"专项工作，服刑罪犯突增。劳动改造干警队伍人员不足的问题极为突出。为了在短时间内充实干警队伍，中央出台政策让第一代劳动改造干警的子女❷纷纷转干，成为劳动改造干警队伍的新生力量。当时这一措施被称为"工转干"。为进一步壮大干警队伍，自20世纪80年代末至90年代初，监狱扩大人才引进入口，开始尝试向社会招聘普通高校毕业生，壮大队伍，提高队伍文化素质。由于此阶段监狱较为关注生产工作，因而在招聘中重点引进与劳动改造企业项目相关的专业人才，如水泥厂招聘建筑、机电等专业毕业生，农场招聘与农业有关的毕业生。到20世纪90年代中期，监狱开始正式进入人才市场招聘，扩大招聘人才的渠道。

自新民主主义革命时期至20世纪90年代初，我国的监狱官对党的政权的巩固和社会的安定作出了积极的贡献，然而他们的工作环境和生活环境不良。为体现对劳动改造干警的关心，激励这支队伍的工作积极性，同时使队伍得到发展壮大，中央在改革开放初期，制定了政策，提高劳动改

---

❶ 指"追随林彪、江青反革命集团造反起家的人、帮派思想严重的人、打砸抢分子"。

❷ 当时有一些劳动改造干警的子女以工人身份在监狱工作。

造干警的福利待遇。该政策的主要内容是：对长期在边远劳动改造单位工作的干警，其配偶或未成年子女可在干警所在劳动改造单位落户，劳动改造干警享受与公安干警一致的待遇，新中国成立初期在边远地区工作的干警，退休后原籍政府应积极妥善安置他们。❶

为规范管理劳动改造干警队伍，提升这支队伍的执法地位，司法部按照中央指示精神，结合我国改革开放的新形势，于 1991 年颁布了《劳改劳教工作干警行为准则》。1993 年，国家颁布了《国家公务员暂行条例》，监狱人民警察被列入国家公务员的系列。

（二）加强对劳动改造干警队伍的培训和教育

在 10 年"文化大革命"思想的影响下，监狱一度将阶级斗争夸大化，把罪犯一律视为专政对象，否定劳动改造工作教育转化罪犯的功能；歧视刑满留场就业人员和劳教人员，降低了他们的劳动报酬或生活标准。❷ 不少干警不同程度地认为对罪犯应该狠一点、凶一点，对他们的生活要搞得差一点，只有这样才算是"立场坚定""界限分明"。

为进一步肃清"文化大革命"思想，1979 年 10 月 31 日，《人民日报》刊登了李步云、徐炳同志《试论我国罪犯的法律地位》一文。该文的发表引起社会极大的争议和质疑，特别是引起了相当一部分干警思想上的困惑，同时对曾经工作中的做法是否正确和今后应该如何工作的问题感到疑

---

❶ 《中共中央办公厅、国务院办公厅转发公安部第八次全国劳改工作会议纪要的通知》，https://law.lawtime.cn/d535098540192.html，访问日期：2017 年 11 月 3 日。该通知的具体内容为：凡在劳改农场和大、中城市以外的劳改工业单位工作，参加工作 15 年以上，或年龄 38 岁以上，或科、大队级以上的干部，居住在农村的配偶和已丧失劳动能力或未成年的直系亲属，可迁到干部所在劳改单位落户。劳改单位的干部子弟学校，应纳入国民教育计划，由当地教育部门统一领导和管理。劳改工作干警在调配、退职、离休、退休、死亡、抚恤等方面应享受公安干警的同等待遇。20 世纪 50 年代带领犯人到边疆地区办劳改场现仍从事劳改工作的干部，在年老离休、退休时，原籍家乡政府应欢迎他们回去，妥善安置。

❷ 王明迪：《监狱工作改革开放的基础工程——追忆监狱工作的拨乱反正》，《犯罪与改造研究》2008 年第 10 期，第 5 页。

惑。不彻底解决这一根本问题，劳动改造工作无法顺利开展。为此，公安部要求全体劳动改造工作干部认真学习《关于建国以来党的若干历史问题的决议》，以求统一思想、增强团结、正确认识历史问题。部、省两级劳动改造局组织开展多种形式的培训工作，争取实现广大干警思想的转化。中央领导人对劳动改造干警的思想问题也极为重视。胡耀邦同志、彭真同志、彭冲同志曾分别对军天湖农场发生的一起违法乱纪案件和凌源第一劳动改造支队对青年犯开展文化技术教育工作作出批示并通报，从正反两方面有效地教育了干警，在一定程度上纠正了他们混乱的思想。

进入 20 世纪 80 年代中后期，服刑罪犯的情况发生了很大变化。服刑罪犯中反革命犯、战争犯已大大减少，而工人、农民、知识分子、干部等劳动人民家庭出身，实施普通刑事犯罪的人员开始增多。这些人员年纪偏轻、刑期较短，他们既实施了危害社会的犯罪行为，同时又是"文化大革命"的受害者。劳动改造工作的重心需要转移到教育挽救这些罪犯的工作上。新的形势对劳动改造干警的业务能力有了新的要求：尽快转换行刑理念，提升业务素养（不仅要具备较高的政治觉悟，还要具备专业知识，既能从事教育改造工作，还会管理生产）。这是八劳会议提出的队伍建设要求，是符合当时我国实际情况的。

1980 年 10 月，公安部劳动改造工作干部学校开了两期培训班，培训对象为监狱长（场长、支队长）和政委。为了加强省局领导对培训的重视，第一期培训还要求各省（自治区、直辖市）劳动改造局领导亲自带队。在培训中，李石生、沈秉镇亲自到学校对学员进行教育。此次培训对新中国成立 30 年以来劳动改造工作的基本问题做了正本清源的宣讲。据学员反映，听了第一期培训的授课内容后，有些学员还认为部局领导"思想右倾"，感到"难以接受"，经过深入讨论，才逐步扭转认识。两期培训为全系统的干部培训工作起到了表率作用。随后，各省（自治区、直辖市）劳动改造局也分期分批举办培训班，学习、贯彻中央指示精神，集中批判林彪、江青反革命集团的路线，纠正错误的思想、路线和政策。为巩固培训成果，劳动改造系统采用了扎实的检查验收措施。首先，监狱邀请了人大代表、政协委员到改造场所进行视察，检验劳动改造干警思想上的拨乱反正成效。其次，由省、直辖市、自治区劳动改造局组织各监狱负责人分期分批地根据标准，对每个劳动改造单位逐一进行检查验收。检查不合格的要继续整顿，直到完全合格为止。

为进一步提升劳动改造干警的思想和业务素质，八劳会议之后，全国和地方一批劳动改造工作干部学校和学院相继成立。大多数省、自治区、直辖市创办了中专或大专层次的监狱警察学校，中央创办了大专和本科层次的司法警官教育学院。借法学教育迅速发展所提供的有利条件，各大院校法学院也开始招收劳动改造学方向的研究生。❶随着劳动改造学的教育在各大院校越来越普及，教育部将劳动改造学作为一门法学课程列入教育计划，全国高校（包括成人教育、电大）法学专业开设了劳动改造法学课程。这些大专院校为我国监狱培养了一批年轻有为、专业素质较好的管理人才。

在全国各大院校的支撑下，我国于20世纪80年代初期建立健全了全国、省、监狱三级培训机制。这对劳动改造干警思想和业务素质的提高起到了积极的作用。该机制在轮训在职干部和培养新干部的工作中，采用了多种形式，拓展不同渠道，开展学历教育、强化专门业务培训。劳动改造干警培训工作趋于成熟，劳动改造干警队伍稳步发展。

由于劳动改造学学科教育的需要，相关教材的编写成为急迫的工作。公安部着手部署、落实了此项工作。1983年1月，公安部党组批准成立了劳动改造专业教材编辑部，开展劳动改造专业教材的编写工作。❷劳动改造专业教材编辑部的成立是我国监狱学和监狱学教育发展史上具有重要意义的事件，对学科的发展和专业人员的培养起到了重大的作用。编辑部在当时劳动改造学科初步构建的理论体系的基础上，计划编写从基础理论

---

❶　1983年9月，中国政法大学首次正式招收刑法学劳动改造法学专业研究生，随后，中国人民大学、西南政法学院也招收了少量的劳动改造学方向的研究生。

❷　陈好彬：《改革开放30年中国特色社会主义监狱法治建设述评》，《犯罪与改造研究》2008年第12期，第3页。

至具体分类学科共 12 种教材或专著。❶ 编写工作的进行需要各大院校专家学者的参与，为此编辑部联系了当时在监狱行刑方面经验丰富并具备理论基础的工作人员和法学研究方面实力较强的大学院校的专家学者参与编写。该项劳动改造学教材的编撰工作取得了丰硕的成果。从 1983 年开始到 1989 年，编辑部完成了 12 种教材编写计划中的 9 种教材，共计 250 万字，发行量达 66 万余册。❷ 为丰富劳动改造学科内容和学科体系，编辑部还组织力量陆续翻译了苏联劳动改造学的一系列教材或专著。这些成果的陆续推出解决了各大院校学生学习教材匮乏的问题，促进了专业人才的培养。

四、劳动改造干警的行刑实践

（一）探索改造罪犯的新方法

八劳会议明确了我国改革开放初期监狱工作的方向，从思想上厘清了改造和生产之间的问题，明确了改造为目的、生产为手段的劳动改造工作方针。为落实该项工作方针，监狱系统提倡把劳动改造场所创办成罪犯的学校，努力把对罪犯的教育改造提到劳动改造工作的中心位置。自此，广大劳动改造干警对教育改造工作以务实的态度进行了积极的探索，尝试将劳动改造与思想、心理、文化改造相结合的道路。例如，山西省第二监狱对罪犯教育改造工作不仅起步较早，而且成效显著。该监狱在 1981 年 8 月作出了对监狱在押罪犯进行分析的调研报告，把现阶段关押的罪犯和粉碎"四人帮"以前的在押犯做了比较，认为在押犯的情况发生了很大变化：一是在押犯年龄呈年轻化。在押犯平均年龄由过去的 52 岁，下降到现在的 34 岁。35 岁以下的罪犯占到在押犯总数的 60% 以上。二是在押犯所犯

---

❶　计划完成的 12 种教材是劳动改造学基础理论、教育改造学、罪犯改造心理学、狱政管理学、罪犯劳动改造学、劳动改造经济管理学、劳动改造政治工作学、劳动改造法学、中国监狱学、中国劳动改造史、犯罪学、劳动改造法律文书。

❷　郭明：《中国监狱学史纲：清末以来的中国监狱学术述论》，中国方正出版社，2005，第 36 页。

罪行中普通刑事犯增多，反革命犯明显减少。历史反革命犯和现行反革命犯过去约占在押犯总数的 70%，现在仅占 7%，而普通刑事犯占在押犯总数的 80.4%。三是短期徒刑犯增多。在押犯中，死缓、无期、20 年以上徒刑的占在押犯总数的 9%，刑期在 10 年以下的占到在押犯总数的 88%。❶ 在调研数据的基础上，山西省第二监狱改变了工作方式，改进了改造措施，对罪犯进行思想文化教育的同时，也采用心理辅导等较为柔性的措施。这可谓是一种改造手段的创新。在山西省第二监狱的带动下，全国监狱开始大规模探索改造罪犯的教育方法。这一做法的实施，使我国劳动改造机关的教育改造罪犯工作水平从整体上得到提高，进一步推进了罪犯改造质量的提升。总体来说，在落实教育改造罪犯的问题上，劳动改造单位主要采取了如下措施。

1. 强调监狱"一把手"对教育改造工作的第一责任

为凸显监狱工作重点，全国监狱在具体的措施上努力做到将监狱主要的资源、主要的精力用在教育改造上，并实现由主要领导抓教育改造工作。从该项工作的实践中总结到的经验是：这是一项切实可行的措施，这一措施在当时的环境和条件下是必要的。在这一阶段，我国监狱管理的法律法规、规章制度尚不健全，监狱经费主要靠监狱企业的生产盈利，监狱生产压力大，监狱"一把手"对监狱工作的开展起到决定性的作用，因此，"一把手"对教育改造工作的重视程度也就决定了该项工作落实程度以及成败。

2. 探索实施系统工程，将教育改造贯穿于刑罚执行工作全过程

鉴于教育改造在行刑工作中的核心地位，监狱探索了实施教育改造系统工程，力争实现教育改造贯穿于刑罚执行工作全过程。这一理念是积极的、科学的，至今仍对监狱工作起着指导作用。劳动改造干警加强了对罪犯在生产、学习、日常生活期间的教育，增加了对罪犯的个别教育和谈心

---

❶ 北京政法学院刑法教研室编《劳动改造法学参考资料（第 2 辑）》，北京政法学院刑法教研室、中国人民大学刑法教研室，1982，第 95 页。

工作量。此外，劳动改造干警还努力做好三个阶段的工作：一是抓好对罪犯的入监教育。各劳动改造单位对入监教育体制、工作任务、教育时间、学习内容、考核验收等做了比较详细的规定。劳动改造干警按照规定认真进行入监教育工作，引导罪犯尽快适应服刑生活。同时，劳动改造干警对入监罪犯的犯罪原因、罪犯心理以及改造难度进行综合评定，并制订改造计划。二是抓好对罪犯服刑过程中的教育改造工作。这是教育改造罪犯的重头工作，劳动改造干警开展了文化教育、思想教育，有条件的监狱还开展了心理健康教育和心理辅导。有关教育改造的时间安排上也有一定的创新，如白天劳动、晚上学习，工间休息时间组织学习等。三是抓好出监教育。在罪犯刑释前，劳动改造干警强化了职业技能、就业指导等针对性较强的回归教育，提高罪犯适应社会的能力。以上的教育改造工作是劳动改造干警在行刑经费尚未得到国家财政保障的条件下进行的。在劳动改造单位自行解决经费的条件下，干警们继续发扬吃苦耐劳，不惧困难的工作作风，在完成生产任务的同时，发挥主观能动性，创造性地尝试了教育改造罪犯的方法，取得了显著的成效。

3. 尝试社会化工程，构建大教育格局

改造罪犯目的的实现不仅需要劳动改造干警努力付出，也需要社会各界的协助和支持。构建大教育格局是把监狱改造的各个环节延伸到社会帮教安置环节，充分运用各种手段，共同发挥作用，从源头上遏制和减少重新犯罪。我国劳动改造干警于 20 世纪 80 年代初开展此项工作，并已成为我国改造罪犯的一个特色。中央政法委于 1987 年 3 月召开座谈会，总结各地劳动改造工作的成功探索，特别是对改造罪犯的社会化工程做了深入的探讨，并在此基础上提出了改造工作的延伸性要求。随后，党中央转批了《全国政法工作座谈会纪要》，第一次系统地提出了改造罪犯工作要实现 "三个延伸" ❶，明确了改进罪犯改造工作的要求和思路。"三个延伸" 是

---

❶   王明迪、兰洁、王平：《监狱工作与监狱理论研究二十年改革述评（上）》，《犯罪与改造研究》1999 年第 1 期，第 9 页。"三个延伸" 指改造工作要向前延伸、向外延伸和向后延伸。

新时期监狱工作的一大改革，体现出了改造罪犯工作的科学性思路，还原了犯罪是个社会问题的本质，把改造罪犯置于社会综合治理的范畴，并发挥行刑机关的纽带作用，发动社会力量为改造罪犯而努力。

该项工作开展的情况是：党政机关的相关工作人员以及社会知名人士等不定期到监狱看望罪犯，给罪犯做法制、道德、理想、前途等方面的报告；监狱组织一些健康有益的文体活动；此外，还有罪犯亲属进监进行亲情帮教等。此项工作的方向是正确的，但不具备统筹性和规划性。从帮教人员看，这些人员主要是党政机关的要员或社会知名人士，参与帮教的积极性不大，很多社会人员并未加入这一帮教队伍。从工作开展的形式和内容看，除了罪犯亲属探监制度能够根据罪犯的实际情况进行帮教，促进罪犯安心改造外，其他形式的帮教主要是一些原则性较强的教化。从工作开展的频率和效果看，虽各个行刑单位的情况各有不同，但是总体来看工作开展的次数不多且流于形式，实效甚微。

在该阶段，我国对服刑罪犯的社会帮教工作已然起步，但对教育帮教的认识还处在低层次状态，措施尚需完善、效果仍不显著、参与帮教人员较少、帮教的主动性不强、帮教面窄、帮教针对性较弱、帮教形式比较单一。虽然社会化大教育在践行中存在一定的问题，但是这一做法的提出和践行是有科学性和前瞻性的，至今仍然是我国监禁刑行刑发展过程中需要不断探索和完善的举措。

4. 创办特殊学校

为响应八劳会议精神，各地监狱开始创办特殊学校。1982 年 10 月，山东潍坊市劳动改造支队率先设立"山东省潍坊市育新学校"。自此，各地劳动改造单位纷纷创办特殊学校。1985 年，全国已创办特殊学校的劳动改造单位有 99 个，投入教育的干警、职工、专兼职教师人数 6025 人，罪犯担任文化技术教学人数 20 431 人，参加政治教育罪犯数 870 647 人，参加职业技术培训罪犯数 240 769 人，其中获证人数 2860 人，参加文化教育（包括扫盲、小学、初中、函大、夜大、电大、自学高考）罪犯数 830 297 人，其中获证人数 23 564。1985 年，全国罪犯总数为 1 175 367 人。此后，

各项工作有序开展。❶

监狱特殊学校的设立使接受教育的罪犯人数提高，罪犯在学校除了能接受文化教育外，还能接受技能教育。这一阶段，大量的警力被投入到对罪犯的教育改造工作中，做到除了文化教育有部分罪犯承担教员外，其他教育工作均由劳动改造干警承担。

（二）对罪犯的管理从革命人道主义向保障人权的方向发展

自新民主主义革命时期以来，监狱对罪犯的管理以革命人道主义精神为指导，力所能及地关心罪犯在监狱中的生活，保障他们在服刑期间的饮食、衣物、住宿等条件，并从思想上教育他们、感情上关心他们。实践证明，革命人道主义的感召的确教育和感化了很多罪犯。但是我们也应该注意到在"革命人道主义"下，我国罪犯的人权保障在改革开放之前并未提到法治的程度。

罪犯的人权保障与国家的政治、经济、文化、法制发展水平密切相关。自 20 世纪 80 年代开始至 90 年代初，❷ 我国服刑罪犯的构成发生了很大变化，人们的法律意识得到提升。一些法学理论工作者顺应社会的发展，在他们的研究成果中不断提出维护罪犯合法权益的观点，从思想上影响着劳动改造干警的执法行为，国家亦在相关的法律文件中陆续提出这一思想，为保障罪犯人权提供法律依据。

社会的发展需要对罪犯的管理从依靠政策向按照法律规定转化，公安部首先着手从法规层面来规范、解决保障罪犯权利问题并于 1982 年颁布了《监狱、劳改队管教工作细则（试行）》。该细则明文规定了服刑罪犯享有

---

❶ 司法部监狱管理局编《当代中国监狱概览（1949—1989）》，法律出版社，2000，第 95-98 页。

❷ 主要指以 1981 年 8 月在北京召开的第八次全国劳动改造工作会议为起点，到 1992 年 8 月国务院《中国改造罪犯的状况》白皮书发布之前的这段时间。

的权利。❶ 这是我国监狱史上一件具有历史意义的大事，把多年来指导我国劳动改造干警管理罪犯的政策性原则"实行人道主义"转化为法律原则"维护罪犯合法权利"，提升了我国狱政管理的水平。

在依法保障罪犯人权理念的指导下，这一阶段的劳动改造干警在工作的方式方法和态度上有了很大转变。他们对罪犯的管理不再单纯凭借经验，而是不断探索和总结科学文明的管理方法，摒弃阶级斗争的立场，由专政高压的工作态度向教育、感化罪犯转变，对罪犯既努力做到严格管理又力争依法保障罪犯权利。为了实现对罪犯的严格管理，该阶段还出台了一些严格的管理制度、措施、要求以及严明的奖惩措施。

当然，我们也不得不注意到，由于这是一个从行刑理念到行刑方式进行转变的阶段，虽然劳动改造干警体现出了高度的工作热情，但是也出现了部分劳动改造干警在思想认识上存在偏差，导致了片面地理解和执行规定的情况。总的来说，罪犯人权保障问题仍存在落实不到位的情况，有部分干警对人权理解不到位，在执法中出现刑罚惩罚和人权保障之间界限不清的情况。

（三）对罪犯进行分类管理

对罪犯进行分类管理是行刑文明的体现，是提高罪犯矫正效率的保障。该问题在全国第一次劳动改造工作会议中已明确提出。按会议精神，对罪犯分类的标准是罪犯的性别、犯罪性质、刑期长短、悔悟程度和劳动表现等，分类后行刑机关将对罪犯分别关押、分别管理。由于当时监管条件和工作能力的限制，对罪犯的分类标准较为单一，在执行过程中也存在落实不到位的情况，因此，1964 年，第六次全国劳动改造工作会议对罪犯分类的问题进一步做了强调。1982 年，公安部颁布《监狱、劳改队管教工作细则（试行）》，该细则对罪犯的分类不再局限于罪犯的性别、罪名和刑

---

❶ 这些权利包括：申诉权，辩护权，控告权，人身不受刑讯逼供、虐待侮辱和私人合法财产不受侵犯的权利，对管理、劳动、生活提出合理化建议的权利，以及其他法定权利。

期这样比较浅层次的划分标准，开始考虑到罪犯的人身危险性和改造的难易程度，同时规定了设立严管队专门教育管理人身危险性大的罪犯，以避免罪犯之间的交叉感染。随后，司法部在1989年制定并颁布《关于对罪犯实施分押、分管、分教的试行意见》，明确了"横向分类、纵向分级、分级处遇、分类施教"的16字对罪犯分类的原则，❶ 在该原则的指导下，全国行刑机关开始推行新的罪犯分类工作。我国对罪犯分类管理工作有了明显的提升。

随着行刑工作的推进，司法部于1991年修订了《关于对罪犯实施分押、分管、分教的试行意见》，进一步细化、完善了罪犯分类的标准。具体而言，监狱根据当时分押、分管、分教三分原则对罪犯分类进行优化，而对这三原则的践行又是按两个不同的标准分层次进行的。第一标准是在收押时根据性别、年龄将罪犯分开；第二标准是在第一标准的基础上按照罪名、刑种、刑期长短及现实改造的难易程度将罪犯分开羁押和改造。我国对罪犯分类的这一重大改革措施涵盖了对罪犯的分类管理和分类教育理念，既从横向对罪犯分类，以解决不同犯罪性质的罪犯混合关押期间的交叉感染问题，又从纵向对罪犯分级，以解决同一犯罪性质罪犯之间的深度感染问题。

（四）对罪犯的计分考核管理

罪犯考核制度是我国监狱根据罪犯在服刑期间的表现，定期给予评价的制度。这是一种科学的管理制度，考核方法和标准在该制度中是至关重要的。科学合理的考核办法和标准促进行刑工作的发展。

自20世纪80年代中期开始，监狱逐渐对罪犯考核制度引起重视。在经过一段时间的实践和考察后，1990年8月，司法部下发了《司法部关于计分考核奖罚罪犯的规定》（司发〔1990〕158号），明确并规范了监狱

---

❶ 滕满、戴卫平、冯德慧:《新形势下我国罪犯分类制度的完善》,《中国司法》2011年第4期，第49页。

对罪犯考核工作的相关问题。按照该规定的内容，我国劳动改造干警对罪犯的考核实行"日记载、周评议、月公布"制度，考核的内容分为两大部分：思想改造和劳动改造。●考核工作自下而上均由相关人员和机构负责。考核的具体程序为：由监狱基层单位（劳动改造单位大队、中队或者监区）的考核评审组根据罪犯的服刑表现对罪犯作出考评，然后将考评结果上报狱政科核实、审查。考评结果经狱政科审核后如无异议，该项工作就已完成。如对罪犯考核结果出现异议，或者考评工作涉及重大问题的，则由监狱成立的考核领导小组进行处理。监狱考核机构对每一罪犯所作出的月考核结果应当接受罪犯监督，做到有疑问必处理、必答复。考核结果直接影响罪犯的行政奖罚和罪犯在监狱中的处遇，考核结果较好的罪犯会受到表扬、获得记功称号等，他们在监狱中的活动范围、通信接见、生活待遇等方面待遇也会较好。

《司法部关于计分考核奖罚罪犯的规定》的实施极大调动了罪犯改造的积极性，促进罪犯遵守监规、积极劳动，保障了监管秩序的稳定，但是在实践过程中也产生了一些负面效果。从计分考核的内容看，虽然思想改造方面的分值略高于劳动改造方面的分值，但是仔细分析并结合多年的实践来看，思想改造方面的考核标准和依据较为表面化。换言之，我们无法从罪犯在监狱遵守监规、文明礼貌的外在表现看出其内心深处的思想是否已被改造，甚至我们也无法从其积极参加思想、道德、法律学习，取得较高考试成绩的事实中看出其思想改造的真实情况。正是基于这样的原因，绝大多数罪犯都能在思想改造方面拿到高分，罪犯之间的思想改造分值差

---

❶ 《司法部关于计分考核奖罚罪犯的规定》第6条、第7条规定：思想改造满分为55分，劳动改造满分为45分，两项满分为100分。对思想方面的考核内容主要包括：认罪悔罪的态度；认真学法、自觉改造世界观的表现；服从管教，严格遵守监规纪律的表现；讲究卫生，讲究文明礼貌的表现；积极参加政治、文化、技术学习，学习态度端正，考核成绩合格。对劳动方面的考核内容：罪犯在服刑改造期间，积极劳动，服从调配，按时完成规定的生产指标和劳动定额；重视劳动质量，严格遵守操作规程，产品符合标准要求，次品、废品率不超过规定指标；物质消耗不超过规定指标，注意修旧利废和增产节约；遵守劳动纪律和安全生产规定，未发生生产事故，爱护劳动工具，保持劳动环境整洁卫生。

距不大，不能客观、合理地评价罪犯思想改造的情况。劳动的评分标准是有形的，实实在在的。在考核分值上真正产生差距的是劳动分值，因此，在表扬、记功，甚至减刑、假释的鼓励下，该考核制度的负面效果是罪犯在服刑期间重视劳动生产，忽视思想改造。

（五）监狱布局初步调整

监狱布局是监狱存在的物化表现形态之一，是监狱作为国家机器重要组成部分的物质载体，是履行刑罚执行职能的物质保障和必要条件。❶ 我国监狱基本布局是新中国成立初期考虑当时的国情，借鉴苏联监狱布局模式的基础上构建的，形成了在偏远、荒凉的山区、湖边建立的新监狱和在城市接收改造国民党时期残留下来的老监狱并存的布局。这一监狱布局在当时具有极强的针对性和现实性，满足了新中国成立初期维护新生政权稳定的需要。在国家困难时期，监狱不靠国家财政，通过组织罪犯生产实现自力更生、自给自足。不可否认，这是新中国初创时期广大劳动改造干警艰苦创业的成果。

在 20 世纪 80 年代初，随着我国改革开放的深入，经济得到持续发展，社会变化显著，人们的生活和需求呈现出多样化。新中国成立初期奠定的监狱布局与社会的发展之间开始出现矛盾，且越来越显著。矛盾产生的主要原因是大多数监狱都位于条件较为恶劣的边远地区，矛盾带来的弊端就是：监狱与城市距离较远、交通不便、信息闭塞、监管条件简陋；罪犯在狱中难以接受与社会同步发展的信息，监狱也难以开展社会帮教等改造工作；远离社会的监狱驻地监舍条件较差，危及监狱警察、职工和罪犯的安全，不利于监狱的安全稳定；远离社会的监狱也给劳动改造干警的生活带来不便，影响到干警子女、家属的就学、就业问题。

面对监狱布局带来的弊端，我国监狱从 20 世纪 80 年代中期开始对监

---

❶　万益文、周倩：《我国监狱布局调整的由来、演进及发展趋势》，《中国司法》2008 年第 10 期，第 59 页。

狱布局进行调整。❶ 这一阶段监狱布局调整的特点是：所需资金基本不靠财政，以自筹和银行贷款为主；布局调整侧重于发展监狱生产，体现为先建厂房再建监房，通过发展生产来维持监狱运行和筹措布局资金。这一做法，一方面，减轻了国家财政的压力；另一方面，加大了监狱生产的压力，监狱生产的功能被过度放大。

在广大劳动改造干警的努力下，此次监狱布局调整取得一定的成效：压缩监狱数量，扩大监狱规模；监狱由边远地区和欠发达地区向大中城市和经济发达地区转移；服刑罪犯由在狱外从事生产劳动转向在狱内进行劳动改造；监狱由自行解决内部子女就业问题转向内部子女到社会就业。应该说，此次调整属于监狱自发性、探索性的局部调整，体现了广大劳动改造干警一贯以来艰苦奋斗的工作作风和极强的工作创造力，实现了改善监狱行刑环境的效果，积累了许多监狱布局调整的宝贵经验和教训，为全国监狱布局调整的正式启动奠定了良好的基础。此次布局调整中过度强调监狱经济，导致在监狱行刑中生产和改造的关系被一度打乱的做法也为后续的监狱工作提出了警示。

五、劳动改革干警在改革开放初期的工作经验和显著成果

"文化大革命"以后至 20 世纪 90 年代初是我国劳动改革干警成长和发展的关键时期，是行刑活动向法治方向发展的起步阶段。在这个时期，国家已认识到依法行刑的重要性，有关监狱行刑的法律正处于制定并逐步颁布的过程中。我国劳动改造干警的工作实践既没有固守传统，也未盲目排外，而是在实践中推陈出新，不断摸索。劳动改造干警的行刑工作在不断探索过程中向前发展。也就是在这个阶段，劳动改造干警养成了对行刑实践进行理论反思和提升的优良习惯，为我国监狱立法做好了理论和实务探索，为今后行刑工作的开展提供了坚实的基础。我国监狱行刑工作在这一

---

❶　大规模地进行监狱布局调整是从 20 世纪 90 年代初开始的。

阶段实现了根本转变。❶ 当然，此期间监狱工作也出现了一些徘徊，甚至是一些教训，在处理对罪犯改造教育和监狱生产之间的关系过程中留下了正反两方面的经验。

（一）"改造第一，生产第二"方针的明确和实践探索

"文化大革命"期间阶级斗争被过度强调，劳动改造干警在行刑过程中过于重视刑罚的惩罚功能。"文化大革命"结束后，我国于 1981 年 8 月召开了第八次全国劳动改造工作会议。该会议旗帜鲜明地提出了新的历史时期劳动改造干警要在工作中坚持"改造第一，生产第二"的方针，明确了监狱生产和改造罪犯之间的关系。该劳动改造工作方针具有极强的科学性，是将马克思列宁主义的基本原理同我国劳动改造工作的实际情况相结合而提出并确定下来的，符合社会主义刑罚目的。这一方针既不是权宜之计，也不是劳动改造工作中某项具体要求，而是带有全局性、方向性的劳动改造工作总方针。坚持这一方针，是推动开展具有中国特色的社会主义劳动改造工作的根本保障和基本原则，是指引社会主义初级阶段劳动改造工作方向的方针和政策。这个方针的提出在当时有其积极的意义，不仅与我国当时监狱的性质相吻合，也与当时的经济条件和社会条件相适应。与目前我国强调的行刑目的——帮助罪犯顺利再社会化相比，虽有一定的距离，但不可否认该方针在当时的意义和价值。它强调了改造罪犯才是最重要、最根本的任务，也是最艰巨、最复杂的任务。

面对新的历史背景，劳动改造干警通过学习，在思想上明确了新的工作目标和方向，对"改造第一，生产第二"的劳动改造方针有了正确的认识，并在行刑工作中将其具体阐释为：对罪犯劳动改造的目的是将其改造成为新人，监狱在改造罪犯过程中需要通过劳动改造与教育改造的手段；

---

❶ 在执法上，由法制不完备向法制完备转变；在改造上，由以改造历史反革命犯为主，转变为以改造青年刑事犯为主；在行刑方式上，由封闭性向社会逐步开放转变；在生产上，由产品经济向商品经济转变。

改造和生产之间是有主次和先后的，即改造人的任务是放在主要地位的；劳动改造机关在对罪犯实施惩罚和改造中强调"改造第一"，就是强调罪犯的主体资格，杜绝打骂、体罚和虐待罪犯。方针的正确理解有助于劳动改造干警从新思想上厘清"改造"与"生产"孰轻孰重的问题，为正确处理劳动改造工作中"改造"与"生产"的关系打下了基础。

进入改革开放的历史新时期，我国劳动改造工作面临许多新情况、新问题，"改造第一，生产第二"方针的践行并非一帆风顺。监狱的生产实践在改革开放政策的激励下，逐步转变了传统陈旧的经营思想、观念、方式，改革了原有劳动改造体制。很多劳动改造企业的经济状况由此出现了转机，摆脱了困境。劳动改造单位普遍推行改造、生产双承包责任制（以下简称双包），显示出一定的积极意义，但同时出现了改造罪犯目的性不够突出的问题。双包中生产指标基本上是以完成经济任务为前提而制定的，而罪犯的劳动态度，劳动纪律，劳动的自觉性、主动性、创造性等没有被置于重要位置；对罪犯的思想改造指标、犯罪心理矫正程度的标准没有受到重视；对诸如认罪率、反改造尖子转化率等体现罪犯思想转化的指标突出的不够。双包中也没有把出狱后重新犯罪率这一衡量改造质量的综合指标列入承包项目。"改造第一，生产第二"的方针在实际工作中成了生产第一，只要生产上去了，改造过程中不跑人、不出大乱子就行。

监狱行刑工作经费得不到国家财政保障，监狱的生产任务普遍过重，加之国家经济向市场经济转化的趋势，一些干警认为劳动改造工作的中心也应当随着国家以经济建设为中心实现转移。在这样的背景下，大多数监狱把生产摆在极为重要的位置，把追求生产利润作为最重要的工作，干警的时间和精力主要用于抓生产。这样的情况影响了改造工作的质量。在这一时期，监狱行刑工作出现了另外值得注意的问题：片面地强调感化教育，忽视刑罚的严肃性和强制性，其结果也是既影响改造质量也影响生产任务的完成。

生产与改造的矛盾是新中国成立以来监狱行刑工作中一直存在的问题，改革开放初期的劳动改造实践积累了大量解决这一矛盾的经验，为后续监狱体制改革提供了丰富的资料。

（二）奠定了对行刑实践理论反思和提升的优良习惯

新中国成立之后，一些从事监狱行刑实践工作的同志和相关理论研究人员结合我国监狱工作实践和劳动改造立法，开展了理论研究，并取得了一些零星的研究成果。党的十一届三中全会后，我国监狱行刑理论研究日益繁荣。一些研究机构先后成立，吸引和培养了一大批研究人员。1984年9月，第一个全国性的劳动改造理论研究机构——司法部"预防犯罪与罪犯研究所"正式成立。随后，劳动改造工作研究所在各省级监狱主管部门也陆续建立起来，部分监狱也成立了相应的研究部门。在行业成立研究机构的同时，各主要政法院校也纷纷设立相关研究机构，在已成立的研究机构当中，中国法学会劳改法学研究会❶是一个全国性、群众性、学术性的社会团体，对劳动改造学的研究和发展起到了积极的作用。1989年以后，中国劳改法学研究会从中国法学会独立出来，注册成立"中国劳改学会"❷。研究机构的设立使劳动改造学的研究得到进一步的发展，开启了学科研究深层次划分，相应地在中国劳改学会下设了各专业委员会❸，各省亦成立了对应的学会委员会。

总之，这些多层次研究团体的组建，支撑和丰富了全国性的研究网络，对组织广大政府部门、院校、监狱以及社会等多种研究力量深入开展对监禁刑行刑的研究起到了积极的作用。随着劳动改造的学术团队和学术人才不断涌现，陆续推出了体现学科前沿水平的研究成果。

为使劳动改造学的研究进一步推进发展，解决劳动改造实践中的具体问题，学界在不断摸索过程中实现了劳动改造学研究与劳动改造业务的紧密联系，努力做到研究结果为实践业务作指导。相关研究因此得到业务部

---

❶ 中国法学会劳改法学研究会于1985年成立，是中国监狱学会的前身。

❷ 中国劳改学会是国家一级学会。

❸ 各专业委员会包括："劳改法学专业委员会""罪犯改造心理学专业委员会""教育改造学专业委员会""劳改学基础理论专业委员会""回归社会学专业委员会"等。

门专列科研经费的资助。在经费的支持下，劳动改造学术研究成果的研讨工作也更加活跃，由行业主导并冠名"学术研讨"的各种会议，如年会、大型研讨会、专题讨论会、小型座谈会等学术活动层出不穷。截至 1990 年 3 月，全国正式出版的劳动改造专业教材、专著、工具书等，共 80 余部，1800 多万字，其中综合性的研究著作 20 部，分支学科教材或专著 54 部，工具书 6 部。中国劳改学会还组织翻译出版国外监狱学者教材和专著 15 部，编辑中外监狱资料约 400 万字。据《中国劳改学研究》一书统计，仅在 1992 年以前，中国劳改学会及其下属各级学会组织开展的活动共 100 多次，参加人数达 1 万多人次，收到论文、调查报告共 5000 多篇，其中 900 多篇在报刊发表，200 多篇获奖。❶ 中国劳改学学术研究成果的大量涌现充实了新中国监狱理论的研究，阐释了劳动改造工作中出现的疑惑问题，总结和提升了我国劳动改造干警的行刑实践。

值得强调的是，这一阶段的学术活动还包括对外学术交流。该活动初期是邀请国外学者专家来华讲学或赴对方国家访问或者是签订学术交流协议，形成学术互访制度；后期的学术交流形式更加多样化，包含院校之间的交流、学术团队之间的交流、学者之间的交流。从对外交流的范围看，这一时期，我国学者对国外劳动改造学的研究和学习也不再局限于苏联，他们开始对西方的监狱学，尤其是英美矫正主义思潮加以关注和进行探讨。对外学术交流提升和丰富了学科的品质，可以说，这一阶段的学术活动在我国劳动改造学历史上经历了一段空前繁荣。

总之，劳动改造法学研究会成立后的十余年，具有一定理论素养的劳动改造干警也参与了研究工作，形成了大量的论文、著作、工具书等成果，提高了劳动改造干警的理性思维能力、理论研究水平，推动了监狱行刑工作的改革与发展。在监狱系统内初步形成了研究理论、运用理论的良好氛围。这是劳动改造干警队伍的一大亮点，这一优良传统一直保持

---

❶　劳改专业教材编辑部《中国劳动改造学》编写组编《中国劳改学研究》，社会科学文献出版社，1992，第 47 页。

至今。

（三）开展了对劳动改造工作的理论探索和立法准备

我国劳动改造干警在中国共产党的领导下对行刑实践的摸索和理论探索为我国监狱立法奠定了基础。1986 年 3 月，司法部劳动改造法起草工作小组的成立标志着具有中国特色的监狱法治化立法工作已经启动。

1986—1994 年是我国为制定监狱法而展开准备工作的时期。劳动改造立法问题成为当时刑事法学、劳动改造学理论界重点研究的问题之一。很多理论工作者对立法必要性、监狱体制、监狱法原则、制度等内容进行了探讨，产生了很多具有立法借鉴价值的成果。

学术会议的召开促进了劳动改造立法工作的进程。1986 年 11 月，中国法学会劳改法学研究会在北京举行了首届学术年会，会议的主题是制定具有中国特色的社会主义劳动改造法典。年会吸引了众多学者、监狱工作者，他们纷纷发表对立法工作、立法内容的意见和建议。在这次学术年会成果的基础上，中国法学会劳改法学研究会撰写了我国劳动改造立法的建议，初步构建了劳动改造立法的框架，并将建议文稿向全国人大法工委、中央政法委员会和国务院法制局上报。

除了学术界外，实务部门也积极开展立法工作的准备工作。为实现劳动改造工作重点的转移，1989 年 7 月，司法部在上海召开全国监管改造工作会议。会议提出干警全员参与改造，监管工作法制化的具体思路，交流了一些成功的经验。

为落实在上海召开的监管工作会议精神，各类单行的监狱法律法规陆续出台，为监狱法的制定做了坚实的铺垫。例如，在司法解释方面，自1987 年 7 月至 1991 年 10 月最高人民检察院、最高人民法院、公安部先后共同或各自颁布了相关的规定；❶ 在部委规章方面，司法部自 1987 年 3 月至 1992 年 4 月颁布了若干相关规定。❷

劳动改造法起草工作小组成立后，立法工作者一方面在全国监狱开展广泛调研工作，另一方面收集大量国内外监狱资料，为劳动改造法律的制定做好准备工作。继 1986 年 12 月第一稿立法送审稿后，立法起草工作小组先后修改了 17 稿《中华人民共和国监管改造罪犯法》。该法律草案经国务院法制局更名为《中华人民共和国监狱法》（以下简称《监狱法》），并于 1994 年 12 月 29 日经全国人大常委会通过并由国家主席在当天公布施行。《监狱法》的颁布实施是我国监狱史上一项重大的事件，凝聚了广大监狱工作者和理论工作者的心血。

六、结语

1966—1976 年，历经"文化大革命"，新中国劳动改造工作遭到了严重的破坏，蒙受了巨大的损失。反革命集团否定、污蔑了新中国成立 17 年以来的劳动改造工作方针、政策和伟大成就，在"砸烂公检法"的反动口号下，大批劳动改造单位和劳动改造领导机关被关闭，大批骨干力量被调离和下放。由于毛泽东、周恩来等老一辈无产阶级革命家对劳动改造工作的纠正，以及广大劳动改造干警对林彪、江青反革命集团的破坏进行

---

❶ 1987 年 7 月，最高人民检察院颁发了《人民检察院劳改检察工作细则（试行）》（〔87〕高检发〔三〕字 17 号）；1990 年 12 月，最高人民检察院、司法部、公安部联合印发了《罪犯保外就医执行办法》（司发〔1990〕247 号）；1991 年 10 月，最高人民法院印发了《最高人民法院关于办理减刑、假释案件具体应用法律若干问题的规定》（法〔刑二〕发〔1991〕28 号）。

❷ 1987 年 3 月司法部颁发了《犯罪少年守则（试行）》（〔87〕司发劳改字第 054 号），1989 年 10 月司法部第 5 号令发布了《司法部关于加强监管改造工作的若干规定》，1990 年 8 月司法部印发了《司法部关于计分考核奖罚罪犯的规定》（司发〔1990〕158 号），1990 年 11 月司法部第 11 号令和第 12 号令发布《监管改造环境规范》和《罪犯改造行为规范》，1991 年 9 月司法部第 17 号令发布了《劳改劳教工作干警行为准则》，1991 年 7 月司法部发布了《司法部关于劳改单位接待外宾的规定》（司发〔1991〕067 号）等。

斗争、抵制，劳动改造工作在巨大的浩劫中仍为特殊时期的国家稳定和建设发挥了重要的作用。广大劳动改造干警在这场巨大的政治运动冲击面前，表现出了鲜明的立场、坚定的信念。他们在十分艰难的条件下，坚守岗位、抵制逆流，努力保持监狱、劳动改造场所的秩序稳定，在生产方面也作出了一定的贡献，体现了高度的责任感和事业心。"文化大革命"结束后，广大的劳动改造干警积极响应中央号召，投入到恢复重建监狱的行列，努力学习，转变思想，继续发扬老一辈劳动改造干警吃苦耐劳的作风，使监狱体制和组织结构很快恢复到了"文化大革命"前的状态，使监狱尽快再次发挥"社会安全阀"的功能。随后，他们在肃清错误思想，完善制度的基础上，在改革开放的过程中，积极探索改造罪犯的措施手段。在探索中，由于当时社会同时并存"文化大革命"期间遗留下来的"左"倾主义思想和改革开放以经济建设为中心的思想，很多干警在惩罚罪犯和改造罪犯、监狱生产和教育改造罪犯面前产生了疑虑和徘徊。有些监狱甚至出现了监狱领导所持的思想和观念决定行刑工作与方向的情况。

这是一个特殊的历史时期，劳动改造干警需要在思想上尽快从"文化大革命"的极"左"的倾向中走出来，适应改革开放的时代潮流；在工作中他们需要探索正确处理生产和改造之间矛盾的解决路径。广大劳动改造干警在特殊的历史时期，不辱使命，克服了思想上的困惑和实践中的困难，在摸索中担负起了执行刑罚的重任，展现了劳动改造干警一贯的风骨。

第三节　新时期的监狱官

在积累了四十多年的监狱实践，经过了长期理论探索的基础上，1994年，我国第一部监狱法典——《监狱法》，经第八届全国人大常委会第十一次会议讨论通过。该法的颁布和实施标志着我国监狱工作向法治化建设推进，意味着建设有中国特色社会主义监狱制度取得了长足的进步。《监狱法》通过明确监狱管理人员的名称——监狱人民警察和规定监狱人民警察在行刑中的权力，不仅提升了我国监狱管理人员的行刑主体地位，还提高了他们的履职保障。

《监狱法》颁布实施后不久，《中华人民共和国人民警察法》（以下简称《人民警察法》）经全国人大常委会通过。该法明确规定了人民警察序列包括监狱、劳动教养管理机关中的司法警察。自此，监狱人民警察（以下简称监狱警察）是我国新时期监狱官的法定的、规范的称谓。

一、新时期我国监狱行刑理念的冲突

随着我国社会的发展和改革开放的深入，社会经济发生了巨大的变化。一方面，社会主义市场经济制度已基本建成；另一方面，经济体制仍然未彻底完成转型，且我国东西部社会经济发展严重不平衡。这样的经济发展现状使人们的思想意识发生变化。监狱警察的行刑理念❶在发生转变的同时也呈现出不平衡性，并产生了新旧行刑理念的冲突。

（一）监狱行刑理念在监狱属性问题上的冲突

自新中国成立以来，在我国传统行刑理念中，监狱被定位为阶级统治工具和国家暴力机器，对罪犯执行监禁刑就是对他们实行专政。监狱对罪犯进行惩罚就是实行专政，否认罪犯的公民权利，强调罪犯接受改造的义务。针对这一滞后的理念，监狱系统在改革开放初期开展了转变思想的培训和教育活动，然而由于监狱警察对此接纳的程度有所不同，旧的行刑理

---

❶　监狱警察的行刑理念是监狱刑罚执行制度和实践所蕴含的内在精神、最高原理，它体现了立法者和司法者对监狱行刑的本质、根本原则及其运作规律的理性认知和整体结构的把握，以及在此基础上形成的价值判断和价值取向，对监狱行刑的实践起着指引和引导作用。

念未能在监狱警察队伍中被完全摒弃。

在监狱行刑工作不断向前推进的过程中，新的有关监狱属性的理念逐渐被一些监狱警察所接受。这些监狱警察在认同监狱是国家惩罚犯罪的暴力机器的同时，也看到了监狱自身的价值基础，认为监狱是价值理性与工具理性的综合体，❶ 是实现社会管理的机构。随着我国社会的发展，人民当家作主的意愿越来越凸显在国家制度的建设上，监狱也应该逐渐地从国家意志的具体体现向最广大人民意志的具体体现转变。❷ 这两种理念相互冲突且并存，使行刑活动在传统和现代理念之间徘徊。

（二）新旧行刑理念在监狱行刑方式问题上的冲突

传统的行刑理念主张封闭的行刑方式，认为把对抗统治阶级、对抗社会的犯罪人关押进监狱，通过监狱实现罪犯与社会的隔离，最终达到剥夺其犯罪能力和预防犯罪的目的。这一认识在监禁刑形成之初体现出进步性，但在现代社会，其滞后性是明显的。封闭的行刑至今还是我国主要的监狱行刑的方式，在长期的行刑实践中已日渐暴露出行刑悖论。❸ 与传统的封闭行刑思想不同的是行刑社会化理念。该理念主张监狱行刑是以为社会输出合格公民为宗旨，行刑时应根据罪犯的人身危险性大小，尽量使罪犯在社会环境或与社会环境接近的环境服刑，努力做到尊重受刑人的尊严，满足受刑人未被剥夺的权利，强化受刑人的社会化能力。从 20 世纪末开始，行刑社会化理念逐渐被一些监狱警察所接受，并逐步向行刑实践领域传播和尝试。在这一过程中，虽出现了一些措施上的反复和思想上的困惑，但实践中证明了行刑社会化理念的科学性。

---

❶ 张绍彦：《中国监狱改革论略》，《北京市政法管理干部学院学报》2001 年第 2 期，第 8 页。

❷ 高文：《未来十年我们打造什么样的监狱》，《犯罪与改造研究》2003 年第 1 期，第 42 页。

❸ 行刑悖论指封闭的行刑方式与社会化行刑目的之间的矛盾。

（三）新旧行刑理念在监狱行刑目的问题上的冲突

　　传统行刑理念认为监狱行刑目的之一是惩罚罪犯，使其因恐惧行刑严厉而不敢再犯罪，并因此恐吓未犯罪的人。这是刑罚报应论的思想，目前尚有一些监狱警察仍持这一观点。人类长期的监禁刑行刑历史证明了以恶制恶和简单的惩罚并不能达到改造罪犯的目的，不利于社会控制犯罪。在刑罚理论研究成果的影响和我国法治建设的推进下，一些监狱警察对行刑目的的认识发生了改变。他们认识到，行刑的目的在于预防和控制犯罪，罪犯作为公民在其刑满释放后应该成为一名合格的公民，具备社会化应有的能力，因此，在监狱行刑时应以矫正罪犯的思想和行为为出发点，尊重罪犯人格，保障罪犯应有的权利。

　　"从一定意义上说，一定的刑罚反映了人类对待犯罪取得的一定文化的态度，其中凝结着或者从一个侧面体征着人类的思维模式、价值模式和审美模式。"❶ 在我国现阶段，思想文化意识处于一个混合型阶段。既受封建儒学传统文化影响，又受外来文化影响。这对监狱行刑理念的变化产生了影响。我国的司法部门和专家学者逐渐认识到旧的行刑思想在新的市场经济条件下存在缺陷与不足，并对如何在社会主义市场经济体制条件下，树立符合我国国情的行刑理念进行了思考和研究。目前，我国监狱行刑理念具有一定的层次性和多元性。公平正义是我国监狱行刑所追求的最终价值目标，为实现这一目标需秉承平等对待罪犯，依法行刑，科学、文明行刑的理念。这三个理念是公平正义价值目标的具体体现，是具体的行刑理念。这样的理念与刑罚文明发展的趋向相符合，与《监狱法》所规定的行刑目的相吻合，也与我国法治监狱的建设相契合。然而在实践中，对这一理念的落实却因社会发展的不平衡、监狱警察对该理念接受程度的不同等而体现出参差不一的状况。

---

❶　许发民：《论社会文化对刑罚的影响》，《中国法学》2002 年 1 期，第 161 页。

二、监狱警察的组织机构和队伍发展状况

（一）监狱警察组织机构

　　监狱警察组织机构是监狱机关行使职能的组织基础，是根据行政管理的原则，为实现刑罚执行的职能，满足监狱警察履行职务之需要而建立起来的完整且严密的体系。随着刑罚执行的文明和进步，我国监狱警察组织机构也日趋完善。在监狱现代化建设时期，我国监狱组织机构设置的格局已成熟，除保持八劳会议后形成的从中央到省两级管理组织格局之外，还调整、细化了各级监狱管理机构内部处（科）室、监狱基层单位以及领导岗位的设置。

　　司法部监狱管理局内设办公室、政治部、纪委和相关的业务处室❶，设局长、政委、副局长、纪委书记、政治部主任以及各业务处室处长和副处长等领导岗位。省级监狱管理局内设处室和领导岗位的情况与司法部监狱管理局的情况基本相同。有所不同的是，为方便协调工作，各省司法厅厅长兼任监狱管理局第一政委，监狱管理局局长兼任司法厅副厅长。

　　地方监狱根据服刑罪犯的刑期、数量以及规模等实际情况，设置与司法部、省监狱管理局相对应却更为具体的业务部门。一般来说，监狱下设的机构可分为机关科室、一线实战单位两个部分，两者均为正科级建制。机关科室基本对应于监狱管理局内设的部门，一般由办公室、政治处、组织人事科、宣传教育科、纪委监察室、工会、团委以及相关业务部门❷组成。随着监企分开政策的落实，很多监狱设立了专门的生产部门：生产经济管理部门，并在该部门下设综合部、财务投资部、生产技术部、销售部。

---

❶　业务处室主要包括：监狱规划处、刑罚执行处、狱政管理处、研究处、教育改造处、生活卫生处、生产指导处、财务处、科技处等业务部门。

❷　业务部门主要包括：刑罚执行科、狱政管理科、教育改造科、生活卫生科、刑务劳动作业科、安全生产监督科、老干部科、财务科、审计科等。

一线实战单位根据服刑罪犯人数及需要设置监区。监区是监狱最基层的单位，是对罪犯进行教育改造的前沿阵地。监区的职责主要集中在三个方面：负责服刑者的监管改造与矫治，这是监区最为核心的工作；负责组织服刑罪犯从事生产劳动；负责对监区警察和其他工作人员的日常管理和教育工作，确保监狱警察队伍的发展和稳定。监区的领导岗位有监区长、教导员、副监区长、副教导员。每个监区都设有党支部，党支部书记由监区长或者教导员担任，是监区一把手。由于监管任务繁重，每个监区曾下设若干分监区，直接管理服刑者、组织服刑者从事劳动生产。这种做法随着监狱实行监狱和监区二级管理体制而改变，原来的分监区一律升格为监区。根据关押服刑罪犯或者工作侧重点不同，监狱将监区划分为入监监区❶、出监监区❷、后勤监区❸、医院监区❹、高危监区❺、老残监区❻、重刑犯监区、轻刑犯监区等。

监狱组织作为对监狱工作作出指导、实行系统指挥的集合体，是监狱秩序得以产生的基础条件，❼也是对监狱警察队伍进行管理的组织机构。监狱系统从中央到地方形成一个由不同层级组成的组织体系，每一层级又都自成系统、相对独立。在监狱系统内实行自上而下的管理模式，上下级监狱组织之间属于领导与被领导的关系。司法部管理和领导省级监狱管理局，省级监狱管理局领导地方监狱，各地方监狱领导其内设监区并在单位级别上平行于地方政府。这是监狱系统组织管理机构的基本设置情况。此外，监狱系统组织管理机构的设置也有一些特殊的情形。个别市属监狱，如青岛、深圳、佛山监狱受地级市司法局和省监狱管理局双重领导。此

---

❶ 负责对新入监服刑者进行管理教育。
❷ 负责对即将刑满的服刑者进行出监教育。
❸ 负责服刑者的伙食供应、生活后勤服务等。
❹ 负责对有病的服刑者进行诊断与治疗。
❺ 与曾出现的"严管队"相似，负责对高度危险服刑者进行管控和教育。
❻ 主要关押老弱病残服刑者等。
❼ 宋立军：《超越高墙的秩序——记录监狱生活的民族志》，博士学位论文，中央民族大学，2010，第39页。

外，在我国还有两所部属监狱——秦城监狱和燕城监狱分别直属公安部和司法部领导。

总之，监狱警察组织机制是在坚持党的绝对领导之下，实行中央和地方双重领导，监狱机关内部实行党委领导下的行政首长负责制。监狱内部由党委体系和行政体系两套领导体系组成。在落实监企分开政策的过程中，监狱还有第三套领导体系，即企业体系。这三套体系实际上是一套人马。自上而下的监狱人民警察组织机制在合理分工、相互配合的前提下对监狱人民警察的政治素养、业务能力的培养和提升方面起到了积极的领导和督促作用。

（二）监狱警察队伍发展状况

现阶段，监狱警察主要由三个部分组成：一是，司法部、各省级监狱管理机关中从事监狱管理工作的公务员；二是，监狱、未成年犯管教所中承担教育改造服刑罪犯的公务员；三是，各类监狱科研和教育机构的研究人员和教学人员。与原来相比，监狱警察的来源较为广泛，且素质普遍提高。不断壮大的监狱警察队伍逐步实现了队伍的专业化和年轻化。

1. 监狱警察履职环境和条件明显改善

《监狱法》颁布以后，全国监狱从深入落实布局调整入手，进一步解决监狱过于封闭化和监狱警察工作条件艰苦的问题。据司法部统计，至2011年底，全国共新建、迁建、改扩建监狱570个。❶从数据上看，我国已有90%以上的监狱基本位于或者靠近大中城市、城镇和主要交通沿线，解决了监狱由于远离城市，不利于对服刑罪犯进行社会化改造的问题。在监狱布局调整过程中，各地加快了监狱信息化建设的步伐，监狱的安全防范设施、教育设施、矫正设施都得到很大的改进，改善了监狱警察的工作环境和条件。

---

❶ 张维炜：《推进监狱法修改正当其时——访全国人大内务司法委员会主任委员黄镇东》，《中国人大》2012年第12期，第19页。

2. 监狱警察待遇得到保障

自新中国成立以来的很长一段时间内，国家经济实力较弱，难以保障监狱经费。我国监狱在完成监禁刑执行任务的同时还需要自行解决监狱警察的工资、罪犯在监狱的生活费用等经费问题。这样的状况导致了我国监狱长期以来监企不分，刑罚执行职能异化。对此，《监狱法》明确了国家保障监狱改造罪犯所需经费的问题，为监狱警察专注于行刑工作、改善监狱警察待遇提供了法律依据。1995 年国务院发布《国务院关于进一步加强监狱管理和劳动教养工作的通知》（国发〔1995〕4 号），落实了监狱警察的工资和罪犯在服刑期间生活费用的财政保障问题。自此，监狱经费的财政保障逐步得到解决。2011 年全国监狱系统财政拨款总额比 2002 年增长 240% 左右，财政拨款占监狱经费支出的比重已达到 87.9%。❶2013 年，全国监狱系统财政拨款占监狱支出的比重达到 91%。❷

在监狱经费逐步得到财政保障的条件下，监狱着手梳理监管改造和生产经营之间的关系，开启了监企分开的探索之路，实施监狱执法经费支出与监狱企业生产收入分别核算的管理办法；认真落实了监狱警察的津贴和补贴，❸ 保障了监狱警察的劳动报酬，充分调动了他们的工作积极性；加大优待监狱警察的工作力度，关心监狱警察的家属和子女，力所能及地安排待业家属的工作、子女在社会的入学和就业等问题。至此，国家解决了监狱警察的后顾之忧。

3. 监狱警察队伍向专业化方向发展

在传统的监狱体制下，监狱警察身兼教育改造罪犯、组织管理生产等职责，很难对他们开展专业化的管理、教育、培训，队伍整体素质提升缓慢。自《监狱法》施行以后，近 30 年的时间里，监狱系统通过开展多形式、多渠道的教育培训，使监狱警察队伍的专业化建设取得较好成效。

---

❶ 陆强：《深入推进监狱体制改革的思路》，《中国财政》2015 年 10 期，第 40 页。
❷ 黄勇峰：《〈监狱法〉对监狱民警队伍建设的促进及完善建议》，《犯罪与改造研究》2014年第 7 期，第 11 页。
❸ 津贴和补贴指值勤岗位津贴、超时工作补助、法定工作日之外加班补贴等。

　　该阶段对监狱警察的培训是多样化的。按照对象不同，培训分为分类培训和整体培训。分类培训是按年龄、职务以及所从事工作性质的不同而采取不同的培训活动，常见的有对青年警察、监狱中层干部、监狱长培训以及对从事政治宣传工作者、教育矫正者的培训等。整体培训就是对全体监狱警察进行的培训，一般包括对当前刑事政策和法律的教育和培训，这类培训通常由监狱自行组织。除此之外，按照培训方式不同，对监狱警察的培训有在线学习培训、脱岗短中期培训等方式；按照培训内容不同，对监狱警察的培训有思想政治培训、业务能力培训等；此外，教育培训还包括初任培训、任职培训、专业培训、更新知识培训。有针对性的教育培训取得了较好的成效。据统计，在《监狱法》颁布实施后的 10 年内，全国监狱警察基本实现了 3 年轮训 1 次；自 2002 年至 2007 年，司法部及各地每年组织的各类专业性教育培训活动年平均达 1.5 万多期（次），每年平均有 30 余万人次接受各类专业培训。❶ 随着法治监狱建设的需要，培训工作呈不断强化的趋势，拓宽了监狱警察教育矫正的视野，提升了监狱警察教育改造罪犯的水平。

　　4. 监狱警察政治素质不断提高

　　随着改革开放和社会主义市场经济建设的深入开展，一些国外的资本主义思想传入国内，市场经济的负面影响逐步出现，不同程度地动摇了部分监狱警察的社会主义理想信念，在监狱警察队伍中出现了管理松弛、权力寻租的情况。为纠正此种不良现象，推进依法治监，司法部首先制定和完善了有关刑罚执行制度，颁布了相关工作的法规和规范性文件。其次，为贯彻落实相关法规和规范性文件，监狱系统加强执法规范化建设，加强法治教育，强化培养监狱人民警察依法治监所需的法治思维、法治人格以及职业操守。最后，监狱系统加大和强化了执法公开化和执法监督的力度，对监狱警察政治素养的提高起到了督促的作用。得当的措施使监狱警

---

❶ 柴黎、袁定波：《全国监狱民警"大专以上"过 85% 每年 30 余万人次接受各类专业培训》，http://news.sohu.com/20071227/n254327639.shtml，访问日期：2018 年 3 月 5 日。

察政治素质不断提升，监狱执法公信力进一步提高。

三、监狱警察的行刑实践活动

（一）监狱文化建设

改革开放后，我国监狱工作逐渐摆脱报应行刑的理念，开始探索新的改造罪犯的思路。此时正值国内掀起一股文化讨论热潮，人们认为社会的发展不能只局限于政治层面，而是应该在文化层面上思考更多的问题、解决更多的问题。在这种文化思潮的影响下，监狱文化特别是监区文化的理论和实践探索开始兴起。为使监区文化建设有章可循，2003 年 6 月 13 日，司法部颁布了《监狱教育改造工作规定》（司法部令第 79 号），规范了监区文化制度，促进了监狱文化建设的发展。这一时期，我国监狱文化建设工作的开展遵循实践—理论—实践的路径。

2007 年 8 月，中国政法大学和天津市监狱共同举办了"监狱文化与矫正论坛"。各大学专家教授，北京、上海、天津、辽宁、河北等地监狱管理局和监狱等单位派出代表参加此次论坛，多家媒体争先到会报道。与会国内外专家和监狱工作者从监狱文化和罪犯矫正的基本理论入手，探讨加强监狱文化建设、提高监狱警察执法能力的路径，取得了喜人的成果。

紧接着，广东省监狱学会、广东省珠江文化研究会在广东省佛山市举办"2008 文化与监狱论坛"。会议重点介绍山东省鲁南监狱、广东省东莞监狱、佛山监狱等监狱文化建设的探索过程和成果；分析海峡两岸在监狱文化建设方面的异同；探讨监狱文化建设落到实处，促进服刑罪犯的人权保障、明确新时期的监狱职能以及提高监狱警察队伍的素质等的思路和方法，进一步推进了监狱文化建设的研究深度。

江苏省监狱局大力提倡并组织监狱警察研究监狱文化，并出版研究成果——《监狱文化论》。该书从监狱学基本理论出发，探讨监狱制度文化和建立在制度文化上的监狱思想文化，丰富了监狱学理论中有关监狱文化的内容。❶该书提出监狱的"人文主义"概念和价值追求，认为"人文主义"的核心点就在于以人为本、保障人权；监狱中的罪犯也是"人"，只不过是暂时走上了歧途的"人"，而其在改造完成后也是要走向社会的人，社会不能、更不应该抛弃这一特殊人群。

在监狱文化建设中，我国的监狱警察和一些理论工作者经过理论和实践探索得出共识：监狱文化是一种科学的、不断发展的文化，是以人为本的先进的文化。监狱文化建设需要同时关注监狱管理者与决策者的文化和罪犯的改造文化，构建物质、制度和精神文化为一体的监狱文化体系。监狱工作的开展离不开监狱文化的建设。

从全国监狱开展监狱文化建设的情况看，广东省佛山监狱起到了带头作用。佛山监狱从监区文化活动开始，逐步从实践和理论两个角度探索监狱物质文化建设和制度文化建设，最后落脚到精神文化建设。这是一次较为全面的文化建设活动，促使监狱从外在的监舍、配套设施到罪犯的管理、矫正工作都上了一个台阶。

（二）监狱信息化建设

在社会信息技术给各行各业带来便利的同时，也给我国监狱警察提升工作效益、更好实现刑罚目的带来契机。自21世纪初以来，我国监狱警察积极开展信息化建设。司法部于2007年5月发布了《全国监狱信息化建设规划》，为监狱信息化的建设提供了法律依据。

监狱信息化建设的内容包括建设和应用两方面。建设就是要建立一个涵盖信息技术的监狱信息化体系，应用就是将监狱信息化体系运用到各项监狱业务中。建设是基础，应用是目的。我国监狱信息化建设的主要任务

---

❶ 连春亮：《〈监狱文化论〉的人文精神——于爱荣等的"监狱人文五论"解读之一》，《河南司法警官职业学院学报》2012年第1期，第26页。

可概括为："一个平台"❶"一个标准体系"❷"三个信息资源库"❸"十个应用系统"❹。❺监狱信息化建设是电子狱务建设的初级阶段，其重点在于实现办公自动化和现代化。监狱信息化应用是利用信息技术，解决监管、改造犯罪人中存在的实际问题。监狱警察要将电子巡更、视屏监督、电子腕带等各种信息技术手段运用到实际工作中，完善监管改造工作；充分利用信息资源库和业务系统显示的信息和数据，提高对情报研判和预警研判的能力，加强对犯罪人的思想动态的把握，及时发现狱内情况；改善基层信息化办公条件，由计算机执行重复性、事务性工作，提升警务工作效率。监狱信息化的应用要实现全员应用、全岗应用、全业务应用，最终实现行刑目的——帮助罪犯顺利回归社会。

与国外相比，我国的监狱信息化建设和管理起步较晚，受经济发展不平衡因素的影响，信息化建设和管理发展不均衡，但从总体看，监狱机关内部的办公自动化已经实现，目前信息化建设正向建设现代法治监狱的方向努力。

（三）监狱法治化建设

1994 年《监狱法》的颁布施行开启了建设法治监狱的步伐。所谓法治监狱，即基于对公平、正义的信仰，监狱机关在行使职权、履行职责过程中，严格依照法律制度规定进行，各项工作都在法治轨道上有序运行，法治已成为监狱治理根本方式的现实状态。❻法治监狱是中国监狱法治建设

---

❶　"一个平台"，即网络和硬件平台。

❷　"一个标准体系"，即监狱信息化标准体系。

❸　"三个信息资源库"，就是行刑活动所必须依靠的基础信息资源，包括监狱管理信息库、罪犯信息库、警察信息库。

❹　"十个应用系统"是按照行刑工作中不同分工所作的区分，即监狱安全防范和应急指挥系统、监管及执法管理系统、教育改造系统、生活保障及医疗卫生系统、警察管理系统、生产管理与劳动改造系统、监狱建设与保障系统、狱务公开系统、办公自动化系统和决策支持系统。

❺　冯建仓:《信息化与监狱人权保障》,《人权》2013 年第 2 期, 第 50 页。

❻　胡方锐:《法治监狱内涵及建设路径的设定》,《中国司法》2016 年第 1 期, 第 70 页。

的提升，是依法治国理念在监狱工作中的体现。

1. 完善监狱法律体系

监狱法律体系的健全和完善是建设法治监狱的前提与保障。1994 年底，我国颁布实施了《监狱法》。此后，司法部根据监狱管理的实践需要出台了许多规章。2012 年 10 月 26 日，第十一届全国人民代表大会常务委员会第二十九次会议通过了《关于修改〈中华人民共和国监狱法〉的决定》，解决了《监狱法》与其他相关法律之间的衔接问题，加强了对服刑监狱罪犯权利的保障力度。

自 1994 年至今，我国监狱法律体系逐步健全，包括法律、司法解释、司法部部门规章、省级政府规章和制度四个层次。然而不可忽视的是，《监狱法》的可操作性尚待提高，需要通过制定监狱法实施条例、监狱组织条例等法规配套完善；目前中央、省、监狱三级所制定的法律、规章、制度之间的衔接尚存在问题，需要进一步梳理；行刑权力和罪犯权利之间的界限尚有模糊的地带，需要通过立法进一步明确，以解除监狱警察履职的后顾之忧。

2. 健全执法监督和制约机制

对监狱行刑权的监督和制约，既是依法行刑的要求，也是法治监狱建设的必要环节。对此，我国监狱系统从两个方面开展工作：第一，推行狱务公开制度。在我国历史上，监狱行刑历来是神秘的，不为外界所知晓。新中国成立以后，这种情况虽然有所改观，但是人们对行刑信息的掌握和对行刑活动的监督还是很有限的。为了使行刑活动为人们所了解并置于人们的监督之下，监狱推行阳光执法，实施狱务公开。狱务公开的对象是服刑罪犯、罪犯家属和社会。狱务公开的内容是有关行刑的政策和制度。❶ 狱务公开的方法和途径较多：借助信息技术，在监狱的网站公开相关信息；开通举报和监督电话；在监狱设置信息公开栏和监狱长接待制度

---

❶ 公开的行刑政策和制度主要包括：监狱警察的职权和义务、罪犯享有的权利和必须履行的义务、对罪犯执行监禁刑的有关程序规定和对罪犯进行管理的记分考核、奖惩规定等。

等。❶ 第二，探索制度创新，强化行刑监督。监狱执法监督由本系统内部监督和外部监督两部分构成。外部监督除了社会和人民群众的监督外，还包括来自各级党政领导机关、人大、法院、检察院等机构的监督。从我国的情况看，政法委、人大对监狱行刑的监督主要从宏观上进行，监督力度和实效有限。法院对监狱的行刑监督主要通过对减刑、假释的裁决权来实现，监督面相对较窄。检察机关对监狱行刑的监督可以说是较为全面的，在检察机关内部设置专门的监所监督部门，并派员进驻监狱实施行刑监督。自 2000 年以来，检察机关在监督工作上从事后监督逐渐向事前监督转变，为确保监狱正确行刑起到了积极的作用。在这基础上，为了实现更好的监督效果，监狱加强并完善了内部执法监督和制约机制。从监狱科室的设置情况可以看出这一点。监狱曾经在对服刑罪犯管理的工作上只设置了狱政科。狱政科不仅负责对罪犯的计分考核，还承担了对罪犯的行政惩罚、减刑、假释、保外就医等审核、呈报工作。监狱系统以适度分权的思路解决了科室调整的问题，把对行刑中罪犯最为敏感的问题——考核、奖惩以及减刑、假释工作分开，由两个部门来承担。狱政管理部门负责前两项工作，由刑罚执行科负责后两项工作，形成职责明确、互相制约的执法运行体制。此外，监狱也加强了内部纪检监察、财务部门对行刑工作的监督。

　　3. 按照法治的思维实现行刑方式的转变

　　自新中国成立以后很长的一段时间内，我国行刑方式是单向的。监狱警察对罪犯的管理通常表现为单方发号施令，罪犯只有服从的义务。监狱警察在执法过程中具有广泛的自由裁量权，存在侵犯服刑罪犯合法权利的可能性。

---

❶　具体包括：设立狱务公开专栏，公布有关内容；建立监狱长接待罪犯家属日制度；在各监区和会见场所设立监狱长信箱；定期召开与社会各界人士及罪犯家属的座谈会，宣讲行刑政策和法律，听取意见和建议等。

　　监狱、监狱人民警察和其他行刑参与人❶严格依法行事是实现法治监狱的基本要求，而监狱警察具有坚定的法律信仰是实现法治监狱的关键。随着法治监狱建设的深入，监狱警察法治意识日益提升。除法律强制性规定外，监狱警察对涉及罪犯权利的事项、需要裁量的其他事项，逐渐从罪犯权利出发，采用征求罪犯意见、进行协商、做思想工作等方式，作出有利于罪犯改造的决定。在这个过程中，监狱警察越来越多地优先选择心理辅导、情感感化等柔性手段改造罪犯，防止行刑矛盾激化。很多监狱在总结行刑经验的基础上，在法律的框架下，制定行刑规则，监狱行刑的自由裁量性向裁量基准限制性转变。监狱警察为了更好地改造罪犯，努力关注和探索对罪犯实施社会治理的问题，借助社会力量改造罪犯，使监狱在基本价值定位下实现应有的社会效益，凸显监狱的现代功能。

（四）监狱体制改革

　　监狱既是国家的主要行刑机关又是组织管理服刑罪犯进行生产劳动的单位，在社会主义市场经济日益成熟的背景下，监狱的这两种职能存在一定的矛盾，国家需要在监狱的行刑职能和生产职能之间作出调整。

　　对此，我国监狱系统采用以试点先行、积累经验、全面铺开的方略予以应对。2003 年 1 月 31 日，国务院印发了《国务院批转司法部关于监狱体制改革试点工作指导意见的通知》（国函〔2003〕15 号），正式明确了"全额保障、监企分开、收支分开、规范运行"的改革目标，并决定在黑龙江、上海、江西、湖北、重庆、陕西六省市开展改革试点工作，正式拉开了监狱体制改革的序幕。❷2004 年 8 月，国务院将辽宁、吉林、湖南、广西、宁夏、青海、甘肃、海南八个省份增加为体制改革工作的试点省份。试点省份在体制改革工作中根据各自的实际情况因地制宜、努力探

---

❶　其他行刑参与人是指除了作为行刑活动主体的监狱和监狱人民警察之外的直接或间接参与行刑活动的其他机关和个人。

❷　李豫黔：《刑事司法发展与监狱改革》，《中国司法》2007 年第 9 期，第 32 页。

索，积累了丰富的经验。其中，监狱经费得到全额保障是此项改革成功的关键。在总结试点经验的基础上，我国监狱体制改革全面铺开：在省一级监狱管理局组建监狱企业集团公司，作为管理监狱生产的新机构，监狱成立集团公司的子公司，实行监企分开，监狱负责组织罪犯从事生产劳动，监狱企业负责生产和经营的具体问题，实现监狱财政拨款与生产收入收支分开。在监企分开的同时，监狱也逐步将自办的法庭、派出所、中小学等移交给当地有关部门，打破了监狱小社会的封闭格局。

在全国监狱推广了监企分开的体制改革后，监狱和监狱企业的关系初步理顺，监狱警察执法条件得到改善，刑罚执行职能得到进一步强化，行刑工作实现提升。当然，由于我国经济发展的不平衡，至目前为止，尚有监狱存在监企分开不彻底的情况。有些监狱只能做到保障警察经费，服刑罪犯的经费还需监狱企业通过创收获得；有些监狱对监狱警察的奖励性经费也需通过监狱企业创收获得。

（五）进一步调整监狱布局

监狱布局的调整在 20 世纪 80 年代已着手进行，取得一些初步成果。2001 年底，我国监狱系统再次将此问题列入议事日程，召开会议，研究解决监狱布局调整的建设投入不足、狱政设施陈旧以及经费保障等问题，形成了解决问题的具体思路和办法。各省按照布局调整会议的精神，制定监狱布局调整规划方案，经济条件较好的省份在监狱布局调整的投资得到较好的支持。为进一步推进该项工作，2007 年初，经国务院同意，司法部、国家发展和改革委员会、财政部、国土资源部、建设部等五部委印发了《关于进一步推进监狱布局调整工作的意见》（司发通〔2007〕5 号），明确了"布局合理、规模适度、分类科学、功能完善、投资结构合理、管理信息化"❶ 的工作要求，明确布局调整的科学性、规范性，保障资金的投入，强调防止监狱建设的奢华化。可以说，至 2007 年全国监狱布局调整进入顺

---

❶　李豫黔：《刑事司法发展与监狱改革》，《中国司法》2007 年 9 期，第 33 页。

利开展的阶段。❶ 在正确方案的指引下，在资金的支持下，在广大监狱警察的努力下，中国监狱布局调整工作取得较好成效，实现了室外向室内转移、分散向集中转移的目标。监狱执法环境和监狱警察的生活条件进一步得到改善，方便了服刑罪犯家属探视和监狱开展社会帮教。

（六）落实监区标准化建设

监区是监狱组织机构中最为基层的单位，是教育改造罪犯的第一阵地。监区行刑的质量决定狱内监管改造秩序的稳定和服刑罪犯改造的效果。为规范监区警察执法活动，各地监狱落实了监区标准化建设。监区标准化建设是着力提高监区干警执法水平的重要手段之一，是根据有关法律、法规，结合监狱工作实际，将监狱警察必须遵守的执法要求、程序进行统一和规范，严格要求监区警察依法执法、依规办事的举措。

我国监区标准化建设工作大体按以下思路进行。首先，制定规范。监狱系统着手制定完备、系统、便于监狱警察操作的各项规范，简称"三个规范、两个准则"❷。这些规范、准则是开展监区标准化工作的依据。其次，将规范落到实处。这就要求各监区必须严格按照制定的执法规范统一运作，不能各行其是，以确保行刑的统一，维护监狱执法工作的严肃性和权威性。最后，警察直接管理罪犯，杜绝服刑罪犯承担部分管理职责的现象。监区是直接从事狱政管理、教育改造、劳动生产等活动的基本单位。警察直接管理罪犯既能及时了解掌握罪犯中的新情况、新动向，有针对性地进行预防和转化，防止各种事故的发生，又能为上级机关制定政策、进行决策提供丰富真实的依据。落实好警察直接管理罪犯是保证监狱职能得

---

❶　具体体现在完善了全国监狱布局调整总体规划，普遍解决了该项工作中财政支持的问题，落实了减免布局调整项目建设过程中涉及的三项政府性基金和四项行政事业性收费。

❷　"三个规范、两个准则"指的是：《分监区警察执法规范》《三大现场管理规范》《四室规范》和《分监区警察工作日准则》《罪犯改造行为日准则》。其中，《四室规范》指：《警察办公室规范》《监区值班室规范》《罪犯监舍规范》《罪犯活动室规范》；"三大现场"指：劳动改造现场、生活现场和学习现场。

以实现和发挥的重要条件，是监狱工作的路线、方针、政策及法律、法规、制度落到实处的保障。

监区标准化建设的核心就是把警察对服刑罪犯的直接管理工作具体化为监狱警察每天的工作内容。其内容包括罪犯在监狱的每个生活、学习、劳动环节，如起床、洗漱、就餐、早操、出工、学习、劳动、收工、接受心理咨询等。监狱警察对服刑罪犯直接管理具体化为"八亲自"❶"九到现场"❷"四个交清"❸的标准。❹只有这样才能真正将直接管理落到实处，才能有效地维护监管改造秩序的稳定，提高执法质量。监区标准化建设规范了一线警察的执法行为、为开展监狱规范化管理打下了基础。

（七）加强监狱规范化管理

监狱规范化建设是加强和创新监狱管理的一项重要内容。从全国的情况来看，该项工作是按"规范年""深化年"两个阶段开展。"规范年"重点在于对监狱工作的规范，做到原来有规范的进一步完善、原来没有规范的制定新的规范。自全国监狱系统规范化管理年活动开展以来，我国监狱警察严格按照司法部提的要求，对2010年"十项规范"❺中已有的规范进行完善并全面落实，对"十项规范"尚未涵盖的工作提出规范化的管理要求，拓宽规范管理范围，促使规范化管理活动从纵向逐步深入、从横向逐步扩宽，取得了规范化建设的全面进步。监狱规范化管理"深化年"的工

---

❶ "八亲自"：必须做到亲自下达起床号令、亲自开启监舍门、亲自整队带队、亲自监督开饭、亲自组织学习、亲自带罪犯就诊、亲自查监查铺、亲自组织考核。

❷ "九到现场"：在罪犯整队、出工、收工、开饭、学习、劳动、会见、出操训练、晾衣时必须到现场。

❸ "四个交清"：在交接班中，要交清罪犯人数和收监情况、交清值班期间发生的问题和处理意见、交清监舍钥匙和值班配具、交清值班登记和巡查情况。

❹ 具体化的标准在全国各地监狱略有不同，如安徽省监狱采用的是"七亲自""七到现场""四个交清"，本书中采用云南省监狱的具体化标准。

❺ "十项规范"：安全警戒设施管理、狱政管理、狱内侦查、刑罚执行、生活卫生、劳动改造、教育改造、警察队伍管理、基础业务台账管理、信息报告及处理工作。

作重点是在制定规范的基础上，落实按制度、按规范执法，力争把监狱的每项工作结合到"深化年"活动中来，用推动各项工作的实际成果来衡量和检验"深化年"活动的成效。"深化年"是对"规范年"所取得的工作成绩进行巩固和提升，是规范化管理工作成败的重要阶段。监狱规范化管理工作包含五个环节。

1. 从思想认识入手，推进"规范化"工作

思想是行动的开关，思想认识上不去，工作必然推动不下去。各地监狱局采取得力的措施，以多样化形式加强监狱警察在思想上对规范化工作的重视。监狱局通常采用的形式是：以电视电话会议方式组织全省广大民警认真学习关于开展规范化管理年活动的文件；编印监狱规范管理活动资料，下发至基层监狱警察；举办不同类型培训班。以上措施取得了显著的效果，广大监狱警察提高了认识、主动实践，把规范管理变为自觉行动。

2. 健全监狱管理制度

各省监狱局、各地监狱坚持把加强制度建设作为重要环节，把制度建设作为规范化工作的核心。该项工作具体的做法是：梳理现有制度，认真总结分析，对相互冲突的制度进行修订，对不符合政策法规的制度坚决取消，对没有制度规范的工作，探索建立新制度、新规范。在制度废、立、改的基础上，各地监狱对制度进行整理汇总，纷纷编印《监狱管理工作手册》，使手册成为监狱基层业务和基层执法工作"蓝本"。

3. 抓规范化管理的典型，做到以点带面

省级监狱管理局在领导开展监狱规范化工作中采用确定试点单位的方式，要求试点单位重点探索规范化管理工作中的某项或某几项工作，然后总结经验。在试点单位总结经验的基础上，省级监狱管理局组织召开现场会，召集非试点单位参观、交流、吸收成功经验，提前采取措施预防不利因素。这样的做法不仅避免监狱在规范化管理过程中走弯路，而且增加了监狱之间相互学习的机会，促进了监狱之间的交流。

4. 将规范化管理与监狱具体工作相结合

在监狱警察的努力下，"深化年"活动坚持做到与监狱日常的教育罪

犯、矫正罪犯、安全防范等工作密切结合，与隐患排查整改、监狱企业生产管理、基层党组织创先争优活动相结合，在提升监狱行刑工作质量的同时，为监狱、监区创先争优奠定基础，加强了广大监狱警察的执法意识。

5. 强化监狱领导和监狱警察的责任

在监狱规范化工作中，强化监狱领导和监狱警察的责任是使该项工作得以顺利完成的保障。全国各监狱系统实行领导责任制，将规范化活动作为监狱领导和监狱警察评先评优、职务晋升、目标责任奖发放的主要依据。同时，监狱系统通过加强检查指导确保搞好"深化年"活动，定期组织不同范围"深化年"活动专项警务督察。各级领导干部结合分管工作，经常深入监狱一线落实工作，对少数重视不够、推进力度不大的工作进行重点督查和落实。由于明确了责任和加强了监督，监狱规范化管理工作得到平衡发展。

四、监狱警察突出的工作成效

在新时期，监狱警察在行刑实践中，积极开拓，不断探索，取得了优异的成绩，其中，在监狱警察队伍建设和对服刑罪犯的教育改造工作方面取得的成绩最为突出。

（一）对监狱警察队伍的管理实现制度化

1. 严密的纪律制度

监狱警察担负执行监禁刑的职责，国家在赋予他们广泛权力的同时也通过法律规定了监狱警察的纪律，以保证他们在合法的范围内行使自己的权力。这是建设社会主义法治国家的必然要求。严明的纪律对监狱警察队伍的建设具有深远的意义。首先，严明的纪律有利于提高监狱警察的职业责任感，有利于提高监狱警察的执法水平、管理水平、教育改造水平。其次，严明的纪律有利于对监狱警察实施管理，有利于监狱警察的队伍建设。再其次，严格的纪律有利于避免和控制违法、违规行刑的情况。最后，严密的纪律是树立监狱警察良好形象、提高队伍战斗力的重要保证。

从目前的情况看，我国监狱警察的纪律规范体现在不同层级的法律和文件当中。《监狱法》❶、《人民警察法》、《中华人民共和国公务员法》（以下简称《公务员法》）作为人大常委会制定的法律，从不同的角度对监狱警察应当遵守的纪律作出规定。司法部也从加强对监狱警察队伍进行管理和对行刑工作进行管理的角度对监狱警察纪律作出规定。2002年1月25日，司法部部长办公会议通过《监狱劳动教养人民警察着装管理规定》（司法部令第67号）❷。此外，根据《监狱法》，司法部颁布了"监狱人民警察六条禁令"❸，进一步规范管理监狱警察。各省监狱局以及各地监狱在执行法律和规章的过程中将监狱警察应该遵守的纪律作出进一步的细化。《中华人民共和国刑法》对严重违反纪律的行为也有相应的罪名和处罚规定：私放在押人员罪、受贿罪、刑讯逼供罪、侮辱罪、故意伤害罪。总之，从法律到规章，再到具体的规定规范了监狱警察的职务行为、职业操守、着装、证件等方方面面的问题。

严格的纪律确保监狱警察依法行刑，防止滥用权力，保障了这支队伍的战斗力和纯洁性，为提高管理水平、执法水平、改造质量奠定了基础。

---

❶ 《监狱法》用禁止性规范规定了监狱警察不得实施的行为，以及实施禁止性行为的法律后果。其具体内容为：监狱警察不得索要、收受、侵占罪犯及其亲属的财物；不得私放罪犯或者玩忽职守造成罪犯脱逃；不得刑讯逼供或者体罚、虐待罪犯；不得侮辱罪犯的人格；不得殴打或者纵容他人殴打罪犯；不得为谋取私利，利用罪犯提供劳务；不得违反规定，私自为罪犯传递信件或者物品；不得非法将监管罪犯的职权交予他人行使；不得实施其他违法行为。对违反以上行为准则的监狱警察予以行政处分，构成犯罪的移送司法机关依法处理。

❷ 该规定明确了监狱警察应严格按照规定穿着全国统一的制式服装，着装时应按规定配套穿着，并对着装的时间和场合做了明确的规定，还规定了违反规定的后果。该规定特别强调：不得警、便服混穿；着装时应当按照规定缀钉、佩戴警衔标志、警号、胸徽、帽徽、领花、臂章等，保持着装整洁，不准披衣、敞怀、挽袖、卷裤腿、歪戴警帽、穿拖鞋和赤足。

❸ "监狱人民警察六条禁令"是指：（1）严禁殴打、体罚或者指使他人殴打、体罚服刑人员；（2）严禁违规使用枪支、警械、警车；（3）严禁索要、收受服刑人员及其亲属的财物；（4）严禁为服刑人员传递、提供违禁物品；（5）严禁工作期间饮酒；（6）严禁参与赌博。

2. 监狱警察的遴选和录用制度

根据《监狱法》《人民警察法》《公务员法》的规定，监狱警察的招录主要有四大来源：一是在司法类警察院校进行专业学习并通过国家公务员资格考试的毕业生中择优招录。这曾是我国监狱警察的基本来源，但随着其他非司法类专业院校毕业的学生更多地参与到监狱警察的招录活动中，与司法类警察院校毕业生形成竞争趋势后，司法类警察院校毕业生进入监狱系统的比例有所下降。二是通过向社会公开招考国家公务员的方式招收录用。这种方式逐渐成为一种主要的招录渠道。三是从其他系统的国家公务员调动而来。四是接收军转干部。后两种来源在目前监狱警察的构成中所占比例不大。现阶段，我国已形成较为完善的监狱警察招录制度，这四种渠道可总结为遴选和录用两类，为输送优秀的人才进入监狱警察队伍奠定了基础。

监狱警察的遴选是监狱警察队伍充实高素质人才的一种方式，秉承公开、平等、竞争、择优的原则，严格根据岗位需要，选拔符合条件的人才。目前，我国很多监狱警察的遴选以国家公务员、退伍军转系列、事业单位等人才供给为背景。这些人才已在其他系统或单位从事了一定时期的工作，具备一定的工作经验和专业素养，将他们以遴选的方式充实到监狱系统的具体岗位，能够实现人尽其才的功效。该工作在程序上也有严格的规定：被遴选人自愿报名—人事部门资格初审—被遴选人参加笔试—被遴选人通过笔试—人事部门再次进行资格复审、考察—党组会研究通过—被遴选人体检合格—办理选拔后的手续。以上程序是按顺序逐一进行的。

目前，以遴选的途径加入监狱警察队伍的人数还较少，遴选的范围基本只是在系统内部，很少涉及外系统人才。因此，在后续的人才引进工作中，需要进一步发挥这一选择人才的渠道，发掘适合监狱工作的专业人员，使公开遴选做到人尽其才，使人才充分实现其社会价值。

监狱警察的录用 ❶ 是一种从外部获取警察人力资源的重要方式，是监狱警察机关落实人力资源规划和计划、选拔和配置优秀警察人才的重要工作环节。录用监狱警察有严格的政治条件、文化条件、身体条件、资格条件和职位条件。这些条件既要符合公务员标准，也要符合警察的标准，还要考虑到监狱职能的实现。其录用程序为：制订录警计划—发布招录公告—对报考人员进行资格审查—公开考试—对考试合格者进行全面考核—对拟录人员进行公示等程序。

这是补充和壮大监狱警察队伍的主要途径，按照监狱的具体需要设置岗位。可以肯定，严格的遴选和录用制度为监狱输送和补充了大量高素质人才，壮大了监狱警察队伍。

3. 监狱警察的考核制度

近年来，监狱系统内部对监狱警察的考核是多角度、多方位的。对于党员警察有党风廉政考核；对领导干部有述职述廉考核，也有专项考核（如安全稳定述职述责考核）；对普通的监狱警察有年终考核等。考核有本单位内部的，也有上下级单位之间的。

在以上考核中最有普遍性的是对监狱警察的内部考核。监狱政治部作为考核部门在每年年终严格按照考核程序、方法、内容和标准对监狱警察进行考察与评价。监狱警察的内部考核从德、能、勤、绩、廉五个方面入手，以德为首、以绩为重，综合采用领导和群众相结合的方式。与其他公务员和事业单位一样，考核的结果为优秀、称职、基本称职、不称职四等。不同的考核结果从不同角度反映了监狱警察的履职能力和履职表现，同时也影响着他们的晋升机会和奖惩结果。

考核是对监狱警察队伍管理的基本手段，是确保依法行刑的重要制度之一。目前的考核制度对监狱警察的履职评价从主流上说起到了积极的作用，激励和督促了广大警察努力工作，但是也出现了一些考核形式化、表

---

❶　监狱警察的录用是指监狱机关为补充担任主任科员以下非领导职务的警察，按照法定条件和程序，采用考试和考核的办法，将不具备警察身份的人员招收为警察的一种人事管理制度。

面化的问题。在今后的工作中，监狱需要进一步优化考核制度，并使考核制度与奖惩制度、晋升制度密切联系。

4. 监狱警察的警衔激励制度

警衔制度是对监狱警察进行管理的又一制度，有利于激励监狱警察增强责任心和组织纪律性、明确责任、规范言行、奋发向上。自授予警衔以来，监狱警察在履职过程中体现出了更多的执业自信，在服刑罪犯面前也有了更多的威信，增强了他们的荣誉感和社会地位。

根据《中华人民共和国人民警察警衔条例》（以下简称《人民警察警衔条例》）的规定，监狱人民警察是应当被授予和佩戴警衔的。警衔等级的设置分为五等十三级。总警监分为正、副两级，警监分为一、二、三级，警督分为一、二、三级，警司分为一、二、三级，警员分为一、二级。不同等级警衔的要求和标准也不同，呈逐渐严格的趋势。在监狱内部，不同警衔警察的分布有利于形成领导指挥人员与基层实践人员的合理结构，有利于行刑工作的分工和管理。我国的警衔等级还充分考虑到警察队伍的现状，将警衔分为两大序列：行政职务的警察警衔和专业技术工作的警察警衔，并以一职多衔、职衔交叉的办法编制警衔。这样的警衔管理制度能够充分体现评价和晋升机制的公平性和人文关怀，不仅可以客观、全面地衡量一个警察的德、能、勤、绩、廉，而且顺利解决了广大基层监狱干警因行政管理职位编制受限而得不到晋升的问题。

《人民警察警衔条例》还规定了首次授衔的具体标准、晋升条件、降级情况等，警衔的晋升有按期晋升、提前晋升、延期晋升、选升、晋职晋升等情况，体现了警衔制度的激励功效。

警衔制度不仅是管理监狱警察的主要制度，而且是激励监狱警察的有效措施。警衔的授予或晋升是对监狱警察工作能力和成绩的肯定，是对监狱警察实现自我价值需要的满足。其激励作用具有长远性和稳定性。

5. 警员职务套改制度

为了进一步解决广大基层监狱警察的待遇问题，司法部积极推进监狱警察分类管理工作并落实警员职务套改工作。自 2010 年 8 月至 2014 年底，部分省、自治区、直辖市监狱系统的警员职务套改工作已基本顺利完成。

由于领导岗位有限，因而监狱中出现一批工作积极、警龄较长，对行刑工作有一定贡献的警察，他们的待遇得不到提升。此次套改按照方案❶对非领导岗位的监狱警察从履职年限和业绩两个方面进行评价，分别授予他们高级警长、警长、警员等不同等级的警衔，❷增加了他们的工资待遇。此次套改对具有领导职务的警官警察，按照原来的称谓保持不变，继续执行。

套改制度的实施，使监狱警察内部实现了"管理类"和"执行类"两个基本序列，推进了对监狱警察分类管理的进程，监狱警察的待遇更加公平、客观，有效调动了不同岗位、年龄警察的工作积极性，拓展了警察的职业发展空间。套改工作解决了监狱中层干部（科长、处长等）责任重，但待遇与普通干警没有差别的问题。相信在不断的改革过程中，这一新问题会被圆满解决。

（二）进一步加强对罪犯的教育改造工作

新时期，监狱警察在原来教育工作的基础上，进行大胆的尝试和创新。2009 年，司法部下发《关于加强监狱安全管理工作的若干规定》（司发通〔2009〕179 号），提出"5+1+1"❸的教育改造模式。在对罪犯的教学实践中，很多监狱警察探索学分制和班建制的教学模式，努力做到个性化教育，使服刑罪犯的学习情况与个人的分级处遇、行政奖惩、累计分考核相挂钩，注重联系罪犯改造的实际情况，强化刑罚体验教育及日常行为引

---

❶ 此次警员职务套改就是将担任领导职务的监狱人民警察赋予警官称谓和待遇，担负非领导职务的监狱人民警察给予警长及警员待遇。

❷ 正处级调研员可套改为一级、二级高级警长；副处级调研员可套改为三级、四级高级警长；主任科员可套改为一级、二级警长；副主任科员可套改为三级、四级警长；科员可套改为一级、二级警员。

❸ "5+1+1"是指监狱对罪犯的教育改造应遵循 5 天劳动教育、1 天课堂教育、1 天休息。罪犯的劳动时间每天不得超过 8 小时，每周不得超过 40 小时。

导，加强对罪犯教育改造的规范指引。在学习内容上，监狱警察在教学中将司法部确定的入监教育、思想教育、心理健康教育、文化教育、技术教育和出监教育共六大项内容作为每一名罪犯必修课程，同时提供一些选修课程，罪犯根据自己的个性爱好选择选修课❶。近年来，监狱也将提升教学水平作为重要工作来抓，很多监狱以专业化模式打造监狱警察讲师团，建立以监狱警察教师为主，外聘讲师为辅的师资队伍体系。监狱警察讲师团由政治处负责聘任，聘期两年，按实际授课量发放课酬。这样的举措明显提高了对罪犯的教学质量和效果。在新时期，监狱警察的教育工作主要从以下几方面开展。

1. 深化对罪犯的思想教育

思想认识是决定一个人行为的关键要素。近年来，监狱警察不断探索对服刑罪犯的思想教育工作的新思路，努力改变思想教育工作的呆板性和机械性。从内容上，监狱警察加强守法意识教育，开展优秀传统文化教育，组织有针对性的传统讲座，努力以传统文化为基础内容，以老实做人为根本要求，不断宣传法律知识。从授课形式上，监狱警察努力改变上大课的形式，多采用小班授课，增强个别化教育的力度。从授课方式上，采用教师面授和网络教育、远程教育相结合，提升课程教育的针对性和实效性。

2. 提高罪犯的文化水平

一个人的文化水平决定了其认知能力和社会化能力。鉴于服刑罪犯文化程度普遍偏低的现实，监狱警察将文化教育作为教育工作的基础，把扫盲教育作为必须完成的任务，不断尝试推行初中教育和更高层次的教育。部分监狱尝试与社会教育机构联合，将当地初中、高中教师请到监狱授课和辅导。监狱对顺利完成初中、高中教育课程的服刑罪犯，经考核合格，得到当地教育管理部门的认可，授予相应的毕业证书。

---

❶　选修课包括小故事大道理、经典诵读、国学教育、计算机、体育、美术、英语、音乐兴趣小组等课程。

3. 推动职业技能教育的发展

由于就业问题关乎刑满释放人员在社会的生存问题，因而监狱对罪犯的职业技能培训至关重要。广大监狱警察发挥主观能动性，在改造罪犯的一线，不辞辛劳，主动学习生产技能，然后手把手教授罪犯技术和技能。监狱也创造条件，积极与社会企业和职业学校联系，聘请企业技术人员和职业学校教师到监狱教授生产技能，帮助罪犯提升就业能力。

4. 开展心理矫治工作

罪犯心理矫治是指监狱运用心理科学的方法，❶ 帮助罪犯消除不良心理和心理障碍，促进改造罪犯目标实现的工作措施。这是一种较为柔性化的矫治方式。目前，监狱对"十类罪犯"❷ 采取主动进行心理咨询和危机干预的方式，以心理咨询为突破口，软化罪犯内心。对普通罪犯则采用心理健康教育和心理咨询相结合的方式。监狱心理矫治工作的优越性不仅在于罪犯容易接受，还在于有利于改善警囚关系，提高行刑社会效益。目前，全国各监狱正努力培养和壮大心理学方面的专业人才队伍，并投入更多的相关硬件设施。

5. 严把入口关，加强入监教育

入监教育是服刑罪犯进入监狱后首先接触的改造教育，对罪犯后续改造效果起着重要的作用。一直以来，我国监狱充分重视这一阶段的教育对罪犯的改造意义，不断探索入监教育工作的新思路、新方法。在实践中，入监教育从单一的大班授课方式逐渐向个别化小班授课、多媒体授课、远程授课等方式转化。入监教育的内容主要包括以下四个方面：罪犯认罪悔罪、规范教育和行为养成训练、适应监狱生活、增强改造信心。围绕这四个方面的教育，其内容又是多样的，有法律知识教育、伦理道德教育、文明礼仪教育、劳动观念教育、刑事政策教育等。可以说，我国监狱对罪犯

---

❶ 具体方法有：对罪犯开展心理评估、心理健康教育、心理咨询与治疗、心理预测等。

❷ "十类罪犯"指：新入监罪犯、严管禁闭罪犯、顽固危险罪犯、违规违纪罪犯、有自杀史（包括家族自杀史）罪犯、老病残罪犯、申请调换监区罪犯、心理测试结果提示异常罪犯、假释（即将释放、暂予监外执行）罪犯、需要深度咨询的罪犯。

的入监教育是重视的，效果也是明显的。

五、监狱警察队伍建设需要解决的主要问题和发展方向

（一）监狱警察队伍建设需要解决的主要问题

1. 监企分开并不彻底，监狱警察专业化难以实现

监企分开的监狱体制改革以监狱经费保障为前提。《监狱法》和《人民警察法》都规定了监狱行刑经费和警察履职经费由国家保障。❶ 我国财政部门积极努力，按照法律的规定，争取实现对行刑经费的保障。

自监企分开的监狱体制改革以来，我国对监狱的经费投入明显增加，经济发达地区基本实现了足额保障经费，满足了监狱行刑职能的发挥。然而不可忽视的是，我国很多监狱经费尚不能足额到位，只能满足监狱人民警察的经费、服刑人员的生活费，而监狱运转所需的更多经费，如服刑人员的医疗费，监狱人民警察福利待遇、培训费用、对服刑罪犯进行社会化能力培养等经费还不能兑现，监狱只能通过生产所创造的经济效益加以解决。在监狱的经费不能全额到位之前，监狱必须通过生产来解决改造经费，监企分开难以彻底，监狱转型难以到位，很多监狱机关在监狱生产方面不得不以追求经济效益为主。在这样的情况下，监狱警察不得不从事一些与警察的执法事务不相符的工作，一部分监狱警察不得不将主要精力放在跑市场、找商机的业务上。监狱和监狱警察职能多元化的问题难以彻底解决。根据全国人大内务司法委员会 2013 年的调研结果，因为受监狱警察编制问题所限，监狱警察和在押罪犯的比例，全

---

❶ 《监狱法》规定国家保障监狱改造罪犯所需经费。监狱的警察经费、罪犯改造经费、罪犯生活费、狱政设施经费及其他专项经费，列入国家预算。国家提供罪犯劳动必需的生产设施和生产经费。《人民警察法》也规定人民警察的经费，包括工作必需的设施经费和工资待遇等列入中央和地方的财政预算。

国还有 12 个省市没有达到规定的标准。❶ 在监狱警察和服刑罪犯的人数比例 ❷ 基本达标或尚未达标的条件下，监狱警察必须同时具备多方面的工作能力 ❸：对服刑罪犯执行剥夺自由的刑罚，保证罪犯顺利服刑，预防暴力侵害、逃跑、自杀等危害行为；通过监管、教育、劳动等活动对罪犯进行改造，努力将罪犯改造成守法公民。只有这样，监狱警察才能完成其肩负的职责。监狱管理的发展、行刑水平的提升在实践中需要具备这样多方面工作能力的监狱警察，但这样"多面手"的监狱警察毕竟有限。从长远看，监狱管理的发展需要更多专业化的人才，然而目前监狱还存在难以做到因材用人的情况。自监狱实行公务员招考制度后，不少大学生进入了监狱警察队伍。由于监狱警察具备公务员和警察的双重身份，因而监狱人事管理部门就需要用双重标准来考察和评价监狱警察。这一做法有其合理性。然而，相关统一的评价指标对监狱警察具有一致的指引作用，导致监狱培养了一支具有同质性的警察队伍。具备专业特长的大学生或者专业人才也被逐渐"规训"为"通才"。由于监狱职能的多元化，监狱很难将具有专业知识和资质的警察 ❹ 配置于对应的岗位上。这不仅忽略了他们的专业特长，而且难以发挥他们的主观能动性，使他们对工作失去兴趣。监狱一直存在的人才需求与人才供给之间的矛盾，需要通过进一步贯彻监企分开政策，改变监狱警察职能多元化，从而使监狱警察更加专业化。

2. 监狱警察的待遇和晋升机制尚需完善

心理学的研究表明，工作不仅会给人们提供薪酬，还会提供个人发展空间，从而给人带来成就感、价值感等精神满足。传统的公务员和警察管

---

❶　张维炜：《推进监狱法修改正当其时——访全国人大内务司法委员会主任委员黄镇东》，《中国人大》2012 年第 12 期，第 18 页。

❷　司法部规定监狱警察和服刑罪犯的人数比例 18∶100。

❸　多方面的工作能力指：执法能力、教育改造能力、维护监所安全稳定能力、安全防范和应急处置能力、信息化实战应用能力、生产管理经营能力、与时俱进的创新能力。

❹　指具有律师资格、心理咨询师资格、中等教师资格等的监狱警察。

理模式虽然在一定程度上为监狱警察提供了工作的动力，但是我们也要看到这种动力是有限的，监狱警察对自身职业生涯规划和事业发展的需求在目前的管理体制下难以得到很好的满足。

目前，监狱警察职位管理由单一的公务员职位序列管理向警察警衔管理转变，改变了在职位上监狱警察分为监狱领导、中层领导、一般监狱警察，在职务上仅有领导职务和非领导职务的单一状况。监狱警察的晋升不再需要仅从行政岗位这一序列出发，也可以从警衔序列发展。然而，这样的晋升机制亦未能与监狱承担的多种职能相契合。监狱多职能的共存与"多面手"警察的稀缺对监狱警察岗位精细化、专业化的划分提出了要求。

目前，监狱系统尚未建立专门的职业资格制度，对监狱警察考核内容和考核等次确定的标准模糊、笼统，定性指标多、定量指标少，没有针对职位特征建立分级分类考核体系，不利于激励监狱警察向专业化方向发展，难以满足他们的事业发展需求。

3. 监狱法律体系尚待完善

粗略来看，《监狱法》所规定的内容涵盖监狱执法的方方面面，但是随着行刑实践的发展，《监狱法》已经不能适应实施精细化管理监狱的要求。最为突出的问题有两点：一是《监狱法》没有对监狱警察执法自由裁量权予以明确授权。法律难以穷尽所有的可能，因此赋予执法者一定的自由裁量权是必要的。服刑罪犯在监狱的劳动、生活、接受教育等都需要由监狱警察进行管理。在《监狱法》和一些法规未明确规定，却需要就相关问题作出处理的情况下，监狱警察在思想上自然产生一定的困惑和压力。监狱警察在行刑中有时会处于"走钢丝"❶和"打擦边球"❷的状况。二是法律法规缺少对监狱警察专业化人员配备方面的规定。虽然监狱队伍呈不断发展和壮大的趋势，但在实践中，监狱警察配备不能满足行刑实践日益精

---

❶ 由于法律未明确授予监狱警察行刑时的自由裁量权，因而面对无明确法律规定，但在行刑中却必须处理的问题，监狱警察只能冒着法律风险行事。

❷ 对法律规定较为模糊，在行刑中却必须处理的问题，监狱警察只能按政策、行刑惯例进行处理。

细化和监狱现代化的发展趋势。目前,《监狱法》除对监狱长和副监狱长的配备有明确规定外,对专业化工作机构和其他监狱管理人员的规定较为模糊。国务院就此问题虽曾授权司法部与有关部门协商研究, ❶但是在相当长的时间里,相关具体规定并没有出台。这是在监狱人民警察队伍建设过程中需要重视的问题。

4. 监狱警察培训机制尚需完善

监狱警察是承担监狱行刑工作的重要人员,他们的职业操守和业务素养是改造罪犯工作中一个重要的因素。行刑效果的提升必然要求监狱警察具备高超的专业素质、与时俱进的能力。不可否认,在改革开放初期,中央和地方司法行政主管部门逐步重视监狱警察的教育培训工作,开展了多种多样的培训活动,构建了中央、省级、监狱三级警察培训机制,对提高监狱警察的整体执法水平起到了积极的作用。

近年来,在监狱转型的背景下,很多警察出现了"不敢管、不愿管、不会管"的工作恐慌问题。监狱系统对此虽进行了针对性的培训,但是从目前的具体措施来看,多数都是短期培训,成效不明显。从长效发展的角度看,监狱系统缺乏对监狱警察进行长期、稳定的教育培训的规划和制度。

5. 对罪犯的出监教育尚需加强

相较于入监教育,出监教育得不到应有的重视。很多监狱虽按要求设置了出监监区,但一般与轻刑犯监区合二为一,监狱对即将出狱的服刑罪犯进行针对性教育工作投入较少。这样的状况从表面上看,原因在于监狱监管压力过重,难以将大量警力安排到出监教育工作上;从实质上分析,其根本原因在于对行刑目的由惩罚报应罪犯向帮助罪犯顺利再社会化转化不够重视和落实不到位。

---

❶ 《国务院关于进一步加强监狱管理和劳动教养工作的通知》(国发〔1995〕4号)指出,监狱的干警编制,应根据其收押、收容的容量确定,有关适当增加干警编制和制定编制管理办法问题,授权司法部与有关部门协商研究。

监禁刑作为主要的刑种，对罪犯的惩罚性是不可否认的，但是随着社会的进步，行刑目的应更多强调对服刑罪犯再社会化能力的培养和提高。这是构建和谐社会的要求，也是人类进步的体现。在我国现阶段，应努力摒弃将监狱安全作为衡量监禁刑行刑效果的最高指标，而应该把服刑罪犯改造为合格的社会人作为行刑的最终目的和评价行刑工作的指标之一。

（二）监狱警察队伍建设的方向

我国监狱警察队伍建设应在进一步落实监企分开，保障监狱行刑经费以及健全监狱法律体系的前提下，实现对监狱警察的合理分类，进而实行分类管理、分别激励的机制。

1. 对监狱工作人员进行合理分类

监狱工作的基础内容是由警务（警戒看守）、刑务（刑罚执行）和狱务（狱政管理）三者共同构成的。基础工作对应监狱警察的基础职能：警戒看守、刑罚执行、狱政管理职能。这些职能应当由监狱警察独立完成。监狱工作的核心内容是罪犯教育改造、劳动改造、文化改造、心理矫治及药物治疗等工作。监狱工作的基础内容和核心内容在实践中往往同时进行，两者之间形成必要的支撑。对处于监禁状态下的罪犯教育改造、劳动改造、心理矫治等工作不同于对社会普通人的教育、文化、心理咨询，需要由监狱警察组织或参与，因此核心工作也构成了监狱警察的职能，即矫正职能。由于这类工作专业性较强，因而除了监狱警察外，还需要相关专家、社会工作者加入其中。监狱工作的外围内容是政工、行政、后勤等工作。这些工作是为监狱实现惩罚与改造职能提供保障和服务的。外围工作与监狱职能没有直接的联系，它与其他政府机关或社会组织的后勤保障服务功能相同，因此它无法构成监狱警察的职能。外围工作应当由非警察的监狱内公务员和事业单位编制的工作人员承担。总之，按照监狱工作的性质和要求，监狱工作人员由监狱警察和从事外围工作的其他监狱工作人员组成。结合未来监狱工作的发展趋势，监狱警察可分为监管看守类、行政管理类、专业技术类三类人员。

（1）监管看守类。监管看守类工作由监狱人民警察承担。该类人员的职责是：负责监狱的安全事宜，确保行刑环境的安全；负责罪犯在监狱日常生活起居的管理，培养罪犯的规范行为；从事具体的减刑、假释等刑罚执行工作；负责狱情的收集、预防和破获狱内各类案件等。这是监狱工作人员当中重要的力量，除了业务素质要求外，政治素养的要求也不可忽视。

（2）行政管理类。这类人员包括监狱的领导班子成员以及在监狱中从事组织、指挥、协调、政策研究和业务指导的人员。这部分人员应该是监狱警察，他们不仅应具备较高的文化水平、政治素养，还应具有一定的政策理论水平，才能够把握监狱工作的方向。

（3）专业技术类。在监禁刑行刑中，监狱需要医疗人员对罪犯行刑期间的疾病进行治疗、需要财会人员对行刑经费和监狱生产经营活动进行业务记载和处理、需要信息技术或其他方面的工程技术人员以维护监狱的相关设备、需要从事教育和心理矫治人员对罪犯心理进行矫正。行刑的实践要求这部分人员不仅需要具备一定的法律和政策素养，还需要具备较高的专业技术水平，在专业领域内必须具有职业资格和实践能力。这部分人员由教师、心理咨询师、会计、出纳、工程师组成，属于公务员或事业编制的专业人员。

2. 明确不同类型监狱警察的职责和准入资格

监狱警察队伍建设应建立在监狱职能纯化的基础上，需要逐步推进三方面的工作。第一，对监狱警察进行合理分类，明确不同类型监狱警察的职责划分和职业活动的权利和义务。第二，建立不同监狱警察的资格准入制度。根据监狱工作的职业技术特点，建立以初任资格国家考试为主的准入制度，明确招录的一般条件和特殊专业要求，规定系统的准入资格条件，包括政治条件、文化条件和身体条件等，对此都要制定规范的技术标准，从源头上为监狱警察的职业素质奠定坚实基础。第三，建立统一的监狱警察岗位技术标准。根据监狱工作的实际需求，科学合理地对现有监狱警察岗位进行梳理，分不同类别和不同岗位确定标准化的岗位职权和技术规范等内容。

对监狱警察的职业分流可以根据警察所学专业和个人特长进行，实现各取所长、学有所用。在专业化分工的基础上，引入专业技术职务评聘机制进行合理管理。对于适合担任领导职务的群体，可争取担任行政职务，选择走行政晋升的道路；对于在专业技术方面有发展潜力的，可以根据自身的条件和兴趣，选择走专业发展的道路。

3. 构建监狱警察长效学习机制

监狱行刑是一项实践性很强的活动。如果它是一门科学，那么它主要是一门实践理性的科学，而不是或者不主要是一门精密理性的科学。[1] 监狱行刑的工作性质和特征要求监狱警察具备一定的行刑基础知识，如法学、心理学、管理学、社会学，同时还需具备高超的专业知识和相应的实践经验。行刑任务的圆满完成对监狱警察提出了挑战，特别是在监狱行刑工作推动行刑模式转化的背景下，需要监狱警察不断学习，不断进步，实现与时俱进。长效的学习机制应该建立在监狱警察长期不断自学的基础之上，构建短期、中期的培训机制。美国警察管理专家威尔逊认为，实际工作人员需要通过长时间的正式训练才能获得专业技能。[2] 因此，我们应该结合工作实际，建立起系统化规范化的、能够体现监狱警察职能分工要求和专业特征的教育培训体系，改变传统的教育培训方法。

建立与职能分工和岗位要求相配套的教育培训机制应从以下思路进行：一是构建符合职业化要求的学科教育体系，理顺监狱工作者的准入渠道。除了警务、狱务等工作主要从司法警察院校毕业生招录、刑务工作主要从司法警察院校或法律院校招录外，教育、文化、心理矫治等工作岗位应更多地从高等院校或社会专业技术人员中招录或聘用。招录指的是从通过职业资质考试、获取任职资格的人群中择优录取；聘用指的是从社会专

---

[1] 王素芬：《明暗之间：近代中国的狱制转型研究》，博士学位论文，华东政法大学，2006，第 68 页。

[2] 李燕玲：《专业化视野下监狱人民警察队伍建设初探》，《中国司法》2013 年第 12 期，第 85 页。

业人员中聘任兼职人员对罪犯提供专业的服务或帮助。二是建立监狱工作者专业技术教育培训和管理中心。依据监狱警察不同的职能定位，对监狱警察分类进行继续教育及专业技术资格评定，并注重在实践中锻炼和提高监狱警察专业化的"改造能力"。三是强化监狱警察的政治思想和职业道德教育。行刑工作是一项严肃的执法工作，是实现社会公平正义价值的关键点。因此，对监狱警察的后续教育培训是极为重要的，关乎行刑方面的正确性和强化监狱警察的责任感和使命感的问题。

六、结语

我国监狱人民警察自新中国成立以来，在监狱改造实践中创造了丰硕的成果，积累了宝贵的经验，为维护社会稳定起到积极的作用。在进行法治监狱建设的背景下，我国监狱人民警察不负众望，继续发扬艰苦奋斗的优良作风，努力从思想认识、行刑实践方面转变传统的观念和做法，探索了行刑现代化、法治化的路径。

多年的行刑实践证明：成功教育改造好一名罪犯，不仅挽救了他本人，挽救了他的家庭，和谐了亲属、邻里社区，而且对整个社会稳定都具有重要意义。这也是"源于报应，表于惩罚，载于改造，止于自由"的现代监狱价值的体现。❶

世界各国的行刑理念都越来越向文明发展，监狱不再仅是一个拘禁罪犯的场所，而是越来越注重教育改造和矫治罪犯的职能机构。我国监狱人民警察的工作目标也不再局限于对罪犯的惩罚。为此，监狱警察需要不断创新思路，提高罪犯改造质量，把工作重点转移到罪犯的心理矫治、思想转变、社会化能力增强上，提高管理水平，实现监狱工作全面发展，向社会输出合格的公民。

---

❶ 张晶：《人性化：改造罪犯的全新维度》，《河海大学学报（哲学社会科学版）》2004 年第 1 期，第 47 页。

第四章 现代监狱行刑目的视角下
中国监狱警察的定位

第一节 现代刑罚目的的思考

刑罚目的是国家和社会对刑罚认知的体现，对其的选择和明确直接决定一国刑罚种类，是构建一国刑罚体系的出发点和归宿，影响刑罚的实际运用效果。

在西方法学研究历程中，关于刑罚目的的学说可谓百花齐放、百家争鸣。在诸多的理论学派中，较为突出的是报应刑论和功利刑论。这两个刑罚目的论为后续相关理论（如安塞尔提出的社会防卫论等）的发展奠定了基础。自 20 世纪 80 年代开始，刑罚目的的理论研究逐渐成为我国学者的研究热点，先后出现了惩罚说、改造说等多种刑罚目的学说。[●] 在众多学说中，一般预防与特殊预防说被认为是通说的理论，我国刑法教科书均持这种观点。

从研究成果看，学者们虽然各抒己见，观点各异，但从本质上看，他们的研究都是围绕报应和功利两大元素，都是在报应论、功利论、综合论三种学说的框架内。随着刑事一体化思想影响力的扩大，越来越多的中外

[●] 具体有惩罚说、改造说、惩罚与改造双重目的说、预防和消灭犯罪说、三重目的说、根本目的与直接目的说、一般预防与特殊预防说、惩罚与预防一体说等学说。

学者接受并支持折中主义的综合论，认为刑罚目的应当是报应与预防相结合，同时，随着社会文明的发展，预防目的凸显。

我国社会正处于高速发展时期，无论在观念上还是体制上，矛盾冲突较为明显，犯罪率呈攀升趋势。在这样的时代背景下，对刑罚目的的深入研究是十分必要的。卜思天·M.儒攀基奇认为："把刑罚目的明确而简单地表达为一般预防和特殊预防，在这点上，现代刑法学并没有突破性进展。然而刑罚作为一种社会实践，实际上并不能概括为如此简单的目的。"❶如果刑罚的出发点不是建立在惩罚而是建立在预防上，那么刑罚的效果也是难以想象的。反之，如果刑罚的目的仅在于惩罚，使人们产生恐惧而不去犯罪，那么刑罚的手段便难以控制，这样人们将会犯下更严重的罪行。在新时期，我们对刑罚目的的选择或明确应与时俱进地从多角度、多元素的视角考虑，既要考虑刑罚的本质和功能，也要考虑刑罚存在的社会背景。

一、刑罚目的源自国家的主观愿望，受刑罚本质、功能及社会背景影响

（一）刑罚目的源自国家的主观愿望

恩格斯曾经指出："在社会历史领域内进行活动的，是具有意识的、经过思虑或凭激情行动的、追求某种目的的人；任何事情的发生都不是没有自觉的意图，没有预期的目的的。"❷人们在生存的过程中，自然而然会产生多方面的需求，国家作为一个特殊主体在维持社会运转过程中也会产生需求，其中一个明显的需求是为维护社会正常运转秩序而运用刑罚。国家对刑罚的现实需求既是启动刑罚的原因也是刑罚目的形成的前提，成为

---

❶　卜思天·M.儒攀基奇：《刑法理念的批判》，丁后盾译，中国政法大学出版社，2000，第84-85页。卜思天·M.儒攀基奇是联合国反酷刑委员会委员、斯洛文尼亚宪法法院的法官。

❷　马克思、恩格斯：《马克思恩格斯文集（第4卷）》，人民出版社，2009，第302页。

确立刑罚目的的基础要素。

主体的需求是目的产生的前提，没有主体的特定需求，就不会产生相应的目的，更不会有在此种目的支配下的实践活动。● 当然，这种需求不是单方面地属于主体的主观愿望，而是在主体与社会环境联系的过程中产生的。离开这种联系，需求也就无从产生。

犯罪于国家而言就像疾病于人一样无法回避，国家需要通过刑罚活动作用于犯罪人和社会中的其他人，以此维护社会秩序。为维护社会安定，国家就要进行有目的的制刑、量刑、行刑活动去惩罚犯罪行为，改造犯罪人，这是国家实现刑罚权的途径。国家创设和运用刑罚是国家的一种行为，具有目的性。其目的就是国家动用人民赋予的刑罚权达到人民所希望的社会效果。这种被期待的效果是一种主观愿望。这种愿望可能被现实，也可能不被实现。其原因在于该目的的实现还需要许多其他因素的配合。● 从根本上说，刑罚目的作为一种主观愿望，归根结底受刑罚本质、刑罚功能、社会背景等社会客观条件的制约。

（二）刑罚目的应该反映刑罚本质

主体实施活动均具有目的，而目的能否实现以及实现程度如何在一定意义上与活动的本身性质与目的是否契合有关。国家和社会对刑罚目的的期待应该建立在对刑罚本质的正确认知上，否则将会事与愿违。

按照哲学对本质属性的定义，刑罚本质是惩罚犯罪。刑罚对犯罪人的惩罚往往是通过剥夺犯罪人权利，使其遭受痛苦实现的。这一点可从刑罚的起源、发展直至现代刑罚历程中得到证明。现代犯罪学的鼻祖加罗法洛对刑罚惩罚性的论述是很有代表性的。他认为如果否认了惩罚是刑罚的属性，那么人们不禁要问"当罪犯没有受到身体上的痛苦，其犯罪所获得的

● 宋英辉：《刑事诉讼目的论》，中国人民公安大学出版社，1995，第 67 页。

● 马克昌主编《刑罚通论》，武汉大学出版社，1999，第 59 页。

唯一后果却是免费教育的特权时，刑罚的存在还有何意义"。❶ 当然，也有学者将刑罚的惩罚性表述为报应性、谴责性。这些说法虽不完全同义，但并无根本不同，都是刑罚本质的重要方面。

犯罪和刑罚的关系是研究刑罚的基础，研究刑罚目的是这种关系的进一步延伸。刑罚是对犯罪的否定，否定的后果是对犯罪的惩罚，惩罚性是刑罚的应有之意和本质属性。刑罚的目的选择无法背离刑罚的本质属性，必须建立在刑罚本质属性的基础之上。

刑罚的本质问题在国外的研究领域中属于刑罚正当性问题的子命题。这种研究路径是不符合逻辑的。"正当性是一种价值判断，解决的是刑罚'为什么'存在的问题；而刑罚的本质应该是一种事实描述，主要解决刑罚'是什么'的问题。"❷ 我们在研究刑罚目的时应该对此有明确的认识。刑罚的本质解决的是刑罚"是什么"的问题，而刑罚对犯罪的否定明确了刑罚惩罚性是客观存在的，否认刑罚的惩罚本质只能导致刑罚虚无主义，刑罚的惩罚本质是研究刑罚的起点。刑罚目的的选择和明确不能不考虑刑罚的惩罚本质。

刑罚"是什么"的本质问题从国家层面和政治层面应理解为"严厉的国家惩罚性"；从犯罪人层面表现为对权利的剥夺或者限制；从外在形式上体现为国家机器（警察、监狱、法院）的设置、运用和相关刑罚制度制定和实施。人类历史上出现过的死刑、肉刑、耻辱刑、监禁刑、资格刑、财产刑与荣誉刑等刑种本身具有明显的惩罚性。这一惩罚性随着刑罚目的的不同在刑种的选择和刑种的运用过程中体现出不同的情况。在主张刑罚报复目的的年代，刑罚的运用体现出极端的残酷性，刑罚惩罚本质体现得最为直观。随着资本主义思想的启蒙和发展，自由和人权意识深入，在刑

---

❶ 加罗法洛：《犯罪学》，耿伟、王新、储槐植等译，中国大百科全书出版社，1996，第288页。

❷ 龙腾云：《刑罚本质理论的重构——以刑罚进化论为视角》，《河北法学》2014年第7期，第77页。

事法律领域提出了体现近现代刑法理念的基本原则，❶这些基本原则的提倡和运用为刑罚报应目的的实现奠定了基础。

由此，我们认为：刑罚本质在刑罚目的的体现和实现的过程中充当工具性角色，具有工具性价值。刑罚的惩罚对犯罪人而言是直接的，直接使犯罪人体验到惩罚性，这种体验能够在某种程度上实现阻却犯罪人再次实施犯罪，这种直接惩罚的效果同样也会作用于其他未犯罪的人，起到"杀鸡儆猴"的功效。虽然我们不能从量化的角度准确认定刑罚心理强制作用的大小，但可以肯定这种作用是存在的。刑罚目的的选择和明确需建立在刑罚本质之上，对本质的运用得当与否必然影响到刑罚目的能否顺利实现。

（三）刑罚目的应以刑罚功能为依据

刑罚功能是运用刑罚所实现的效果。从该概念的原始含义来看，刑罚功能既包括积极的效果也包括消极的效果。我国学界更多地从积极效果的角度适用该词，但本书从原始含义上适用该词。刑罚目的的选择除了考虑刑罚本质外，还需要考虑刑罚功能。刑罚功能是刑罚在运行中实现的效果，可为刑罚目的的选择和明确提供客观依据。

刑罚目的和刑罚功能是既有区别又有联系的概念。刑罚目的是观念层面的概念，是立法者的主观意愿，形成于刑罚设置之前。刑罚功能是国家运用刑罚后客观实现的结果，属于客观动态范畴的概念，表现的是刑罚的外在力量，是对刑罚的外部考察。刑罚有哪些实际的功能成为立法者在明确刑罚目的时必须面对的问题。

在刑罚逐渐走向文明的过程中，刑罚目的伴随不同的社会阶段也在不停地发生变化，呈现出不同的情况。刑罚在早期以报复为基本目的，关注刑罚的剥夺和惩罚功能；随后的刑罚强调威慑目的，关注重刑威慑功能；刑罚的等价报应目的强调刑罚剥夺与教育矫正功能；刑罚的教育目的关注

---

❶　体现近现代刑法理念的刑法基本原则主要包括罪刑相适应、罪刑法定、平等适用刑法等。

刑罚的改造功能；折中刑以兼顾报应和预防之优势，以避免两者之弊端为目的，以期实现惩罚罪犯和改造罪犯之功能。折中刑同时还主张在不同的刑罚实现阶段，刑罚目的的侧重点不同：在执刑阶段注重威慑的预防，量刑阶段注重报应的实现，行刑阶段重视矫正的个别预防。

不同的历史时期，刑罚目的不同，关注的功能不同，目的的实现机制也有所不同。随着社会的发展，单一刑罚目的选择被抛弃，复合刑罚目的，也就是折中刑越来越受青睐。在这样的情况下，发挥刑罚的多种积极功能，避免刑罚的消极功能就显得极为重要。这就首先要求厘清不同刑罚目的所具备的刑罚积极功能和消极功能，以及它们之间的主次关系，其次需要设置确保这些功能积极发挥作用的机制。

刑罚功能搭建了刑罚本质与刑罚目的的桥梁，一国的刑罚功能与刑罚目的之间应当具有一致性。刑罚目的的选择和明确直接决定刑罚功能，而刑罚功能的正向效果促进了刑罚目的的实现，反向效果阻碍了刑罚目的的实现。因此，刑罚目的的选择应该考虑刑罚功能。

（四）刑罚目的应考虑社会背景

刑罚是文明社会对犯罪的反映，是对原始社会同态复仇形态的转变。作为应对犯罪的方法或手段，刑罚与特定的社会经济、政治、文化发展相适应，受社会治安状况、人们对犯罪的态度等社会背景的影响。因此，刑罚目的的选择和明确应考虑社会背景。

刑罚目的在不同的社会背景和社会条件下是不同的，这一点可从刑罚的历史演进过程得到充分的证明。随着人类社会逐步走向文明，刑罚在种类上从主要依赖肉刑、身体刑发展到以自由刑为主并向教育刑发展；刑罚的惩罚程度则从严酷趋向缓和；刑种的设置从复杂混乱到精简，从以剥夺权利为核心发展到以保障权利为方向。"在公民享受一种巨大自由的地方，……公民也将生活在一种更高的富裕水平之中；他的心灵将会更加轻松愉快，他的幻想将会更加动人，而刑罚将能够在严厉方面有所松弛，又

不丧失其效果。" ❶

　　刑罚目的不仅在不同社会制度下有所不同，而且在同一社会制度下不同社会阶段也不相同。在新中国成立初期，我国曾强调刑罚对犯罪的惩罚和打击，随着社会的发展也开始关注对罪犯的社会化改造。孟德斯鸠认为："一个良好的立法者关心预防犯罪多于惩罚犯罪，注意激励良好的风俗多于施用刑罚。" ❷ 在某一社会发展的上升期，虽然社会会体现出较为良好的发展态势，但是社会秩序的维持仍然需要国家关注，社会民众的整体自觉性并不足以使统治者安心，经济的发展以及其他因素导致一些特殊群体的利益遭到严重损害。刑罚目的也就在预防理论中提炼出了一般预防理论，其典型代表为费尔巴哈的一般犯罪预防理论。费尔巴哈从心理、经济等多方面论证，法律应通过处罚犯罪使民众懂得犯罪所获得利益远小于所承受的处罚，从而实现一般预防。在社会经济高度发展期，生产关系的固有矛盾凸显，犯罪率上升，尤其是财产性犯罪大量增加，特殊预防论得到特别的强调和青睐。该理论认为，应受惩罚的是犯罪人，而不是犯罪行为，需要通过对行为人的处罚来保护一般民众的合法利益。

　　社会秩序状态对刑罚目的也会有所调整而体现出不同的情况。犯罪率上升，社会治安状况不甚良好的状态下，社会和民众对正义的需求程度增加，刑罚的报应目的会加强。斯特法尼认为"民众怀有的不安全感所引起的集体心理状态的一种典型表现便是强烈要求惩办犯罪" ❸。俄罗斯对死刑设置—废除—恢复的历程充分说明了这一点。立法上死刑的废止与恢复所想要达到的目的显然是不同的，一般是根据社会秩序的变化而引起的。在社会状况比较稳定的阶段，刑罚的功利目的被重视。在科技不断发展给人

---

❶　李永升、冯文杰：《论刑罚的本质、功能、目的的内涵及其逻辑关系》，《江西警察学院学报》2015 年第 3 期，第 91–92 页。

❷　但未丽：《从冲动到理性——刑罚目的三次大修正考察》，《四川警察学院学报》2008 年第 5 期，第 3 页。

❸　卡斯东·斯特法尼：《法国刑法总论精义》，罗结珍译，中国政法大学出版社，1998，第 29 页。

们带来便捷与福利的同时也带来对构建和谐社会的需求，在这种情况下强调刑罚的一般预防目的成为必要。

刑罚是对犯罪的反映。犯罪数量急剧增加，国家政策以及处罚措施就会发生变化，并且刑罚所要达到的目的也会发生变化。许多国家在社会处于转型期时，面对全方位、多层级的现实巨变就需要法律尤其是公法的集体性应变，此时刑罚目的也会随之发生阶段性改变。同样，刑罚目的在不同阶段发生一定的调整和变化也说明了其随着所处社会背景下治安的好坏、人们的意识等因素发生变化。社会形势发生变化需要对刑罚目的进行更新，以更有效地保护社会与个人的合法权益。

二、刑罚目的应该是多元的

刑罚目的是立法者在明确刑罚本质的基础上，考虑了刑罚的功能和所处社会背景的前提下确定的。日本著名的刑法学家西原春夫认为"人的欲求—国民的意志和欲求—国家意志"的演变过程就是刑罚目的从主观向客观演变的过程。[1]刑罚目的是一个理性选择的结果，考虑的因素是多方面的。刑罚作为国家应对犯罪的一种方式，其目的应该是多元的。

较早论述刑罚目的多元的法学家是费尔巴哈，他在阐述刑罚目的的时候指出："每一个刑罚都有其必要的目的，通过其威慑来阻吓所有人犯罪。"[2]费尔巴哈认为刑罚除了主要目的，还包括次要目的，可能的次要目的包括通过看见刑罚的适用实现阻却犯罪、实现对被处罚者的法律矫正。刑法典规定的刑罚越是能够实现更多的目的，那么，这样的刑罚也就越是适当的。

国家对犯罪人实施刑罚的目的首先应是对犯罪的报应，但不止于此。

---

[1]　西原春夫：《刑法的根基与哲学》，顾肖荣等译，法律出版社，2004，第106页。

[2]　佚名：《刑事司法大众认同》，https://wenku.baidu.com/view/41dc5dab4a73f242336c1eb91a37f111f0850d75.html，访问时间：2019年3月29日。

作为理性的主体，国家和社会认识到对犯罪行为的事后惩罚的局限性：即使惩罚了犯罪，但是对于犯罪所造成的损害是难以弥补的。对刑罚的理性态度是通过适用刑罚将犯罪控制在一定范围内。由此，我们可以至少引申出刑罚预防犯罪的目的。

体现刑罚多元化的刑罚目的折中论兼具报应目的和功利目的，克服了单一论的理论缺陷，为刑罚目的多元化的形成提供了理论依据。由于刑罚目的多元化符合国家治理的需要，使法律正义价值的追求、社会秩序的维护、人权的保障等理念得到了调和，同时也与刑罚本质属性相吻合，因此，刑罚多元化在国际上得到了多数国家的支持和采纳，各国采纳折中论的不同之处在于各个目的的主次地位不同。

（一）刑罚报应和功利目的

1. 刑罚的报应目的

刑罚目的报应论 ❶ 起源于奴隶社会国家报复刑时期的血亲复仇观念。报应论的报应可以从社会和个人这两个角度来考虑。首先，报应表达了社会对罪犯及其犯罪行为的强烈谴责和批判，这种否定评价的表现形式就是对犯罪人本身施加其应得的痛苦和惩罚。其次，对于犯罪人来说，刑罚惩罚是他应得的后果。犯罪行为是对社会和被害人欠下了债，犯罪人基于犯罪获得了其他遵守法律的人所没有享受到的利益，那么只有通过赎罪即接受刑罚才能使其本人对社会的欠债得到偿还，最终恢复社会整体的平衡。这两个方面都涉及"应得的惩罚"，表明刑罚对于犯罪人来说是罪有应得的。

刑罚的报应目的虽起源于人类的报复心理，但有所发展。从一定程度上来说，报应论具有威慑犯罪人和其他社会主体的作用，同时也有安抚被害人的功效。这一目的观扎根于人们的心灵深处，已经成为人类社会不可动摇的体现公正价值的伦理观念。在确立刑罚目的时，立法者无法回避这

---

❶　该理论在发展过程中经历了神意报应、道德报应、法律报应三个阶段。

一具有深厚民众基础的伦理观念，他们应该首先以立法的形式公开表明对伦理价值观念的支持，然后在社会的公正与功利价值之间作出权衡。这一选择并不是表明一定要坚持刑罚报应和功利之间谁先谁后、谁主谁次，而是要结合具体的情况，争取实现刑罚的公正价值和功利价值。

刑罚报应论有其与生俱来的优势，但也具备了不可回避的弊端。报应论为罪责均衡和罪刑法定的基本原则提供理论基础，体现对公平正义和保障人权理念的追求，能够起到限制刑罚的恣意发动和刑罚适用范围的作用，具有广泛的民众基础。但是报应论也有一定的局限性。刑罚报应论是一种从后看的惩罚理论，只有在犯罪行为发生或危害结果出现时才启动刑罚；报应论在注重犯罪行为和犯罪结果的同时，忽略犯罪人的主观心态，忽略犯罪行为人心理、生理和社会环境因素对犯罪形成的影响，其追求的正义是机械的。另外，报应论在注重正义、人权的同时，没有考虑到效率问题，也使得其受到功利论的批评。"人们的追溯总是要等到损害结果发生以后才开始。还有刑罚，绝大多数情况下，刑罚与已经发生的损害相比犹如抛石打天。"❶刑罚的报应目的虽利弊共存，但是我们并不能因此而否定其积极的意义和价值。毕竟，该理论最能体现刑罚的本质和反映民众刑罚理念，是刑罚最基础的目的。

2. 刑罚的功利目的

刑罚的功利目的表现为对犯罪的预防，是为了实现没有犯罪或者减少犯罪而对犯罪人科处刑罚，功利论又被称为预防论。国家通过动用警察、法庭、监狱等国家机器，对犯罪人施以刑罚，其目的不仅是对犯罪行为进行事后惩处，也是希望对犯罪行为进行预防。作为高度理性的主体——国家更加关注刑罚适用的后续目的的实现——预防犯罪。

刑罚功利论在研究过程中出现了一般预防和特殊预防、积极预防和消极预防等相关理论。一般预防理论建立在心理强制说的基础上，认为通

---

❶　米海依尔·戴尔玛斯－马蒂:《刑事政策的主要体系》，卢建平译，法律出版社，2000，第 253 页。

过刑事立法、刑罚执行的物理威慑、刑罚宣告的心理强制，使社会上想要犯罪的人因害怕刑罚的痛苦而放弃犯罪，从而实现刑罚目的。该理论从其内容看，是一种消极预防。特殊预防的理论建立在对犯罪原因的实证研究上，强调根据个体的具体犯罪原因矫治犯罪人，以预防其将来再实施犯罪行为。特殊预防包含了一定的积极预防因素（防止犯罪人再犯），有学者称其为积极特殊预防。

积极预防理论还包括积极一般预防，产生于 20 世纪中叶。该理论是人们在对刑罚及其目的的进一步认知基础上，通过对个别预防论和消极一般预防论批判的基础上形成的。积极的一般预防以培养人们形成共同的社会规范意识为目标，通过普法教育、法律得到良好贯彻执行、受害人通过国家刑罚权的实施从而得到心理抚慰这三个途径最终得到实现。普法教育是培养一国国民法律素养的通常做法；法律得到贯彻执行是培养国民对信仰法律的最佳途径；受害人得到心理抚慰是平息、控制社会矛盾升级的有效措施。德国慕尼黑大学的罗克辛教授在论及积极的一般预防论时也提出："准确地考察，在积极的一般预防中，还可以区分出三个既相互区别又相互交叉的目标和作用。"❶ 这三个目标和作用与前文提到的三个途径有相似之处。由此，我们可以总结出积极一般预防目的的实现是建立在良法发生积极效果的条件之下的。完善的刑法体系、良好的刑罚运用制度和执行制度是积极一般预防目的实现的前提条件，民众较高的法律素养是积极一般预防目的实现的关键要素。

人之需求的无限性与社会资源的有限性的矛盾使犯罪成为人类社会不可避免的痼疾。国家作为高于自然人和其他社会组织的主体担负着保护社会利益、民众权利的职责，在行使刑罚权时，其目的不仅在于惩罚敢于"反抗统治阶级的孤立个人"，而且希望通过动用自己的全部强制性暴力资源，实现特殊预防和一般预防的目的，限制和控制犯罪，维护社会多数人

---

❶　克劳斯·罗克辛：《德国刑法学总论（第 1 卷）》，王世洲译，法律出版社，2005，第 42-43 页。

的利益。

刑罚功利论与报应论一样，是利弊兼备的理论。功利论强调预防犯罪的目的，追求刑罚的效益，客观上存在着扩张刑罚发动范围的危险：为了预防犯罪，加重处罚犯罪人；为了预防犯罪，以刑罚惩罚尚未犯罪但有犯罪可能的人。这是将人作为手段以实现目的的做法，存在侵犯人们合法权益的风险。具体来说，特殊预防理论以改造犯罪人为目标，有对轻微犯罪行为施以重刑，对累犯和严重犯罪可能施以死刑和不定期刑的倾向。一般预防论有实施重刑惩罚的倾向，容易导致刑罚的严苛，阻碍刑罚向文明发展，威胁罪刑相适应的刑法原则的践行，削弱刑法对人权保障功能的实现。过度强调积极的一般预防论将导致忽略刑罚本质，丧失刑罚是对犯罪行为惩罚底线的突破。尽管预防犯罪的功利目的并非完美，但这一目的不仅符合国家和社会对刑罚的期待，而且体现了刑罚的文明和发展趋势。

（二）刑罚多元目的的融合

报应论与功利论各自的利弊使两者存在取长补短之关系。报应论侧重于追求公平正义，而较少顾及效益问题，而功利论强调刑罚的效益，而忽略公平正义。两者的兼容使犯罪预防目的的实现离不开刑罚报应目的，而报应目的的实现以功利目的为目标，优化了刑罚目的。

1. 报应目的与功利目的存在相通之处

从理论上，报应论和功利论统一于人具有自由意志上，这是它们的契合点。报应论者主张人的意志是绝对自由的，所有的犯罪都是人的自由意志选择的结果。功利论起先虽然否定人有自由意志，但是随着相对自由意志论的提出并得到人们的承认，功利论主张者也开始接受相对自由意志论。相对自由意志论认为，人的选择虽受所处环境的限制，但也有一定的自由选择空间。这一理论合理解释了在同等原因或者同等条件下，不同的人有不同的选择。在相对自由意志论的影响下，刑罚目的两大学派之间完全对峙的情况也开始改变。

报应论在强调刑罚正义性的同时，可以兼容预防犯罪的目的，两者之间并不是完全排斥的。作为报应主义的主张者康德并不反对追求功利。他指出犯罪人必须首先被发现是有罪的和可能受到惩罚的，然后才能考虑为自己或者为他的公民伙伴们，从他的惩罚中取得什么教训。同样，功利论在强调刑罚的功利目的的同时，并不完全排斥报应论的思想。作为功利论的代表学者贝卡里亚明确提出刑罚的目的是多元化的，既体现功利的目的又体现报应的目的，并将多元目的分为主要目的和次要目的。❶

报应论与功利论可以兼容还在于国家和社会基于社会契约论而分别具备一定的权力和权利的观点。由于个人权利的让渡使国家拥有一定的权力。国家在拥有权力的同时也承担着保护个人利益的责任，国家刑罚权由此获得。国家刑罚权的发动应受报应限制，国家刑罚权的发动也必须以功利为目标，这样国家才能较好地实现保障他人权利，打击犯罪的职责。

2. 以报应为基础兼采功利，实现报应与功利的兼容

报应论在刑罚理论界经久不衰，其原因在于符合人们的正义价值观。当然，如果刑罚仅是为了报应而报应，那么刑罚不仅会过于僵硬而且会失去应有的理性，难以跨越人类报复心理的樊篱。

社会中每个人做每件事情或多或少都具有功利性，国家实施刑罚不可能没有功利性。因此，报应和功利目的是国家治理社会时对刑罚的期待，报应与功利目的可以被认为都是刑罚出现和存在所要实现的目标。对于已然的犯罪，刑罚以报应为主要目的，同时辅之以预防目的；而对于未然的犯罪，预防是其唯一的目的。两者是兼容的。

折中论实现了报应论和预防论进行沟通的尝试，当然这并不只是聚集两个彼此矛盾而对立的基本思想，❷而是在两者所具备的共性元素上实现对立点的调和。在调和中出现以报应为基础兼采功利、以功利为基础兼采报应这两种观点。在这两种观点中被更多人接受的是前者。坚持报应为基础，以报应限制功利能够很好地限制刑罚的打击面和打击力度，防止出现

---

❶　金翼翔：《报应主义的历史梳理》，《刑法论丛》2016 年第 3 期，第 135–153 页。

❷　周少华：《刑罚目的观之理论清理》，《东方法学》2012 年第 1 期，第 14 页。

刑罚惩罚虚化的弊端，保持刑罚的正义性，确保功利目的的实现。在刑罚目的论中，报应论是挥之不去的。对犯罪人处以刑罚惩罚的报应是实现功利的基础。通过报应恢复破坏的社会关系，培养民众对规范的信赖，维护社会的安全稳定，实现刑罚预防目的。国家对犯罪的刑罚惩罚并不仅仅是因犯罪而启动，还包括根据犯罪的规律用刑罚预防犯罪。报应与功利相统一的必要性并不在于报应能服务于功利，而在于报应能够制约对功利的追求，即能够在刑罚的目的之外赋予刑罚以正当性，避免刑罚的功利通过不正当的刑罚来实现。❶

报应限制功利具有积极的意义。首先，报应是对已犯罪行为的打击，刑罚惩罚的对象仅限于犯罪人，而不能扩大到犯罪人之外。报应刑实现规范刑罚适用范围的目的，体现报应刑质的要求。其次，报应刑主张刑罚的轻重与罪行的轻重相均衡，实现罪与刑之间量的规范相称性，体现报应刑量的要求。报应刑的意义和价值在于给刑罚划定了一个适用刑罚质和量的范围，明确了国家刑罚权的适用边界。刑罚的目的只能是在这一报应本质制约下的目的，超出此范围便是非正义的目的。"在报应限度内的预防才不仅是功利的而且是正义的"❷。

对犯罪人的犯罪行为实施刑罚惩罚给社会民众带来心理满足，仅这一点就能从一定程度上实现刑罚预防犯罪的目的。有罪必罚、罪刑相应是预防犯罪的基础，无论是迫于有罪必罚的必然性威慑还是罪刑相适应的赞同，从一定意义上会对民众产生一定的阻却犯罪的效果。具体来说，对于人们的法意识和法感情的需要来自良法的制定和颁布以及实施，而一般预防建立在刑罚对犯罪惩罚后果的必然性上，特殊预防建立在犯罪行为与刑罚惩罚的相当性上。

片面地强调刑罚的报应或预防，将会出现侵犯人权和破坏法治的严重

---

❶ 邱兴隆：《穿行于报应与功利之间——刑罚"一体论"的解构》，《法商研究》2000年第6期，第28页。

❷ 陈兴良：《刑罚目的新论》，《华东政法学院学报》2001年第3期，第9页。

后果。过于追崇报应目的，将导致刑罚沦为惩罚的工具、法定刑罚幅度过高、刑罚惩罚失度。过于追崇功利目的就会为了预防犯罪而轻罪重罚，最终陷入纯粹功利主义，妨碍刑罚功利目的的最终实现。这一点在人类刑罚实践中得到证实，为此许多国家在确定刑罚目的时均考虑两者的结合。

　　3. 刑罚的报应目的和功利目的融合于法益保护的最终目的

　　法益，顾名思义就是法律所保护的权益，是犯罪论研究中不可或缺的范畴。犯罪是侵害法益的行为，侵害法益的行为不一定都是犯罪。这是限定犯罪概念的思路。就打击犯罪和保护合法权益两者而言，刑法最重要的任务在于后者，对法益的保护自然也成为刑罚的最终目的。

　　法律是保护法益的规范，作为其他部门法的保障法，刑法对法益的保护是普遍的。其他部门法所保护的权益都属于刑法保护的范围。任何不包括法益保护内容的刑罚目的学说都会使刑罚目的的界定过于片面。❶

　　如果不是为了社会主体追求最大限度的利益，那么对触犯刑法的人施以刑罚就是多余的和不正当的。❷刑罚是一种剥夺、限制权利的处罚方式，它之所以合理存在并不断发展，关键在于它是对法益的保障。在人类社会中，人与人之间的矛盾往往会体现为权利侵害与被侵害，而刑罚的出现是为了阻却社会成员合法权益受到犯罪行为的侵害。李斯特指出："法益是法所保护的利益，所有的法益都是生活利益，是个人的或者共同社会的利益；产生这种利益的不是法秩序，而是生活；但法的保护使生活利益上升为法益。"❸刑罚从实施的情况看，主要体现为对犯罪人权利的剥夺，但这只是表面现象，在剥夺权利的背后，其真正目的是保护人们的合法权利。

　　法益保护是刑法宗旨在刑罚目的中的体现。这一点在各国刑罚中均有体现，所不同的是在不同的国家、不同的时期所保护的具体法益会有所不同。在我国现代化建设时期，国家为了满足人民群众日益增长的物质

❶　韩轶：《刑罚目的的建构与实现》，中国人民公安大学出版社，2005，第 148 页。

❷　韩轶：《论法益保护与罪刑均衡》，《刑法论丛》2016 年第 1 期，第 121 页。

❸　韩轶：《刑罚目的的建构与实现》，中国人民公安大学出版社，2005，第 149 页。

生活与精神生活的需要，以保护社会以及人民群众享有的各种合法权益为己任。

报应和功利目的本身也是保护法益的，刑罚保护法益是通过报应和功利来实现的。报应目的在于主要通过惩罚犯罪实现对法益的保护，功利目的在于主要通过预防犯罪实现对法益的保护。对此，边沁关于所有法律所拥有或者一般应拥有的总的目的是增大社会总的幸福，并因此而排除损害的主张，与庞德提出的法律的最终目标是保护法益的观点可谓不谋而合。国家通过对严重侵犯合法权益的行为追究刑事责任，以刑罚进行惩罚，按照犯罪规律预防犯罪的发生，降低犯罪率。确保大多数人权益的保障是需要通过对犯罪的惩罚和预防得以实现的，因此，惩罚犯罪、预防犯罪是刑罚的中间性目的，保护法益是刑罚的最终目的。

报应限制功利的兼容方式使刑罚对法益的最终保护体现出应有的合理性与适当性。这与法益保护的深层次意义（法益保护的正义）相吻合。法律是否正义取决于是否保护了应当保护的利益，法律是否正义关键在于是否对法益进行了适度的保护。报应限制功利，明确了合适的打击犯罪力度，确保了法益保护深层次意义的实现。

4. 刑罚目的的层次性

报应、功利和保护法益共同构成了刑罚的目的。这三个目的之间具有层次性。报应是第一层次的目的，功利是第二层次的目的，保护法益是第三层次的目的。

刑罚目的层次性可以从两个方面得到论证：人类实践和哲学。从人类实践活动的角度看，人类有目的的实践活动都是由阶段性的工作构成的，由此就有了近期目标、中期目标和远期目标。近期目标是中期目标和远期目标的手段，中期目标是远期目标的手段，远期目标即为最终目标。忽略了目的与手段的关系，否认手段本身的目的性，抛开手段去追求目的，必将导致选择和运用手段的盲目性和随意性，使目的成为虚无缥缈的空中楼阁而难以实现。❶ 这一点，田文昌律师已做较为深刻的论述，费尔巴哈也在《黑格尔哲学批判》中曾说过："一切手段——首先应当是目的。"❷ 刑罚的报应和功利目的首先是目的，其次是为实现保护法益目的的手段。

从哲学的角度看，刑罚目的的层次性体现为目的与手段的辩证关系。目的与手段之间的关系是相对的，两者之间会发生转化，也就是手段会转化为目的，目的会转化为手段。就刑罚三目的的关系而言，报应是刑罚的目的，但也是功利目的和保护法益目的的手段；同样功利作为刑罚目的，也是保护法益的手段。由此，我们也可总结出每一个层次的目的对于较高层次目的来说都是手段，较高层次的目的就是较低层次目的的目的。

从各国刑罚目的的情况来看，法益保护是刑罚的最终目的，这一点是一致的，所不同的是保护哪些具体的法益。报应和功利目的作为刑罚目的在不同的国家，或同一国家在不同的阶段侧重程度不太一样。两者的重要性和复杂性，确定了它们在刑罚目的结构中的重要地位，使它们成为刑罚目的理论的主要对象，客观地代表了刑罚目的的狭义内涵。因此，在一般情况下，刑罚目的在实践中更多地指报应和功利两个直接目的。

三、现阶段刑罚目的之明确

现阶段，中国特色社会主义法治体系不断健全，刑罚作为法治体系的组成部分，明确和强调刑罚目的有其必要性。明确刑罚目的除了考虑刑罚本质、国家和社会的意愿和需求外，还应考虑当前我国的社会背景。

（一）当前我国的社会背景

1. 当前我国的社会治安状况

经过四十余年的改革开放，我国社会发生了巨大变化。社会治安状况

---

❶ 田文昌：《论我国刑罚的惩罚目的》，《法学杂志》1985 年第 4 期，第 12 页。

❷ 韩轶：《刑罚目的的建构与实现》，中国人民公安大学出版社，2005，第 86 页。

因人们价值观念的转变和物质生产的急速发展而发生了很大的变化，国家针对社会形势也适时提出了构建"和谐社会"的方针政策和建设社会主义法治国家的目标。

现阶段我国社会的发展和转型包括从传统的产品经济社会、伦理社会、农业社会向现代的市场经济社会、法治社会、工业社会转变，具有涉及面广泛、转型难度大的特征，且实践中没有可直接借鉴的经验，很多工作都是在"摸着石头过河"的过程中探索。在此过程中，我们遇到了很多困难。社会治安面临前所未有的复杂情况，生产、经营、就业、社会保障、环境保护等领域都面临各种挑战。伴随搞活经济而出现的物资交流、商品流通，出现了流窜犯罪人员增加的问题。在扩大对外开放，发展外向型经济，引进先进技术的同时，国际犯罪组织、境外敌对势力和黑社会势力以及一些污浊之气乘隙而入。这些组织和势力给我国社会主义建设带来了阻力，敌对势力还企图破坏我国改革开放和经济建设。在改革日益深化、新旧体制转换的过程中，我们的法治还不健全，社会防范还不严密，社会主义商品经济应有的新秩序还没有完全稳固，这给违法犯罪活动带来可乘之机。

从犯罪类型看，经济领域犯罪日益增多，暴力性案件突出，流窜犯罪案件有所上升，高科技犯罪不断出现，跨国犯罪增多，犯罪方式多样化、手段装备专业化。从犯罪主体看，青少年犯罪居高不下，老年人犯罪与妇女犯罪呈增长趋势，累犯率上升，以进城务工农民为代表的流动人口犯罪增加，有组织的团伙犯罪增加，以公务员犯罪为代表的各行业职务犯罪增加。从犯罪发生的区域来看，城乡接合部成为假冒伪劣商品犯罪与恶性犯罪多发地，社会黑恶势力对社会治安的影响尚未完全消除。从犯罪对象来看，侵犯财产的犯罪是最主要的犯罪类型，暴力性侵犯人身安全的犯罪比重也在增加。如何防范和化解这些不利因素，成为我们当前在建设社会主义法治国家的背景下不可回避的问题。

从西方社会的发展情形来看，很多国家从农业化到工业化，再到信息化发展的过程中，在创造了巨大社会财富的同时，也毫无例外地出现了治安混乱、犯罪频发的社会现象。社会转型所带来的冲击对社会方方面面的影响都是巨大的。由此我们可以看出，目前中国社会的转型相较于西方发达国家的社会转型而言，总体上是理性且有序的，但利益分配不均与价值观念的不同等问题不可避免地引起一些矛盾冲突。不同于西方各国的发展历程，目前我国社会的转型过程是一个双重性质的转型——既是社会结构的转型，也是社会发展方式的转型。这意味着转型过程中所产生的不可控因素、未知因素以及矛盾冲突给社会带来潜在的负面影响要比西方社会所经历的情形要复杂得多。我国社会现阶段面临各类风险，不仅风险种类多样、风险多发，而且风险治理难度大。可以说，当代中国在转型道路上最应该关注的是对犯罪的控制。如何确立合理的刑罚目的观，在不影响社会顺利转型的前提下充分发挥刑罚的作用，是一个不可回避的重大的理论与实践问题。从某种意义上讲，在现阶段相较于法益受到侵害得不到保护的问题而言，法规范意识缺乏的问题更值得我们警惕。我国社会在现阶段应当对严重危害社会秩序的犯罪、严重侵犯公民利益的犯罪、影响中国特色社会主义建设健康协调发展的犯罪行为扩大刑法介入范围并加大刑罚处置力度。

总体而言，我国未来一段时期内需要严抓对刑事犯罪的打击和控制，降低恶性案件的数量与比例，这些都是我国和谐社会的建设以及法治进程所面临的巨大挑战。强调刑罚的报应目的、功利目的是必要的，同时应该提倡和鼓励刑罚目的中积极一般预防目的。

2. 我国国民的道德和刑罚观念

（1）转型期我国国民道德状况。道德是调整社会关系的一种特殊意识形态，由社会的经济基础所决定，同时又对经济基础和整个社会起到促进的积极作用或阻碍的反作用。道德与法律的协调运用能够较好地调整社会关系，反之不利于社会发展。

自新中国成立以来，我国的道德建设取得了不少成绩，在社会主义新风尚的影响下，国家建设取得了显著的成绩。然而，国民的道德意识随着改革开放的深入和社会的转型有所下降，道德冲突与道德失范现象给整个社会带来的影响是不容忽视的。我们在确立刑罚目的时，必然要综合考虑目前社会中所存在的多种道德观念。

我国现阶段在道德建设方面尚未摆脱模糊的局面。一方面，对于传统道德因过于强调其封建性和落后性，不仅弃其糟粕，而且对精华部分也未能很好地吸收和利用；另一方面，具有中国特色的社会主义道德体系尚在构建过程中。现代道德理论模糊，使人们在道德选择中呈现出多样性。在这样的背景下，一部分人在物质利益面前丧失对自己的底线要求，道德约束力锐减，拜金主义、利己主义对人们的影响较大，社会关系曾在一定范围处于失控。尊老爱幼、助人为乐、勤俭节约、廉洁奉公等优良传统在社会中并未完全得到共鸣，例如，媒体曾播出高铁占座、跌倒老人无人搀扶等情况，这些都能从一定程度上反映出我国部分公民的社会道德水准出现下滑的情况。

职业道德是社会道德在职业领域中的体现，根据职业性质的不同，每一行业都有其道德准则，是行业健康发展的保障，也是行业对社会承担的道德责任。近几年来，也出现了职业道德下滑的情况。例如，部分公务人员徇私舞弊、贪赃枉法，破坏了社会管理和运营秩序，侵犯了广大人民群众的利益，影响了社会主义现代化建设步伐。在产品生产、流转领域，出现了企业失信的问题。产品质量安全问题尚未得到完全解决。这些都是从业人员缺乏责任心、片面追求不当利益所导致的。

家庭是社会的重要组成部分。家庭的和睦、稳定对社会的稳定具有重要的意义。在社会转型期，传统家庭道德却受到了冲击。其主要表现有：奠定家庭关系的婚姻关系不够稳固，重婚、婚外恋、未婚同居的情况增多，离婚率不断攀升。赡养老人的责任感淡化的同时，却出现了对孩子的溺爱。家庭道德的下滑同样不利于社会的安定。

当然，我们也应该看到自新中国成立以来形成的新的道德风尚，也应该意识到改革开放以来，在经济建设过程中个体价值的实现意识、积极竞争意识和效率观念等逐渐深入人心，促进了社会的进步和人性的解放。这些新的道德因素正艰难而顽强地成长。我们应对这些新道德因素进行深化、引导，使其深入人心。

中华民族的优良传统道德和国外文明、优秀的思想成果是我们在进行社会主义现代化建设过程中值得继承和借鉴的，我们应继续秉持取其精华、去其糟粕的态度，不断传承和发展社会主义优秀道德，使其对我国的现代化法治建设起到积极的促进作用。对当前道德状况的正视是明确我国刑罚目的的重要依据。

（2）我国国民刑罚观念。我国现阶段的刑罚观念受传统刑罚观念的影响较大，但也有向现代刑罚观念转化的趋势。就传统而言，因果报应思想对我国刑罚观念的影响较大，犯罪坐牢、杀人偿命的观念以及重刑主义思想较为普遍，对罪犯较为反感、排斥和敌视，主张以重刑惩罚和威胁罪犯。近年来，媒体和社会对一些案件发出判决不公的声音，其中一部分声音体现了重刑主义思想倾向。这种重刑主义报应观念是长期形成的，绝非短时间内可以摒弃的。

同时，我们应该看到，人们的思想意识正随着社会的发展不断发生着变化。人性与个人价值意识不断彰显，公平、正义、人权、法治等先进的现代法律理念逐步深入人心。刑罚思想和观念发生了一定的变化。对人的生命的敬畏、对人性的尊重已被越来越多的人所接受。在新时期，重刑报应思想虽还存在，但已开始动摇，刑罚观念不再局限于报应观，体现时代特征的刑罚理念逐渐影响着本土社会。无论是立法还是司法或执法活动更多地从"人"这一基本社会主体出发，凸显人的基本价值，实现对人权的保障。现阶段，刑罚的目的即对罪犯的惩罚和对未来犯罪行为的预防，以及对法益的保护其实都建立在一个对人性的尊重和人权的保障的前提之下。逐步发展、变化的刑罚观念影响着刑罚的实施。刑事立法和刑罚目的的明确也应对此情况作出正面引导。刑罚的目的的明确既要尊重传统，也要恪守"适时"要求。

总之，我国社会已发展到了一个关键时期，社会矛盾有所变化，新的规范尚未完善，重刑主义的刑罚报应模式对控制犯罪效果难尽如人意。报应刑理念下严苛而又没有个体差异的等价式的刑罚非但不能取得对犯罪打压的预期效果，而且对犯罪人的再社会化也不能产生积极的影响。❶ 为了降低犯罪率，确保我国社会顺利发展，我们应该对传统的刑罚报应思想进行变革，就刑罚目的而言，应该在报应刑基础上，追求预防犯罪的目的，最终实现保护法益。

（二）现阶段刑罚目的的选择和强调

1. 刑罚预防目的的强调和重视

（1）重视积极一般预防目的。我国现阶段处于急速发展的时期，科学技术空前发展，物质财富不断丰富。在这样的社会条件下，高危作业领域的不当操作可能会危及社会安全，如有毒有害物质泄漏导致的环境污染；与此同时，社会面临跨国犯罪的危害，如恐怖活动、跨国贩毒等。社会对这些犯罪后果的承担、恢复能力是较弱的。社会的发展使单纯依赖刑法的事后保护显示出明显不足，社会重大危险的存在或可能发生，使前置性和预防性的刑法保护成为必须。新的环境、新的时代需要重视积极一般预防目的。

积极一般预防目的是在消极一般预防目的和特别预防目的的基础上发展而来的，适应于社会文明高速发展的阶段。在我国现阶段，社会对积极一般预防目的的实现有诸多的有利条件。民众素养普遍提高，社会制度和民主氛围对培育公民对刑法产生的忠诚和信仰奠定了现实的基础。民主立法机制使广大公民有机会参与立法，增强对法律的认知度。司法活动和执法活动的信息化建设使法律公开、审判公开、裁判文书公开、执法公开成为可能或已实现。民众对法律的体验更加真实，切实感受到法律的公平正义。这样的氛围促进了刑法传播，增强了人们对法律的忠诚度，最终有利于建设和谐、安全的社会。

积极一般预防目的在社会风险防控中具有积极的意义，保证刑法规避

---

❶　周磊：《关于刑事政策与刑罚理念的辩证思考》，《法制与经济（下旬）》2012 年第 3 期，第 59 页。

风险、保卫安全功能的实现。在发生有可能破坏环境的活动或者其他社会公共利益的活动时，如果当时的社会秩序较为良好，阻却犯罪行为的力量就大。对法律的信仰、守法观念的增强会从一定程度上降低犯罪的发生。对法律的信仰程度高，人们或相关从业者大多就会养成对刑法规范和相关法律规范的自觉遵守的意识，使规范的正当性得以确认，从而维护社会的安全和稳定；对法律的信仰程度高，人们制止犯罪的积极性就高，许多危及社会安全的犯罪很有可能被人们制止。

与消极预防目的一样，积极一般预防目的的实现应受报应论的限制，否则会模糊刑罚惩罚的边界，最终导致法治被破坏。

（2）强调特殊预防目的。在我国社会转型时期，刑满释放人员重新犯罪率有所上升，在这样的情况下，强调刑罚特殊预防目的是极为必要的。特殊预防论与刑罚个别化原则相契合，两者均关注犯罪人的个人情况和人身危险性，主张实行因人而异的矫正方式。各国现代刑法典中或多或少地包含了特殊预防的目的，规定了根据行为人的不同情况给予不同处罚的内容，我国现阶段对特殊预防的强调也是具有重要现实意义的。

特殊预防论否定了"天生犯罪人论"，认为人实施犯罪具有多因性，即犯罪人生理的、心理的和社会的等多种原因。刑罚的适用，同样需要考虑与犯罪人和犯罪行为有关的多种因素，如犯罪人自身的生理和心理因素、导致其犯罪的社会因素，做到多管齐下，进行综合治理，从而达到控制犯罪、减少犯罪、防卫社会、保护法益的目的。

另外，特殊预防目的使刑罚效益价值得到彰显，弥补了报应论刑罚目的的局限。效益是人们从事活动所追求的价值之一，也是国家行使刑罚权所期待的效果。没有效益，就不能实现或难以实现目标。刑罚为了实现这个价值目标，在一定范围内需要作出一定的弹性变通但仍不失其正当性。否认刑罚的效益原则，不仅不利于刑罚功能的实现，而且会使刑罚显得过于僵化。报应论对特殊预防和一般预防的兼容可以使刑罚实现正义兼顾效益的效果。

刑罚的理论和实践无不证明，并不是每个受刑的人都愿意接受改造、都能够被改造，刑罚的矫正和改造的功能是有限的。然而，刑罚具有教育、矫正、改造罪犯的作用也是不可否认的。我国刑法对刑罚的特殊预防目的的期待也是合理的。无论是从改造罪犯，使之改恶从善，不再危害社会的角度看，还是从改善犯罪人的自身状况治疗疾病、培养技术以增强生存能力等角度看，刑罚无不具有相当的正当性。既然如此，我们就应当汲取特殊预防中的合理内涵，将之纳入刑罚目的，并在刑罚范围的划定、法定刑的配置、刑事责任能力等的规定方面给予足够的重视，在相关立法中加以规定或体现。

特殊预防以犯罪人不再实施再次犯罪为出发点，以维护社会秩序为目标。正是基于这样的认识，冯·李斯特才提出了以行为人为中心的刑事政策，最重要的是有效的措施和方法，而刑事政策的目的是什么、刑罚方法为何在规范上是被认为是无关紧要的。❶ 显然，特殊预防论对社会秩序的考虑要多于报应论，报应基础上的预防是在刑罚公正的范围内争取社会秩序的安定。在有罪必罚、罪刑均衡的报应目的的框架下，法官在量刑时应注重犯罪人的人身危险性和其他个体情况，并进行适当的调整，这是刑罚个别化的要求使然。在刑罚执行阶段，行刑机关可以根据犯罪人人身危险性的变化，采取一些具体的激励措施，如减刑、假释来实现特殊预防犯罪的目的。

（3）肯定一般预防目的。18 世纪资本主义思想的启蒙催生了以心理强制为特征的刑罚的一般预防理论的建立。以心理强制为特征的一般预防理论将人视为具有趋利避害本能的自然存在者，提出了国家刑罚权的存在和运用能够使人在趋利避害本能的作用下起到预防犯罪的效果和实现预防犯罪的目的。此观点具有一定的合理性。

刑罚一般预防目的的实现有两个非常重要的因素。一是人趋利避害的本能，二是人具有相对自由的意志。人在刑罚惩罚和因犯罪得到利益之间

---

❶　徐久生：《冯·李斯特的"马堡计划"简介》，《犯罪与改造研究》1999 年第 8 期，第48 页。

进行权衡后，会作出放弃犯罪的选择。由此，刑罚的惩罚和威严是不可或缺的。因此，费尔巴哈提出了"用法律进行威吓"这句名言。❶在一般预防实现的过程中，刑法威慑是通过对犯罪人实施刑罚实现个别威慑与对犯罪人以外的其他人以刑法规定和刑罚实施所产生的普遍威慑两种情况得以实现。在进行中国特色社会主义建设的过程中，刑罚一般预防目的肯定是必要的。

一般预防指的是一般威慑，是刑罚对于人们的威慑功能。对此，我们应理性面对，夸大其作用和否定其作用都是不可取的。实际上，刑罚不是对任何人都产生威慑的效果。对于绝大多数具有良好思想素质和法律素养的人和极个别主观恶性很深的人来说，刑罚威慑对他们不起作用。前者具有较强的规范意识，不会实施犯罪行为，后者不会因为"刑罚之恶"而阻却犯罪。这两种人虽差异较大，但都不受刑罚威慑功能的影响或者受到的影响很小。刑罚的一般威慑功能主要是对一般有犯罪倾向的，但处于徘徊不定状态的人群，他们可能会慑于刑罚的威力而不去实施犯罪行为。

此外，刑罚威慑作用的发挥会受到时间、地点、人的情绪、共同犯罪人的唆使或引诱、被害人的刺激等多种因素的影响。例如，很多共同犯罪的案件就是在同案犯的负面影响下实施的，有些激情犯罪是在被害人的刺激下实施的。刑罚一般预防目的的实现其实也是具有其局限性的。正如我国学者指出：实际上，人们的犯罪动机是十分复杂的，尤其是冲动性犯罪与突发性犯罪，其中非理性的、无意识的心理因素起到了很大的作用。❷如果无视这些心理因素，简单的刑罚的威慑功能是缺乏依据的。

刑罚的一般预防目的的实现虽有一定的局限性，但是由于法律威慑的效果的客观存在，对这一目的的肯定和追求也是不能忽视的。

2. 报应目的的坚守

在纷繁复杂和翻天覆地的社会发展过程中潜伏着一股主要的推动力

---

❶　陈兴良：《刑罚目的新论》，《华东政法学院学报》2001 年第 3 期，第 6 页。
❷　韩轶：《刑罚预防新论》，《法律科学（西北政法学院学报）》2004 年第 5 期，第 69 页。

量——人们对公平正义的需求与渴望。我们需要把刑事思想中的正义概念纳入社会学的视野加以考量，将正义的问题定位于我国转型阶段的社会、政治和历史环境。报应公正是刑罚目的的基准。法律是为实现社会的公平正义价值而存在的，作为法律组成部分的刑罚亦如此。报应作为刑罚的基础目的，是由刑罚满足社会需要的正义价值所决定的，与我国民众普遍认可的"善恶报应"这一朴素的正义观相契合。报应刑主张刑罚的适用及其严厉程度与犯罪行为和后果相吻合，这是刑罚正义的基本要求。

正如其他发达国家所经历的那样，我国社会在转型、高速发展期同样伴随犯罪高发的情形，此时，社会不仅需要正义价值的追求，也需要一个安定的秩序和保障人权的法律氛围，对报应目的的追求是不能忽略的。对此，国家在制定刑事政策，应该充分重视明确刑罚目的。社会民众面对犯罪高发的问题必然会要求国家能够提供更多更充分的看得见的正义，而民众也只有通过对刑事典型个案的正义所反馈的信息才会更加相信法律与刑罚的作用，坚信自己权益在受到损害时可以获得国家以及法律足够的保护，如此才能进一步实现预防犯罪，保护民众与社会的目的。反之，如果民众长期从国家公权力方面得不到对于他们所需要的正义的支持、保护与救济，那么私权利对正义的追求以及自力救济会成为社会的常态，而在此时，想要建立一个稳定而健康的社会秩序则是难以想象的。

（1）坚守报应目的是实现我国刑法原则的要求。罪责刑相适应原则是我国刑法的基本原则之一。该原则要求从立法、司法和执法方面对触犯刑律的人必定会进行刑事追诉进而使其承担与所犯罪行严重程度和罪过轻重相称的刑罚。该原则充分体现了刑罚报应目的的观念，还体现了刑罚的正义价值。否认刑罚的报应目的，无异于是对刑罚正义的背弃，对罪责刑相适应原则的违反。

（2）坚守报应目的是我国维护法律秩序的要求。由于报应刑强调对已然犯罪的惩罚，因而通常被认为忽略对法律秩序的保护。这一点也成为功利论者对报应主义进行批判的重点。虽然对秩序的维护不是报应刑强调的重心，但实际上对报应刑的践行客观上有对社会秩序进行维护的效果。无视这一点的责难是不公正的。从理论上看，康德的道义报应论是以维护道德秩序为出发点的，黑格尔的法律报应论则是以维护法秩序为出发点的。**❶**在实践中，报应刑通过对犯罪行为的惩罚实现了对道德秩序、法律秩序的维护，进而实现维护社会秩序的目的。

（3）坚守报应目的是我国人权保障的需要。人的生命、安全和自由是最基本的人权。这些基本人权首先可能会因为违法、犯罪行为而受到侵犯。对于违法行为，国家会通过民事、行政等方面的法律进行规制，如果违法行为的程度达到犯罪的程度，国家就会以刑罚进行惩罚。此外，人的基本权利还会因为国家非法的抑或合法但不当的行为受到侵犯。对此，国家以法律规定的方式对公权力进行规制，在刑法领域，国家在刑法中通过规定体现刑罚报应观的罪刑法定、罪责刑相适应的原则，遏制国家基于功利目的对犯罪人施加与其犯罪行为不相适应的重刑。刑罚报应观关注的是行为而非行为人，这使得报应刑更能体现客观公正，因为犯罪行为是客观发生的，具有现实性，行为人尤其是行为人的个人思想因素、人格情况是很难准确把握的。客观公正地处罚犯罪能有效保护公民的人权。诚如陈兴良教授所说，"由于犯罪是个人的反社会行为，而刑罚是具有法定刑罚权的国家以社会名义对犯罪的反应，因而罪行均衡就会有限制刑罚权的意蕴。就此而言，罪行均衡与罪刑法定具有共同的价值内容"**❷**。

3. 以报应为基准，兼顾功利

法律是人类在实践中积累起来的智慧体现。与自然科学不一样，刑罚理论中正义与功利之间的限度分配无法通过计算得出，也很难单纯依靠演绎推理予以阐述。实践性、理论性很强的刑罚目的的明确既要考虑刑罚原理、国家和社会对刑罚的期待，也要考量当前社会治安状况和社会发展水平。

刑罚目的是一个动态概念，随着社会情势进行变迁。不同的社会，相

---

❶ 邱兴隆：《刑罚的哲理与法理》，法律出版社，2003，第 134 页。

❷ 刘守芬等：《罪刑均衡论》，北京大学出版社，2004，第 51 页。

同社会的不同发展阶段所面临亟待解决的社会难题不同，刑罚目的的侧重点也会有所不同。折中论的适用并不意味着报应目的和功利目的的简单相加。如何将报应与功利目的合适地镶嵌于我国现阶段刑罚目的之中是我国在建设现代化法治国家的进程中应该思考的重要问题。

刑罚是人们在反复摸索制止犯罪过程中衍生出来的一种制度。把它孤立地看作某一单纯的理念，这本身就是不恰当的。鉴于报应和功利目的的局限性，对于刑罚目的应综合采纳，才能避其弊，扬其利，也才能使刑罚的目的符合社会需要。

罪刑法定与罪责刑相适应原则是公平正义价值得以实现的保障，在我国社会转型期需要更严格的遵守，以确保维护人权以及预防犯罪再次发生，从这一点上说，我们应当将刑罚的报应目的放在基础位置，在追求法律之公平正义的前提下，保障刑罚功利目的的实现。报应论是针对已然犯罪的，具有相对客观性。立足于已然犯罪的客观报应有利于定罪的准确和量刑的公正。以报应为主要目的的这一指向性刑罚目的观，不仅可以防止过度强调报应所造成的严酷刑罚，也可以防止强调一般预防而给犯罪人的"莫须有"与强调特殊预防所带来的对可能无法防止人身危险性的轻缓处罚。学者林山田认为："刑罚应该是符合比例原则之公正刑罚，不可过分强调威吓社会大众一般预防功能，或是过分强调教化犯罪人之个别预防功能，而轻易破坏刑罚公正报应之刑罚本质。" ❶

如果我们将报应和功利目的两者的关系确定为以功利为主，兼顾报应，那么对罪犯量刑的法定刑幅度的依据应该是犯罪人的人身危险性和社会治安形势的状况。我们知道即使是司法实践最为发达的国家，对人身危险性的把握和测量都是难以准确的，社会治安形势状况虽与犯罪有关但也只是犯罪的原因之一，对其准确确定性也绝非易事。以功利为主的刑罚目的在实践中是不好操作的，并具有陷入主观归罪的可能。鉴于功利与报应各自的利弊和相互可以取长补短的关系，在我国刑罚权的实现过程中，确

---

❶ 林山田：《刑法通论（下册）》，北京大学出版社，1998，第 696 页。

立报应限制功利的刑罚目的观可以实现功利目的受公正价值制约的良好结果。因此，本书主张刑罚目的以报应优先，报应为基准，兼顾功利，最终实现对法益的保护。

菲利普·本曾说过："对正义的诸多界定中所能抽象出来的正义的主要特征是：平衡感、均衡性、不偏向以及给人以公正的该得。" ❶ 正义价值本身体现了对人的尊重，符合以人为本的观念。一般来说，刑罚的强度和犯罪的下场也应该注重对犯罪人和社会中其他人的效用，所以刑罚强度应根据社会发展的进程和人们对刑罚强度的接受程度而作出合理的选择，简言之，刑罚尽可能不要那么严酷。人类刑罚史用大量的事实说明了残酷的刑罚对于减少犯罪并无作用。刑罚对人产生的威慑力主要依靠的是刑罚的必然性和延续性，而非刑罚的强烈性。对刑罚强度的把握关键在于罪刑的相称性。应当说，使得刑罚与犯罪相对等、相对称，刑罚才可能以公正的面目出现，也才能够更容易得到人们的尊重。虽然有关特殊预防和一般预防的规定在一定程度上对这两项基本原则进行了修订，但是，刑法的这两个基本原则依然是定罪判刑的基准。恰恰由于有关特殊预防和一般预防的规定只是对刑法这两个基本原则的有限修订，因而刑罚预防目的的实现不能完全脱离体现刑罚报应的这两个基本原则，必须是在这两个基本原则的范畴内追求刑罚的功利目的。

最为理想的犯罪预防为积极一般预防，较为传统的犯罪预防为一般预防（又称消极一般预防）。前者依靠民众法律规范意识的养成，后者是通过刑罚痛苦性负面效果的恐惧实现。两个犯罪预防的路径都是以刑罚公正报应为前提和基础的。对犯罪人适用刑罚时的畸轻畸重均会影响人们对法律的信任，催化公众对法律的反感，进而影响对法律的信仰。

明确了刑罚的目的和不同目的之间的关系后，寻求报应和功利的良性互动成为践行刑罚折中论的重要途径。在立法阶段，立法者应该按照正义报应观根据罪名和罪行划定一个最基本的量刑范围，然后根据通常的量刑

---

❶　邱兴隆主编《比较刑法（第 2 卷）》，中国检察出版社，2004，第 41 页。

情节规定从重或从轻的情况。在司法阶段，法官按照案件的事实和法律，结合法律规定，在立法所限定的犯罪圈和量刑圈内，明确量刑的幅度，然后再从功利的角度决定最终的量刑。这样设置出的刑罚尺度既符合正义价值，也符合功利价值。在执法阶段，执法者严格按判决执行的同时，也需考虑受刑人的人身危险性、改造的表现等功利性因素，从而决定是否提出减刑、假释的建议。

四、结语

以报应为基准兼顾功利的刑罚目的观符合维护公平正义之理念和秩序的要求，具有较强的理论性、本土适应性和实践操作性，是我国现阶段的刑罚目的观，有利于正确处理政治利益、经济利益和其他利益等之间的平衡，实现权利平等与司法公正，是我国向法治社会发展过程中所必须坚持的。刑罚是最严厉的强制方法，是保障社会安定的手段之一。惩罚和预防犯罪是为了确保实现人自由幸福的生存环境。我们对刑罚制度的设计、目的的追求都是围绕人出发的。人是社会的主体，是目的而不是手段，保护法益是刑罚的最终目的。

由于刑罚目的观的复杂性和变化性，本书所主张的以报应为基础兼顾预防的刑罚目的观不可能没有变化。随着我国社会的发展、情势的变迁，对报应与功利在刑罚目的之间的分配进行调整也是可能的。

第二节   中国监狱行刑目的的明确与践行

刑罚的多元目的在行刑阶段将会得到客观、具体的落实。由于刑罚种类不同，这些目的的实现会体现出不同的情况。财产刑通过对部分或全部财产权的剥夺使罪犯失去对财产的所有权，失去再次犯罪的物质基础；生命刑通过剥夺犯罪人的生命使罪犯失去再次犯罪的可能性；资格刑通过永远或限期剥夺犯罪人在一定范围内从事一定行为和活动的资格，从而阻却犯罪人再次犯罪；监禁刑通过永久或限期剥夺犯罪人的人身自由，阻止犯罪人永远或一定期限内不可能再实施犯罪。这些刑罚的执行同时也使社会中的人感受到刑罚的严厉性，从而产生一般预防的效果。

监禁刑这一类刑罚在执行阶段，其目的将转化为报应、预防、恢复被犯罪行为所破坏的社会关系。恢复社会关系包含着罪犯刑满释放后顺利回归社会、罪犯与受害人之间的关系得到缓解、社会对罪犯的接受等内容。这些具体的含义体现了刑罚权实施后的良性效果，确保了社会秩序，保障了民众权益。践行行刑目的需要明确各个目的之间的层次性，树立新的行刑理念，处理好三个目的之间的关系。

一、明确监狱行刑目的的层次性

监狱行刑目的是国家和社会对监狱行刑所希望和追求的一种积极效果，是刑罚目的在监禁刑执行阶段的具体体现，属于刑罚执行目的的范畴。监狱行刑目的中的报应、预防、恢复社会关系不是一个平面上的范畴，三者具有时间上的先后性和空间上的立体感。报应、预防、恢复社会关系层层推进，在正确实现报应的基础上实现预防，在实现报应和预防的基础上实现恢复社会关系。前一层次的目的是下一层次的目的的手段。忽略这种辩证关系，必将导致选择和运用手段时的盲目性和随意性。

（一）监狱行刑的初级目的是报应

霍布斯认为："法律不随之以刑的威慑、便不成其为法律，而只是空洞的言辞。" ❶ 监狱行刑初级目的——报应不仅是由刑罚本质属性所决定，也是由监狱性质和任务所决定，更是由监狱的工作所决定的。虽然随着社

---

❶　霍布斯：《利维坦》，黎思复、黎廷弼译，商务印书馆，1985，第 228 页。

会的发展，刑罚文明的推进，人们已逐步能理性地认识到犯罪现象，客观地评价犯罪人，但是我们不能因此否定报应目的的天然正义观念而一味地鼓吹功利目的，我们需要做的是改变实现报应目的的形式和力度，使报应目的能够随着人类文明的推进而发展。人类刑罚发展历史也证明了这一观点是正确的。从肉刑、死刑到资格刑，从条件恶劣的行刑环境到保障生存条件和健康条件的行刑环境，从服刑罪犯由行刑客体到行刑主体的转化无不说明报应是刑罚最为基础的目的，所不同的是，不同时期、不同国度实施惩罚的标准和形式各异。这其中是有深刻的伦理价值的：惩罚引起痛苦的事实，加强诚实的人们脑海中的道德动机，它为道德意识提供一种新的抵抗力。除此之外，在许多情况下，惩罚给予诚实的人们以实际的报偿。❶的确，行为人实施犯罪后，通过刑罚惩罚，让人们产生了强化刑罚惩罚严厉性的感受，同时也保障了守法人的合法权益，不致使守法的人沦为犯罪的牺牲品。如果国家不对犯罪进行惩罚，那么犯罪人就会得到不法利益而不用承担不利后果，而他们得到的不法利益是守法人本该享受的利益。这样，社会就会失去平衡。如果犯罪人犯罪后，得到的是免费的教育和舒适的衣食住行而不是痛苦，那么刑罚也就没有存在的意义了。

　　刑罚用"以恶止恶"的方式控制犯罪。犯罪行为是对社会、受害人权益的侵犯，主体实施犯罪是为了实现和追求不良目标，或者是追求某种非法利益，或者是满足某种非法需要。刑罚的执行要使犯罪人为此付出一定的代价。这个代价是负面的、消极的，是以被执行人感受痛苦的方式来实施。费尔巴哈认为："不顾威吓而仍然犯罪，必须对罪犯科以刑罚，因为他事先已经知道要受罚的。"❷

　　监狱行刑是对被监禁的罪犯的人身自由权利的剥夺并使其感受痛苦，这是刑罚报应目的的应有之意。将罪犯拘禁于监狱，通过对罪犯自由的剥夺从而剥夺或限制罪犯自主权、财产权、性权利、社会交往权及享受服

---

❶ 加罗法洛：《犯罪学》，耿伟、王新译，中国大百科全书出版社，1996，第217页。

❷ 黑格尔：《法哲学原理》，范扬、张企泰译，商务印书馆，1961，第100页。

务的权利等，使罪犯感受因犯罪而带来的痛苦。从西方监禁刑发展的历史看，监禁刑起源于流放刑，是流放刑的转型和发展。由此，我们也可看出，监狱行刑的痛苦还在于对罪犯的一种驱逐，使罪犯社会属性得不到良好体现，切断或限制罪犯与外界的联系。"一些有关法律的定义和理论认为，通过制裁可以增进强制力，而且制裁的作用远比其他促使人们有效遵守与执行法律命令的手段大得多。"❶ 此观点的周延性虽值得商榷，但制裁与惩罚在规范他人行为的过程中是必不可少的。总之，监狱行刑的初级目的是报应，❷ 是实现监狱行刑较高层次目的的手段。

1. 正确把握监禁刑惩罚的内容和程度，实现监狱行刑的报应正义

一般来说，体现行刑正义的是行刑行为以及行刑条件（监狱、监舍和其他的监狱物态）。行刑行为指的是监狱行刑行为的内容和程度，是体现行刑正义的主要部分；行刑条件指的是监狱、监舍和其他的监狱物态，这些虽能体现一定的行刑正义程度，但不是主要的内容。实现行刑正义的关键在于对行刑行为的把握，对犯罪人的权利剥夺程度的把控。对这个度的把握需要涉及社会的发展程度、刑罚意识等多种因素。正义是一个动态的价值，报应正义也应该有一个动态的标准，如果这个标准超过了一定的度，就构成了非正义。一般来说，对两种不同程度的刑罚，如果在执行阶段却处于同等的惩罚内容和力度，那么就无法说服服刑犯罪人改过从新，更不能实现刑罚的威慑效果，随之而来的是人们对刑罚的蔑视和对抗。随着社会的发展，对服刑罪犯采用侮辱，甚至酷刑方式进行折磨同样也是与报应正义相违背的。

2. 行刑报应的痛苦程度和内容应体现轻缓趋势

随着时代的发展，民主的推进，监狱行刑对服刑罪犯带来的痛苦呈逐渐轻缓的趋势，这是刑罚轻缓化的体现。监禁刑最初的目的是将罪犯与社

---

❶ E. 博登海默：《法理学：法律哲学与法律方法》，邓正来译，中国政法大学出版社，1999，第 341 页。

❷ 这里的报应不是简单的惩罚、报复罪犯，甚至是复仇，报应本身包含着人类理性元素，体现了与时俱进的正义价值。

会隔离，实现对罪犯的驱逐，然而在人类行刑的历程中，人们发现了监禁刑的行刑悖论——行刑的封闭性与罪犯刑满释放后的社会性之间存在不可调和的矛盾，于是现代监禁刑提倡行刑社会化，逐步、适当地放松对服刑罪犯的监禁程度，由剥夺人身自由向限制人身自由发展。此外，监禁刑的执行也需要根据行刑当时和当地的条件保障服刑罪犯的生存条件。

3. 行刑报应以保障服刑罪犯人权为底线

监狱行刑虽然是对罪犯剥夺人身自由权利的实现，但是我们应该清楚作为受刑罪犯，他还有许多法律赋予他的其他权利，这些权利是没有被剥夺的。同时，我们也应该明确罪犯虽然犯有某种罪行，人身自由权利被剥夺，但是他作为人的资格没有被取消，其人权应该得到保障，人格权应该得到维护，他们未被剥夺的其他权利应受到保护。服刑罪犯在监狱中，他们的财产权、劳动权、受教育权的行使都会受限，这些权利是未被剥夺的，监狱应努力满足其未被剥夺却客观受限权利的实现。

4. 强调行刑报应的同时我们应着眼于预防目的的实现

在行刑阶段，由于刑罚直接作用于犯罪人，因而预防目的的实现是直接的，也是主要的。在这个阶段，报应的基础目的是更好地实现预防目的，特别是特殊预防目的。我们应强调报应目的是实现预防目的的理念，否则，因报应而报应就会陷入报复的深渊，从而使报应正义偏离方向。服刑罪犯会因为过度的报应产生对国家和社会的仇视；社会民众会因为过度的报应减少对法律的敬畏。监狱行刑应本着为了预防而进行报应的目的。

（二）监狱行刑的终极目的是预防犯罪

与我国刑罚目的相适应，监狱行刑的目的除了实现报应公正外，还有预防的功利目的。报应目的是基础和前提目的，预防犯罪目的是监狱行刑的主要目的。监狱行刑是在行刑个别化原则指导下，通过改造或矫正措施，帮助服刑罪犯提高再社会化能力的过程。实践证明，在服刑人员主观恶性尚可改造的情况下，如果措施得当，服刑体验能阻却他们再次实施犯罪行为。监狱行刑的过程和效果同样也会使社会中的其他人感受到法律的威严，从而产生威慑效果，实现消极一般预防的目的。公正的行刑工作和良好的行刑效果更有利于社会大众感受法律的公正，产生对法律的信仰，进而实现积极一般预防的效果。

监狱行刑的特殊预防是在对服刑罪犯进行惩罚的基础上进行的。一般情况下，服刑罪犯在体验隔离痛苦，并产生一定的畏惧心理时，监狱警察对其及时进行思想教育、法制教育，结合文化教育，针对服刑罪犯的心理状态、人格特征进行个别化的心理矫治，同时施以人文关怀。这些措施的目的就是改变服刑罪犯的犯罪心理，预防他们再次实施犯罪。王秉中先生在论述我国罪犯教育目的时说："以解决罪犯思想问题为核心，以满足社会需要，使罪犯成功地社会化为归宿，把罪犯塑造成为认同社会主流文化，具有一般社会人的道德水平和健康人格，自觉遵守社会法律的自食其力的社会公民。"[1] 这是实现特殊预防目的的最高境界。

1. 特殊预防

监狱行刑不论从监狱的职能出发还是从刑罚目的在行刑阶段的体现出发，都应将特殊预防作为目的。将罪犯投入监狱服刑，除了实现惩罚目的外，其主要目的还在于矫正犯罪人，使其能够顺利地实现再社会化。这是确保社会稳定、保障民众权利的基础。在监禁刑行刑过程中我们不仅强调特殊预防目的，而且强调实现此目的的措施要更加有效。在考虑服刑罪犯的人身危险性和所犯罪行的基础上，要切实制定并落实防止其再次走上犯罪道路的措施，以实现特殊预防目的。这是对人的尊重，是从长远计划的角度思考社会发展问题的体现，是人的理性发展的体现。

特殊预防在我国称为"改造"，这是一个中国化了的含义丰富的法律术语。作为行刑目的之一，"改造说"起源于我国新民主主义革命时期，发展于新中国建设的过程中，其方式主要是通过劳动改造、教育改造、生活规范养成三个方面实现对服刑罪犯的改变。"改造说"实际上是特殊预防目的的中国化。

---

[1]　王秉中主编《罪犯教育学》，群众出版社，2003，第 42 页。

罪犯能否被改造是决定行刑特殊预防目的能否实现的根本问题。改造论建立在人是能够被改造的认识基础上。"改造说"主张罪犯是人，而人都具有可改造性。从犯罪人的形成上看，犯罪行为实施者并不是天生的犯罪人，虽然个人遗传因素难以完全排除，但是犯罪主要是由后天造成的，只要找到导致犯罪人犯罪的原因，然后消除这种致罪因素，犯罪人是完全可以改造的。从认识论上看，犯罪人之所以选择犯罪行为，是由其在实践中形成的思想认识、观念所支配的。如果改变了犯罪人的社会存在包括具体环境、社会活动方式和内容等，就可以改变犯罪人的思想认识、观念。长期以来，我国采用思想改造、劳动改造、行为规范改造的方式对服刑人员进行教育和引导，的确取得了较好的成效。最为典型的范例就是新中国成立之初对战犯和反革命犯的改造。这些改造工作堪称监狱改造史上的壮举。

监禁刑行刑悖论随着我国改革开放日益深入，表现得日趋明显。封闭化管理，监狱环境和服刑罪犯在监狱的生活方式难以跟上社会的发展速度。罪犯在刑满释放后难以适应社会生活，刑满释放人员重新犯罪率逐年提高。为了实现我国社会的长治久安，控制犯罪率攀升的状况，将特殊预防作为我国监禁刑行刑主要目的是合理的。

罪犯矫正又称罪犯矫治，❶是指纠正罪犯不良心理倾向和行为习惯的行刑措施和制度。❷我国的改造与西方的矫正在本质上是一致的。监狱警察的任务就是本着保障人权的初衷，帮助罪犯改变错误的认识，调整不当的心理，纠正不良的习惯，培养和强化社会谋生能力，使犯罪人形成良好的自我控制能力，复归社会后成为守法公民。

监狱行刑特殊预防目的包含两个方面的内容：一是消极特殊预防。监狱行刑使服刑罪犯切身体验受刑之痛苦而不再敢实施犯罪行为。此种特殊预防方式虽不能使刑满释放人员在思想上得到改造，但是监狱行刑的体验

---

❶ 起源于西方国家的罪犯矫治，通常采取的方式是教育感化、心理治疗和技术培训等措施。

❷ 中国劳改学会编《中国劳改学大辞典》，社会科学文献出版社，1993，第 621 页。

确已使其受到刑罚的震慑而不敢再犯，最终实现特殊预防的目的。❶ 二是积极特殊预防。❷ 通过监狱的矫治，服刑罪犯最终放弃再次犯罪的念头。应指出的是，我国监狱行刑应尽量追求第二种特殊预防的方式，强化第一种方式将会陷入行刑重刑主义和报复主义的泥沼。第二种行刑目的的实现主要靠实施监狱行刑的个别化原则，根据罪犯的个人情况，特别是再犯可能性的大小，有针对性地给予个别教育、个别处遇。

2. 一般预防

（1）消极一般预防目的。监狱行刑的消极一般预防目的是通过对服刑罪犯的惩罚而实现的。从某种意义上说，刑罚本身就是一种以恶制恶的手段，监狱行刑同样也能使企图实施犯罪的人因看到受刑之苦而不敢以身试法。"在任何社会中，纯粹的自然威慑都不足以使那些因为过于邪恶、过于愚蠢或意志过于薄弱的人去遵守法律；然而，由于体力和脆弱性的大体平等，由于服从一个限制性制度有明显的利益，这就使得恶棍的联合在力量上不可能胜过保持自愿合作的人们。"❸ 哈特的这句话有两层含义：其一，法律的威慑功能的确存在；其二，一般预防是有限的。

的确，对于一些意志薄弱或者容易受到外界影响的人来说，监狱行刑的威慑作用有限。服刑罪犯被剥夺人身自由的痛苦和因此遭受到的或多或少的歧视对有犯罪倾向的普通人来说是有威吓和震慑作用的。这种威慑作用是客观存在的。而对一些激情犯罪或者主观恶性很深的罪犯来说，通过威慑而实现消极一般预防目的是很难实现的。我们对此应该持一个客观的态度。

人是具有报复情结的。被害人对犯罪人产生强烈的报复愿望是自然的。对犯罪人进行惩罚，使其经受牢狱之苦，发挥行刑的安抚功能，会在

---

❶ 从行刑实际效果看，消极特殊预防目的的实现比例虽不容乐观，但也客观存在。

❷ 监狱通过教育、心理矫治等措施使犯罪人在思想上得到改造，心理上得到调整，转变了罪犯的人生观和世界观，消除了他们头脑中各种不良的思想意识，成为守法公民。

❸ 哈特：《法律的概念》，张文显、郑成良等译，中国大百科全书出版社，1996，第214 页。

一定程度上抚慰被害人的精神创伤，满足了被害人的报复愿望，从而放弃以犯罪方式进行报复。一般预防目的因此得以实现。

（2）积极一般预防目的。监狱行刑的积极一般预防针对的是广大守法民众。监狱行刑向他们传递这样的信息：其一，犯罪是会受到惩罚的；其二，国家会保护守法者的合法权利。监狱行刑实现良好的社会效益，需要建立在良法和公正行刑的基础之上。从某种角度说，行刑对守法人的激励作用是通过沟通实现的。监狱的公正行刑使守法的人们确信法律否定犯罪，合法权利一定得到保障，从而达到人们对法律的信任和忠诚。监狱行刑具有这样的任务："在法律共同体中证明法律秩序的牢不可破，并且由此加强人民的法律忠诚感。" ❶

在监狱行刑过程中，特殊预防和一般预防作为功利目的的体现，所处的地位并不一致。监狱行刑的立足点是通过改造犯罪人，使其复归社会后成为守法公民。监狱行刑一般预防目的的实现是建立在公正报应和取得良好特殊预防效果的基础上的，是通过守法人在对法律建立信心的基础上实现的。从主体及实现途径而言，一般预防都不可能成为主要目的，我们可以称之为监狱行刑的间接目的。

协调好一般预防和特殊预防的关系实际上首先要处理好报应和特殊预防的关系，使特殊预防目的实现的方式和手段控制在报应的范围内，实现行刑正义价值；其次就是使特殊预防目的的效果日渐凸显，以此感召和鼓励大多数人遵纪守法，实现一般预防。

（三）监狱行刑的最终目的是恢复被犯罪行为所破坏的社会关系

1. 恢复被犯罪行为所破坏的社会关系的内涵

随着社会的发展、观念的变化，人们对监狱国家属性的强调逐渐向社会属性转变，并从社会学视角挖掘监狱的功能，赋予其更多的社会治理职

---

❶ 李冠煜：《对积极的一般预防论中量刑基准的反思及其启示》，《中南大学学报（社会科学版）》2015 年 1 期，第 60 页。

能。社会管理成为现代监狱基本职能的客观事实为我国监狱的现代化建设指明了发展的方向。

人的最大价值在于实现社会属性，对在监狱服刑的罪犯不能因为其坐牢而否认其社会属性。承担社会治理职能的监狱其根本宗旨在于维护社会安宁秩序。从这个意义上说，监狱作为社会职能部门在行刑过程中需要关注罪犯的社会属性的实现。

从监狱的根本宗旨看，尊重罪犯的社会属性也是其实现目标的基础，可以说，社会性是监狱行刑应该秉承的宗旨。适应现代社会发展的情势，恢复被犯罪所侵害的社会关系（简称社会恢复），也应当是现代监狱的重点任务和行刑的关键目的。

在现代监狱行刑的三个目的中，惩罚是基础，预防犯罪是任务，社会恢复是终结。刑罚执行、劳动改造、教育改造、心理矫治等是为服刑罪犯回归社会作铺垫的手段，只有罪犯真正实现社会恢复，行刑的目的才能达到，监狱行刑的任务才能最终完成。从某种意义上说，报应与功利目的是现代监狱行刑的"工具价值"，而监狱行刑"自身的最终价值"在于社会恢复。这是一个社会中国家对公民个人态度不断转变的象征和标志，使监狱行刑在更高层次上具有合理性意义。这一目的的明确对于维护社会和谐，激活行刑中的多种积极因素，促进正义价值的实现具有积极的意义。

监狱行刑目的是刑罚目的在监狱行刑阶段的体现，既要在刑罚目的的范畴内，又要具备监狱行刑的特性。从社会角度讲，监狱行刑应该具有化解社会矛盾的功效，充分考虑刑满释放人员回归社会的问题，将整合、恢复先前被犯罪行为破坏的社会关系作为重要的问题考虑到行刑目的之中。社会恢复不仅包含罪犯刑满释放后顺利回归社会，还包含社会对刑满释放人员的接纳。

恢复被犯罪行为破坏的社会关系这个终极目的的意义，还在于其对行刑初级和终极目的的统领作用。单独强调监狱行刑的报应和功利目的有使服刑罪犯成为手段的倾向。这样的行刑后果是不容乐观的，容易导致惩罚的过度和改造的急功近利，从而违背行刑规律，最终不能实现所追求的目的。同时，单独强调监狱行刑的报应和功利目的，也容易在行刑过程中将服刑罪犯沦为行刑客体，否定他们的主体资格，漠视他们的权利，进而影响监狱行刑文明体制。

2. 监狱实现最终行刑目的的思路

作为自然人，顺利社会化的一种状态就是不断地明白事理，并以事理规范自身、完善自身。监狱行刑措施、行刑规训要不断扩大罪犯个体的心智视野，构建符合社会价值判断的知识体系，增强他们的行为理性。

在实现最终目的的问题上，对于服刑人的再社会化能力的培养是主要的，监狱需要做好六个方面的教育改造：法治意识、责任意识、社会伦理、权利意识、劳动技能、健康心理。具备健康的心态、正确思想意识和在社会具备一定的谋生能力的人是可以顺利适应社会的。

服刑罪犯由"犯罪人"到"社会人"的心理转化与能力转变，是实现行刑最终目的——恢复社会关系的应有内容。对服刑罪犯进行思想教育是我国行刑的特色，曾取得较好的成效，但是在现代化行刑背景下对罪犯的思想教育不能一成不变地传输既有的社会伦理和制度以及法律规范，而是需要站在社会发展和社会治理的角度观察和厘清罪犯作为社会人的主观犯因，❶然后找准突破口，帮助罪犯摒弃错误的思想和认识，正确认识自己所犯的罪行，重构家庭责任感、社会责任感。毕竟，思想的转变是一个自觉醒悟的过程，在这个过程中，监狱警察的工作方式要从传统的管理与服从之单一方式转变到以激励、感化为主的互动方式上。这种转变是有难度、有挑战的，但也是有效的，符合思想教育工作规律。此外，对服刑罪犯劳动技能的培养，需要改变监狱靠罪犯劳动维持监狱运转或弥补国家财政拨款不足的问题。目前，从我国大多数监狱的情况看，监狱经费的拨款虽基本到位，但尚有一些监狱需要依靠其自身利润弥补局部支出的不足。这是目前监狱在培养罪犯劳动技能上不能完全从罪犯再社会化角度出发的主要

---

❶ 陶新胜：《从治本安全思维修正现代监狱行刑方略——以城市监狱社会功能为视角分析长刑犯行刑策略》，《河南司法警官职业学院学报》2017 年第 4 期，第 5 页。

原因之一。从刑满释放人员再犯罪的原因看，不具备符合社会需求的谋生能力是他们再犯罪的主要原因之一。这一事实证明了培养社会需要的劳动技能和谋生能力是罪犯顺利再社会化的重要因素之一。

服刑罪犯的家庭问题应该引起我们的高度重视。从我国目前入狱人员的情况看，大多数服刑罪犯家庭并不富裕，很多服刑罪犯尚有未成年人和老年人需要他们抚养和赡养。家人的生计问题常常困扰服刑罪犯，使他们难以安心改造。这是监狱进行感化教育的关键点和突破口。现代监狱在行刑过程中需要将触角延伸到狱外的罪犯家庭和社会关系，力所能及地帮助协调解决服刑罪犯的后顾之忧。从我国行刑现状来看，这方面的工作早已在 20 世纪 90 年代开展，并取得了一些成果，积累了一些经验，但是工作的深入度和普及性不强。在监狱现代化建设过程中，此项工作的探索和创新成为必要。

此外，对刑满释放人员的关心和帮扶也是在现代化过程中，监狱警察不可回避的问题。服刑罪犯刑满释放后回到社会，从与监狱的法律关系上看，虽然两者之间的确没有了行刑法律关系，但是从监狱是承担社会治安职能的机构来看，对刑满释放人员不能因为刑满释放而终止了所有的关系。作为对刑满释放人员心理、思想和其他基本情况较为熟悉的国家行刑机构，监狱具有关心和帮扶刑满释放人员的便利条件。在监狱现代化过程中，我们可以构想在监狱成立一个刑满释放人员帮扶中心，负责跟踪了解重新犯罪倾向明显的刑满释放人员，并及时与刑满释放人员所在地的民政部门、公安机关进行沟通，给予刑满释放人员一定的帮助。

现代监狱和监狱警察需要关注因为犯罪而引发的社会关系的恢复。社会关系的恢复需要社会力量的协助，监狱应作为号召社会力量参与帮助服刑罪犯和刑满释放人员的主要主体。行刑社会化措施的采用，将使更多公民以志愿者的身份参与行刑过程，了解服刑罪犯的情况，理解服刑罪犯的难处，长此以往，社会民众接纳刑满释放人员的比例会不断上升。

随着被害人人权保障学的兴起，在审判阶段被害人的诉讼地位得到应有的恢复，然而在监狱行刑阶段，被害人仍然被忽略。罪犯一旦被投入监狱，被害人就无法过问或参与服刑罪犯的服刑情况。被犯罪行为破坏的社会关系仅靠国家公权力单方的伸张正义并不可能得到完全修复，忽略了被犯罪行为侵犯的被害人在被破坏社会关系中的主体地位和利益。现代监狱在行刑中应该尽可能地践行恢复性司法理念，采取有效措施，帮助服刑罪犯与受害人之间的沟通。❶

二、树立先进的行刑理念

监狱行刑理念是指导监狱制度设计和监狱行刑实际运作的理论基础和主导价值观，它蕴含着法律理性和社会正义的价值追求。❷ 行刑理念属于行刑主观价值追求的内容，起到指导行刑活动的作用。在现代化建设的进程中，对先进行刑理念的提倡是很有必要的，这也是践行行刑目的观的需要。

一方面，我国监狱行刑理念受到"严刑峻法""重惩罚、轻权利"观念的影响；另一方面，受社会进步、法治文明的影响，我国行刑理念正处于创新和发展阶段，许多先进的理念对行刑实践的影响不深入。树立现代行刑理念具有在更高层面上统摄、引领和规范行刑实践的功能。

（一）恢复性司法理念

恢复性司法理念起源于北美洲，随后很快在世界各国传播，取得了较好的实践效果。20世纪末，我国学者引入了该理念，并从理论上进行了深入的探讨。这是一种蕴含替代恢复犯罪人、被害人和社区三者之间因犯罪行为所受损坏关系的思想，既有利于犯罪人顺利重回社会，又有利于实现

---

❶　这样的措施可以是多种多样的：在监狱可以设置开放日，让受害人进监参观与服刑罪犯交谈，鼓励服刑罪犯向被害人或被害人家属悔罪，督促服刑罪犯积极履行民事赔偿责任；办理罪犯的减刑假释时，法院要适当考虑重大刑事案件被害人的意见；设立国家刑事被害人救助基金，将罪犯的部分劳动报酬和监狱的部分利润作为一个资金渠道等。

❷　高汝成：《监狱行刑理念创新研究》，《行政与法》2012年第12期，第118页。

行刑目的。

从我国目前行刑实践看，监狱系统在改造罪犯、提升社会行刑效果等方面作出了很多创新。自 20 世纪 90 年代开始，监狱采用"请进来，走出去"的方式尝试开放管理，通过改善服刑罪犯在狱中的生活待遇、物质保障、提倡人权的方式维护服刑罪犯的合法权益。然而，这些创新性的措施仍未能大范围开展，监狱从总体上仍然沿用传统封闭的行刑模式。服刑罪犯在服刑过程中与外界的接触机会仍然很少，更不用说与社区和被害人沟通。从近年来监狱硬件建设的情况看，国家的投入是很大的，大部分监狱都配置了完备的安保设施和设备，实现服刑罪犯"跑不了"的目的。然而，如果不加区分地将所有的监狱都装备高度警戒的设施，则会强化监狱的封闭性，这显然是没有必要的，不利于服刑罪犯回归社会。

此外，我国监狱对监管安全极为重视，长时间以来，将监管安全作为评价工作成效的首要标准，并实行一票否决制。社会的高速发展与监狱因强调监管安全所导致的封闭化加剧了行刑悖论。服刑罪犯不逃跑、不违规、服从监管的背后压制了行刑过程中的许多矛盾，大多数服刑罪犯的思想、行为和谋生能力并没有在服刑过程中得到转变或提升。他们在刑满释放后不仅不能适应社会，还得不到社会的接纳。

恢复性司法理念将对我国监狱刑罚执行起到指引功效。当前，我国监狱刑罚执行处于转型的关键时期，对这一先进理念的重视和落实将会促进我国监狱工作的发展，对转换监狱行刑模式、解决罪犯教育成效不大、刑满释放人员重新犯罪率较高的问题，以及对实现行刑最终目的都具有积极推动的作用。监狱行刑应当在具体的工作中重视恢复受损社会关系转化，为服刑罪犯创造重回社会的机会。该理念与监狱行刑最终目标形成了高度的契合。

恢复性司法理念的践行是促使服刑罪犯从内心改过，并愿意积极改造的正确路径。内心改过是一个思想转变的过程，这个过程无法建立在空洞的说教上，而是建立在真实的事实体验基础上。罪犯有了正确、积极改造的动力，而不是为了获得减刑、假释的机会而"改造"，行刑的良性实效就自然出现。

　　恢复性司法理念的积极因素关键在于强调行刑过程中罪犯、受害人和社区的参与，同时注重受害人受损心理的恢复，重塑罪犯责任感。引入恢复性司法理念能够在行刑阶段进一步保障被害人的权益，有助于实现恢复被犯罪行为所侵害的社会关系的目的。犯罪行为对被害人造成的伤害是客观存在的，包括身体、精神与物质等方面。法庭的审判、犯罪人被羁押虽然可以在一定程度上缓解抚慰被害人内心的痛苦和愤怒，但这只是报应情感的短暂满足，被害人很难永久地摆脱诸如恐惧、人格侮辱、自信丧失等的精神痛苦。在行刑阶段践行恢复性司法理念可以弥补被害人缺位的弊端。例如，经当事人商讨后让服刑罪犯对受害人进行补偿，服刑罪犯可采用分期限补偿受害人的经济损失、向受害人提供免费劳动等方式，最终弥补受害人的损失。服刑罪犯也可能因此得到被害人的谅解和社会的接纳。监狱在尝试恢复性司法措施时应特别权衡受害人对服刑罪犯改造的影响。在开展试点工作时首先选择一些能包容、谅解犯罪人的被害人，尽量避免被害人对服刑罪犯的不良刺激。行刑目的的实现是建立在克服监狱行刑悖论的基础上的，监狱的刑罚执行活动应该吸纳社会人员参与其中，监狱应该发动和组织社会成员加入改造罪犯的互动中，为社会的安定和谐共同努力。

（二）监狱行刑法治化理念

　　我国监狱行刑的法治化是国家法治化建设在监狱行刑领域中的体现，包含法律主治观念 ❶ 和监狱行刑权力的依法行使观念。这一理念指导着我国监狱行刑的方方面面。

　　行刑法治化的最基本要求就是监狱行刑活动必须受法律规范，所依据的法律应是完整和详细的，并且具有高度权威。从我国行刑法律制定的情

---

　　❶　监狱行刑中的法律主治观念，蕴含法律至上的价值理念，要求依法行刑，树立法律的权威，增进监狱警察和服刑罪犯对法律的信仰。

况看，应该说相关的法律规范是具备的。❶然而从严格意义上说，我国监狱行刑的法律体系尚不完备、不全面，在现有的法律中，仍然存在局部法律法规规定的相互矛盾。没有完备的法律，法治难以实现，制定和完善我国监狱行刑法律体系在当前成为急迫的工作。

行刑法治化理念要求监狱行刑只信守法律，不受任何机关、团体和个人的干涉。在实践中，我国监狱工作存在受政策和领导指示影响的情况。监狱行刑的法治化要求在行刑中对人、对事实施法治化管理，具体要落实在依法治狱、依法治警等方面。法律规定是监狱警察履职的依据，任何单位和个人不得要求监狱方面法外行刑。

行刑法治化要求监狱行刑中处理好弹性空间。在行刑过程中，监狱警察具有裁量的灵活空间。法律不可能穷尽行刑的全部具体事务，在行刑弹性空间的问题上，监狱应在行刑内容和方式方法上，以行刑个别化为原则，以实现行刑目的为目标，在法律的规范下因人施教。

在新时期，行刑法治化要求监狱功能的单一化。根据法律规定，监狱是执行刑罚的主要机构，这种功能的单一化是由法律明确规定的。从法治化的角度，我们应该恢复监狱唯一的法律功能。在现代化建设和监狱转型的关键期，我们应该采取措施取消其他曾经发挥的经济功能，使监狱的经济功能转移到为服刑罪犯提高谋生技能的定位上。

（三）治本安全观理念

治本安全观是我国监狱管理的一个理念。该理念是对监狱传统底线安全观的提升，是直面监狱矛盾，从根本上解决监狱工作实质问题的态度转变。监狱安全是监狱工作中极为重要的一环，长期以来受到监狱特别关注。在传统监狱管理模式下，监狱的安全问题主要围绕在不出事的范围内，也就是"四无"❷标准。为了实现这一底线目标，监狱工作往往只要服

---

❶　规范监狱行刑行为的法律有《刑法》《刑事诉讼法》《监狱法》等。

❷　"四无"是指：无罪犯脱逃、无重大狱内案件、无重大安全生产事故、无重大疫情。

刑罪犯按监规从事即可，忽略罪犯是否从内心真正改过。

治本安全观促使监狱职能的回归。治本安全就是从根本上解决监狱的安全问题。监狱是个矛盾重重的地方，正视问题和困难就是促进监狱转型的有力举措。监狱的安全是建立在理顺监狱各主体关系的基础上的。这项核心工作的开展必须从理顺监狱警察与服刑罪犯之间、服刑罪犯与服刑罪犯之间的关系着手，解决他们之间在行刑过程中发生的矛盾，这样才能从根本上改变固守底线安全观的局面，也才能打开服刑罪犯的心结，实现合理、合法惩罚，有效改造。治本安全观要求监狱最大限度消除服刑罪犯人身危险性、降低再犯罪率。这与监狱行刑的最终目标是相契合的。我们应摒弃对监狱工作的评价局限于是否脱逃和伤亡的简单指标上。

治本安全观的践行将促进监狱工作的顺利转型。监狱现代化建设就是将监狱从传统模式向现代化模式转变。现代化监狱模式的管理理念是以人为核心，以服刑罪犯的改造为核心。治本安全观以高瞻远瞩的视角，指出了监狱工作的方向和监狱工作的本质。治本安全观实现了监狱安全和监狱治理的圆满结合。治本安全观，安全是前提，治本是核心，两者的结合统筹处理了安全与改造这个问题的关系。从改造好服刑罪犯的角度维护监狱的安全，在监狱安全的基础上改造罪犯。

监狱安全和改造罪犯的结合符合辩证思维和哲学方法，从改造罪犯的实效来确保监狱的安全。这样的思路抓住了监狱行刑的关键之处，从改造罪犯的犯罪思想，实现罪犯的再社会化目标上求突破、求实效、求提高，监狱的安全自然也会得到实现。治本安全观符合新时期监狱发展的实际。近几年来，我国罪犯的构成发生了一些变化，单纯依靠传统的监管模式很难处理监狱存在的矛盾和解决监狱的难题。治本安全观的提出，使得监狱行刑的职责得以突出，监狱警察能够以改造、教育罪犯为职责，专心研究、探索工作，不受生产和其他工作的干扰。

治本安全观有利于监狱对管理措施的改进。正确的手段和机制是取得良好工作成效的保障。我国监狱自转型以来着重在改造罪犯的方法和措施上不断创新，虽然取得了一定的成效，但是受底线安全观和其他一些因素的制约，尚不能健全科学的教育改造方法和手段。治本安全观的提出，有效解决了固守机械安全观的局面，缓解监狱警察的后顾之忧，使他们能够大胆地思考、尝试有利于罪犯改造的新方法、新措施，逐渐摆脱旧思想、旧方法，使管理罪犯与教育罪犯不再对立，努力创新拓展教育方法和手段。

治本安全观的践行需要人、财、物等条件保障。从财政保障而言，国家要进一步落实监狱的拨款，增加监狱在培养服刑罪犯生存技能方面的投入，这一点对于欠发达地区的监狱而言尤为重要；从人力资源看，监狱要加大专业技术人员的分类和培养，改变对监狱警察一刀切的评价机制；从改造环境看，监狱需要改变统一的高度戒备监狱的设置，按照服刑罪犯人身危险性的大小分别设置高、中、低不同戒备的监狱，并做到适时调整受刑罪犯服刑场所，以利于他们的顺利回归。监狱还应重视对目前已开展，但力度上需加强的服刑罪犯离监探亲制度、家属见面制度，用亲情的力量促进罪犯改造，践行治本安全观。

监狱是国家安全体系的重要组成部分，是维护公共安全、社会稳定的重要因素。治本安全观把监狱工作放进国家安全大局中进行思想规划、筹谋，体现了我国在新时代背景下的长远视野、宏大格局。治本安全观引导着监狱警察的履职方向，激励他们发挥主观能动性，为国家的稳定作出贡献。

三、正确处理好三种关系

一直以来我国在监禁刑行刑过程中，出现了惩罚罪犯与保障罪犯权利，监狱开放与封闭，惩恶犯罪与颂扬良善之间的关系难以协调的问题。以上三种关系客观上存在相互矛盾的情况。在现代行刑背景下，这三组关系的协调不仅是行刑发展的必要，也是实现行刑目的的需要。

（一）正确处理惩罚罪犯与保障罪犯权利的关系

在实现行刑目的的过程中，正确处理惩罚罪犯与保障罪犯权利的关系是极为重要的，这关系到行刑目的的顺利实现。

在监狱行刑中，监禁刑对罪犯人身自由权的剥夺体现为将罪犯羁押于监狱，通过监狱及其设施实现罪犯与社会的隔离。这是对罪犯的刑罚。监禁刑的隔离惩罚功能客观上能体现刑罚的报应目的。罪犯被隔离于监狱后，随之产生监狱对他们的狱内管理。在此，我们必须明确的是，狱内管理并非刑罚惩罚，而是罪犯被隔离惩罚后自然出现的结果。罪犯在监狱服刑期间，监狱不可能将其隔离后置之不理，而是需要对他们进行管理。在这一点上，服刑罪犯与社会上普通人有相同之处，❶生活在社会中的人们同样不可能享有绝对自由。他们的权利在相应的工作和学习场所会以纪律的形式受到一定的限制。当然，由于服刑罪犯是被剥夺人身自由的人群，他们因此而被限制的自由会更多一些。对服刑罪犯的狱内管理包括安排食宿、组织队列、组织劳动、开展教育等。这些是监狱对罪犯实施的行政管理，不具有刑事制裁的性质。这些是监禁刑的派生物，是监狱将罪犯监禁起来、兑现惩罚后接下来发生的行为。狱内管理过程中，罪犯受到限制的权利是法律并未剥夺但在行刑中因监狱行政管理需要而产生的。对罪犯权利的保障自然也就需要集中在狱内管理的阶段。

除对罪犯的合理隔离外，监狱不应对罪犯再有惩罚的内容。这一点无论是国外学者，如法国思想家福柯；还是国内学者，如邱兴隆先生都作出过精辟的论述。在监狱服刑的罪犯应该享有作为自然人之基本权利。这些权利包括足以维持生存和健康的物质生活待遇权，人身不受酷刑体罚、虐待侮辱权，个人财产不受侵犯权、宗教信仰自由权、文化娱乐权、劳动权等权利；这些权利还包括不危及监狱安全前提下的通信或会见权，了解社会信息权，包括阅读报章杂志和出版物、收听无线电广播、观看电视节

---

❶　学生在学校、军人在部队、公务员在国家行政机关，他们享有的自由是相对的。

目、依法提出请求或申诉的权利，以及随着监狱社会化的发展，提出在放宽警戒条件的行刑场所行刑和限期出监学习、工作等申请权；此外，罪犯作为特殊的社会主体，还应享有提出减刑、假释、监外执行权。

在行刑实践中，服刑罪犯应该享有的未被剥夺的权利被烙上了刑罚的印痕，在内容上表现出不完整性。有些权利由于被监禁而暂停行使，如夫妻同居权；有些权利只能限制行使，如财产权、受教育权等。

从总体来看，惩罚与保障关系的和谐处理要从实现行刑目的的角度出发，考虑服刑罪犯出狱后的顺利再社会化的问题。在行刑期间，监狱应根据他们行刑表现和人身危险性的评估逐步减少受限的权利，改变行刑处遇，鼓励和协助服刑罪犯维系或建立同监所外个人或机构间的联系，促进他们恢复正常社会生活的最大利益。这是一个渐进的过程，需要在进一步深化行刑个别化，扩大社会化行刑方式的过程中逐渐得到实现。

行刑个别化的深入践行主要依靠监狱对罪犯的科学分类和监狱警察的专业化培养，涉及监狱工作的方方面面。监狱行刑社会化的涉及面更为广泛，难度更大，不仅需要监狱警察和领导理念的转变，还需要社会的参与。这是监狱发展的方向，也是保障服刑罪犯权利，正确处理惩罚与保障问题的路径，更是实现行刑目标的途径。

（二）正确处理监狱开放与封闭的关系

行刑社会化理论发展至今，在国际上已处于较为成熟的阶段。该理论既不强调监禁刑单一化，亦不主张将罪犯放归社会的绝对化。行刑社会化以教育、矫正、改造犯罪人为核心内容，不是机械地彰显刑罚功能，而是为了促使罪犯复归社会，以弥补监禁刑的不足。❶从某种角度看，行刑社会化是现代社会发展中推动刑罚进步的路径之一，是在监禁刑无法被其他刑种完全替代的情况下所进行的一种改良。从已开展行刑社会化的国家实践来看，这不仅是可行的，也是有效的。我们需要以行刑社会化的方式处

---

❶　刘司墨：《论行刑社会化的本土理论构造》，《荆楚学刊》2018 年第 3 期，第 74 页。

理好监禁刑行刑悖论的问题。

特别预防目的和恢复社会关系目的的实现是建立在对服刑罪犯改造的基础上的。我国现代意义的改造除了包含传统意义的改变思想意识、完善法制观念之外，还被赋予了适应社会的思想、心态和能力等要求。后者的实现需要服刑罪犯在社会环境中不断学习、思考、修正而实现。监狱自身所具有的封闭性不利于罪犯社会化能力的培养，对罪犯的社会化教育也绝非监狱能够独立完成的。对服刑罪犯的社会化改造需要服刑罪犯与社会主体交流、沟通，培养社会谋生能力，调整心态，学习知识，这些都离不开社会力量，甚至是对罪犯危险性的评估都需要借助社会力量。为了实现行刑目的，我们需要在监狱封闭化和服刑罪犯社会化之间进行协调，使监狱对服刑罪犯的人身自由的剥夺程度与服刑罪犯人身危险性相适应。这在实践操作层面是一项复杂的系统工程。从监狱内部看，监狱行刑社会化涉及监狱的科学分类、罪犯人身危险性评估和分类的准确性，以及监狱警察职业专业化发展；从监狱外部看，监狱行刑社会化需要监狱与社会的联动。如何协调监狱与社会各部门、社会成员、企业、服刑罪犯家庭等的关系成为不可回避的问题。这是一项具有难度的工作，也是促进监狱顺利转型的途径之一，更是实现行刑目的的正确路径。从我国实际看，监狱行刑社会化应采取如下措施。

1. 在监狱中尽量营造与外界社会接近的环境

正确处理隔离与融合的关系，在监狱中尽量营造类似于外界社会的环境。首先，在监狱营造有利于良性沟通的环境。良好的沟通机制是改变服刑罪犯错误认识，调整心态的基础。监狱过于严肃的执法氛围不利于营造良好的沟通环境，服刑罪犯往往会隐藏自己的观点。监狱警察在履职过程中要加以引导，鼓励服刑罪犯多发表观点，同时要安排一些有利于服刑罪犯沟通的场合和机会。这种场合可以是罪犯之间的、罪犯与警察之间的、罪犯与家人或者其他社会成员的，形式可以是口头的，也可以是书面的。在不危及监狱安全的情况下，让每个罪犯在与他人的交流、沟通中实现对人格的社会化。其次，监狱要营造与社会基本同步的劳动生产环境，便于罪犯学会和提高劳动技能，提升谋生能力、培养正确的劳动观。最后，监狱要创造与社会同步的生活环境。在与社会基本同步的环境下，让服刑罪犯学会使用手机、电脑，熟悉日常事务，让他们服刑期满后，具备与其他社会成员顺利沟通和交往的能力。

2.增设半自由刑制度

半自由刑制度是完全监禁和非监禁刑罚之间的过渡，对缓解行刑悖论、实现行刑目的起到积极作用。其具体行刑方式主要有业余监禁和周末监禁。虽然这种行刑方式在操作上有一定的难度，但是如果我们探索到适合我国的实行方式，其优越性是毋庸置疑的，不仅可以弱化服刑罪犯的标签效应，还可以促进恢复社会关系的行刑目的的实现。

半监禁刑制度的设置同样也应建立在对监狱按警戒程度合理划分等级，对服刑罪犯按人身危险性划分的基础上，规定在不同等级监狱服刑的条件以及转换监狱条件和程序，以使服刑罪犯在行刑过程中随着人身危险性的降低而处遇发生变化。

3.行刑的公开性

行刑公开是刑罚公开在行刑阶段的要求。从传统角度看，刑罚公开一般强调的是制刑和量刑公开，在现代法律体制下，刑罚公开也要求行刑公开。行刑公开是对民众进行法制宣传和教育的途径，是践行行刑社会化的基础。监狱行刑中监狱安全因素至关重要，行刑公开的执行与监狱安全会产生冲突。因此，监狱行刑公开并非完全公开，而是在安全和社会化需要之间进行协调。

目前，监狱行刑公开的措施是多样化的，较为稳定和常用的措施有通过微博、微信这样的新型平台来落实狱务公开，向罪犯近亲属及时发布罪犯个人服刑改造的相关信息；有的通过设立狱务公开服务热线，解答罪犯近亲属提出的疑问。狱务公开制度的普遍实施使得罪犯家属也能更明确地知悉罪犯在狱中的动向，进一步畅通了社会对监狱监督的渠道。监狱隔离和融合关系的正确处理离不开狱务公开。然而，从目前使用这一途径的情况看，只有一些服刑罪犯家属通过这一途径了解监狱行刑情况，社会民众很少使用这一平台。拓宽民众了解监狱行刑情况也是监狱工作一项重要的任务。

当然，狱务公开并非所有的监狱事务都要公开，监狱也有不能公开的内容。例如，监狱警戒安全设施、监狱警戒安全布局、监狱武器装备等。凡是涉及维护监狱安全、行刑秩序、罪犯服刑生活劳动教育安全的事项均不在公开之列，这是出于确保监狱安全、秩序、利益不受侵害的目的而需要的。

从理论上说，公众对规范内容的获知程度和理解程度越高，公众越容易在刑法规范的宣示下实现理性算计，形成规范认同和法序信赖的效果。❶监狱行刑实现一般预防目的建立在民众知悉行刑情况并认可行刑现状的基础上。

（三）正确处理惩恶与扬善的关系，构建良好的监狱行刑伦理关系

惩恶的目的是扬善，扬善又能抑制恶的滋长和蔓延。惩恶在行刑中是对报应目的的强调，而扬善能更好地发挥行刑的功利目的。行刑中正确处理惩恶与扬善的关系，能够较好地实现行刑目的。

1. 行刑公正

行刑公正是对行刑过程和行刑后果的正向评价。这种评价实质上也是行刑与社会沟通的一种机制，表明国家和社会对犯罪行为的否定：犯罪行动不仅于他人不利，最终也对自己不利。这种行为的无价值性是如此理所当然，以至于它要作为不可经历的选择而被排除掉。❷行刑公正在对犯罪人惩罚的同时，也向人们表达了法律是保障守法者合法权益的规范。行刑公正是培养公民法律忠诚感的基础，是惩恶扬善的体现。

（1）依法惩罚。行刑公正首先要求国家对罪犯的惩罚是要有依据的，服刑罪犯接受惩罚符合我国法律规定并且有生效判决书为依据。监狱在法律规定和判决书明确的内容范围内依法惩罚服刑罪犯，不能超越应有的刑

---

❶ 徐伟：《论积极一般预防的理论构造及其正当性质疑》，《中国刑事法杂志》2017 年第 4 期，第 83 页。

❷ 王振：《刑罚目的的新思维：积极一般预防》，《太原师范学院学报（社会科学版）》2008 年第 2 期，第 36 页。

罚力度，也不能法外施恩。监狱行刑应当罚当其过，不偏不倚。依法惩罚是在法律和判决明确的内容下行刑，正确把握行刑的度和量。

目前，监狱在依法惩罚罪犯问题上需明确罪犯应受惩罚的具体内容，将监禁惩罚界定在剥夺人身自由的范围内，同时区分监禁惩罚与狱内管理之间的界限，强调狱内管理是因监禁罪犯而发生的监狱管理之必须。在狱内管理事务中，会出现服刑罪犯违规而遭到处罚的问题。这一问题并非刑罚惩罚而是监狱机关对服刑罪犯管理过程中的行政处罚，与人们在学校、在单位违规受罚是一样的性质。在行刑过程中依法惩罚应有其不可忽视的地位，在监狱行刑不能让惩罚失语、失位，否则就无法实现监狱行刑正义的最基本要求——报偿受害的正义。此外，在依法惩罚的问题上还需要明确惩罚与体罚的区别。这是在法律意义上不同性质的两个概念，依法惩罚是监狱行刑工作，是正义的体现；监狱体罚是非正义的，是侵害受刑人人身权利的行为。

（2）以行刑标准化方式确保行刑公正。在行刑中，惩恶与扬善效果的实现需要监狱警察在具体的工作中细化每个工作环节，把握好行刑的步骤，控制好行刑的度和界限。这是一项精细化的工作，可通过标准化工作实现。狱政管理、刑罚执行、教育改造、监狱安全这些都是具体而复杂的工作，对这些工作的制度设计都应体现扬善与惩恶的基本价值选择。行刑标准化 ❶ 具有极强的执行力，可防范行刑的主观随意性。

监狱工作本身也存在很多具体的事项难以以法律方式进行明确，需要监狱警察在执法中自由裁量，特别是在转型期许多创新的措施需要去尝试。目前，我国行刑制度存在很多空间，需要依靠监狱警察自觉的理性执法能力。从理论上看，执法者有一定的执法裁量空间是合理的，但是空间过大不仅不利于监狱警察执法，也不利于保障监狱警察的执法活动，反而使他们处于风险之中。行刑标准化将行刑的尺度从狱政管理、刑罚执行等

---

❶　行刑标准化是将监狱工作规范化、流程化、精细化的体现，是可以重复、倒推、回溯、量化考核的业务操作规范。

制度中的原则性规定分解为若干细则，量化为若干标准，把罪犯被剥夺的权利和享有的权利准确分解细化。这样不仅使行刑行为更为规范有效，而且客观公平。

监狱行刑是一项严肃的执法活动，有严格的程序性要求。目前，我国监狱行刑有一定的程序规范，但尚需进一步完善。标准化工作将行刑程序按照法律规定和监狱实际业务的需要进行合理分解，设定每一阶段从事的具体工作、期限、责任人及其权限，能促进行刑程序的规范化，强化了责任人的工作责任感，有利于实现对行刑工作的监督。

2. 行刑平等

制刑平等和定罪量刑平等为行刑平等奠定了基础，从某种意义上说行刑平等依赖于前两者的平等，并强化和落实制刑平等和量刑平等。一般来说，国家和社会不能在立法上和司法上体现平等价值，那么在行刑阶段就更难以实现平等。然而，行刑是个相对独立的阶段，平等价值在这个阶段的实现有着独立的判断标准，能在一定程度上弥补司法的不平等。即使服刑罪犯在定罪量刑问题上受到不平等的待遇，如果在行刑时监狱警察给予他平等的待遇，这样会从一定程度缓解受刑人痛苦和不平的心态。此外，服刑罪犯在平等待遇下可以行使申诉控告的权利，使不平等的判决得到改判。

行刑平等的判断标准是服刑罪犯在受刑过程中处遇平等。这种平等不受罪犯的身份、贡献、财富等因素的影响。只要是进入监狱的罪犯一律按照法律规定平等执行刑罚，机会均等。应该说，这种平等不是指所有罪犯在监狱接受的惩罚和处遇都是一致的，而是强调他们在监狱接受的惩罚和享有的权利无一例外地按照法律规定进行。

行刑平等意味着反对特权。特权是平等的对立物，在特权泛滥的地方，就不可能有平等的生存空间。服刑罪犯在被判刑前无论从事什么工作、有何职位、有多少财富或者曾对社会作出什么贡献，只要因犯罪被执行监禁刑，他就应该与其他罪犯一样按法律规定接受惩罚，接受监狱的同等管理。他在监狱的处遇、受到的管理与其他罪犯是一样的。

平等意味着尊重他人。服刑罪犯虽被剥夺了人身自由，但他作为人的资格并未消失，未被剥夺的权利仍应受到保护。社会、监狱应尊重他们应有的权利，尊重他们作为人的尊严。社会经验表明只有充分地尊重他人，自己才能受到尊重。这一具体的平等价值理念也是行刑中正确处理监狱中警囚关系、囚囚关系的正确理念。在具有较多矛盾的监狱，坚守行刑平等是扬善弃恶的体现，也是维护监狱安全的基础，更是实现行刑目的的途径。

刑罚的适用就是惩恶的过程。刑罚实现惩恶的同时也是扬善的过程，通过对犯罪的惩罚表明对守法的肯定。在行刑过程中处理好惩恶和扬善的关系，实际上就是向公众发出了选择适法行为的信号，使民众坚信法律规范的同一性和权威性，进而信奉法律，否定犯罪，最终营造民众信法、守法、护法的良好社会氛围。

四、结语

近代社会是真正意义上产生监禁刑的时代，监禁刑在通过剥夺或限制服刑罪犯人身自由，实现刑罚惩罚的过程中，其剥夺或限制服刑罪犯的程度将随着行刑目的的发展变化而变化。

现代监狱行刑目的要求行刑应遵循行刑规律，符合行刑正义的理念。在报应的意义上，现代监狱行刑目的强调罪犯的主体地位和行刑的公正；在功利的意义上，现代监狱行刑目的赋予行刑教育改造功能以重要地位，突出行刑中激发罪犯内在积极性；在恢复的意义上，现代监狱行刑目的重视监狱、罪犯、社会各方作用，强化修复受到犯罪损害的社会关系。

监狱行刑目的是通过观念和现实两个途径得以实现。观念途径首先需要人们对刑罚制度及该制度相关知识的认知。这会因人们的文化素养和法律意识不同而有所区别；其次需要人们对刑罚制度设立及运行效果的认知，这是重要因素，行刑效果尤其重要。现实途径主要指人们通过感受、感知对犯罪人适用和执行刑罚的效果，预防犯罪人再次实施危害社会的犯罪行为。

为使监禁刑能最大限度实现报应、功利目的，从而最终实现恢复社会
关系的目的，监狱行刑应秉承正义观。正义是监狱行刑的价值追求，现代
监狱行刑中的正义不仅是报应正义，还是功利正义，行刑只有通过理性的
刑罚制度的建构，做到兼顾报应和功利，才能获得社会认同。

第三节   中国现代监狱警察的定位

在现代社会中，科学技术促进了社会的高速发展。人们的思想意识
得到提高，对人权的尊重和保护逐渐加强，法治成为政治系统运行的基
本方式。在日益发展的社会中，竞争意识得到加强，变革成为社会发展的
动力之一。现代监狱是伴随现代社会的产生而产生的，并随其发展而发展
的。现代监狱的价值目标开始从威慑、报应逐步转向公平、正义。监狱行
刑在坚守报应和功利目的的同时，向恢复社会关系的目的发展。在这一
背景下，民众对监狱警察的认识及其定位因传统和现代的视角不同而有所
不同。在现代监狱行刑目的的视角下，明确和重申我国现代监狱警察的定
位，明确我国现代监狱警察的性质与职责是必要的。

一、现代监狱警察的性质

"现代监狱是社会的监狱，监狱是社会治理的基本手段，是一定社会
上层建筑中的重要政法制度和设施，是处在统治地位的阶级和政府为维护
社会治理秩序而设立的履行社会治安和刑罚执行的专门机关、人员及其职

务行为的总和。" ❶ 在我国现代监狱中，从事刑罚执行工作的人员就是我国现代监狱警察。

（一）现代监狱警察具有现代化特性

现代化虽是一个从时间的角度对特殊历史时期的概括，但同时是一个综合性概念，包含社会发展的方方面面，指出社会全方位向前发展的情况和趋势，体现着社会的变革和进步。从不同的角度，对现代化一词可作不同的理解，总体而言现代化的内涵主要包括三个方面：现代化发展能力，现代化质量水平，现代化公平水平。❷ 这三条主线指明了现代化一词的本质，是不同角度对现代化进行理解的基础。

监狱是我国主要的刑罚执行机关，是维护社会秩序的机构，属于社会管理的一部分。监狱的现代化属于国家现代化在刑罚执行领域的具体体现，一方面，监狱现代化程度依赖于社会和国家现代化的发展；另一方面，监狱的现代化对国家和社会现代化起到促进作用。监狱警察的现代化是在国家和社会现代化和监狱现代化背景下的概念。

我国监狱警察现代化在原则上与国家现代化和监狱现代化内涵具有一定的共性，都体现了现代化三条主线，其中，监狱警察现代化与监狱现代化具有更为密切的关系。监狱的现代化核心在于监狱软件和硬件的现代化。硬件现代化主要指现代科学技术装备在监狱工作的各个部门的广泛运用；软件现代化是人员现代化，主要指监狱警察现代化，以人员素质现代化为标志。监狱警察现代化是监狱现代化中的一项重要内容。

从国际视角看，19 世纪末教育刑理论催生监狱的现代化，强调监狱行刑对罪犯教育改造和再社会化矫治。现代监狱的行刑是以罪犯的再社会化和恢复被犯罪所破坏的社会关系为目标的。从行刑所追求的目标看，我国

---

❶　陶新胜：《现代监狱的本质职能是社会性治理——科学认识监狱（一）》，《法制与社会》2011 年第 28 期，第 258 页。

❷　张勇：《关于法治监狱建设与监狱现代化的思考》，《中国司法》2015 年第 7 期，第 74 页。

现代监狱警察应该以矫正服刑罪犯为职责，以罪犯顺利实现再社会化和恢复已被犯罪所破坏的社会关系为其工作宗旨。他们应具备现代治狱理念，在现代监狱文化氛围中以现代监狱法律制度为依据从事监禁刑执行工作。现代的行刑目标要求现代监狱警察具备相应的专业素养和思想素质，最终实现保障社会治安秩序的效果。换言之，单纯以惩罚、威胁为行刑目标的监狱警察不是现代监狱警察。

我国监狱警察的现代化应突出其特殊性、专业性和区域性。这是由现代监狱追求社会恢复的行刑目标决定的。该目标的最终实现需要突出行刑个别化工作，而行刑个别化对监狱警察的特殊性、专业性和区域性有着特定的要求。监狱警察的特殊性和专业性指的是不同于国家公职人员和其他警种警察的特色。出于执行监禁刑的职责，监狱警察必须具备行刑所应具备的知识❶，具有较强的观察能力和沟通能力，具备宽广的爱心和责任心。监狱警察的区域性指的是在不同区域，文化习俗不同，语言也会有差异，监狱警察需要掌握当地语言和熟悉当地习俗文化。建设适合不同需求的多样化的监狱警察队伍是现代监狱队伍建设的方向之一。现代监狱警察应顺应现代监狱发展以及现代监狱行刑目的需求呈现出多样性。这种多样性是与现代监狱发展的分类格局相吻合的。现代监狱的发展需要设置适合不同服刑人员行刑的不同戒备的监狱，而不同的监狱对监狱警察的需求又有所不同。在这样的现代监狱形态下，需要突出监狱警察的特殊性、区域性、专业性。具体来说，在不同警戒等级的监狱，对警察的配备也是不一样的，他们的职责、工作重心会各有侧重；在不同地区的监狱，由于地区区位差别，对监狱警察的要求也会有所不同。少数民族地区监狱羁押少数民族罪犯较多，对少数民族警察的需求量就大。随着监狱行刑目的向恢复社会关系转化，对监狱警察在心理学、社会学、法学方面专业性人才的需要更加紧迫，对监狱警察专业性的要求更高。

我国现代监狱警察是发展中的监狱警察。在对监狱警察的建设过程

---

❶　指法学、心理学、管理学、社会学等知识。

中，我们借鉴了国外监狱警察建设的先进理念与实践成果，吸收了我国监狱管理人员发展进程中的成功实践和宝贵经验，特别是在建设具有中国特色的社会主义道路上，在中国理论、中国制度、中国文化指引下，破解监狱警察在当代现实社会中面临的困境与难题，跟上社会与时代的发展步伐，成为真正与时俱进能担负时代使命的从事监禁刑行刑职责的公职人员。我国现代监狱警察实际上是在现代化时代背景下，对我国传统监狱警察的继承和发展，是从监狱警察的内涵、素养、职责、队伍构建等方面的转变和发展，是法治社会发展的产物，在很大层面上反映着我国进入法治社会的程度。现代监狱警察是社会发展和公共治理发展的必然产物。对其界定应从现代化角度，着眼于监狱警察执法能力、行刑方式、行刑效果。我国现代监狱警察应该是：执法能力满足社会法治要求，并为使刑罚的社会公平正义得到更好彰显、罪犯回归社会得到社会认同而努力工作，在监狱承担刑罚执行工作的公职人员。

就我国目前的情况而言，新时期我国监狱警察现代化面临着更新、更高的要求，国家、社会和人民群众对监狱警察治理能力现代化的期待更为强烈。监狱警察现代化发展需要借助社会发展的大环境，其中，社会的法律、文化、体制等因素对监狱警察队伍的发展起到重要的作用。在这些因素中，法律制度是极为重要的，决定了现代监狱警察的性质和发展方向。

现代监狱警察作为主要的刑罚执行者，具有法定的职责和权力，其专业特性应该是很突出的。在目前的实践中，由于监狱转型尚未完全到位，监狱警察队伍警力不足的问题也未得到完全缓解，监狱警察集生产、警戒、教育、矫治等多功能为一体的现状难以完全改变。职责的多样性，使监狱警察难以从专业化角度进行发展。我国现代监狱警察的专业化建设迫在眉睫。以欧美国家的监狱为例，他们的人员配置相对比较全面，既有类似我国监狱警察的监狱行政管理人员和看守人员，也有劳动生产和职业技术人员、文化培训人员、心理工作人员、医务工作人员、社会工作者和牧师（即宗教服务人员）。不同分工的工作人员各司其职，互相配合，共同完成监狱的管理工作。欧美的做法可供我国借鉴。

（二）现代监狱警察具有社会性

现代监狱警察以社会控制为核心职责，具有依法执行监禁刑的权力，承担着维持社会秩序、巩固社会制度的职责。履职的社会性质和社会目标决定了现代监狱警察的社会性。人类文明发展至现代，人们对监狱的研究不再从国家阶级学说视角过度强调国家性和阶级性，而是转移至社会学说领域来挖掘监狱的社会功能。这是现代监狱发展的需要。同样，对监狱警察的研究视角也需要更多地从社会治理的角度进行思考。履行社会职能，保障社会秩序、维护社会基本的法律和治理秩序，伸张社会正义和符合社会正义的基本道德价值观念是现代监狱警察的基本任务。❶ 社会性是人类发展在监狱和监狱警察发展方面的延展。

我国现代监狱警察的社会性不仅从执行社会职责中得到体现，也可从行刑目标中得到反映。进入现代社会，监禁刑行刑悖论更加凸显，封闭化的行刑模式不能很好地实现监狱行刑目标。为了缓解行刑悖论，现代监狱警察在行刑中需要践行行刑社会化举措，把行刑活动更多地向社会开放，监狱警察履职的封闭性逐渐被打破，社会性渐渐突出。为了更好地实现恢复社会关系的行刑目标，监狱警察与社会的联系将越来越广泛。监狱对服刑罪犯的教育和改造需要监狱警察与社会形成合作，创造条件切实保障罪犯与社会发展的联系与互动。

为了使监狱行刑对社会起到更好的宣传和教育作用，实现监狱行刑积极一般预防的目的，监狱警察可以主动向社会媒体和各界人士宣传监狱行刑的情况，行刑的合法性、必要性和正义性，进一步强化社会对行刑正义的共识，最终形成内外合力，为行刑社会化的践行奠定基础。这是监狱行刑对社会产生正向引导作用的路径。

监狱警察履职的社会性、行刑目的的社会性、监狱的社会性和服刑罪

---

❶ 陶新胜：《现代监狱的本质职能是社会性治理——科学认识监狱（一）》，《法制与社会》2011 年第 28 期，第 258 页。

犯的社会属性决定了监狱警察的社会性。反思我国目前监狱警察在社会性的体现方面，仍有很大的发展空间。目前，监狱警察在履职过程中，行刑社会化工作尚处于摸索阶段，受传统行刑模式和理念的影响，一些已开展的行刑社会化措施不敢放手大胆实施，行刑社会化措施的创新处于形式化阶段。监狱行刑仍然孤立于社会，处于监狱内自我循环的状态。从发展的趋势看，这一状态是需要改变的。我国现代监狱警察必须立足于罪犯顺利再社会化的目标，采取有效措施，构建社会化教育矫正模式。从这个方向和内容来看，现代监狱警察在行刑中对罪犯规训应从帮助和指导服刑罪犯具备基本的社会生存能力 ❶ 为基础。同时，作为行刑公职人员，监狱警察还担负着与社会沟通和交流的职责。

（三）现代监狱警察具有政治性

监狱的产生和运行无不体现巩固国家政权的政治属性。这一性质无论社会发展到哪个阶段都是没有变化的。"在政治学上，监狱是维护社会治理秩序的刑事司法强制性力量；在社会学上，监狱是实施社会秩序控制的正式组织和专业力量。监狱是阶级性与社会公共性共存一体的政治共同体。" ❷ 在监狱履职的监狱警察是具体从事行刑工作的工作人员，具有鲜明的政治性。尽管在不同的时代对监狱履职人员有不同的称谓，并且他们的职责侧重点不同，但他们的核心职能——社会控制是一直延续下来的。在新民主主义革命时期，他们担负的职责是镇压敌人、惩罚犯罪；到新中国成立初期，他们的职责是镇压企图破坏新政权的反革命分子，巩固新生政权；到目前进行现代化建设的阶段，他们的职责是维护社会主义建设秩序。不同时期，监狱警察无不体现政治性。政治性是监狱警察的本质属性。

监狱警察的政治性是通过人民民主专政工具和国家主义这两个方面体

---

❶　基本的社会生存能力包括：辨识社会基本伦理制度的能力、遵循社会治理秩序和行事规则的意识、自主担当社会职责和家庭责任的意识和能力、独立生存的技能和意愿。

❷　陶新胜：《现代监狱的本质职能是社会性治理——科学认识监狱（一）》，《法制与社会》2011 年第 28 期，第 258 页。

现出来的。从国家性质的角度看，监狱警察的政治性体现为监狱警察是人民民主专政的工具。虽然随着社会的进步，监狱警察的阶级本质呈弱化态势，但是只要国家存在，阶级就存在，监狱警察作为国家暴力机器的阶级性质是不会改变的，监狱警察的人民民主专政性质自然也是不会改变的。监狱警察的政治性还体现为国家主义。在现代社会，国家逐渐向市民社会演进，市民参与了很多社会治理的事务，然而，国家作为一个主权主体仍然需要把控对重大事项的管理权。监狱警察的国家主义是国家通过对监狱警察的管理体现出来的。这不仅是需要的，也是合理的。国家对监狱警察的管理主要通过制定和颁布法律法规的方式，从人员设置、经费来源、具体职责等多个方面明确监狱警察的来源、岗位、晋升、职责和保障。由于监狱警察的人民民主专政性质，因而在现代社会的发展中，对监狱警察奉行国家主义的原则和方向是不能改变的。在现阶段，国家对监狱警察赋权的同时也要进行限权，让监狱警察的行刑权力关在法律的笼子里，这是现代监狱警察队伍建设的需要，也是对监狱警察的保护。监狱警察的国家主义要求监狱警察是国家公职人员，是国家权力的执行者，必须由国家设置和管理，其他非国家公职人员的事业单位和企业工作人员不能从事刑罚执行工作。为了缓解国家行刑的压力，美国和西方一些国家曾在 20 世纪 80 年代以后出现监狱私营化的情况。这种做法有违监狱警察的国家主义性质。虽然随着社会的发展，在现代市民社会结构的体制下，国家权力呈现出逐渐收缩的趋势，市民管理社会的局面日趋明显。然而，在关乎社会安全和社会安定的重大问题上，国家不应当将其权力让渡。对监狱和被监禁罪犯的管理就是这样一种不能让渡的权力，该权力只能由国家公职人员享有。[1] 我国对监狱警察应该坚守国家主义，杜绝企业的工作人员代行行刑职责。从我的行刑实践看，尽管监狱也设立了企业，但是一直坚持行刑工作人员的国家公职人员性。由此可见，我国在监狱警察国家主义的把控

---

[1]　李朝霞:《论中国现代监狱的定位》,《广西政法管理干部学院学报》2009 年第 3 期，第 32 页。

上立场是坚定的。

从传统上，我国曾将监狱警察定位为专政工具、生产管理者、教育者。从严格意义上说，将这三个角色同时并列是缺乏逻辑性的。监狱警察是执行监禁刑的国家公职人员，具备专政工具的性质。他们在履职过程中管理生产活动和开展对罪犯的教育活动是针对行刑工作中的罪犯改造的特点和改造目标而产生的。监狱警察作为生产管理者和教育者，充其量就是专政工具和刑罚执行者的下位概念。在现代化监狱的建设过程中，监狱需要将监狱生产还原到为培养服刑人员谋生能力的手段上，现代监狱警察已然不能成为生产的管理者。

与监狱警察不是特殊企业管理者一样，特殊学校教育者也不是监狱警察的性质。对罪犯进行改造过程中，监狱警察虽然需要采用文化教育、思想教育、法制教育等措施，但这是为了实现行刑目的而采取的措施和方法，同样与监狱警察的专政工具性质不是一个层面的概念。

综上所述，作为政治实体中履职的人员，我国现代监狱警察是国家统治的暴力机器，是专政工具，是武装性质的国家治安行政力量。如果把善恶概念引申至对现代监狱警察的评价，我们认为，我国现代监狱警察是善的，他们在履职中以自觉追求和有效促进罪犯矫正为目的，实现维护社会和谐稳定而产生的正面道德价值。这是我们对善恶内涵一般性揭示所得出的结论。

二、现代监狱警察的职责

监狱警察是国家的衍生物，他们的产生来自国家管理目标和管理任务的实现，他们的职能来自国家职能的分解。监狱警察的行刑职责回答的是监狱警察应该发挥什么作用的问题。简言之，执行监禁刑是现代监狱警察的职责；细言之，现代监狱警察承担服刑罪犯入监后至刑满释放前的在监狱的教育矫治和刑罚惩罚工作。❶ 与传统的监狱警察职责相比，现代监狱警察职责中的社会治理职能将进一步凸显，表现为对罪犯的矫正职责。

惩罚和矫正的职责就是我国监狱警察的职责。这两个职责既是刑罚执行职能的展开，也是监狱警察职责的总结。惩罚作为刑罚的天然属性，在传统监狱里被行刑者的行刑活动展示得较为充分，其威慑力通过具体的惩罚方式、手段、工具或情境得到扩张，并对人的心灵产生巨大的影响。❷ 现代监狱警察的惩罚职责应在法律规定的限度内。矫正是现代监狱重要的职责，监狱的规训更需要注重对矫正的倾斜。

（一）矫正职责

矫正 ❸ 一词在刑罚领域除了坚持原有医学领域所说的经过治疗得到治愈的基础含义外，目前其还有了跨领域的发展，这源于人们对教育刑思想的采纳和刑罚的发展。在我国监狱语境中，矫正通常被改造所代替，同时也给改造带来了新的含义，被赋予了更多的罪犯回归和恢复社会关系的内涵。

1. 矫正职责的内涵

矫正是在监禁刑刑罚执行过程中，通过采用各项矫正措施作用于矫正对象，从而实现预防犯罪和罪犯自身素质改善等刑罚目的。监狱矫正实施者主要包括监狱人民警察和辅助人员。监狱人民警察是主要的矫正实施者，在实施矫正活动时起到主导作用。公安机关、人民法院、人民检察院、司法局、其他单位和罪犯家属及社会人士（包括志愿者）等属于矫正辅助人员。随着行刑社会化的深入，这些辅助主体在矫正服刑罪犯过程中

---

❶　具体内容包括：监禁罪犯、权益保护、再社会化训练、犯罪研究、恢复性司法、出狱人帮扶和警示教育等职责。

❷　张庆斌：《关于现代监狱价值底蕴的思考》，《中国司法》2016 年第 5 期，第 72 页。

❸　作为医学上的专门术语，矫正一词被引入刑罚执行领域有其特殊的含义，意指国家专业执法人员，其中包括监狱警察通过各种行刑措施和手段，使犯罪者在思想上、心理上和行为上发生深刻的变化，树立正确的观念，成为社会的守法公民。

将发挥越来越重要的作用。需要特别说明的是罪犯虽是矫正对象，但也是矫正的重要特殊主体，而不是矫正的客体，这一点已得到学界的认同，在实践中尚需深入落实。矫正是一项改变罪犯自身心理、思想、习惯，提升自身能力的实践活动，如不能充分发挥罪犯的主动性和积极性，其效果一定是不尽如人意的。鉴于罪犯在监禁矫正工作中起着特殊的主体地位，监禁刑矫正诸多措施的效能需要通过罪犯这一特殊主体来体现，罪犯在矫正实践中必须具有主体地位。

　　监禁矫正的客体是一个有争议的问题，学者的看法和观点各不相同。❶本书认为，矫正的客体应该是广泛的，是指与犯罪有关的不良行为习惯、较低的认知能力、错误的思想意识和心理缺陷。

　　监禁矫正的直接对象必须是经过人民法院生效判决判处监禁刑并在监狱服刑的犯罪人。这类矫正对象具有可塑性、主观能动性和社会性，存在一定人格缺陷。

　　矫正目的与矫正效能密切相关，合理的矫正目的能促成矫正效能的实现，不合理的矫正目的则有碍矫正效能的实现。矫正目的合理意味着矫正目的的设定不能过高或过低，至少应与罪犯的个体情况和现实适应，并应适应社会生活。合理的矫正目的还意味着是可行的，如果矫正目的不能实现，则很难说实现了矫正效能。矫正目的还应是明确的，而不是模糊不清、定位不准的。在实践中，监狱警察应该对被矫正的对象进行合理的评估，判断对其矫正的可能性，制定矫正的短期、中期、长期目标，采取可行的矫正措施。

　　监禁矫正效能是通过一系列的矫正措施实现的。国外监狱矫正罪犯的主要措施有分类处遇措施、管理措施、激励措施、教育措施、医疗服务、心理矫治、宗教服务、劳动矫正措施、职业培训等。一些发达国家，在罪犯矫正措施上已形成较完善的体系，在一定程度上提高了矫正针对性和矫

---

❶　在我国，学者对矫正客体的认定范围不同，但未超出罪犯的犯罪思想、犯罪心理结构、知识结构等。

正效能。目前，我国的矫正措施较为多样，根据矫正对象的情况，分为个别矫正和集体矫正；根据矫正的内容分为教育矫正、劳动矫正和心理矫正等；根据矫正措施采取主体分为狱内矫正和狱外矫正。 这些矫正措施是我国现代监狱警察正在实施并探索的内容。根据美国克莱门斯·巴特勒斯的观点，矫正是指法定有权者对被判有罪者进行监禁并实施各种处遇措施。❶

2. 矫正效能实现的复杂性

教育刑的昌盛为矫正职责的实现提供了路径方向，刑罚文明促进矫正效能在监狱行刑中发挥重要作用。矫正效能是评价监狱警察承担职责效果的标准。行刑矫正不是一个抽象的概念，它是罪犯在监禁状态下监狱警察对其进行思想认识、行为与心理变化的一种具体措施、方法和结果的综合。在行刑矫正过程中涉及不同主体之间的关系、不同行刑方法实施和过程的多元问题，特别是矫正中惩罚的实施，两者统一于相同的时间和空间，统一于相同的对象。两者的统一使刑罚的效能发挥至一个较为圆满的程度。❷

矫正的复杂性不仅体现在措施的复杂性上，还体现在效果的有效性上。现代监狱提倡的矫正是有效的矫正，是产生实际良好效果的矫正。服刑罪犯在服刑时往往会掩饰其内心思想和内在心理，监狱警察要了解他们的真实内心具有一定的难度。此外，服刑罪犯之间的个体差异较大，难以类型化。制定一个合理、科学、经济的可行矫正方案，不仅是复杂的也是困难的。实现有效矫正的复杂性由此可知。

目前，我国监狱已在推进实施循证矫正。❸ 可以说，循证矫正方法是将矫正的复杂性和困难性通过科学的评估，经理论论证、经实践检验得出的具有可操作性的矫正方法体系。循证矫正的基本操作思路可分为几个相

---

❶ 王超：《我国监禁矫正效能实证研究》，《河北法学》2014 年第 12 期，第 173 页。

❷ 既满足了犯罪人对犯罪行为承担责任的公众诉求，又满足了犯罪人回归社会的国家责任。

❸ 循证矫正的理念与方法是当前监狱矫正领域最有影响力、最为科学先进的矫正理念以及方法论体系。

互联系的步骤。❶ 我国现代监狱建设，必然需要对循证矫正进行系统的研究与推广，建立具有中国特色的循证矫正体系和模式，以此带动我国监狱的创新发展，实现矫正罪犯效能的新提升。❷ 这是我国现代监狱警察在工作中努力的方向。

从中外循证矫正的实证结果来看，矫正效果较为明显的服刑罪犯，其犯罪人格主要有神经质、精神质、强迫、焦虑、敌对、偏执、自我不和谐、自控性差等诸多方面，由此，我们可以看出，目前矫正效果较明显的方法是心理干预的方法。同时，循证矫正也是缓解犯罪人"监狱人格"❸ 的重要路径。这是监狱行刑目的得以实现的关键，监狱警察在开展循证矫正工作中应该关注到这一点。监狱服刑的犯罪人，特别是那些在监狱中长期服刑的犯罪人，监狱人格特征尤为明显。只有对症下药，将最有效的矫正措施用到最适合的罪犯身上才能显现出最好的矫正效果。

3. 矫正效能是有限的

矫正不是万能的，不能解决所有罪犯的问题，也不能解决罪犯的所有问题。矫正只对大部分罪犯有效，这种有效是有条件的，而不是无条件的。此外，矫正还受到刑罚文明程度、行刑理念、罪犯人权保障要求等多方面的制约。

监狱并非对所有的罪犯在法院确定的刑期内都能矫正好，监狱矫正对少数罪犯是无效的。有些罪犯并不适合在监狱进行矫正，强行矫正反而会适得其反，激发其反社会心理；矫正对西方学者所称的"天生犯罪人"来说也是无效的或者至少效能是极小的。如果认为那些对其他犯罪人有效的

---

❶ 其具体步骤为：首先，对罪犯再犯罪的风险进行精确的评估；其次，运用科学的工具对罪犯的犯因需求开展综合系统的分析；最后，制定科学的矫正方案，运用最佳的矫正项目等证据，对罪犯进行有效干预。

❷ 史景轩、张青主编《外国矫正制度》，法律出版社，2012，第 13 页。

❸ 监狱人格就是犯罪人在长期的监狱服刑过程中为了适应监禁生活而形成的以自我保护和过度服从为核心的特殊人格类型，以犯罪人的自我保护、过度服从、单调刻板和关注眼前为主要特征。

措施也能成功运用于天生犯罪人，那么这就是一个错误。对天生犯罪人中的绝大部分人而言，即使是从摇篮阶段就给他们最亲切的照顾，他们也是难以治愈的。

矫正效果的实现受到多种因素的影响。监狱工作的现实状况表明，监狱及监狱警察的工作情况 ❶、社会发展情况 ❷、服刑罪犯的情况 ❸ 是影响矫正效果的主要因素。

总之，监狱警察矫正工作效果的实现是一个复杂的系统，受到诸多因素的限制与制约，其效能是有限的。这就需要现代警察在依法行刑的前提下充分发挥主观能动性，优化行刑环境，传承已有的方法和措施，创新具有中国特色的矫正措施。

（二）惩罚职责

刑罚与惩罚的关系是不可能隔断的，失去惩罚的监狱不是监狱，监狱警察肩负着惩罚罪犯的职责。当然，在现代社会，监狱警察惩罚服刑罪犯的职责相对弱化。监禁隔离对服刑罪犯而言是自由的中止或中断，惩罚的开端。监禁惩罚不是对罪犯的简单隔离、简单关押，而是在隔离的基础上进行矫正。监禁隔离不是抽象的，而是具体的，实实在在的。监狱惩罚是通过隔离的手段，使服刑罪犯在实现社会属性时遇到障碍而感受到痛苦。在现代监狱，惩罚罪犯仍然是监狱警察的职能，但是惩罚是与矫正相结合的。惩罚的内容不再是折磨服刑罪犯，而是限定在剥夺人身自由上，并且随着服刑罪犯人身危险性的下降而逐步由剥夺人身自由向限制人身自由转化。行刑惩罚的价值取向已不再是单纯的惩罚受刑人，惩罚的目的在于矫正罪犯，使其早日恢复自由。如果说惩罚罪犯是现代监狱警察固有的职

---

❶　监狱警察的工作情况具体指监狱警察的工作方法、工作能力、监狱工作机制、监狱的安全。

❷　社会发展情况具体指社会发展水平、社会文明状况、社会控制能力、社会保障程度等。

❸　服刑罪犯的情况指服刑罪犯的家庭稳定程度、经济收入水平、周围人际关系、本人的谋生能力等。

能，那么矫正（改造）则是他们的根本职能。

监狱警察在履行刑罚职责和管理罪犯时，通过纪律使这种惩罚得以具体和实在地表现。这里的纪律不是刑罚意义上的惩罚，但它是惩罚在技术上的表现形式，也是对服刑罪犯进行狱内管理的必要保障。监狱警察对服刑罪犯进行管理的过程中，需要对违反纪律的罪犯作出批评、扣分、禁闭等处理。这些不是刑罚惩罚应有的内涵，而是因监禁惩罚而自然产生的狱内管理。

1. 监狱警察惩罚职责的法定性

随着人类社会的发展，惩罚方式转变为惩罚机制，监狱惩罚就是一种机制。人身自由权是宪法赋予公民的权利，非经法律规定不得被剥夺，监狱行刑对服刑罪犯的惩罚是通过剥夺人身自由权利而实现的。监狱警察的惩罚职责应由法律授权，由法律规定惩罚的内容和边界。除此之外，监狱警察或者任何其他部门和个人不得对服刑罪犯施加另外的惩罚和痛苦。监狱警察依法借助监狱的硬件设施，根据行刑惩罚相关制度实现惩罚职责。这里提到的硬件设施是指围墙电网、警戒线、监控设施、武警看押等，相关制度指的是监狱对服刑人员的狱内管理 ❶ 和以服刑罪犯与社会人员交往的审批为主的制度。此外，监狱警察行使惩罚职责还体现在对服刑罪犯对抗监禁惩罚的行为，如越狱、逃跑，遇此情形其有权依法采取措施。这些惩罚行为主要围绕罪犯与狱外社会的私自接触而实施。监狱警察的惩罚职责是国家意志的体现，具有强制性。这种强制力同样是一种国家强制力，是不能受到任何非法干涉的，是不能动摇的。

2. 监狱警察惩罚职责的矫正目的

惩罚罪犯虽是刑罚应有之意，但惩罚职责本身并非监狱警察职责的最终落脚点。在现代社会，刑罚惩罚和矫正罪犯是相辅相成的，两者的关系是：前者是基础，后者是目的，从本质上看，监狱警察惩罚职责的目的在于使服刑罪犯迷途知返，具有鲜明的矫正目的。

---

❶　狱内管理虽非对服刑人员的惩罚本身，但是由隔离惩罚自然引起的。

　　监狱警察对罪犯实现依法惩罚后，从两个层面实现矫正的目的。第一层面是通过隔离惩罚，让他们有反思的时间和空间，并依靠隔离，避免他们在社会上继续犯罪。这是监狱惩罚对罪犯实现矫正目标的基础。第二层面是通过对服刑罪犯的惩罚，让他们在受限的空间内强制规范行为、改正错误的思想、矫正不良的心理，减少其重新犯罪的可能。这是监狱惩罚的较高层次。教育刑的思想日渐影响着监狱行刑工作，罪犯在受刑期间，监狱警察对其惩罚与矫正是同时进行的。罪犯被押入监狱执行刑罚，一方面，其人身自由权被剥夺；另一方面，监狱警察按照行刑个别化理念和"治病救人"的宗旨，对罪犯进行心理矫治、文化教育、思想教育、职业技能教育。

　　在行刑中惩罚和矫正的良性互动是建立在依法惩罚的基础上的。惩罚能使罪犯痛苦，也能促进罪犯进行不同程度的反思。❶ 同样，有效的矫正能使惩罚的落实更加顺利。具体地说，惩罚和矫正的关系是辩证的，有效的惩罚，可以为矫正工作提供良好的环境；抓好了矫正工作，可促使罪犯从思想深处认罪服法，主动接受惩罚。

　　在行刑中惩罚和矫正的良性互动，需要依靠监狱物质资源的保障。这些物质资源包括国家对监狱硬件的投资和国家对监狱的财政拨款。在监狱转型的背景下，转型的进一步推进需要国家保障监狱的财政。此外，对监狱警察队伍建设的推进也是在行刑中惩罚和矫正实现良性互动所不可或缺的人力资源。我国当前应该更加重视这一工作。

　　尽管惩罚的直接动机是报应和打击，但是在现代社会，监狱警察的惩罚与矫正职能是相互沟通和连接的，是我国现代监狱警察的神圣职责。由此，我们可以总结出，我国现代监狱警察履行的惩罚职能是其固有的基本职能，监狱警察在行刑中应把握正确的尺度和目标，在确保依法惩罚的同时，坚持惩罚的矫正目的。

---

　　❶　张国敏、赵静：《惩罚与改造的关系新探》，《河南司法警官职业学院学报》2010 年第 3 期，第 11 页。

3. 监狱警察惩罚职责实现的效果是有限的

监狱的惩罚阻却犯罪的作用是有限的。惩罚威慑与放弃犯罪之间没有必然的联系。惩罚并不完全在于它能够引起痛苦。确实，在对各种不法行为的压制中，痛苦远非我们所认为的那样有意义。罪犯放弃犯罪有时考虑的并不是自己会受到怎样的惩罚，而是担心自己的行为会使家庭受到拖累等其他一些原因。正因为如此，监狱警察惩罚职责的实施并不能必然实现其背后蕴含的预防犯罪和矫正罪犯的目的。

监狱的惩罚也没有触及犯罪的根源，反而具有使服刑罪犯"监狱化"的可能。在实践中，剥夺或限制再犯能力有两个困境：一个是剥夺或限制再犯能力并不能杜绝罪犯的再犯罪，狱内犯罪是最好的证明；另一个是从动态的过程来看，监狱惩罚中的剥夺或限制罪犯再犯能力是暂时的，它的物理界限在监狱内，时间界限在刑满之日。同时，监禁惩罚产生的副作用已经成为监禁刑一个明显的弊端。监禁惩罚一方面把罪犯与社会隔离，另一方面又把触犯刑律的人集中关押在一起，使其自觉或者被动地监狱化。罪犯们被关押在一起，产生的负面效果还在于他们可以通过交流，相互"学习"犯罪方法。这种惩罚可以在短期内防治罪犯再犯新罪，但它仅仅是一种针对犯罪结果而采取的措施，没有触及犯罪原因和根源。❶ 从本源的意义上，监狱通过惩罚实现对罪犯的报应，通过惩罚把法律对犯罪行为的否定性评价落到实处。人们对监狱的惩罚曾经寄予很高的期待，并认为通过惩罚能威慑罪犯，使其认识到自己的错误，牢记教训，不致再犯，同时产生一般预防的作用。累犯和再犯的出现，是对监狱惩罚功能理想的质疑。这是由惩罚和规训纪律的边界所决定的。

刑罚制度设计的目的是通过监禁使罪犯受到惩罚，却在惩罚的同时产生了难以克服的副作用。美国芝加哥大学摩里斯（Norval Morris）教授的论述揭示了这一问题的实质及其原因："自由刑无疑是由人类集团之驱逐，

---

❶　郝川：《社区矫正制度实施与完善机制研究——以社区矫正主体为视角》，《西南大学学报（社会科学版）》2010 年第 4 期，第 110 页。

将犯罪人驱逐于较任何普通社会之条件更坏的地方，而他却须由此地重新回到社会上来，故得谓为奇妙而无益的驱逐，受刑人在被驱逐之地不但不可能度过有意义的生活，而且被切断文化的联系，损害其心理及社会性，使其社会复归更困难化。"❶

　　我国现代监狱警察的惩罚职责和矫正职责是相辅相成的，在具体行刑中出现了"你中有我，我中有你"的情况。尽管如此，两者也是有区别和界限的。首先，监狱警察的惩罚职责主要体现在剥夺或者限制罪犯的人身自由上，至于矫正职责则是监狱将罪犯关押在监狱后，在"转变人、提高人"上所应尽的职责。❷其次，两者在各自职责完成情况的评价上有明显的区别。对惩罚而言，只要罪犯在服刑期间服从管理，接受监规，没有实施重大违规和犯罪行为，刑期届满，监狱警察对罪犯的惩罚职责就算完成；而对矫正职责而言，罪犯刑期届满未必完成矫正职责，刑期未满，也有可能实现对罪犯的矫正。最后，对监狱警察未完成职责的处理情况不一样。监狱警察若未完成惩罚任务，❸监狱警察要受到行政甚至刑律的处罚；而矫正则不同，由于矫正效果的判断涉及的因素太过复杂，尽管矫正结果未能实现，监狱及其警察并不需要承担不利后果。为落实现代监狱警察以矫正为主，惩罚为辅的职责定位，我国应该尽快落实对罪犯矫正的评判标准，以便更好地实现监狱行刑目的。

三、现代监狱行刑目的背景下对监狱警察的履职要求

　　与传统监狱不同的是，现代监狱的逻辑实践紧紧围绕"作为人的罪犯"鲜明观点展开，为此行刑目的的侧重点在于对罪犯再社会化能力的培

---

❶　刘鹏飞、王格、陈娇等:《完善我国刑事执行制度的构想——组建"犯罪行为矫正所"之管见》,《法制博览》2015 年第 10 期，第 20 页。

❷　有效矫正一般是指矫正对罪犯个体能够产生明显的作用和影响，对罪犯个体的干预达到预期的目标设定。

❸　如出现了罪犯脱逃、自杀等情况。

养和恢复被犯罪行为所破坏的社会关系。现代监狱警察应该以此为目标履行职责。依法执法、安全执法、文明执法、科学执法、诚信执法是我国现代行刑目的背景下对我国监狱警察的履职要求。

（一）依法执法

1.监狱警察依法执法需要做到受治于法

所谓受治于法是指权力的行使受法律的约束。监狱警察在执法时践行受治于法的观念应该做到如下几点：首先，监狱警察要从主观上树立法律的权威，明确手中的权力是法律赋予的。其次，监狱警察要树立受治于法的角色意识，自觉把执法为民的职业良知和秉公执法的法治精神统一起来。最后，监狱警察在实践中要保持清正廉洁的作风，只有如此才能代表国家正确地运用和执行法律。为实现以上目标，国家对监狱警察的教育和培训成为必要的措施。国家需要在这方面多下功夫，采取多种方式，以良好的机制培养监狱警察的法律素养。

2.监狱警察的依法执法是在法治监狱的环境下进行的

法治监狱、法治监狱警察是法治中国的下位概念，三者的逻辑关系是法治监狱建设于法治中国建设之中，依靠法治中国建设的背景发展法治监狱，依靠法治监狱的背景发展法治监狱警察，通过法治监狱和法治警察的建设为法治中国添砖加瓦。由此，我们可以总结出依法治监、建设法治监狱是现代监狱建设的时代要求和监狱治理模式的必然选择。法治监狱警察只有在法治监狱的环境中产生和发展，监狱警察的依法执法也是在法治监狱的背景下进行的。

监狱警察履职应符合"法治"总体理念的要求，直接反映我国监狱法治体系与法治能力的建设水平在法治中国、法治监狱的背景下，对我国法治监狱警察应该具备的一定素养和一定专业能力的要求。这些基本素养是指监狱警察要具备基本的法学知识和素养，具备教育改造所需的监狱学、心理学和社会学知识，同时还需具备较高的政治素养和道德水平。专业能力的要求是指监狱警察在执业过程中应具备规范行刑的能力，善于总结、积累教育改造及狱政管理的能力以及创新能力。

3. 监狱警察的依法执法需以国家和社会保障监狱警察的合法权益为前提

监狱警察是刑罚执行者，只有监狱警察的各项权益不受侵犯，才能保障其依法履行各项职责，才能够切实提高监狱的执法水平。在保障合法权益的基础上，监狱警察才有充足的工作积极性，才能将更多的精力投入监狱工作；在保障合法权益的基础上，才能让监狱警察没有后顾之忧。国家单靠对监狱警察制定严格的规章制度来提高刑罚的执行水平并不是万全之策，只有确保对他们合法权益的保障，才能使监狱警察以精神抖擞的面貌出现在监狱执法工作的第一线，确保监狱刑罚的有力执行。

（二）安全执法

1. 安全执法在现代监狱警察行刑工作中居基础地位

监狱安全是监狱开展行刑工作的基础。刑罚制度的执行、监狱教育制度的落实乃至改造质量的提高都需要监狱安全作为保障。监狱的发展史也充分证明了监狱中任何一件危及安全的事故都会影响监狱职能的发挥。

在监狱转型的关键时期，由于新旧观点的冲突、新旧方法的矛盾使监狱警察行刑过程中面对许多挑战。这一时期对监狱安全的强调和重视是极为必要的。对这些挑战的积极、合理应对是确保监狱安全的重要节点。监管安全，作为现代监狱行刑之"重心"，必然融合和体现为以法治之理、以法治之律的法理精神及其内涵与特征的制度，成为行刑工作中的基础工作。

2. 与时俱进地践行安全执法

服刑罪犯的情况随着社会的发展而有所变化。从近年来服刑罪犯的个体情况看，青少年和女性罪犯有所增多；从触犯罪名的情况看，财产犯罪、黑社会性质犯罪和渎职犯罪的比例加大。新情况、新特点促使监狱安全工作面临新的问题。监狱警察应该与时俱进地以发展的眼光建设和确保监狱安全。

监狱信息化手段等监控技术在监狱的广泛运用，必然导致监管安全制度在现代科技下的变革，监狱警察在利用信息技术确保监狱安全的同时，应该注意对罪犯隐私权的保护，同时应将更多精力放到对服刑罪犯思想和心理的矫正上，以追求监狱的实质安全。

（三）文明执法

1. 人权保障是监狱警察文明执法的基础

人权，一般是指人之为人所应当具有的基本权利，是现代监狱管理理性发展的法理基础。正是"人"的因素限制，促进了国家刑罚权行使的技术化和文明化。在尊重人权的基础上，国家通过立法明确规定对罪犯剥夺的权利，同时也明确了罪犯享有的权利。罪犯未被法律剥夺的权利成为国家刑罚权实现社会正义的合理界限。监狱警察的一切行刑活动均须在国家法律规定的范围内，在保障人权的基础上使监狱行刑顺利进行。

2. 人文主义是监狱警察文明执法的升华

如果说传统监狱把"作为罪犯的人"当作逻辑起点，那么现代监狱则把"作为人的罪犯"当作逻辑起点。[1] 监狱人文主义蕴含了人类对"人"认知的文明结晶，体现了现代社会对人的爱。这是一种人道之爱、同类之爱和进步之爱。这种充满人类之爱的监狱人文思想以理性行刑的精神的形式，通过行为目的、行动理性的结合实现了行刑方向的转变。

我国现代监狱警察在履职过程中应秉承人文主义理念，在依法惩罚服刑罪犯的同时，以人道之爱、同类之爱、社会文明进步之爱关心和帮助服刑罪犯，提高矫正效果。监狱警察在执法时体现的人文关怀具有特指性：首先，监狱警察应该关心和改善罪犯的物质生活，保障受刑人的生存条件。[2] 其次，监狱警察应该尊重服刑罪犯的人格，保障他们的合法权利。

---

[1] 张建秋：《"人"的确立：现代监狱的逻辑起点》，《犯罪与改造研究》2019 年第 2 期，第 44 页。

[2] 这些条件包括：服刑罪犯的衣、食、住、医疗、卫生等，这是行刑人道主义的最基本内容。

这是行刑人道主义较高层次的要求，监狱警察应该在行刑时转变观念，明确服刑罪犯虽被剥夺部分合法权益，但他们仍有部分权利未被剥夺，这些权利应该得到保护，人格应该受到尊重。最后，监狱警察应努力使服刑罪犯的犯罪人格得到矫正并顺利再社会化，这既体现了人文关怀的精神，又深刻地联系监狱行刑的目标，符合我国现代监狱警察的行刑实际。

（四）科学执法

监狱警察的科学执法涉及的内容是广泛的，它包括队伍建设科学、行刑技术科学、监狱理论构建科学等。结合实际，我国现代监狱警察科学执法应当从监狱刑罚执行标准和监狱警察职业化建设这两个角度入手。

1. 科学确立监狱刑罚执行标准

监狱刑罚执行标准是将监狱行刑的具体制度和程序细化为不同的要求，并以具体指标的方式体现出来的度和量的综合。我国现阶段在监狱行刑工作方面处于新旧徘徊时期，确立监狱刑罚执行标准可以解决当下监狱警察行刑中考量标准较为混乱的局面。

监狱刑罚执行标准主要包括监禁惩罚执行标准、罪犯处遇标准、教育改造标准、劳动改造标准、服刑罪犯行为规范标准、监狱行刑质量（效益）标准（罪犯出监考核标准）等。这些标准的内容丰富，但在新的时期，我们应该以实现现代化行刑目的为宗旨，确保刑事判决（裁定）的准确执行。监禁惩罚执行标准应该以剥夺服刑罪犯人身自由为核心，由剥夺罪犯人身自由逐步向限制人身自由转化。罪犯处遇标准同时应体现行刑个别化原则，融入人文执法的理念，做到原则性和灵活性相结合。在教育改造标准方面应摒弃原有的一些形式化的内容，从产生改造时效的角度明确新的教育方式和内容。在劳动改造标准方面我们应该同样将劳动内容、目标、时间、规范等与社会发展保持同步。监狱行刑质量标准应该围绕服刑罪犯再社会化能力以及恢复被犯罪行为所破坏社会关系的程度展开，它主要解决四个问题：服刑罪犯回归社会后的生存能力、人身危险性的大小、适应社会的心理和心态状况、社会（包括但不限于家人和受害人）接纳服刑罪犯的程度等。对这些问题的顺利解决从宏观方面需要权衡刑罚惩罚与狱内管理的关系，逐步缓解行刑悖论。

在标准化建设中监狱可推行监狱警察绩效管理改革，以定性与定量相结合的原则建立评价监狱警察工作的指标，使监狱警察的工作成效与薪金挂钩，激励监狱警察的工作积极性。

2. 监狱警察职业化建设

人才专业化建设是监狱警察职业化建设的核心问题，也是监狱警察队伍业务素质建设的重要途径，更是队伍执行力建设的重要内容。为了落实对监狱警察的岗位专业化建设，我们需要通过人事制度改革，实现人尽其能的效果。监狱可根据文化教育、心理矫正、日常管理、劳动改造以及监狱警戒等具体业务对监狱管理人员进行分类。按此分类标准，监狱可将监狱警察岗位细分为警戒人员、心理咨询师、教师、生产管理员、劳动技术指导员等。在合理分类的基础上，监狱根据监狱警察所承担的工作任务和职能，制定出不同层次监狱警察所应达到的专业素质的具体标准和要求，然后遵循不同专业的特征，进行分类管理。在监狱警察招录中，监狱要结合我国警察队伍的现状，根据未来发展需要，确定招录警察的学历、专业、技能和编制。监狱警察职业化建设需要树立终生教育和立体教育的教育观念，加大分类培训力度，结合具体工作岗位需要和警察个体状况，建立警察个别培训教育档案和系统的素质评估、培训制度，做好警察素质培训的分类、分层工作，实现警察队伍整体专业素质的跨越。

（五）诚信执法

1. 监狱警察诚信执法的评价是一个综合性概念

诚信是表达人们求真守信的一种价值标准。这一标准既是对社会个体的要求，也是对集体、组织，甚至对国家和社会的要求。监狱警察执法诚信体系的建立与发扬是树立监狱良好形象的前提，是实施行刑社会化的基础。

监狱警察执法诚信从严格意义看是一个职业道德层面的问题，主要指

监狱警察在执法过程中除了依法行刑外，还需本着诚信、善良的品质。 ❶
由于监狱行刑的工作涉及面广，需要处理的社会关系复杂，法律对行刑活
动的规范不可能面面俱到，对监狱警察诚信执法的要求成为现代监狱工作
的必然。监狱警察在行使权力上应保持执法的公开、公正、公平，并勇于
承担责任，这是诚信建设的关键环节。为了确保监狱警察执法诚信，国家
需要对监狱警察执法管理机制 ❷ 做到科学化。

2. 诚信执法有助于监狱警察自由裁量权的发挥

法律所具有的一般性与普遍性使得成文法规范体系不可能将执法过程
中所遇到的问题都概括无遗，❸ 诚信执法有助于克服成文法的局限性。在执
法过程中，监狱警察需要具有一定的行刑自由裁量权，在没有法律、法规
明确规定的情况下，其具有根据具体情况、具体对象，作出具体的行刑决
定和处理的权力。行刑自由裁量权作为一种行刑权力同样具有被滥用或不
当运用的可能性。自由裁量权存在的必要性与被滥用或不当运用的可能性
构成了一对矛盾。要解决这一矛盾的关键在于监狱警察在执法中做到诚信
执法。监狱警察要在法律、法规规定的范围内发挥自己的主观能动性，从
道德信念、内心自律上控制自由裁量权的使用。

3. 诚信执法有助于获得服刑罪犯和社会对监狱警察的信任

监狱警察诚信执法是对服刑罪犯进行刑罚惩罚和教育矫正的基础与桥
梁，是执法行为获得社会充分尊重和高度信任的条件。监狱警察诚信执法
可使服刑罪犯感受到法律的威严、执法人的公正，体会到社会的正义，从
而安心服刑。社会也会通过每个具体诚信执法的案例产生对监狱警察的信
任，法治中国、法治监狱建设的进程因此会向前不断推进。

事实证明，决定监狱警察形象的重要因素不是执法机关拥有的行政权
力的大小，而是源于服刑罪犯、社会公众的信赖、自愿认同和普遍服从。

---

❶ 柳忠卫：《监禁刑执行基本问题研究》，中国人民公安大学出版社，2008，第96页。

❷ 这些管理机制包括：监狱警察奖惩机制、执法绩效评价机制、监狱执法公开机制等。

❸ 陈凯：《行政执法诚信理念的塑造》，《太原科技大学学报》2009年第2期，第93页。

为塑造监狱警察的良好形象，必须树立诚信执法的观念，不偏不倚地权衡惩罚与矫正的关系。

四、结语

人类社会制定规则、建构秩序，其目的是追求自由和幸福。现代法治国家中的宪法几乎都对现实生活中人们所追求的自由、幸福等价值作出相应的界定。[1] 我国现代监狱警察的职责是保护社会秩序，为民众追求自由和幸福。在履职中，监狱警察应该为保障服刑罪犯的合法权利，帮助服刑罪犯追求自由幸福而努力，强调这一点在监狱转型时期至关重要。这一要求在当前的形势下应具体化为监狱人民警察在中国共产党的领导下不断提升自我素养，继续发扬吃苦耐劳、勤劳勇敢的精神，用法律武装自己，以法治思维不断提高业务能力。

---

[1] 宋玉波、程新平：《自由幸福：中国特色社会主义法治的根本追求》，《西南大学学报（社会科学版）》2019 年第 3 期，第 8 页。

第五章 社会主义法治背景下中国监狱人民警察队伍现代化转型的现状考察

依法治国，是党领导人民治理国家的基本方略。《宪法》第5条第1款规定："中华人民共和国实行依法治国，建设社会主义法治国家。"在建设社会主义法治国家的背景下，我国监狱也要提升"依法治监"的水平，这对我国监狱人民警察队伍现代化转型提出了更高的要求，然而目前的监狱人民警察队伍尚存在短板需要补齐。

第一节 治本安全观对中国监狱人民警察专业素养提出更高的要求

2017年司法部提出"治本安全观"的概念并举办全国监狱系统学习贯彻治本安全观培训班。❶2018年，时任司法部部长张军对新时代司法行政各项工作作出指示，强调要围绕"治本"转变思想观念、改进工作作风、提升工作水平。这表明，治本安全观已经成为新形势下监狱工作的指引。

---

❶ 佚名：《全面落实治本安全观 继续深化监狱工作改革——访司法部副部长刘志强》，http://www.tjbdcaw.gov.cn/gcsy/tjbdcaw-ifxpwyhv8330115.shtml，访问日期：2020年7月19日。

治本安全观是顺应时代的产物，是基于当前监狱工作面临的新形势、新任务、新要求作出的科学决策，是新形势下监管改造工作的理念引领、行动指南和重要守则，是对传统的底线安全观的深化与升华，也对监狱人民警察专业素养提出了更高的要求。

一、监狱工作的底线安全观和治本安全观要求

（一）底线安全观的内涵及理论基础

1. 监狱底线安全观的内涵

所谓底线安全观，核心在于"底线"，是指确保最低限度的安全，是长期以来我国监狱在实际管理工作中奉守的准则。监狱工作视安全为生命线，强调稳定压倒一切的底线安全观有两个方面的含义：一方面，强调监狱工作应确保"四无"目标（无罪犯逃脱、无重大狱内案件、无重大疫情、无重大安全生产事故）不被突破，守住安全的底线；另一方面，强调安全是监狱一切工作的底线，安全稳定压倒一切，在安全问题上实行一票否决制，安全稳定系衡量监狱工作成绩的根本性指标。

底线安全观对监狱各项工作的开展起到了根本的导向作用，客观上也为确保我国监狱整体的安全稳定发挥了巨大的作用，在维稳的目标上取得了不可否认的成绩。但同时也应注意到，在底线安全观的导向下，监狱在各项工作开展上存在维稳职能过度扩张、惩罚和改造职能却相对弱化的问题，甚至直接影响了监狱在目标定位、机构设置、制度规定、资源分配、监狱人民警察队伍素养等各方面改革的进一步深化。

2. 监狱底线安全观的理论基础

从现代犯罪学的理论来看，刑罚除了承载着惩罚的功能外，还承载着预防犯罪的功能（包括特殊预防和一般预防）。但我国监狱奉行的底线安全观与其说是实现刑罚功能的要求，不如说是服务于我国政府提出的监狱维稳要求。

一直以来，中央和地方政府认为社会稳定是构建社会主义和谐社会的

内在要求和重要保证，将维稳工作作为各项工作的重中之重。监狱作为国家的刑罚执行机关，在维护社会稳定中肩负着重要职责。监狱的安全稳定也被认为是监狱工作的核心、基础和前提，是评价监狱整体管理水平的基本要求。相应地，监狱所有工作的出发点和落脚点都是安全稳定的要求。

应该说，从刑罚功能的角度来看，监狱整体过于注重底线安全的工作模式，虽然也能基本达到刑罚惩罚和预防（主要是特殊预防）的功能，但围绕安全稳定设立的监管模式与实现刑罚个别化的惩罚功能及预防功能其实是有错位的。例如，为了实现监狱不出事的安全稳定目标，导致监狱在安全问题上投入较多精力，对在押罪犯不积极配合改造的行为因为担心矛盾升级影响监狱安全稳定而不能严厉打击。这种情况下，从底线安全观的角度来看，监狱已经完成维护监狱安全稳定的目标，但从实现刑罚功能的角度来看，监狱的各项监管措施其实并不是最有利于惩罚和预防犯罪的。

（二）治本安全观的内涵及理论基础

1. 治本安全观的内涵

治本安全观，重在"治本"，"治本"强调的是通过切实提高监狱教育改造质量，将监狱在押犯改造成为不具有人身危险性的守法公民，来进一步消除安全隐患，最终实现维护监狱和社会安全稳定的目标。因此，治本安全观以改造人为宗旨，以将罪犯改造成为守法公民为目标，以惩罚和改造结合、教育和劳动结合为方法。相比底线安全观直接着眼于实现监狱安全稳定的目标而言，治本安全观不仅将监狱工作着眼点聚焦在对在押犯的教育改造上，也将监狱全部工作指向"将罪犯改造成守法公民"的目标，用"治本"的思维方法去指导监狱工作的方方面面，围绕"治本"来建立监狱管理的各项制度、机构，设置职能，提升人民警察队伍素养等。

2. 治本安全观的理论基础

治本安全观的着眼点是对监狱在押犯的教育改造，通过将在押犯改造成守法公民，不仅能促进在押犯的矫治与再社会化，也能确保实现犯罪预防的任务，为矫正罪犯和降低再犯罪率服务，最终保障监狱安全乃至国家安全。

因此，相比底线安全观来说，治本安全观更契合目的刑观念下的刑罚功能要求。在目的刑观念下，刑罚的目的除了通过剥夺人身自由对犯罪人进行惩罚外，还强调通过监狱的教育矫治将罪犯改造成为守法公民，最终实现刑罚的预防功能，保障社会的安全。而强化以改造人为宗旨的治本安全观，正是将监狱各项工作导向对犯罪人的教育矫治目标上，其在内涵上更契合现代刑罚观的要求。

二、从底线安全观到治本安全观的提升

（一）治本安全观是对底线安全观的深化和升级

《关于贯彻落实全国司法厅（局）长座谈会精神　大力推进监狱工作机制改革的通知》（〔2017〕司狱字 174 号）指出，在确保"不跑人"底线安全前提下，强化以改造人为宗旨，加强对罪犯的融化人心、改造思想、矫治行为等教育改造，实现由"不跑人"底线安全向"不想跑"治本安全转变，向社会提供不再重新犯罪的守法公民。

由此可见，从终极目标来说，底线安全观和治本安全观都包含确保监狱安全稳定，进而确保社会安全稳定的根本价值追求。但由于产生的历史背景、时代条件不尽相同，两种观念又存在本质的区别：底线安全观更多地强调监狱的维稳职能，而治本安全观则更充分地体现了现代监狱惩罚和预防犯罪的核心职能。可以说，治本安全观是对底线安全观的深化和升级，它在通过对人的行为表现进行约束和规范，进而在确保底线的、表面的安全的同时，更加强调通过教育转化人的思想观念，消除安全隐患的内在根源；它在注重通过各种安全防范技术如现代监控技术的投入和应用，实现安全隐患的被动防范和防御的同时，更加强调依靠和发挥人的作用，主动分析、研判和化解问题、隐患、矛盾；它除了使用各种强制性的制度和手段来维护安全外，更加注重运用各种非强制的引导和激励手段，充分调动所有参与主体的主动性和创造性。

　　但需要予以特别说明的是，从底线安全观转变为治本安全观，仍然要求在安全稳定的基础上追求治本安全的深化，即在确保监狱安全稳定的同时实现治本安全的价值追求，而不是对底线安全观的摒弃。

　　（二）治本安全观的提出是我国监狱工作应对新时代的必要要求

　　党的十九大报告指出："经过长期努力，中国特色社会主义进入了新时代，这是我国发展新的历史方位"，"不断满足人民日益增长的美好生活需要……使人民获得感、幸福感、安全感更加充实、更有保障、更可持续。"2018 年 1 月，习近平总书记对政法工作作出重要指示："强化'四个意识'，坚持党对政法工作的绝对领导，坚持以人民为中心的发展思想，增强工作预见性、主动性，深化司法体制改革，推进平安中国、法治中国建设，加强过硬队伍建设，深化智能化建设，严格执法、公正司法，履行好维护国家政治安全、确保社会大局稳定、促进社会公平正义、保障人民安居乐业的主要任务，努力创造安全的政治环境、稳定的社会环境、公正的法治环境、优质的服务环境，增强人民群众获得感、幸福感、安全感。"[1] 可见，在中国特色社会主义进入新时代的历史节点，治本安全观的提出有着定位中国监狱工作未来发展方向的意义，"是中国监狱诸安全因素矛盾运动的必然结果，是国情社情狱情发展变化的必然结果，是顺应新时代深化监狱工作体制机制改革的必然要求"。[2]

　　底线安全观在指导我国监狱工作中起到了基石性的重要作用，客观上确实在维护监狱稳定安全目标上取得了骄人成绩，但也给监狱工作和矫治实效带来了一些负面的影响。目前，我国监狱已经处在社会主义现代化强国的新时代，整个时代背景和历史条件已经发生变化。这个时代的主要矛盾已经发生变化，全面依法治国也已经成了党治国理政的基本方略。时代

---

[1]　新华社：《习近平就政法工作作出重要指示》，http://www.gov.cn/xinwen/2018-01/22/content_5259394.htm，访问日期：2020 年 9 月 19 日。

[2]　朱志杰：《治本安全观认识论》，《犯罪与改造研究》2018 第 6 期，第 3 页。

的变化对监狱工作提出了新的更高要求，治本安全观的提出在继承和发展底线安全观的基础上，着眼于当代中国监狱安全形势、安全需求和维护国家安全的新要求，将底线安全观的"不出事"深化升级为通过改造罪犯成为守法公民、实现监狱乃至整个国家的终极安全，这是中国特色社会主义现代化在监狱工作领域的具体体现。

（三）治本安全观的提出回归《监狱法》的立法本源

在《监狱法》立法之初，我国就已经确立监狱执行刑罚的终极目标是将罪犯改造成为守法公民。❶但长期以来底线安全观的贯彻执行，在一定意义上异化了监狱实践对《监狱法》立法本源的执行，甚至拉低了监狱执行刑罚的价值原旨。

治本安全观的提出，在观念和价值取向上呼应了《监狱法》的立法本源，并且将直接指导监狱各项实践工作围绕"将罪犯改造为守法公民"而开展，将对我国监狱工作未来的发展产生重要的作用。

三、传统底线安全观给监狱工作带来的影响

在传统的底线安全观视野下，监狱的各项工作，包括目标定位、机构设置、自愿分配、立章建制等各方面都围绕着监狱安全稳定的底线要求展开，给监狱各项工作带来了直接而深远的影响。

（一）底线安全观的要求导致监狱将主要的执法资源都投入维稳工作，难以达到监狱科学分类管理的要求和实现行刑个别化的目标

所谓监狱分类管理是指监狱以罪犯的性别、年龄、身体健康状况、犯罪性质等为依据，对罪犯实行分类关押、管理和教育的狱政管理方式，是

---

❶ 《监狱法》第 3 条规定："监狱对罪犯实行惩罚和改造相结合、教育和劳动相结合的原则，将罪犯改造成为守法公民。"

行刑个别化理念在监狱工作中的具体体现。从国际来说，联合国于 1955 年通过、1957 年公布的《囚犯待遇最低限度标准规定》规定了对监狱囚犯的"分类和个别待遇"，已经成为现代世界各国监禁刑行刑制度的重要组成部分；❶ 从国内来说，公安部于 1956 年发布的《关于对犯人实行分管分押制度中几个问题的通知》规定："对犯人实行从严、一般、从宽三种不同的管理制度"，系我国监狱分类管理制度的雏形。1989 年司法部劳动改造局制定的《对罪犯实施分押、分管、分教的试行意见》确定了"横向分类、纵向分级；分级处遇，分类施教"的分类管理原则。1994 年颁布施行的《监狱法》第 39 条以立法的形式正式明确了监狱分类管理制度。❷

在底线安全观导向下，确保"四无"目标（无罪犯逃脱、无重大狱内案件、无重大疫情、无重大安全生产事故）不被突破成了监狱工作的重中之重。为了达成这个目标，监狱主要的执法资源都放在监狱维稳工作上。虽然理论和立法上都提出了分类分级建设监狱的主张，如根据罪犯不同危害程度，建设高、中、低度戒备监狱乃至半开放式监狱，实现科学分类管理，采取个别化的行刑措施。但为了确保安全的底线，实践中几乎所有的监狱都采取了中高度戒备标准，对大量在押罪犯都采取高戒备的教育改造措施，并对各种安全警戒设施设备投入了大量的资源，极大消耗了监狱有限的资源，也直接导致监狱的科学分类管理要求难以落实，行刑个别化的目标难以实现。

（二）底线安全观的要求导致监狱在教育改造在押犯方面裹足不前，异化了监狱的核心职能

监狱是国家监禁刑的行刑机关，监狱行刑工作本应满足刑罚惩罚和预

---

❶　朱贝妮：《我国监狱罪犯分类管理制度的考察与反思》，《闽南师范大学学报（哲学社会科学版）》2018 年第 1 期，第 30 页。

❷　《监狱法》第 39 条规定："监狱对成年男犯、女犯和未成年犯实行分开关押和管理，对未成年犯和女犯的改造，应当照顾其生理、心理特点。监狱根据罪犯的犯罪类型、刑罚种类、刑期、改造表现等情况，对罪犯实行分别关押，采取不同方式管理。"

防犯罪、改造罪犯的功能要求。从我国监狱行刑工作来看，教育改造和劳动矫治是将罪犯改造为守法公民的重要途径。

但在底线安全观视野下，由于承担着巨大的安全稳定压力，监狱和监狱人民警察的主要精力都放在了维护监狱安全稳定的工作上，教育改造不得不让步于监狱安全稳定，甚至被放到了相对次要的位置。

（三）底线安全观的要求影响监狱执法权威，弱化了依法治监的要求

从广义上来说，监狱行刑是国家刑罚权的执法行为，从监狱具体实践来看，监狱不仅是通过关押罪犯实现监禁刑，监狱本身在行刑过程中还有相应的执法功能，如收监权、身体检查权、物品检查权、暂予监外执行审批权、减刑建议权、假释建议权等。另外，监狱在日常管理过程中，还依法行使相应的监狱管理权，如分押分管权、警戒权、强制罪犯劳动权等。刑罚的执行和监狱的依法管理共同构成了监狱工作的主要方面。

但在底线安全观视野下，由于承担巨大的安全稳定压力，面对在押犯出现不服管理、自伤自残乃至抗拒改造或者家属信访缠诉、聚众闹事等可能危害监狱安全稳定的行为时，监狱方可能难以严格依法执行刑罚和治理监狱，而被迫采取息事宁人的妥协做法。这使得在押犯的违规违纪和抗改行为得不到应有的处罚，导致监狱执法难以发挥充分的震慑作用，影响了监狱执法权威和公信力，甚至潜在影响了社会公平正义的基石。

（四）底线安全观的要求导致监狱承担了很多非刑罚执行的社会职能，影响了监狱核心职能的发挥

在底线安全观视野下，面对在押犯乃至其家属提出的各种诉求，为了服务于监狱的维稳安全目标，监狱承担了很多原本应当由在押犯家属或者社会专业机构承担的工作职能，如在押犯的医疗救治、死亡处理甚至释放后的居住养老等工作，导致"监企不分""监社不分"等现象进一步固化。这些行刑工作之外的社会职能的增加，不仅影响了监狱核心职能的发挥，而且使以"监企分开""监社分开"为目标的监狱体制改革在推进中遇到

困难和障碍。

2003 年以《国务院批转司法部关于监狱体制改革试点工作指导意见的通知》的发布为标志揭开监狱体制改革的序幕。该指导意见确立了"全额保障、监企分开、收支分开、规范运行"的改革目标。"全额保障"是监狱体制改革的前提,"监企分开"是监狱体制改革的重点和难点。2017 年 9 月,时任司法部部长张军在深圳监狱调研时指出"落实治本安全观,一个很重要的前提是真正实现监狱经费全额保障,切实做到监企分开,使得监狱干警不再为'创收'而犯愁,专心于罪犯改造工作"。❶

四、治本安全观对监狱人民警察队伍建设提出的新要求

警察是具有武装性质的维护社会秩序、保卫国家安全的国家强制力量。广义的警察包括武警和人民警察。按照《人民警察法》等相关法律法规的规定,人民警察包括公安部门管理的公安警察、国家安全部门管理的国家安全警察、监狱和劳动教养管理部门管理的警察以及司法机关管理的司法警察四类。❷ 其中,监狱人民警察是指依法从事监狱管理、执行刑罚、改造罪犯工作,担任刑罚执行过程中的执法者、管理者和教育者的人民警察。

作为监管罪犯的主要力量,监狱人民警察的地位、作用、权利和义务、职责和权力等内容在相关法律法规中均有规定(以《监狱法》《人民警察法》为主,还包括相关法律法规),但不同历史时期的刑罚政策仍然深刻影响了不同历史时期监狱人民警察队伍建设的走向。

在底线安全观视野下,监狱的安全稳定、确保"四无"目标不被突破,成了整个监狱工作的出发点和导向。相应地,监狱人民警察的工作

---

❶   吴新中:《新时代之治监新坐标》,http://www.cnprison.cn/2018/0423/c555a150810/page. htm,访问日期: 2022 年 9 月 1 日。

❷   《人民警察法》第 18 条规定:"国家安全机关、监狱、劳动教养管理机关的人民警察和人民法院、人民检察院的司法警察,分别依照有关法律、行政法规的规定履行职权。"

也都围绕着维护监狱安全稳定而展开，"安全稳定压倒一切"，几乎所有的精力和资源都投入到安全防范工作上，一定程度上监狱人民警察甚至被物化为服务于"人防、物防、技防"三防体系下的一环，这在很大程度上影响了监狱人民警察在刑罚执行过程中作为执法者、管理者、监狱者的主动性，客观上也影响了监狱改造在押犯的实效。

治本安全观的提出，意味着监狱各项工作应以改造人为宗旨，相应地，监狱人民警察的整个工作理念、工作重心、工作职能都发生调整和转变，绝不再仅仅是维护监狱安全稳定的一环，而应主动转向"监管安全与教育改造并重"，提高监狱人民警察整体的专业素养。据此，在治本安全观的要求下，按照传统的底线安全观要求开展工作的监狱人民警察在教育矫治罪犯层面存在一定的短板，亟待在治本安全观的工作要求下补齐，具体见后文相关内容。

第二节 宽严相济刑事政策对中国监狱人民警察提出新的执法要求

自 20 世纪 80 年代起，中国进行了大规模的经济体制改革，经济生活、经济成本和经济利益日益多元化，经济领域的发展极大冲击了社会生活的各个方面，整个社会处于历史转型时期。在新旧体制转轨之际，我国的犯罪态势愈加复杂，重大案件的发生率明显增高且呈现区域性全面增长的态势，罪犯也呈现出新的特点。针对日益复杂的犯罪态势，党和国家提出"宽严相济"的刑事政策。作为贯彻刑事司法执法全过程的根本要求，"宽严相济"刑事政策对监狱人民警察开展工作提出了更高的要求。

一、我国现阶段犯罪及犯罪人情况日益复杂

（一）我国现阶段犯罪的情况和特点

1. 从犯罪的总体数量来看，呈现上升趋势

随着经济体制改革的深入，经济不断发展，但同时呈现出贫富差距两极分化的状况，而相应的社会体制改革和文化建设又没能跟上经济体制发展的步伐，出现各类社会矛盾，造成犯罪总量呈上升趋势。

2. 从犯罪的种类结构来看，呈现出相应的特点

从现阶段我国犯罪的种类上说，抢劫、盗窃等财产性严重刑事犯罪仍然是最主要的犯罪类型，但多发性暴力犯罪总数也在不断增加，与此同时，传统毒品、赌博、性犯罪和职务犯罪也呈现出上升的趋势。

3. 从犯罪方式来看，呈现出相应的特点

（1）犯罪动态化。跨区域流窜作案成为常态，大范围、跨区域犯罪持续增长，不同区域、种类犯罪融汇。

（2）犯罪组织化。特别是在侵犯财产案件中，团伙作案已成为主要作案形式。

（3）犯罪智能化。现代社会的科技发展，折射在犯罪行为上，出现了大量运用技术手段的智能犯罪，如网络犯罪等，与传统暴力犯罪案件呈现完全不同的特征。

4. 从犯罪发展态势来看，部分犯罪带来严重的社会危害性，同时部分轻微犯罪、激情犯罪高发

随着国内国际形势的变化，部分犯罪（如职务犯罪、恐怖主义犯罪、严重危害国家安全犯罪等）给社会带来严重的危害，也给国家治理犯罪带来巨大的挑战。与此同时，部分社会危害性和人身危险性程度较低的轻微犯罪、激情犯罪也呈现出高发态势，不能简单地以高压手段进行管理。

（二）我国现阶段犯罪人呈现多元化的特点

1. 外来流动人口是城市犯罪的主要犯罪主体

在犯罪高发的城市中，大部分的犯罪主体主要是外来流动人口，特别是来自相同区域的老乡集体，该类群体易形成有机组织犯罪。此类犯罪每年逐步增多，成为本地社会治安管理工作的一大障碍，社会治安面临着管理流动人口的挑战。

2. 从犯罪人的结构来看，青少年犯罪和女性犯罪占比增长明显

相比传统犯罪主体主要为成年男性的情况，新时期的青少年犯罪和女性犯罪占比增加明显，犯罪人的结构发生重大变化。青少年犯罪案件急剧增多并在部分大中城市中出现。

3. 犯罪人职业化特征明显

从犯罪人的经历背景来看，惯犯、累犯占比进一步增加，惯犯、累犯虽然绝对数量不大，但其作案数量占到全部案件的大多数，犯罪人呈现职业化特征。

4. 部分犯罪人受教育程度较高，世界观人生观扭曲，甚至存在反社会情绪

相比传统暴力犯罪人受教育程度不高的情况，目前大部分新型犯罪（如网络犯罪、恐怖主义犯罪等）的犯罪人受教育程度较高，但同时其形成了扭曲的世界观、人生观，甚至存在严重的社会对立情绪，人身危险性较大。

二、宽严相济刑事政策的提出

（一）刑事政策的概念

一般认为，最早在费尔巴哈 1803 年的刑法教科书里出现的德语"Krminal Politik"正是刑事政策一词的来源，后李斯特等人将其推广至欧洲大陆法系各国。

　　目前，法学界对刑事政策的阐释和研究有不同的观点，如马克昌教授主编的《中国刑事政策学》认为我国的刑事政策"是指中国共产党和人民民主政权，为了预防犯罪，减少犯罪，以至消灭犯罪，以马列主义、毛泽东思想为指导，根据我国的国情和一定时期的形势，而制定的与犯罪进行有效斗争的指导方针和对策"。[1] 杨春洗教授在其主编的《刑事政策论》中认为"刑事政策是国家或执政党依据犯罪态势对犯罪行为和犯罪人运用刑罚和有关措施以期有效地实现惩罚和预防犯罪的方略"。[2] 肖扬先生在其撰写的《中国刑事政策和策略问题》中认为"刑事政策和策略，简略来说就是一个国家在同犯罪做斗争中，根据犯罪的实际状况和趋势，运用刑罚和其他一系列抗制犯罪的制度，为达到有效抑制和预防犯罪的目的，所提出的方针、准则、决策和方法等"。[3] 何秉松教授在其主编的《刑事政策学》中认为"刑事政策是指国家基于预防犯罪、控制犯罪以保障自由、维持秩序、实现正义的目的而制定、实施的准则、策略、方针、计划及具体措施的总称"。[4]

　　综合上述研究的理论成果，一般认为刑事政策是指，国家或社会团体为抑制和预防犯罪而选取实施的一切手段方式，从内容上来说，具体包括刑事立法政策、刑事司法政策、刑事社会政策。

（二）改革开放后刑事政策的变迁

　　1978 年改革开放后，我国社会主义法制开始重建。1979 年发布了《中华人民共和国刑法》（以下简称《刑法》）、《中华人民共和国刑事诉讼法》（以下简称《刑事诉讼法》），我国重启了刑事司法的法制化之路。

---

[1] 马克昌主编《中国刑事政策学》，武汉大学出版社，1992，第 3 页。
[2] 杨春洗主编《刑事政策论》，北京大学出版社，1994，第 13 页。
[3] 肖扬主编《中国刑事政策和策略问题》，《南京大学法律评论》1996 年第 2 期，第 150 页。
[4] 付强：《"刑事政策与和谐社会构建学术研讨会"综述》，《西南政法大学学报》2008 年第 5 期，第 131 页。

　　但随着"文革"结束后社会管理从高压控制转向宽松管理、经济快速发展、人口开始大规模流动，20世纪80年代初期各种刑事案件增多，尤其是严重地破坏经济、危害社会治安的犯罪。❶为了应对严峻的犯罪形势，本着"乱世用重典"的思维，全国人民代表大会常务委员会于1982年3月通过《全国人民代表大会常务委员会关于严惩严重破坏经济的罪犯的决定》，❷又在1983年9月出台《全国人民代表大会常务委员会关于严惩严重危害社会治安的犯罪分子的决定》。❸为期十多年的"严打"❹大幕自此缓缓拉开。

　　自此之后，在"严打"的刑事政策指导下，刑事立法上呈现从重、从严惩治犯罪的特征；❺在刑事程序上也出现从简、从快的特色。❻

　　1983年"严打"之后，社会治安在短期内有了显著的改善，但之后又出现了犯罪态势恶化的情况，因此，在对1983年"严打"经验进行总结的基础上，后续又前后进行了1996年"严打"、2001年"严打"。虽然最高人民法院在2001年"严打"时也提出强调法治化、规范化"严打"的要求，❼但党和政府也日渐认识到"严打"作为单一刑事政策的弊端。

---

　　❶　如仅在《刑法》通过后两个月，上海突发震惊全国的"控江路事件"，其后几年又陆续发生了数起影响恶劣的刑事案件，如广州滨江路事件、东北"二王"特大杀人案、福建晋江假药案等。

　　❷　该决定明确规定坚决打击走私、套汇、投机倒把牟取暴利、盗窃公共财物、盗卖珍贵文物和索贿受贿等经济犯罪活动，并对《刑法》的有关条款作了相应的补充和修改。

　　❸　该决定规定了严重危害社会治安的犯罪分子，可以在刑法规定的最高刑以上处刑，直至判处死刑。

　　❹　指严厉打击严重危害社会治安和严重破坏经济的犯罪分子。

　　❺　如此后全国人民代表大会常务委员会先后出台了25个单行刑法，增加了100多个罪名，提高了许多罪名的法定刑，并增设了40种犯罪的死刑。至1997年《刑法》修订之时，死刑罪名已由1979年的38个上升到68个。

　　❻　如对《刑事诉讼法》中规定的由最高人民法院复核的死刑案件，经全国人民代表大会常务委员会批准和最高人民法院下放，先后将杀人、强奸、抢劫、放火等犯有严重罪行应当判处死刑的案件，以及毒品犯罪死刑案件的复核权授权给各省、自治区、直辖市的高级人民法院和军队高级人民法院行使。

　　❼　指"严之有据、严之有理、严之适度、严之有效"的要求。

《刑法》《刑事诉讼法》分别于 1997 年、1996 年修改后，刑事立法、司法的法制化工作进一步得到推进。2001 年 12 月，我国加入世界贸易组织，我国的刑事审判工作在市场经济发展和全球化趋势下不得不加快前进的步伐。之后随着"依法治国"基本方略载入《宪法》，我国进入了"宽严相济"刑事政策的时期。

（三）宽严相济刑事政策的提出

2006 年中国共产党第十六届中央委员会第六次全体会议通过的《中共中央关于构建社会主义和谐社会若干重大问题的决定》（中发〔2006〕19 号）提出"实施宽严相济的刑事司法政策"，随后召开的全国政法工作会议指出："要善于运用宽严相济的刑事司法政策，最大限度地遏制、预防和减少犯罪。" ❶

2006 年 11 月，最高人民法院召开第五次全国刑事审判工作会议，对贯彻落实宽严相济刑事政策的具体措施作出安排。

2007 年 1 月，为了在检察工作中全面落实宽严相济的刑事司法政策，更深入地服务于社会主义和谐社会的构建工作，最高人民检察院发布《最高人民检察院关于在检察工作中贯彻宽严相济刑事司法政策的若干意见》（高检发研字〔2007〕2 号），对检察工作如何落实政策作出了具体规定。

2010 年 2 月，最高人民法院发布《关于贯彻宽严相济刑事政策的若干意见》（法发〔2010〕9 号），对人民法院在刑事审判工作中如何更好地贯彻落实政策，作出了具体的规定。❷

同时，我国通过不断出台刑法修正案陆续削减死刑罪名，程序上通过 2007 年最高人民法院收归死刑复核权来控制死刑案件的质量和数量，司法

---

❶ 代承：《论宽严相济刑事政策与人身危险性》，《河南省政法管理干部学院学报》2010 年第 2 期，第 181 页。

❷ 该意见指出："宽严相济刑事政策，是党中央在构建社会主义和谐社会新形势下提出的一项重要政策，是我国的基本刑事政策。它对于最大限度地预防和减少犯罪、化解社会矛盾、维护社会和谐稳定，具有特别重要的意义。"

上出台"三项规程"等，❶ 大大提升了我国刑事法律法制化的水平，充分体现了现阶段宽严相济刑事政策的要求。

由严打政策调整为宽严相济刑事政策，刑罚思想由侧重惩罚报应转向惩罚与教育矫正并重，我国刑事基本政策得到了进一步充实和发展，这是法制文明发展的表现，对社会主义法制建设有重要意义。

三、宽严相济刑事政策的内涵和外延

（一）宽严相济刑事政策的内涵

根据学者的学理解读，结合最高人民法院印发的《关于贯彻宽严相济刑事政策的若干意见》的要求，可以从"宽""严""相济"三个概念入手，分析宽严相济刑事政策的基本内涵。

1. "宽"的含义

从理论上来说，宽严相济的"宽"应有双层含义：一是该轻则轻，即对较为轻微的犯罪，本应处以较为轻缓的刑罚。这是罪刑均衡原则的体现，也是公正的基本要求。二是该重则轻，是指所犯罪行较重，但被告人具有坦白、自首或者立功等法定和酌定情节，其人身危险性不大的，在司法处理上，将本应判处较重之刑的判处较轻之刑。该重则轻，通过实现《刑法》的感化功能，体现教育意义，使罪犯在心理上受到鼓励从而悔过自新。另外，《关于贯彻宽严相济刑事政策的若干意见》也对"宽"作出了界定。❷

---

❶　即《人民法院办理刑事案件庭前会议规程（试行）》《人民法院办理刑事案件排除非法证据规程（试行）》《人民法院办理刑事案件第一审普通程序法庭调查规程（试行）》（法发〔2017〕31号）。

❷　《关于贯彻宽严相济刑事政策的若干意见》第14条规定："宽严相济刑事政策中的从'宽'，主要是指对于情节较轻、社会危害性较小的犯罪，或者罪行虽然严重，但具有法定、酌定从宽处罚情节，以及主观恶性相对较小、人身危险性不大的被告人，可以依法从轻、减轻或者免除处罚；对于具有一定社会危害性，但情节显著轻微危害不大的行为，不作为犯罪处理；对于依法可不监禁的，尽量适用缓刑或者判处管制、单处罚金等非监禁刑。"

2."严"的含义

从理论上来说,宽严相济的"严",是指严格、严厉和严肃。这里的严格是指法网严密,有罪必罚。严厉是指刑罚苛厉,从重惩处。严肃是指司法活动循法而治,不徇私情。另外,《关于贯彻宽严相济刑事政策的若干意见》也对"严"作出了界定。❶

3."相济"的含义

《关于贯彻宽严相济刑事政策的若干意见》明确指出:"宽严相济刑事政策中的'相济',主要是指在对各类犯罪依法处罚时,要善于综合运用宽和严两种手段,对不同的犯罪和犯罪分子区别对待,做到严中有宽、宽以济严;宽中有严、严以济宽。"❷

4.宽严相济刑事政策的实质

《关于贯彻宽严相济刑事政策的若干意见》第1条规定即体现了"宽严相济"的基本精神。❸ 在有力打击犯罪,捍卫法律的权威,取得较好的法律效果的同时,尽量减少社会对抗,化消极因素为积极因素,维护社会稳定,以实现良好的社会效果。

宽严相济,重点在于"济"。宽大与严厉的结合就是教育与惩罚的结合,两者是对立统一的关系,以宽济严、以严济宽,宽严有度。我国目前正处于加速转型期,将这一理念在司法中具体落实,应区别对待轻微犯罪与严重危害社会治安和人民群众安全的犯罪,该宽则宽,当严则严,同时

---

❶ 《关于贯彻宽严相济刑事政策的若干意见》第6条规定:"宽严相济刑事政策中的从'严',主要是指对于罪行十分严重、社会危害性极大,依法应当判处重刑或死刑的,要坚决地判处重刑或死刑;对于社会危害大或者具有法定、酌定从重处罚情节,以及主观恶性深、人身危险性大的被告人,要依法从严惩处。在审判活动中通过体现依法从'严'的政策要求,有效震慑犯罪分子和社会不稳定分子,达到有效遏制犯罪、预防犯罪的目的。"

❷ 《关于贯彻宽严相济刑事政策的若干意见》第25条。

❸ 《关于贯彻宽严相济刑事政策的若干意见》第1条规定:"贯彻宽严相济刑事政策,要根据犯罪的具体情况,实行区别对待,做到该宽则宽,当严则严,宽严相济,罚当其罪,打击和孤立极少数,教育、感化和挽救大多数,最大限度地减少社会对立面,促进社会和谐稳定,维护国家长治久安。"

也要注意保持宽与严之间的平衡，确保罪责刑相适应。依法惩治犯罪、切实保障人权，实现两者的有机统一，实现促进司法的公正高效之目的。

（二）宽严相济刑事政策的外延

本书认为，预防犯罪是刑事政策的重要部分，应从广义的视角来解读刑事政策。从外延上来说，刑事政策指导刑事立法政策、刑事司法政策、刑事社会政策。相应的，在当前和今后一段时期内，我国实行宽严相济刑事政策，在立法、司法、执法及刑罚执行等方面，履行以下基本要求。

1. 在刑事立法层面贯彻宽严相济刑事政策

在刑事立法方面，应对《刑法》规定的各类犯罪，针对其人身危险性的不同情况，设置不同的刑罚配置，一方面对轻罪进行轻刑化、去罪化处理，另一方面对严重危害社会的犯罪进一步严密法网，以发挥法律的威慑力。

2. 在刑事司法层面贯彻宽严相济刑事政策

在刑事司法方面，宽严相济刑事政策分别提出了"宽""严"两方面的要求：一方面，必须毫不动摇地坚持依法严惩严重刑事犯罪的方针，对此，《关于贯彻宽严相济刑事政策的若干意见》作出相应规定；❶另一方面，《关于贯彻宽严相济刑事政策的若干意见》对"宽"的准确把握和正确适

---

❶ 《关于贯彻宽严相济刑事政策的若干意见》第 7 条规定："贯彻宽严相济刑事政策，必须毫不动摇地坚持依法严惩严重刑事犯罪的方针。对于危害国家安全犯罪、恐怖组织犯罪、邪教组织犯罪、黑社会性质组织犯罪、恶势力犯罪、故意危害公共安全犯罪等严重危害国家政权稳固和社会治安的犯罪，故意杀人、故意伤害致人死亡、强奸、绑架、拐卖妇女儿童、抢劫、重大抢夺、重大盗窃等严重暴力犯罪和严重影响人民群众安全感的犯罪，走私、贩卖、运输、制造毒品等毒害人民健康的犯罪，要作为严惩的重点，依法从重处罚。尤其对于极端仇视国家和社会，以不特定人为侵害对象，所犯罪行特别严重的犯罪分子，该重判的要坚决依法重判，该判处死刑的要坚决依法判处死刑。"

用也作出相应规定。❶ 同时，"宽"和"严"不是绝对的，两种之间应是"相济"。具体如何准确把握和正确适用宽严"相济"也有相关规定。❷

3. 在刑事执法及刑罚执行层面贯彻宽严相济刑事政策

在刑事执法及刑罚执行层面，要求在执行生效裁判时，仍然应当贯彻宽严相济刑事政策，在充分体现刑罚惩戒作用的同时，坚持教育、感化、挽救的改造方针，为犯罪人回归社会创造条件。❸

四、宽严相济刑事政策对人身危险性的体现

（一）人身危险性的概述

1. 人身危险性概念的由来

人身危险性是指犯罪人再次犯罪的可能性，强调的是人身特性，其是刑事实证学派在对刑事古典学派进行批判过程中提出的概念，也是刑事实证学派的理论根基。19 世纪后半期，随着自由竞争的资本主义向垄断资本主义转变，西方资本主义国家内部阶级矛盾更加尖锐。面对显著增长的犯罪，传统刑事古典学派的刑法理论无法很好地进行解释并解决。在亟须有效打击和抑制犯罪激增的背景下，刑事实证学派顺势诞生。刑事实证学派以意志自由论、行为主义、道义责任论和报应刑为核心，认为"应受处罚的是行为而不是行为人"，反对罪刑擅断，主张罪刑法定和罪刑均衡。

在刑事实证学派看来，刑罚的目的并非对已实施的犯罪行为的报应，

---

❶ 《关于贯彻宽严相济刑事政策的若干意见》第 14 条规定："宽严相济刑事政策中的从'宽'，主要是指对于情节较轻、社会危害性较小的犯罪，或者罪行虽然严重，但具有法定、酌定从宽处罚情节，以及主观恶性相对较小、人身危险性不大的被告人，可以依法从轻、减轻或者免除处罚；对于具有一定社会危害性，但情节显著轻微危害不大的行为，不作为犯罪处理；对于依法可不监禁的，尽量适用缓刑或者判处管制、单处罚金等非监禁刑。"

❷ 《关于贯彻宽严相济刑事政策的若干意见》第 25 条规定："宽严相济刑事政策中的'相济'，主要是指在对各类犯罪依法处罚时，要善于综合运用宽和严两种手段，对不同的犯罪和犯罪分子区别对待，做到严中有宽、宽以济严；宽中有严、严以济宽。"

❸ 周玉华：《宽严相济刑事政策的定位与司法适用》，《法制日报》2009 年 12 月 9 日第 12 版。

而是通过对犯罪人适用刑罚，教育、矫治犯罪人，通过刑罚执行将其改造为守法公民，最终防止其再次实施犯罪行为。而教育、矫治犯罪人的内核，与其说是其犯罪行为的社会危害性，不如说是犯罪人的人身危险性。人身危险性的概念就此应运而生。

人身危险性的概念提出后，刑罚的适用不仅以犯罪行为的社会危害性为基础，坚持罪刑相适应原则，还将犯罪人的人身危险性的程度高低纳入考量的范围，从多方面贯彻刑罚个别化原则。❶

2. 我国刑事立法对人身危险性的体现

从我国现行的刑事法律法规看，刑事实体法（《刑法》）本身并没有明确提出人身危险性的概念，但是体现人身危险性精神的条文有很多。❷ 此外，《刑法》规定的死缓、累犯、自首、立功、缓刑、减刑、假释等刑罚制度，都体现着人身危险性对我国刑罚裁量和执行的影响。

相较刑事实体法对人身危险性的克制体现而言，刑事程序法（《刑事诉讼法》）对人身危险性的体现则更加明确和具体（但法条的表述主要为"社会危险性"）。❸ 甚至在最高人民检察院的有关司法解释中多次直接出现

---

❶ 包括犯罪行为的严重程度、犯罪原因、犯罪人在犯罪后的表现、犯罪人的一贯表现等方面。

❷ 如《刑法》第 61 条规定："对于犯罪分子决定刑罚的时候，应当根据犯罪的事实、犯罪的性质、情节和对于社会的危害程度，依照本法的有关规定判处。"这一量刑原则中所指的情节，既包括反映行为社会危害性程度的情节，也包括反映行为人人身危险性程度的情节。

❸ 如《刑事诉讼法》第 67 条规定："人民法院、人民检察院和公安机关对有下列情形之一的犯罪嫌疑人、被告人，可以取保候审：（一）可能判处管制、拘役或者独立适用附加刑的；（二）可能判处有期徒刑以上刑罚，采取取保候审不致发生社会危险性的；（三）患有严重疾病、生活不能自理，怀孕或者正在哺乳自己婴儿的妇女，采取取保候审不致发生社会危险性的；（四）羁押期限届满，案件尚未办结，需要采取取保候审的。 取保候审由公安机关执行。"该法第 72 条规定："取保候审的决定机关应当综合考虑保证诉讼活动正常进行的需要，被取保候审人的社会危险性，案件的性质、情节，可能判处刑罚的轻重，被取保候审人的经济状况等情况，确定保证金的数额。 提供保证金的人应当将保证金存入执行机关指定银行的专门账户。"该法第 81 条第 1 款规定："对有证据证明有犯罪事实，可能判处徒刑以上刑罚的犯罪嫌疑人、被告人，采取取保候审尚不足以防止发生下列社会危险性的，应当予以逮捕：（一）可能实施新的犯罪的；（二）有危害国家安全、公共安全或者社会秩序的现实危险的；（三）可能毁灭、伪造证据，干扰证人作证或者串供的；（四）可能对被害人、举报人、控告人实施打击报复的；（五）企图自杀或者逃跑的。"

了"人身危险性"的词汇。❶《刑事诉讼法》立法和司法解释方面对"人身危险性"概念的体现，说明了专门机关在处理取保候审、批准逮捕、技术性侦查措施、不起诉等制度时，均将犯罪嫌疑人的人身危险性（即其是否具有再犯可能性）作为一个重要的参考因素。因此，人身危险性的研究不仅具有理论价值，还具有重大的实践意义。

（二）人身危险性与宽严相济刑事政策的关系

人身危险性与宽严相济刑事政策有着天然而紧密的联系。司法实践中，人身危险性概念的适用，有助于有关部门在认定犯罪人犯罪行为的社会危害性的同时，能够对犯罪人本身是否具有潜在的人身危险性有一个较为精确的认定。真正将刑罚"从行为转化到人"，淡化刑罚的惩罚报应属性，通过实现刑罚个别化，最终落实宽严相济刑事政策的有关要求❷。

1. 人身危险性在刑事定罪中的作用

对于人身危险性能否成为刑事定罪根据的问题，理论界有两种不同的观点：作为传统观念的否定说一般认为定罪评价的应是犯罪行为的社会危险性，进而否认人身危险性在刑事定罪中的作用；而肯定说则认为人身危险性可以作为定罪的依据，虽然定罪的本质仍然在于对社会危害性的认定，但犯罪人的人身危险性是对刚性的社会危害性的必要修正，通过该种修正最终对相关行为是否构成犯罪及如何追究犯罪人刑事责任进行定性。

2. 人身危险性在刑事量刑中的作用

相比人身危险性在刑事定罪中有限度的作用，人身危险性在刑事量刑中

---

❶ 如《最高人民检察院关于在检察工作中贯彻宽严相济刑事司法政策的若干意见》第 7 条规定："……对于罪行严重、主观恶性较大、人身危险性大或者有串供、毁证、妨碍作证等妨害诉讼顺利进行可能，符合逮捕条件的，应当批准逮捕……"该意见第 13 条规定："……对于初次实施轻微犯罪、主观恶性小的犯罪嫌疑人，特别是对因生活无着偶然发生的盗窃等轻微犯罪，犯罪嫌疑人人身危险性不大的，一般可以不予逮捕……"《人民检察院办理不起诉案件质量标准（试行）》规定：符合上述相对不起诉的质量标准部分，同时具有下列五种情形之一的，依法决定不起诉："……（4）因生活无着偶然实施盗窃等轻微犯罪的犯罪嫌疑人，人身危险性不大的……"

❷ 指"区别对待、宽严并举、以宽济严和以严济宽"。

的作用就明显得多。自刑事实证学派基于人身危险性概念提出刑罚个别化以来，量刑才在刑事法律中取得了独立的地位。一般认为，在考察犯罪行为社会危害性的基础上，考量人身危险性更能准确评估犯罪人的人身特性，得出更有利于矫治、教育犯罪人的刑罚认定，起到更好的特殊预防作用。

从现行立法来看，我国刑事实体法中的很多量刑情节的法律规定都体现了人身危险性对刑罚裁量的影响，如累犯、未成年人、自首、立功、犯罪中止等；而在刑事程序法领域，修改后的《刑事诉讼法》规定的认罪认罚从宽处理制度，更是对人身危险性的体现。

从现行司法实践来看，近些年逐步纳入法治发展快车道的量刑程序，更是对人身危险性在刑事量刑中的作用的认可和体现。

3. 人身危险性在刑罚执行中的作用

相对于刑事定罪与量刑，人身危险性在刑罚执行过程中也起着重要的作用。根据犯罪人在相对长时间的刑罚执行过程中体现出来的人身危险性，能对生效裁判认定的刑罚进行动态的调整和修正（如对犯罪人适用减刑、假释、暂予监外执行制度等），并依照犯罪人的人身危险性施以不同的处遇（如对人身危险性较低的犯罪人可以考虑适用非监禁刑、对人身危险性较高的犯罪人适用监禁刑；而对进行监禁的犯罪人也根据人身危险性的不同进行分类关押、采取不同的教育改造措施等）。

4. 总结

按照《关于贯彻宽严相济刑事政策的若干意见》的规定，❶ 贯彻宽严相济刑事政策，关键在于要求根据犯罪的具体情况、实现区别对待。这在逻辑上意味着除了从犯罪行为的社会危害性出发外，还要认真考察和分析不同犯罪人的人身危险性，通过不同的人身危险性对犯罪人的定罪、量刑、行刑作出区别对待，最终满足宽严相济刑事政策的要求。

---

❶ 《关于贯彻宽严相济刑事政策的若干意见》第 1 条规定："贯彻宽严相济刑事政策，要根据犯罪的具体情况，实行区别对待，做到该宽则宽，当严则严，宽严相济，罚当其罪，打击和孤立极少数，教育、感化和挽救大多数，最大限度地减少社会对立面，促进社会和谐稳定，维护国家长治久安。"

因此，加强对人身危险性的认识、考察和评估，是实现宽严相济刑事政策的应有之意和主要突破点。人身危险性概念的适用，有助于司法实务部门在关注犯罪行为造成的现实社会危险性的同时，关注和分析行为人是否具有潜在的社会危害性及这种潜在危害性的大小，真正实现宽严相济刑事政策所提倡的区别对待。❶

五、监狱执行刑罚同样应贯彻宽严相济刑事政策

如前所述，广义上的刑事政策，包括刑事立法政策、刑事司法政策、刑事社会政策。《关于贯彻宽严相济刑事政策的若干意见》明确了宽严相济刑事政策的重要地位及其适用范围。❷ 由此可见，目前司法实务部门对宽严相济刑事政策的研究和适用主要集中在刑事立法、刑事司法层面，而在刑罚执行层面，虽然理论上同样要求适用，但在研究和推进上尚需要长足努力，具体见后文相关内容。

第三节　中国监狱人民警察职业保障体系现状

一、监狱人民警察职业保障概述

（一）监狱人民警察职业保障概念

开展监狱工作的主体是监狱人民警察，所以监狱人民警察队伍的职

---

❶ 代承：《人身危险性研究》，博士学位论文，武汉大学，2010，第83–84 页。

❷ 《关于贯彻宽严相济刑事政策的若干意见》规定："宽严相济刑事政策是我国的基本刑事政策，贯穿于刑事立法、刑事司法和刑罚执行的全过程，是惩办与宽大相结合政策在新时期的继承、发展和完善，是司法机关惩罚犯罪，预防犯罪，保护人民，保障人权，正确实施国家法律的指南。为了在刑事审判工作中切实贯彻执行这一政策，特制定本意见。"

业保障事关监狱人民警察权益，直接影响监狱人民警察开展监狱工作的成效。为保证监狱工作的顺利开展，要建设一支正规化、专业化、职业化的监狱人民警察队伍，必须加强监狱人民警察职业保障，其核心是加强监狱人民警察权益的保障。监狱人民警察的权益由三部分组成，第一部分是监狱人民警察个体因监狱人民警察职务身份享有的特殊权利，第二部分是监狱人民警察作为劳动者的劳动保障权益，第三部分是监狱人民警察作为普通公民的基本人权等所依法享有的不容侵犯的权利。因此，上述权益具体可分为普通公民的权益、特别劳动权益和特殊职务权益。

（二）监狱人民警察职业保障特征

因监狱人民警察职业的特殊性，法律赋予此职业以特殊的权益。监狱人民警察权益主要有权益主体的特定性、权益内容的复杂性两个特征。

1. 权益主体的特定性

监狱人民警察权益的主体特定性，是指通过制定部门规章或立法等方式，赋予监狱人民警察与职务密切相连的权利，即其他人民警察（如海关缉私警察、公安警察等）享有的警察权益和监狱人民警察享有的警察权益是有差异的。因此，监狱人民警察的权益主体必须在法定的范围内，运用其合法职权从事刑罚执行活动以及行使其公民基本权利。监狱人民警察权益主体必须身处法定机关且获得相应法定许可，也就是说只能是依法设立的监狱机关中，通过法定程序获得监狱人民警察职务的人员，除此之外，其他任何机关、团体组织的个人都不得享有和行使监狱人民警察的权益。

2. 权益内容的复杂性

监狱人民警察权益内容包括其作为普通公民享有的基本权益及监狱人民警察个体基于特殊职业身份和执法行为享有的职务权益。于监狱人民警察的职务权益来说，监狱人民警察的职责义务与应享有的权益密不可分，享有多大的权益同时就应承担多大的职责义务。具有"三重角色"的监狱人民警察，要同时遵守和履行《监狱法》《人民警察法》所规定的职责、纪律和义务，如《监狱法》第 14 条就规定了监狱人民警察禁止的九种行

为，笔者认为监狱人民警察履行了比公安警察和其他公务员更多的义务和
职责，会受到更多纪律的约束。而对于监狱人民警察的权益的法律规定只
是泛泛而谈，没有如公安警察和其他公务员一般规定得细致，如只是规定
了"享受公安警察同等待遇""监狱单位的人民警察比照执行"等。

二、监狱人民警察职业保障中存在的问题

监狱人民警察每天跟各种案情的服刑人员打交道，既要与其斗智斗
勇，又要疏导、教育其重新做人，承受着较大的工作压力。并且监狱人民
警察工作的风险和责任较大，在押人员只要入狱就与监狱人民警察工作密
切相关，不管在押人员的身体状况、心理状况任何一个环节出现问题，监
狱人民警察都可能被追责。但是当前监狱人民警察队伍职业保障仍有不足
的地方，具体体现在以下几个方面。

（一）监狱人民警察的职业安全存在风险

1. 人身易受伤害

监狱是关押罪犯的场所，其不但关押着犯了轻罪的罪犯，还关押着犯
了重罪的罪犯。对于轻刑犯来说，由于所处刑期较短，能够看到释放的希
望，因此，比较配合监狱人民警察的管理工作。但是对于重刑犯来说，由
于所处刑期较长，一时难以看到释放的希望，并且其人身危险性本来就较
高，因此，后者不配合监狱人民警察管理，甚至暴力伤害监狱人民警察的
事件时有发生。

2. 心身健康问题突出

监狱人民警察每天都在高墙电网之内从事教育改造工作，在这封闭的
工作环境、狭小的生活空间里，与外界亲戚朋友的沟通受到了阻碍，易产
生自我封闭的心理。加上每天接触的对象特殊，工作期间时刻提心吊胆，
处于高度紧张的状态，监狱人民警察承担的心理压力较大且往往难以通过
正常的途径进行排解，导致抑郁、焦虑等心理问题十分突出。另外，监狱

人民警察的身体患病率高。作息不规律、经常加班等易损耗监狱人民警察良好的身心素质。并且监狱的部分在监受刑人不免患有传染性疾病，监狱警察在对这部分受刑人进行改造的时候，因为监狱条件或未采取与传染病相对的防护措施，就可能导致监狱人民警察存在被攻击、被感染的风险。

（二）监狱人民警察的职业认同感不明显

1. 工作环境封闭

监狱场所的封闭性决定了监狱人民警察的职业环境。监狱一般在城乡接合部或郊区，监狱本身的构造易让人产生压迫感，基本上都是钢筋混凝土，走廊、狱室有摄像头，巡逻时看到的是铁门连着铁门，有一种被监视的滋味，而且大部分监狱人民警察巡逻的范围有限，非工作时间禁止在罪犯区逗留，使监狱人民警察在监狱这个大的封闭环境中又处于一个较小的封闭环境。在监狱工作，监狱人民警察既要面对封闭的工作环境，又要忍受同外界联系的机会的缺乏，这使得监狱人民警察与社会之间形成了一道障碍。尽管现代信息技术极大方便了人与人之间的沟通，但不分昼夜的工作状况，使得监狱人民警察要么处于工作"失联"状态，要么处于补觉"不接"状态。长时间的监狱工作使监狱人民警察在人与人交往中成为"失联"的人。并且监狱周边比较荒凉，没有大型商场、娱乐设施，容易与社会生活脱节，可能会使监狱人民警察产生个人价值观上的扭曲，削弱对职业的认同。因此，笔者认为监狱人民警察的职业认同感不明显。

2. 接触对象特殊

监狱人民警察接触的是具有严重社会危害性的罪犯。监狱人民警察的最主要的职责义务就是教育改造服刑人员，用法律要求其遵守底线，用道德教化其人生原则，还可以从形势政策等各方面去指正服刑人员的"三观"以及灌输文化、职业技术教育，让其出狱后能顺利适应社会生活，同时还要兼顾服刑人员的精神状态以及日常生活。教育改造的第一步就是要了解罪犯的基本情况，走进罪犯的心里，获得罪犯的信任与认可。这就要求监狱人民警察要了解罪犯的家庭情况，了解罪犯犯罪的起因、过程，倾听罪犯的心声，据此提出针对性的建议，给予其特殊的关注，甚至自掏腰包资助其家庭，助其早日走出心理阴影，扭转其扭曲的价值观。

3. 缺乏心理疏导

对于监狱人民警察来说，工作环境的封闭性、接触对象的特殊性分别从外部和内部产生、加重监狱人民警察的心理负担。监狱周围无大型商场、娱乐设施，距离市中心较远，偶尔有半天或一天休息时间，一般也没有走出监狱场所。另外，大多数监狱人民警察有其固定的巡逻区域，一般不准跨区域巡逻，要不就是在办公室看着监控视频或者与罪犯谈话，上班时在更狭窄环境中进行工作，进一步刺激其产生心理负担。然而，监狱一般没有设立监狱人民警察的心理咨询、疏导队伍，也少有针对监狱人民警察开展相关的心理疏导活动。

（三）对监狱人民警察的重视度不够

1. 培训时间较短

一般来说，监狱人民警察是通过省级公务员考试的招考方式向社会招录的，新招录进入监狱人民警察系统的工作人员通常没有系统地学习过监狱管理的理论和知识，也没有到监狱实习过。然而，针对这些注入的新鲜血液，培训时间一般是三个月，1/3 的时间用来训练，2/3 的时间用来上课，大量补习监狱管理方面的理论知识。培训时间是保障培训质量的重要因素之一，培训时间不足严重影响培训的内容及其质量。

2. 人文关怀有限

人文关怀有限主要发生在监狱人民警察刚进入系统的第一年。在监狱这种特殊的环境中，一般来说，刚进入系统的新人对监狱的生活环境、方式以及工作环境、方式都不太适应。再加上监狱人民警察工作、生活作息不规律等客观条件的限制，工作区域特定，工作期间不准携带通信工具，工作期间交流机会少等原因，导致新任监狱人民警察一时难以调整至良好的状态。虽然监狱组织也有相应的关心，但程度有限。周围的同事虽说从工作方法、生活乐趣等多方面进行人文关怀，但由于各自的工作时间不一、生活作息不一等客观因素，人文关怀的时间、程度不足。

3.过于强调管理对象权益，忽视监狱人民警察本身权益

笔者认为监狱人民警察的权利义务存在一定的失衡。依法治国的全面推进影响着国家的方方面面，在公职人员执法上体现为确立了更高的工作标准和执法要求，在监狱工作中又主要表现在以下几个方面：一是罪犯在监狱中绝食、自伤、自残、自杀等，一旦罪犯身体出现重大伤害，需要到医院手术、住院，不管是什么原因，当班的监狱人民警察都需要承担责任；二是如果罪犯生病住院，监狱需要派监狱人民警察看护照顾，如果罪犯出现问题，相关监狱人民警察便会被追究责任；三是放风时罪犯发生打架斗殴事件，致人轻伤以上的，维持秩序的监狱人民警察、伤人罪犯的管教员同样会被追责；四是监狱人民警察制止罪犯打架斗殴时，不可避免地要阻挡、推搡罪犯，或者罪犯袭警，监狱人民警察正当防卫时，一旦罪犯伤得较重，可能要追究监狱人民警察的责任。这种新要求、高标准提升了被管理者的权益，加大了监狱人民警察的工作压力和责任的承担风险。

（四）对监狱人民警察的奖励机制存在问题

1.监狱人民警察提升空间有限，业绩难以充分体现

由于监狱工作环境封闭、工作对象特殊，加之监狱总数较少，而且监狱的领导职位也有限，导致监狱人民警察的上升空间相比其他公务员要窄，只有少部分警察有晋升的机会。另外，由于监狱人民警察作息时间特殊及监狱人民警察警力不足，很难有时间接受系统的警后教育培训，以及取得外出参观更好的监狱环境或交流学习罪犯的教育管理的机会，从而导致监狱警察的能力难以得到提升。而且，改造罪犯是一个长期的过程，监狱人民警察教育的工作成果好坏即工作价值难以被察觉和重视。

2.物质奖励、精神奖励不足

监狱人民警察经常加班，在法定节假日加班也较为常见，但加班后物质和精神奖励不足，这在一定程度上打击了监狱人民警察的工作热情，对

监狱工作产生了消极的影响。

（五）现有监狱人民警察警力不足

警力不足是指监狱警务实际有的人力总量中所蕴含的、能用的工作能力素质以及可带来利益的综合力量不能满足监狱工作实际需求，包括警察的数量和质量两方面的不足。

1. 警力数量不足

警囚比，反映着监区日常管理中处于支配地位的监狱人民警察的管理幅度问题。按照管理学的基本原理，单个监狱人民警察所直接管理的罪犯数目是有限的，当管理对象超过峰值时，管理的效率就会随之下降。司法部强调监狱的警囚比应当达到18%。但从实践情况来看，监狱的警囚比远低于18%。2010年5月有媒体报道，广东监狱的警囚比仅为12.6%。❶监狱人民警察休假少、加班成常态，也可以间接反映出警囚比较低。

警力数量不足的原因有三个：一是每年招录监狱人民警察的编制有限。编制限制了监狱人民警察每年增加的总体数量，有限的总体数量决定了分配给每个监狱的人数较少，造成每个监狱人民警察数量的绝对不足。二是职业具有高风险、高压力、超负荷、高消耗，身体和心理承受压力大，晋升渠道有限等特点，导致监狱人民警察辞职较多。三是囚犯数量增多，监狱情况较为多变以及罪犯结构本身就比较复杂，对监狱人民警力资源的需求只增不减，如此进得少出得多，再加上岗位本身的高需求，便形成了监狱人民警察数量相对不足的局面。

2. 警力质量有待提高

在监狱人民警察队伍中，其来源主要有军转干、警校毕业生、地方高校毕业生。军转干、警校毕业生大多只具有高中、大专文凭，虽说其实践能力强，适应监狱环境快，能迅速进入工作状态，但理论知识水平较低。

---

❶　佚名：《粤监狱警囚比例居全国之末》，https://news.sina.com.cn/o/2010-05-10/0809 17486945s.shtml，访问日期：2020年5月12日。

地方高校毕业生多数具有本科以上的学历，法律专业偏多，理论知识水平较高，在一定程度上提高了监狱人民警察的整体素质，但所学专业知识与监狱关系不大，监狱专业知识、工作经验欠缺，监狱需要的心理学、管理学、教育学等专业毕业生较少。加之监狱人民警察入警培训时间短，培训质量不高；监狱人民警察理论学习偏多，实践指导偏少。理论学习主要包括党中央、国务院、司法部等新发的相关文件和领导人的重要讲话，但专业理论学习较少。警后培训，即入警后的再培训。监狱人民警察全天候工作的特殊性以及本身监狱人民警察人力不足，很难有时间接受系统的继续教育培训，即使抽出时间参加培训，参训时间也较短，例如，警后培训一般是一个星期。由于培训时间有限，老师以专题的形式进行讲课，理论知识碎片化，而且专题的内容与监狱实际问题关联性不大，吸引不了监狱人民警察的参与互动，导致警后培训的实际效果较差。

第四节　中国监狱人民警察职务犯罪态势分析

一、监狱人民警察职务犯罪现状

近几年来，有许多学者对公务人员渎职行为进行了研究，但是针对监狱人民警察渎职行为进行专项研究的却寥寥无几。在为数不多的研究中大多数认为监狱人民警察实施渎职行为是因监狱地理位置偏僻、环境闭塞、工资待遇较低、部分监狱人民警察法制观念淡薄引起的，而在解决方式上提出了高薪养廉，加强思想政治教育、法制教育，加强队伍建设等方法。可以说，这样的研究具有一定的价值，但从现实的角度来讲，监狱人民警察渎职包含一系列的行为，这些行为中包括图利型、法制观念淡薄型、领导渎职型、一线监狱人民警察渎职型等不同类型的渎职行为，其行为发生的根源各不相同，其行为特点也不同，因此，不对其进行分门别类的研究而得出的结论难免有失偏颇。在这种思路的引导下，本书将研究的范围缩小，主要针对监狱人民警察在工作中发生最多的以及最容易发生的徇私舞弊减刑、假释、暂予监外执行等渎职行为进行研究。

（一）监狱人民警察徇私舞弊减刑、假释、暂予监外执行等职务犯罪时有发生

近年来，检察院系统针对群众反映强烈的"有权、有钱罪犯"，在监狱执行刑罚期间以权、钱赎身，提前出狱等问题，将重点放在职务犯罪、金融犯罪、涉黑犯罪等方面，对正在监管场所服刑的采取逐人审查的方式，对正在保外就医的采取逐人见面、重新体检的方式，进行了减刑、假释、暂予监外执行的专项检察。自 2014 年以来，最高人民检察院开展减刑、假释、暂予监外执行专项检察活动，查处了一批不符合法定条件或程序的减刑、假释、暂予监外执行的案件。目前，监狱人民警察徇私舞弊减刑、假释、暂予监外执行的渎职行为形势不容乐观，急需找出解决监狱人民警察在减刑、假释、暂予监外执行方面实施渎职行为这一问题的方法，以保证监狱事业的顺利发展。

（二）监狱人民警察徇私舞弊减刑、假释、暂予监外执行渎职行为的特征

1. 隐蔽性

监狱人民警察徇私舞弊减刑、假释、暂予监外执行渎职行为的隐蔽性强，主要表现在行为人专业、无具体受害人和工作环境相对封闭三个方面。

第一，行为人专业主要是指基于监狱人民警察职业的特殊性，其大多毕业于政法院校和公安院校，不但熟知法律知识，还具有一定的反侦查能力。在参加监狱工作后，通过工作实践和培训学习，其不但业务能力得到了进一步的提高，而且反侦查能力也得到了增强，进而增强了对相关渎职行为予以隐蔽化的能力。第二，无具体受害人是指在监狱人民警察徇私舞

弊减刑、假释、暂予监外执行案件中一方是监狱人民警察，其通过渎职行为给予罪犯不法利益。另一方是被减刑、假释、暂予监外执行的罪犯，其得到了减刑、假释、暂予监外执行的不法利益。在这种模式下侵害的是国家机关的廉洁性和公信力，与存在具体受害者的案件相比，该种行为被检察院、法院发现的概率就小得多，其行为的隐蔽性得到进一步增强。第三，工作环境相对封闭主要是指，由于监狱工作的特殊性，通常情况下监狱处于偏僻之地，并且监狱都具有高墙和铁丝网与外界隔离，在这种工作环境下监狱内部所发生的事情很难被外界所知悉，因而监狱位置的特殊性就进一步增强了监狱人民警察实施减刑、假释、暂予监外执行渎职行为的隐蔽性。因此，监狱人民警察徇私舞弊减刑、假释、暂予监外执行渎职行为隐蔽性极强，一般难以被发现。这既是监狱人民警察渎职行为的特征，也是监督部门需要克服的困难之一。

2. 群发性

一方面，由于监狱环境相对封闭和监狱人民警察人员流动性较差的特点，使得"熟人社会"在监狱内大行其道。随着时间的推移，一个个监狱人民警察结合成一组组利益群体，拴在同一条腐败线上，当某人因渎职行为被查处时往往就带出了这个群体。另一方面，制度的完善和国家加大对刑罚执行工作的监督使得单靠个人力量难以实现徇私舞弊减刑、假释、暂予监外执行的渎职行为。在这种监督力量的压迫下，监狱人民警察在减刑、假释、暂予监外执行方面的渎职行为开始由个人作案向群体作案方向转变，使得该渎职行为在目前具有很强的群发性，这种群发性主要表现为监狱内部集体腐败和牵连腐败。所谓监狱内部集体腐败是指监狱内部的监狱人民警察相互勾结共同作出减刑、假释、暂予监外执行的渎职行为。牵连腐败主要是指，在腐败人员的聚合上突破了监狱系统内部，而是牵连减刑、假释、暂予监外执行一条线上的所有相关人员一起腐败。关于监狱人民警察集体腐败和牵连腐败的代表性案例有轰动全国的"孙小果案"，涉及该案的贪腐人员包括云南省监狱管理局的原副巡视员、原副局长、云南省高级人民法院的法官、昆明市有关法院的法官等多人，可谓人数牵扯众多，影响重大。

二、监狱人民警察徇私舞弊减刑、假释、暂予监外执行等行为发生的原因分析

本书在揭示监狱人民警察徇私舞弊减刑、假释、暂予监外执行渎职行为时有发生这一现象之后将继续分析其发生的原因。本书认为，监狱人民警察徇私舞弊减刑、假释、暂予监外执行渎职行为高发的原因可以从内在因素和外在因素两大方面进行分析。

（一）内在因素

近些年来我国社会转型较快，在经济得到了快速发展的同时，文化、价值观念和生活方式也逐渐多样化。为了实现物欲的满足，经济学家口中的"理性经济人"就会穷尽一切方法将手中掌握的资源转化为金钱或者需要的物品。部分监狱人民警察也是如此，在享乐主义和拜金主义的强烈冲击之下，其对党忠诚、对国家忠诚、对人民忠诚的坚定信念就产生了动摇，进而转变为一个"理性经济人"，开始穷尽一切方式转化手中的资源，使其实现私人利益的最大化。监狱人民警察在管教罪犯的工作中，不但要对其在狱中的表现和悔罪态度进行考核打分，还要对罪犯在减刑、假释、暂予监外执行活动中制作建议书和出庭对罪犯的减刑、假释、暂予监外执行活动进行支持。监狱人民警察的这些职务工作是其手中掌握的资源，而对于部分受到享乐主义和拜金主义冲击、信仰产生动摇的监狱人民警察来说，就会抓住在减刑、假释、暂予监外执行活动中权力寻租的机会进行渎职犯罪。因此，监狱人民警察价值观扭曲、信仰产生动摇是发生徇私舞弊减刑、假释、暂予监外执行渎职行为的内在因素，并且只有抓住这个内在因素才能在本质上治理监狱人民警察的渎职行为。

（二）外在因素

应该肯定的是，监狱人民警察徇私舞弊减刑、假释、暂予监外执行渎职行为的发生是多种因素综合作用的产物，如果仅重视监狱人民警察本身存在的内在因素，而不重视影响其行为的外在因素便很难准确找出其发生的原因。因此，本书通过对外在因素的考察，认为监狱人民警察徇私舞弊减刑、假释、暂予监外执行渎职行为发生的外在因素有三个：监狱提供的"产品"具有较强的垄断性、监督流于形式和监狱的封闭性。

1. 监狱提供的"产品"具有很强的垄断性

首先，需要对监狱提供的"产品"进行必要的说明。这里所述的"产品"并不是指监狱生产出来的物品或者将罪犯改造完成后，为社会提供一名合格的公民，而是在减刑、假释、暂予监外执行过程中所提供的"产品"，具体是指减刑、假释建议书和暂予监外执行决定书等刑罚执行过程中涉及的法律文书。

其次，减刑、假释建议书的垄断性体现在以下两个方面：第一，书面审理模式加重了减刑、假释建议书的垄断性。根据《最高人民法院关于减刑、假释案件审理程序的规定》（法释〔2004〕5号）第6条："人民法院审理减刑、假释案件，可以采取开庭审理或者书面审理的方式。但下列减刑、假释案件，应当开庭审理：（一）因罪犯有重大立功表现报请减刑的；（二）报请减刑的起始时间、间隔时间或者减刑幅度不符合司法解释一般规定的；（三）公示期间收到不同意见的；（四）人民检察院有异议的；（五）被报请减刑、假释罪犯系职务犯罪罪犯，组织（领导、参加、包庇、纵容）黑社会性质组织犯罪罪犯，破坏金融管理秩序和金融诈骗犯罪罪犯及其他在社会上有重大影响或社会关注度高的；（六）人民法院认为其他应当开庭审理的。"从该规定可以看出人民法院对减刑、假释的审理以书面审理为原则，以开庭审理为例外。这种书面审理的模式不仅不符合《刑事诉讼法》的程序参与原则，剥夺了人民检察院的程序参与权，而且加重了法院对监狱提供的减刑、假释建议书的依赖。在这种批量书面审理的减刑、假释案件中，法官很难了解罪犯在监狱的改造全貌，也难以辨识监狱提交的减刑、假释建议书的真伪性。在这种状态下很难想象法院会作出否定减刑、假释建议书的裁定。换言之，对于罪犯来说，谁取得了监狱出具的减刑、假释建议书，谁就有很大可能取得了法院的减刑、假释裁定书。这不仅变相增加了监狱在减刑、假释工作中的权力，而且使得监狱在该项工作中处于实质不受监督的位置，进而滋生监狱腐败。第二，法庭审理流于形式加重了减刑、假释建议书的垄断性。目前，我国尚未建立专门的减刑、假释审判庭，现实的操作是将该类案件放在刑事审判庭或者审判监督庭中进行审理。但在减刑、假释案件中，现实的操作往往是监狱通过批量的方式向人民法院提交减刑、假释建议书，最后人民法院也是通过批量式的开庭作出减刑、假释的裁定书，这个过程中鲜有人员进行辩论。法院大多根据罪犯的当庭陈述、改造总结、监狱出具的罪犯平常改造表现综合材料、监区提请减刑集体评议表和监狱对罪犯评审鉴定表、计分考核明细表就作出准予减刑、假释的裁定，上述材料成为决定裁判结果的主要甚至唯一材料。不难看出，这种形式化的庭审模式，无法有效审出罪犯平常改造表现综合材料、评审鉴定表、计分考核明细表的真伪性，最终助长了监狱人民警察徇私舞弊减刑、假释渎职行为。

最后，暂予监外执行决定书的垄断性。根据《暂予监外执行规定》（司发通〔2014〕112 号）第 2 条：在交付执行前，由人民法院决定对罪犯适用暂予监外执行。罪犯在监狱服刑的，由监狱审查同意后提请省级以上监狱管理机关批准对罪犯适用暂予监外执行。从这个规定可以看出，对正在监狱服刑的罪犯适用暂予监外执行的决定是由监狱系统内部作出的，在该种模式中存在监狱既是"运动员"又是"裁判员"的角色冲突，不符合诉讼的三方构造模式。除此之外，《刑事诉讼法》规定，对于患有严重疾病需要暂予监外执行的罪犯，在决定暂予监外执行时需要由省级人民政府指定的医院诊断并开具证明文件。在实践中，为了方便罪犯和监狱人民警察及时就医，监狱一般设立监区医院，但存在的问题是，大部分监区医院对罪犯是否患有重大疾病进行医疗鉴定，并将这种形式常态化、固态化，进而架空了省级政府指定医院进行鉴定的权力，也架空了国家对暂予监外执行的事前监督，使得暂予监外执行消化在系统内部，愈发滋生了监狱人民警察在暂予监外执行工作中的渎职行为。

2. 监督流于形式

监狱人民警察的监督在机构设置上主要存在两种形式：一种是监狱机构内部设置的纪律检查室；另一种是人民检察院派驻监狱的检察官。根据《人民检察院监狱检察办法》（高检发监字〔2008〕1号）第2条的规定："人民检察院监狱检察的任务是：保证国家法律法规在刑罚执行活动中的正确实施，维护罪犯合法权益，维护监狱监管秩序稳定，保障惩罚与改造罪犯工作的顺利进行。"该办法第3条规定："人民检察院监狱检察的职责是：（一）对监狱执行刑罚活动是否合法实行监督；（二）对人民法院裁定减刑、假释活动是否合法实行监督；（三）对监狱管理机关批准暂予监外执行活动是否合法实行监督；（四）对刑罚执行和监管活动中发生的职务犯罪案件进行侦查，开展职务犯罪预防工作；（五）对监狱侦查的罪犯又犯罪案件审查逮捕、审查起诉和出庭支持公诉，对监狱的立案、侦查活动和人民法院的审判活动是否合法实行监督；（六）受理罪犯及其法定代理人、近亲属的控告、举报和申诉；（七）其他依法应当行使的监督职责。"从形式上来看，这种双层监督模式设置得很合理，对监狱人民警察的监督很严格，能起到限制或消灭监狱人民警察徇私舞弊减刑、假释、暂予监外执行渎职行为的效果，但是在实践中两种监督模式往往存在被架空、流于形式的情况，难以起到实质的监督效果。具体如下：第一，纪律检查室监督工作流于形式。纪律检查室监督工作流于形式的主要原因在于，纪律检查室属于监狱内设的机构之一，其接受监狱系统内部的统一领导，属于同一系统自我监督的范畴，自我监督的价值意义十分有限。在监狱领导参与的徇私舞弊减刑、假释、暂予监外执行的渎职行为中，该种形式的监督能起到的作用微乎其微。这就容易解释近年来徇私舞弊减刑、假释、暂予监外执行渎职行为由单一进行到团体进行，并且参与的监狱领导级别越来越高的原因。第二，监狱检察官监督工作流于形式。与监狱内部设置的纪律检查室监督工作相比，监狱检察官监督工作摆脱了同一系统内部监督的弊端，在形式构建上应予肯定，但是其仍然存在难以忽视的问题。监狱检察官监督工作流于形式主要表现在三个方面：其一，监狱检察官监督工作的开展并不具有独立性。监狱检察官与监狱人民警察一起工作、一起生活，其借助监狱的办公场所和办公设备。监狱检察官在工作和生活上对监狱的依附，使其工作的效果受到了很大的影响。其二，监督任务与监狱检察官的人数不成比例。从监狱检察官人员队伍的结构和数量上来看，从事监狱刑罚执行监督的检察官通常年龄偏大，工作精力相对不足。而且，与监狱刑罚执行的监督任务量相比，监狱检察官的人数严重不足，这就使得监狱检察官对监狱刑罚执行的监督工作流于形式，难以切实达到刑罚执行监督的效果。其三，监狱检察权定位不准。监狱检察官负有监督检查的权力，实行同步监督。但是，现实操作中监狱仅将减刑、假释建议书移交监狱检察官，其余材料并不随同移交，这使得监狱检察官难以实现其职权。并且当监狱检察官发现监狱人民警察对罪犯的减刑、假释不符合法律规定时，监狱检察官仅具有检察建议权，而不具有决定权。监狱对这种建议权可以理也可以不理，这样检察权就被架空了。在这些情形下很难说检察院的监狱检察权能够实际实现。

3. 监狱的封闭性

在对监狱的研究上，以往的学者大多都会提到监狱的封闭性，并且主要是从监狱的地理位置来展开。可以说，这样的研究揭示了监狱工作环境的特殊性，具有一定的价值，但仅从地理位置的偏僻来解释监狱人民警察徇私舞弊减刑、假释、暂予监外执行渎职行为的发生，本书难以赞同。本书认为，监狱的封闭性更多地表现在监狱工作因高墙、电网与社会隔绝和监狱人民警察流动性较差两个方面。第一，监狱工作因高墙、电网与社会隔绝主要是指监狱不对社会开放，社会监督在监狱工作中处于空白状态。这种社会监督的空白状态一方面影响到监狱人民警察行为的选择；另一方面加剧了民众对监狱公信力的怀疑。第二，研究发现监狱人民警察流动性较差。纵向流动性较差，发展空间小；横向流动性较差，长时间在同一岗位上任职，一方面容易导致职业倦怠，信仰动摇，产生侥幸心理，积极实施渎职行为，另一方面容易使监狱人民警察形成更紧密的利益团体进行集体腐败，这也是现在监狱人民警察徇私舞弊减刑、假释、暂予监外执行渎职行为由个人转向集体的原因之一。

第六章　社会主义法治背景下中国监狱人民警察队伍现代化建设的路径

依法治国，是党领导人民治理国家的基本方略。在监狱工作中，要提升"依法治监"的水平，积极应对社会主义法治背景下对我国监狱人民警察队伍提出的更高要求，在治本安全观视野下，在刑罚执行过程中，从贯彻宽严相济刑事政策、加强思想政治工作、建构职业保障体系、防控职务犯罪行为等多方面提升我国监狱人民警察队伍的现代化水平。

第一节　治本安全观视野下监狱人民警察专业化建设的提升

在底线安全观视野下，监狱为了确保安全稳定，在实现监禁刑惩罚和预防犯罪功能上出现了一定的异化，这对监狱人民警察队伍的建设产生了相应的影响。治本安全观的提出为改造和优化现有监狱工作和恢复基本职能提供了机会，表明监狱人民警察的总体工作理念、工作重心和工作职能发生了调整和变化。

一、治本安全观对监狱工作提出的新要求

（一）合理界定监狱维护安全稳定的职能

从刑罚功能的角度来说，现代刑罚的目的是实现惩罚和预防犯罪；从我国监狱立法的规定来看，"正确执行刑罚，惩罚和改造罪犯，预防和减少犯罪"，这是现行《监狱法》对监狱职能的界定，该规定并未强调监狱维护安全稳定的职能。但在底线安全观视野下，监狱安全稳定是监狱工作的重中之重。

治本安全观的提出，在强调监狱安全稳定的基础上，进一步回归监狱行刑改造犯罪人，惩罚和预防犯罪的本源，对监狱现存的维稳、教育改造、惩罚等各项职能都提出了调整和转移的要求。

治本安全观的提出，并不意味着对底线安全观的简单取代。监狱的安全稳定是整个社会安全稳定的重要组成部分，将始终是监狱工作的基础和出发点。监狱其他职能的实现和开展都将建立在监狱安全稳定的基础上，没有监狱的安全稳定，监狱教育改造、惩罚、社会职能等其他工作都没有顺利开展的环境和可能。因此，治本安全观的理念下，监狱安全稳定仍然被视为新时期监狱工作的出发点。但是，与把监狱安全稳定的目标作为各项工作的终点不同，治本安全观强调的是把监狱的安全与稳定作为一切工作的出发点，要求监狱牢筑安全与稳定的基石。在此基础上，全力追求治本安全观这个质量更高、效益更好的监狱工作高线。

因此，治本安全观视野下，应合理界定监狱维护安全稳定职能的地位，一方面，承认并坚守其作为监狱开展各项工作的基石和起跑线；另一方面，应对监狱工作提出更高的要求，从"监狱工作就是保安全""只要能确保'四无'目标就是监狱工作最大成绩"的观念和实践中解放出来。

（二）通过加强监狱分类管理制度，落实行刑个别化要求

现代刑罚制度强调行刑个别化，"要求为实现教育刑的目的，必须根据犯人的年龄、经历、思想、性格以及所犯罪行的轻重和人身危险性程

度、可改造性等，实行有的放矢的个别处遇"❶。由此可见，行刑个别化包括刑罚执行和矫正教育两方面的要求。

司法实践中，通过监狱分类管理原则，有利于实现行刑个别化，增强执行刑罚和教育改造的效果。实现监狱分类管理，需要根据罪犯的人身危险程度、年龄、性别、生理状况、犯罪类型、性质及严重程度等因素进行分押分管，在刑罚执行和教育改造方面采用有针对性的内容和手段，以期实现惩罚和教育矫正效果的最优化，促进罪犯将来更好地回归社会。

治本安全观的提出，强调监狱工作以将罪犯改造成守法公民为目标，突出考量监狱工作在改造方面的实效。在治本安全观视野下，有利于实现行刑个别化、提升行刑效果的监狱分类管理制度就被放到了非常重要的地位。

另外，从优化配置监狱资源的角度来看，在监狱仍然需要满足底线安全的基础上，如果不对在押犯进行分类管理，而仍然采取较高等级的关押和教育矫正标准，将必然导致监狱建设、警戒设施等方面人力、物力、财力等行刑成本的增加。因此，为了保障在监狱底线安全等基础上实现治本安全的目标，加强监狱分类管理制度、优化配置监狱资源也是必然之意。

（三）全面强化监狱教育改造犯罪人的职能

《关于贯彻落实全国司法厅（局）长座谈会精神 大力推进监狱工作机制改革的通知》（〔2017〕司狱字174号）文件指出：在确保"不跑人"底线安全前提下，强化以改造人为宗旨，加强对罪犯的融化人心、改造思想、矫治行为等教育改造，实现由"不跑人"底线安全向"不想跑"治本安全转变，向社会提供不再重新犯罪的守法公民。

由此可见，在治本安全观视野下，已经把监狱教育改造工作提到了一个新高度：所谓"融化人心"，要求监狱在开展教育改造犯罪人的工作中要紧抓在押犯的"心"，本着"教育、感化、挽救"的基本原则，从其心

---

❶ 邹瑜、顾明主编《法学大辞典》，中国政法大学出版社，1991。

灵深处转化思想；所谓"改造思想"，要求监狱在开展教育改造犯罪人的工作中要紧抓在押犯的"本"，转变在押犯的犯罪心理，从本质上转变在押犯的世界观、人生观；所谓"矫正行为"，要求监狱在"融化人心""改造思想"的基础上，紧抓教育矫正工作的"社会化"，将在押犯真正转变为"守法公民"。

治本安全观把全面强化教育改造工作作为落实治本安全观、深化监狱体制改革的主要措施，对监狱的机构设置、工作内容、建章立制都提出了新的要求。

需要特别予以说明的是，考量到教育矫正工作的特殊性（部分通识和技能教育、部分心理矫治工作等需要由具有专业技术知识的人员提供），现有的以监狱人民警察作为教育矫正实施者的操作模式也面临着较大的压力和调整的必要。

（四）强化监狱对在押犯依法进行管理和执行刑罚

《监狱法》第 5 条规定："监狱的人民警察依法管理监狱、执行刑罚、对罪犯进行教育改造等活动，受法律保护。"由此可见，监禁刑执行过程中，狱方主要具有管理监狱、执行刑罚、对罪犯进行教育改造的职权。从法理上来说，该类职权主要分为三类，分别是：刑罚执行权，如收监权、身体检查权、物品检查权、申述控告和检举的处理权、暂予监外执行的审批权、减刑建议权、假释建议权、释放权等；依法管理监狱权，如分押分管权、警戒权、强制罪犯劳动权；教育改造权，如思想改造权、文化改造权、职业技术教育权、劳动改造权等。

治本安全观的提出，要求监狱日常刑罚工作要在《监狱法》等法律法规规定下实现对监狱的依法管理，不过于受维护监狱安全稳定考量的限制。例如，出现在押犯不服管理、自伤自残乃至抗拒改造或者家属信访缠诉、聚众闹事等可能危害监狱安全稳定的行为时，监狱应严格依法履行管理职能，必要时采取相应的惩罚措施（具体适用《监狱法》第 58 条 ❶ 等的规定）。出现在押犯积极配合行刑的行为时，监狱及时采取相应的奖励措施（具体适用《监狱法》第 57 条 ❷ 等的规定）。而在面对审批暂予监外执行、建议减刑、建议假释等刑罚执行事项时，除了强调监狱应该严格按照《刑法》《刑事诉讼法》等法律规定依法履行职权外，还强调在审批过程中对在押犯改造效果的重视。

需要特别予以说明的是，在依法治国的方略背景下，依法治监也是监狱管理工作中实现依法治国的应有之意。依法治监，要求监狱在日常管理工作中，应将治本安全观的要求纳入法制化轨道，回归《监狱法》的立法本意。

（五）削弱监狱社会职能

监狱是国家刑罚执行机构，负责执行刑事犯罪中的监禁刑。因此，监狱的核心职能应该围绕执行刑罚、通过劳动和教育改造等方式，实现对在押犯的改造而展开。

监狱社会职能的增加，乃至"监企不分""监社不分"等情形的出现，一定程度上模糊和异化了监狱核心职能的发挥，使监狱片面强调经济效益

---

❶ 《监狱法》第 58 条规定："罪犯有下列破坏监管秩序情形之一的，监狱可以给予警告、记过或者禁闭：（一）聚众哄闹监狱，扰乱正常秩序的；（二）辱骂或者殴打人民警察的；（三）欺压其他罪犯的；（四）偷窃、赌博、打架斗殴、寻衅滋事的；（五）有劳动能力拒不参加劳动或者消极怠工，经教育不改的；（六）以自伤、自残手段逃避劳动的；（七）在生产劳动中故意违反操作规程，或者有意损坏生产工具的；（八）有违反监规纪律的其他行为的。依照前款规定对罪犯实行禁闭的期限为七天至十五天。罪犯在服刑期间有第一款所列行为，构成犯罪的，依法追究刑事责任。"

❷ 《监狱法》第 57 条规定："罪犯有下列情形之一的，监狱可以给予表扬、物质奖励或者记功：（一）遵守监规纪律，努力学习，积极劳动，有认罪服法表现的；（二）阻止违法犯罪活动的；（三）超额完成生产任务的；（四）节约原材料或者爱护公物，有成绩的；（五）进行技术革新或者传授生产技术，有一定成效的；（六）在防止或者消除灾害事故中作出一定贡献的；（七）对国家和社会有其他贡献的。被判处有期徒刑的罪犯有前款所列情形之一，执行原判刑期二分之一以上，在服刑期间一贯表现好，离开监狱不致再危害社会的，监狱可以根据情况准其离监探亲。"

而忽略了改造人的根本宗旨。正是在这一历史背景下，以"监企分开"为核心的监狱体制改革早在 21 世纪初就被提上议事日程。2003 年 1 月 31 日，国务院印发了《国务院批转司法部关于监狱体制改革试点工作指导意见的通知》，决定在黑龙江、上海、江西、湖北、重庆、山西六省市开展我国监狱体制改革的第一批试点工作，《国务院批转司法部关于监狱体制改革试点工作指导意见的通知》确立了"全额保障、监企分开、收支分开、规范运行"的改革目标。2004 年底，中共中央批转了《中央司法体制改革领导小组关于司法体制和工作机制改革的初步意见》，把监狱体制改革作为司法体制改革的重要部分。从这轮监狱体制改革来看，"全额保障"是监狱体制改革的前提，"监企分开"是监狱体制改革的重点和难点。

但直到 2017 年时任司法部部长张军提出"治本安全观"时，仍然指出"要落实治本安全观一个很重要的前提是真正实现监狱经费全额保障，切实做到监企分开，使得监狱干警不再为'创收'而犯愁，而是能专心于罪犯改造工作"❶。由此可见，"监企分开"的监狱体制改革要求，尚未完全达成。此次治本安全观的提出，再次要求削弱监狱的社会职能，既包括实现"监企分开"，回归监狱核心职能，也包括在监狱内部进一步削减非核心职能之外的其他社会职能，将在押犯生活用品供给、医疗保障、死亡处理、养老送终等工作交由专门的社会部门负责，更好地优化监狱职能配置，使监狱将有限的资源集中投入到重要的教育矫治工作中。

需要特别予以说明的是，1994 年颁布实施的《监狱法》是在继承、吸收 1954 年《劳动改造条例》、1982 年《监狱、劳改队管教工作细则（试行）》基础上制定的，其特定的历史背景使得该法赋予了监狱一定的社会

---

❶　王立军：《山东监狱落实治本安全观的认识和思考》，《中国司法》2017 年第 8 期，第 26 页。

职能（如《监狱法》第 37 条的规定 ❶、第 54 条的规定 ❷）。因此，瘦身监狱社会职能、回归监狱核心职能的监狱体制改革，既是对治本安全观的呼应，也是进一步完善、调整现行立法的要求。

二、治本安全观对监狱人民警察专业素养提出更高要求

警察是具有武装性质的维护社会秩序、保卫国家安全的国家强制力量。广义的警察包括武警和人民警察。按照《人民警察法》等相关法律法规的规定，人民警察包括公安部门管理的公安警察、国家安全部门管理的国家安全警察、监狱及劳动教养管理部门管理的人民警察以及司法机关管理的司法警察四类。❸ 其中，监狱人民警察是指依法从事监狱管理、执行刑罚、改造罪犯工作，承担刑罚执行过程中执法者、管理者和教育者职能的人民警察。

作为监管罪犯的主要力量，监狱人民警察的地位、作用、权利和义务、职责和权力等内容在相关法律法规中均有所规定（以《监狱法》《人民警察法》为主，还包括其他相关法律法规，如《中华人民共和国国家安全法》《中华人民共和国枪支管理法》《人民警察警衔条例》《中华人民共和国人民警察使用警械和武器条例》等）。但不同历史时期的刑罚政策仍然深刻影响了不同历史时期监狱人民警察队伍建设的走向。

如在底线安全观视野下，监狱的安全稳定、确保"四无"目标不被突破成为整个监狱工作的出发点和导向，相应的，监狱人民警察的工作中心是维护监狱安全稳定，几乎所有的精力和资源都投入到安全防范工作上，监狱人民警察在一定程度上甚至被物化为服务于"人防、物防、技防"三

---

❶ 《监狱法》第 37 条规定："对刑满释放人员，当地人民政府帮助其安置生活。刑满释放人员丧失劳动能力又无法定赡养人、扶养人和基本生活来源的，由当地人民政府予以救济。"

❷ 《监狱法》第 54 条规定："监狱应当设立医疗机构和生活、卫生设施，建立罪犯生活、卫生制度。罪犯的医疗保健列入监狱所在地区的卫生、防疫计划。"

❸ 《人民警察法》第 18 条规定："国家安全机关、监狱、劳动教养管理机关的人民警察和人民法院、人民检察院的司法警察，分别依照有关法律、行政法规的规定履行职权。"

防体系下的一环，影响了监狱人民警察在刑罚执行过程中作为执法者、管理者、监狱者的主动性，客观上也影响了监狱改造在押犯的实效。

治本安全观的提出，意味着监狱各项工作应以改造人为宗旨，相应的，监狱人民警察的总体工作理念、工作重心、工作职能都发生了调整和转变，绝不再仅仅是维护监狱安全稳定的一环，而应主动转向"监管安全与教育改造并重"，提高整体的专业素养。

（一）解放思想，深刻理解治本安全观的本质要求，从思想深处重新定位监狱人民警察的职责

相比底线安全观而言，治本安全观无论是在内涵还是在外延上都有了很大的提升。因此，对于监狱人民警察来说，首先要从底线安全观视野下那些"监狱工作就是保安全""只要犯人不出事就是最大的安全""监狱人民警察工作的最大成效就是'四无'目标不被突破"等传统思想中解放出来，真正深刻理解治本安全观的本质要求，从思想深处重新定位监狱人民警察的工作职责。

只有监狱人民警察从思想深处把治本安全观作为监狱各项工作的出发点和归宿，才能在日常的监狱管理和刑罚执行工作中贯彻治本安全观的要求，治本安全观的实现也才有可能和依托。

（二）提升监狱人民警察整体的专业素养，为实现治本安全观奠定基础

治本安全观的落实是一项系统性工程，涉及监狱工作的各个方面。而其对监狱人民警察的要求是应全面提升整体的专业素养，为实现治本安全观奠定基础。

1. 治本安全观视野下提升监狱人民警察的政治素养

监狱人民警察的政治素养，是其素养结构中的主要组成部分，其对监狱人民警察履行公务的行为，具有支配和导向作用，只有具备较高的政治素养，才能忠实履行国家赋予的执行刑罚职责，有效执行刑罚，完成国家和人民赋予的神圣使命。1994年1月18日公布实施的《人民警察职业道

德规范》明确提出了"对党忠诚"的政治要求,《人民警察法》也将"人民警察必须以宪法和法律为活动准则,忠于职守"作为包括监狱人民警察在内的警察政治素养和职业道德要求。

治本安全观提出在建设中国特色社会主义的新时代,监狱人民警察应全面提升新时代的政治素养,努力学习并深刻掌握习近平新时代中国特色社会主义思想,尤其要深刻领会习近平总书记对政法工作作出的重要指示:"强化'四个意识',坚持党对政法工作的绝对领导,坚持以人民为中心的发展思想,增强工作预见性、主动性,深化司法体制改革,推进平安中国、法治中国建设,加强过硬队伍建设,深化智能化建设,严格执法、公正司法,履行好维护国家政治安全、确保社会大局稳定、促进社会公平正义、保障人民安居乐业的主要任务,努力创造安全的政治环境、稳定的社会环境、公正的法治环境、优质的服务环境,增强人民群众获得感、幸福感、安全感。"❶

2. 治本安全观视野下提升监狱人民警察的道德文化素养

监狱人民警察道德素养的核心是全心全意为人民服务。提升监狱人民警察的道德素养对提升监狱人民警察的整体素养具有重大的促进作用。监狱人民警察的文化素养是其履行职能所应具备和掌握的科学文化知识的量与质的有机结合。监狱人民警察的道德文化素养作为监狱人民警察的软实力,能够在潜移默化中对监狱人民警察履行职能发挥重要的促进和提升作用。

治本安全观的提出,要求监狱人民警察"以人为本"、通过多样化教育提升在押犯的素养和能力,这对监狱人民警察的道德文化素养提出了更高的要求。只有监狱人民警察全面提升自己的道德文化素养,才能应对治本安全观对监狱工作提出的更高要求。

3. 治本安全视野下提升监狱人民警察的业务素养

监狱人民警察的业务素养要求其为了满足履行职责的需要,既要熟悉

---

❶ 新华社:《习近平就政法工作作出重要指示》,http://www.gov.cn/xinwen/2018-01/22/content_5259394.htm,访问日期:2022 年 9 月 1 日。

知晓执法所需的法律法规，又要熟悉开展本职工作所需的各项专业技能。具体来说，监狱人民警察业务素养建设包含多项内容，如执法能力、教育改造能力、维护监狱安全稳定能力、应急处置能力、信息化技术应用能力、开拓创新能力等。

在传统的底线安全观视野下，监狱人民警察的业务素养主要围绕维护监狱安全稳定开展，对有关改造在押犯的法律法规领会不够深入，在执法能力、教育改造能力、开拓创新能力等方面都有一定短板。

治本安全观的提出，对监狱行刑工作提出了更高的要求，也对监狱人民警察履行监狱核心职能提出了更高的业务素养要求（尤其在执法能力、教育改造能力、开拓创新能力方面）。只有提升依法执行刑罚的水平、提升科学狱政管理的水准、提升通过各种有效途径和方式实现改造罪犯的教育改造能力、提升监狱人民警察创造性地认识问题和解决问题的能力，才能为治本安全观的实现奠定基础。

但需要说明的是，提升监狱人民警察的业务素养并不完全等同于由监狱人民警察全面承接监狱工作中的所有专门性工作。部分通识和技能教育、部分心理矫治等需要由具有专业技术知识的人员进行的工作，也可以进一步探讨由非监狱人民警察的专业人士提供的可行性。

第二节　宽严相济刑事政策下中国监狱人民警察的新发展

从我国对刑事政策的研究和司法实务来看，刑事政策包括刑事立法政策、刑事司法政策以及刑事社会政策，贯穿于我国刑事活动的全过程。监狱行刑作为国家刑罚执行的落实环节，也应积极体现和回应各个时代刑事政策的要求。如果监狱机关在刑罚执行工作中不能最终贯彻宽严相济刑事政策，实现政策效果，那么整个宽严相济政策无异于空中楼阁。

目前，宽严相济刑事政策对监狱工作提出了新的要求：既要求结合犯罪人的实际情况实现刑罚执行的个别化，针对犯罪人的不同情况采取有的放矢的不同矫治手段；也要求在改造犯罪人的一般过程中，将宽缓、宽容与严格、严厉对立统一，实现刑罚执行的最大效果。这既是监狱人民警察面临的挑战，也是监狱人民警察发展的新方向。

一、目前监狱实现宽严相济刑事政策的障碍

在宽严相济刑事政策提出之前，我国在较长的一段时间内实行的都是重刑主义下的"严打"政策，无论是刑罚理念还是刑罚执行制度，乃至刑罚执行实践，整个刑罚执行过程更多体现的是对犯罪行为的惩罚功能。

宽严相济的刑事政策提出后，目前监狱实践还无法完全满足该政策的要求，主要体现在以下几个方面：

第一，行刑理念落后。受传统重刑主义思想和"严打"政策的惯性影响，我国监狱机关普通人民警察的行刑理念主要还停留在侧重惩罚的阶段，监狱管理仍然处于高压状态，更多体现的是"严"，而非"宽"，不仅提高了行刑的成本，还影响了刑罚执行的社会效果。

第二，现行刑罚执行制度尚需完善。目前，我国的刑事法律制度主要集中在法院认定刑事责任的前端，而在行刑过程中对刑罚执行制度（如减刑、假释、保外就医等）的法律规定相对较为原则，在未能以宽严相济刑事政策作出正确指导之前，监狱在适用减刑、假释、保外就医等制度过程中存在诸多问题，各地标准不统一，甚至给前期的刑罚追诉工作带来了负面的社会影响。

第三，监狱分级处遇工作进展缓慢。虽然我国监狱提出分级处遇工作已经有一段时间，但是大部分监狱的"三分"工作进展缓慢，分级处遇尚未完全落实。这直接导致不同情况的犯罪人混押在一起，采取同样的管理标准，难以取得良好的行刑效果。

第四，个别化的教育矫治尚有较长的路要走。根据《监狱法》的规

定，❶ 在长期的司法实践中，教育和劳动改造是监狱改造罪犯的主要方式。但针对存在个体差异的不同罪犯来说，现行的教育和劳动改造方式显得较为单一，矫治效果仍有进步空间。

综上所述，监狱在传统行刑过程中，所有的工作都从惩罚犯罪的角度出发，各项工作的出发点是罪犯的犯罪行为，相关行刑工作较为单一和粗放，监狱人民警察的各项管理也不够精细化，在针对犯罪人的不同情况有的放矢地实现刑罚矫治工作层面上成效不明显。宽严相济刑事政策提出后，监狱工作不仅是对罪犯的犯罪行为进行同质化的惩罚，更强调的是对犯罪人的个体进行有针对性的矫治，最终实现将罪犯改造为守法公民的目标。宽严相济的刑事政策势必会对监狱现行实践和监狱人民警察的各项工作提出更高的要求。

二、监狱实践工作中分级处遇的"宽严相济"

（一）监狱分级处遇制度的概念

"处遇"是由 treatment、traitement 等词翻译而来。随着刑事实证学派的兴起、刑罚个别化运动的产生，犯罪处遇（犯罪人处遇）的概念于 19 世纪中叶以后在西方监狱和矫治制度中出现。从词意上来说，"处遇"含有吸入、处理、对待、治疗等意思，❷ 主要是指国家和社会如何处理和对待犯罪人，既包括传统监禁刑的适用（主要研究在监狱内执行监禁刑的处遇方式），也包括非监禁刑的适用（主要研究社区矫正等行刑社会化方式）。

监狱工作视角下的处遇制度，是监狱针对服刑罪犯的各种待遇的总称。❸ 研究监狱处遇制度，强调的是针对不同情况的服刑罪犯，采取不同

---

❶ 《监狱法》第 3 条规定："监狱对罪犯实行惩罚和改造相结合、教育和劳动相结合的原则，将罪犯改造成为守法公民。"

❷ 孟军：《未成年人犯罪诉讼程序的理论基础》，《内蒙古大学学报（哲学社会科学版）》2010 年第 1 期，第 45 页。

❸ 包括监狱的看押警戒、活动范围、劳动改造、教育矫治、通信与会见、生活待遇、文体活动、探亲等各方面的处遇方式。

的处遇方式，实现行刑的个别化。因此，监狱处遇制度的落脚点就在于分级处遇制度。所谓分级处遇，是指在不逾越法律的前提下，监狱对按照一定标准划分的不同级别的罪犯采取不同的处遇方式。具体而言，就是在遵守法律的前提下，将罪犯的入监服刑时间和服刑改造表现等作为具体的标准，依此划定罪犯的等级，从而以从宽、普通、从严的不同待遇进行管理，重点在于"区别对待"。

（二）我国监狱分级处遇制度的发展历程和现状

我国监狱分级处遇制度最早以法律形式确定是在 1954 年政务院颁布实施的《劳动改造条例》❶ 中。1962 年，公安部制定的《劳动改造管教队工作细则（试行）》❷ 突破了分押分管的范畴，罪犯的政治、文化和技术教育工作首次被列入罪犯分类教育的内容。1991 年，司法部劳动改造局发布《对罪犯实施分押、分管、分教的试行意见》，这是我国迄今为止内容较翔实并具可操作性的关于罪犯"三分"工作的规范性文件。1994 年出台的《监狱法》，从法律上对我国监狱施行罪犯分押分管与处遇制度正式进行了确认。❸

应该说，经过新中国成立以来的司法实践，我国已经初步建立行之有效的监狱分级处遇制度，但随着宽严相济刑事政策的提出和司法的不断进步，我国监狱目前适用的分级处遇制度也存在一些不足：第一，目前监狱对罪犯分级处遇的主要标准是罪犯的罪行、服刑时间长短和改造表现，对罪犯人身危险性的识别不够，对行刑个别化的落实也不够精细及精准；第二，目前监狱对犯罪分级处遇不是动态的，一经确定基本不会轻易调整，

---

❶ 《劳改工作条例》第 3 条规定："犯人的劳动改造，对已判决的犯人应当按照犯罪性质的罪刑轻重，分设监狱，劳动改造管教队给以不同的监管。"

❷ 《劳动改造管教队工作细则（试行）》规定："监狱、劳改队应当对各类罪犯分别编队、分别关押、区别对待，并对不同性质的罪犯分别的、有步骤地进行政治、文化和技术教育。"

❸ 《监狱法》第 39 条规定："监狱对成年男犯、女犯和未成年犯实行分开关押和管理。对未成年犯和女犯的改造，应当照顾其生理、心理特点。监狱根据罪犯的犯罪类型、刑罚种类、刑期、改造表现等情况，对罪犯实行分别关押，采取不同方式管理。"

惩罚和激励作用不明显；第三，目前监狱的分级处遇主要还是体现在分管、分押的差别管理上，对政治、文化和技术教育体现不明显，行刑过程中教育矫治工作的个别化体现不够；第四，目前监狱分级处遇的认定和评估过程中，没有明确的制度和程序确保公正；第五，目前监狱建筑在硬件上已经有明显的改善，但总体上来说仍然是封闭性的，更多呼应的是监管的一般要求，对分级处遇的特殊性体现不够；第六，目前监狱处遇更多着眼于监狱内部对在押罪犯的分级处遇，而在监狱行刑和社会化行刑的衔接问题上，现行分级处遇制度在理论研究和实践中的发展都不够充分；第七，目前监狱分级处遇制度对宽严相济刑事政策的吸收和体现不够，未能及时回应刑事政策和犯罪现实的变化。

（三）在宽严相济刑事政策指导下完善监狱分级处遇制度

1. 科学设置分级处遇标准，加大对犯罪人人身危险性的考量

如前所述，准确认定犯罪人是否具有潜在的人身危险性，在有利于司法部门认定犯罪人犯罪行为的社会危害性的同时，可以真正将刑罚"从行为转化到人"，弱化刑罚的惩罚报应属性，通过刑罚个别化的实现来落实宽严相济刑事政策的要求。❶

因此，在监狱设置分级处遇的标准时，除了以"罪犯的犯罪类型、刑罚种类、刑期等"社会危害性作为考量标准外，还应加大对犯罪人人身危险性的考量，从心理评估、改造评估等多方面衡量犯罪人的人身危险性，并将其人身危险性因素作为分级处遇的重要标准。

2. 根据犯罪人服刑情况，动态调整分级处遇制度

我们应该充分注意到，随着监狱行刑工作的开展，犯罪人在服刑过程中的表现是变化的，既可能由最开始的不服从管教到接受乃至主动配合管教，也可能从随着处遇待遇的持续优待而丧失配合管教的积极性。因此，有必要建立动态调整分级处遇的机制，根据犯罪人的服刑进展及时调高或调低分级

---

❶　具体指"区别对待、宽严并举、以宽济严和以严济宽"。

处遇。另外，建立动态调整分级处遇制度，也有利于在服刑罪犯中建立健康的激励、惩罚机制，激发服刑罪犯的改造潜能，实现更好的矫治效果。

3. 加强对犯罪人教育矫治的分级处遇管理

监狱处遇分级制度涉及监狱的各方面的内容，❶但目前监狱主要强调的"三分"更多体现的还是监管要求，对教育矫治的分级处遇体现不够，各项政治、文化和技术教育工作存在同质性。

4. 加强对监狱分级处遇的认定和评估管理

目前，我国上位法对监狱分级处遇制度的规定相对较为原则，各项分级标准主要还是靠监狱人民警察在日常的监管工作中予以认定，存在一定的主观性，甚至不排除可能存在不公平的个别情况。因此，有必要进一步细化对监狱分级处遇认定和评估制度的管理，例如，明确认定和评估标准，提前公开认定和评估标准，及时将有关分级处遇认定和评估的重大事宜向监狱公开，监狱形成多个部门共同组成的组织机构（如可考虑由分管改造的监狱领导和狱政科、狱侦科、刑罚执行科、教育科、生卫科等科室负责人组成罪犯分级管理和考核领导小组）负责处理分级处遇过程中的重大问题等。

5. 革新监狱硬件设置，呼应监狱分级处遇制度的实施

传统监狱的物态理念和设计格局，更多实现的是以刑罚惩罚犯罪的功能。随着现代分级处遇理念的提出，可以适当地在传统监狱布局中建造适用不同分级处遇要求的监区，并建立有所区别的配套管理设施，为监狱更好地实现分级处遇制度奠定硬件基础。

6. 加强与社会化行刑方式的衔接

现代分级处遇制度既包括传统监禁刑的适用（主要研究在监狱内执行监禁刑的处遇方式），也包括非监禁刑的适用（主要研究社区矫正等行刑社会化方式），因此，监狱应通过适当地创造模拟社会环境，科学设置宽管级罪犯处遇，对改造效果良好、非暴力型且余刑不长的罪犯，给予更为

---

❶　包括看押警戒、活动范围、劳动改造、教育矫治、通信与会见、生活待遇、文体活动、探亲等。

宽松自由的空间，帮助其更多地和社会接触，以便其出狱后能更快地适应社会。另外，在条件成熟的情况下，甚至可以开展开放性监狱等实践。

7. 体现和贯彻宽严相济刑事政策的要求，实现监狱分级处遇的"宽严相济"

《关于贯彻宽严相济刑事政策的若干意见》对刑事审判工作中贯彻宽严相济刑事政策提出了要求。然而，目前狱政管理部门尚未出台该政策下监狱行刑工作（包括分级处遇）的具体规定。从理论探索层面来说，在监狱分级处遇工作中也要注意"宽""严""济"。其基本原则是：

第一，在考虑服刑罪犯的"犯罪类型、刑罚种类、刑期等"社会危害性因素基础上，监狱处遇工作应加大对犯罪人人身危险性的考量。

第二，同样犯罪情形下，对于罪行十分严重、社会危害性极大的犯罪人，❶应在监狱的分级处遇工作中重点从严处遇。

第三，对于情节较轻、社会危害性较小的犯罪人，❷应在监狱的分级处遇工作中重点从宽处遇。

第四，分级处遇的"宽""严"不是绝对的，而是"相济"的：既包

---

❶　社会危害性极大的犯罪人包括：实施危害国家安全犯罪、恐怖组织犯罪、邪教组织犯罪、黑社会性质组织犯罪、恶势力犯罪、故意危害公共安全犯罪等严重危害国家政权稳固和社会治安的人；实施故意杀人、故意伤害致人死亡、强奸、绑架、拐卖妇女儿童、抢劫、重大抢夺、重大盗窃等严重暴力犯罪和严重影响人民群众安全感的犯罪的人；实施走私、贩卖、运输、制造毒品等毒害人民健康的犯罪的人；国家工作人员实施贪污贿赂、滥用职权、失职渎职的犯罪，情节严重的；国家工作人员在重大安全责任事故中实施职务犯罪的；国家工作人员在社会保障、征地拆迁、灾后重建、企业改制、医疗、教育、就业等领域严重损害群众利益、社会影响恶劣、群众反映强烈的；实施集资诈骗、贷款诈骗、制贩假币以及扰乱、操纵证券、期货市场等严重危害金融秩序犯罪的人；实施生产、销售假药、劣药、有毒有害食品等严重危害食品药品安全犯罪的人；实施走私等严重侵害国家经济利益犯罪的人等。

❷　社会危害性较小的犯罪人包括：犯罪情节轻微，或者未成年人、在校学生实施较轻犯罪的人，或者具有犯罪预备、犯罪中止、从犯、胁从犯、防卫过当、避险过当等情节的犯罪人；所犯罪行不重、主观恶性不深、人身危险性较小、有悔改表现、不致再危害社会的犯罪人；自首的、检举立功的犯罪人；实施较轻犯罪的初犯、偶犯；未成年、老年犯罪人；因恋爱、婚姻、家庭、邻里纠纷等民间矛盾激化实施犯罪的人；因劳动纠纷、管理失当等引发实施情节轻微犯罪的人；因被害方过错或者基于义愤引发的或者具有防卫因素的突发性犯罪的犯罪人等。

括对服刑罪犯分级处遇的动态调整，也包括在一般情况下要对不同人身危险性的服刑罪犯采取差别的分级处遇，从而实现刑罚个别化。

三、监狱实践工作中改造矫治罪犯的"宽严相济"

《监狱法》和《刑法》的相关规定，❶表明我国明确规定的监狱改造矫治罪犯的方式主要是劳动改造和教育改造。

（一）监狱劳动改造过程中的"宽严相济"

1.监狱劳动改造制度的概述

在监狱改造过程中对罪犯进行劳动改造是我国监狱制度的特色之一。该制度最早起源于新中国成立初期的镇压反革命运动，1954 年政务院发布《劳动改造条例》，提出"惩罚管制与思想改造相结合、生产劳动与政治教育相结合"的方针。❷ 在对罪犯的矫正工作中，组织罪犯劳动有助于培养罪犯的劳动观念，矫正其存在的恶习，使其掌握一定的劳动技能，促进其身心健康，并使其在刑罚执行完毕后能够自食其力。

随着监狱"三化"工作❸的推进，罪犯劳动改造管理的规定日益完善，

---

❶ 《监狱法》第 4 条规定："监狱对罪犯应当依法监管，根据改造罪犯的需要，组织罪犯从事生产活动，对罪犯实行思想教育、文化教育、技术教育。"《刑法》第 46 条规定："被判处有期徒刑、无期徒刑的犯罪分子，在监狱或其他执行场所执行；凡有劳动能力的，都应当参加劳动，接受教育和改造。"

❷ 《劳动改造条例》第 4 条规定："劳动改造机关对于一切反革命犯和其他刑事犯，所施行的劳动改造，应当贯彻惩罚管制与思想改造相结合、劳动生产与政治教育相结合的方针。"

❸ 指监狱工作法制化、科学化、社会化。

如司法部出台了《关于罪犯劳动工时的规定》(司发通〔1995〕065 号)。❶

2. 监狱劳动改造过程中的"宽严相济"

应该说,劳动改造制度作为监狱机关改造罪犯的主要方式之一,是中国特色监狱制度的重要内容,在中国监狱工作实践中起到了不可替代的重要作用。但对这一制度的把握,也曾经出现过于看重罪犯劳动改造工作的经济效益,而忽略劳动改造作为矫正手段的改造质量及对罪犯基本人权进行保障的不良倾向。随着新的历史时期的到来,在宽严相济刑事政策视野下,应进一步加强研究,开创劳动改造罪犯工作的新局面。

第一,增加对罪犯劳动态度、行为表现等主观因素的考核,更实质地体现犯罪人的矫治效果。为落实宽严相济刑事政策、实现罪犯刑罚个别化,应在对罪犯劳动改造考评工作中,慢慢降低单纯对经济指标的考核要求,提高对罪犯劳动态度、行为表现等主观因素的考核比重,更加实质地体现罪犯的矫治效果,实现改造人的目标。

第二,科学设计对罪犯劳动改造的评估机制。科学开展对罪犯劳动改造情况的评估工作,并根据评估结果,作出对罪犯不同的分级处遇,是刑罚个别化原则在罪犯劳动改造管理过程中的应有之意:劳动改造评估效果好的,应作为罪犯从轻分级处遇的重要考量因素,通过多样化的激励方式来调动罪犯参加劳动和接受改造的积极性;同样,劳动改造评估效果不尽如人意的,应作为从重分级处遇的重要考量因素,震慑对抗劳动改造的不良行为。更为科学合理地设计罪犯劳动改造评估机制,首先,要使监狱人民警察的待遇脱钩于监狱的生产效益,而把罪犯改造质量作为其工作业绩的核心评估标准;其次,应本着实事求是、公平公正、物质和精神激励相

---

❶ 《关于罪犯劳动工时的规定》规定:罪犯每周劳动时间为 6 天,每天劳动 8 小时,平均每周劳动时间不超过 48 小时,未成年的劳动时间减半;监狱除保证罪犯每周休息一天外,在元旦、春节、国际劳动节和国庆节时按照相关的法律规定安排休假;监狱生产单位需要延长罪犯劳动时间,必须提前拟订加班计划,经监狱狱政、劳动管理部门审核,得到监狱长批准方可实施,事后应当安排罪犯补休,不能安排补休的,根据延长罪犯劳动时间的长短,支付一定数量的加班费。

结合的原则，在科学评价罪犯劳动改造效果的基础上，同时落实激励和惩罚措施，实现改造人的宗旨。

第三，加强对罪犯劳动改造的科学管理。❶测定罪犯劳动改造的最佳工作时间和工作方式组合，并且根据罪犯各方面指标❷的不同，将罪犯适配不同工种和岗位，营造良好的行刑氛围，提高罪犯劳动改造质量，最终实现劳动改造效率最大化。

第四，依法保障罪犯在劳动改造中的合法权利，坚持社会主义人道主义。首先，按照《监狱法》的规定，监狱应要求有劳动能力的罪犯强制参加劳动。❸完全丧失劳动能力的可以不参加劳动，部分丧失劳动能力的参加一些力所能及的劳动即可。其次，对于参加劳动改造的罪犯，应对其劳动权利进行完善和保证，如从劳动时间方面来说，应严格按照《监狱法》和《关于罪犯劳动工时的规定》等规定执行；❹从劳动保障方面来说，监狱应当为罪犯劳动提供必要的安全保障和设施设备保障；从劳动费用方面来说，虽然监狱劳动改造不等同于普通的劳动法律关系，罪犯也无法要求监狱支付劳动对价——工资，但从激励罪犯积极改造的角度来说，可向劳动者支付一定的报酬；❺另外，按照《监狱法》的规定，监狱方还应为罪犯参加劳动改造提供劳动保险的保障。❻

---

❶ 包括从罪犯劳动对象、劳动手段、劳动工效、劳动成果等方面进行科学管理。

❷ 包括生理状况、技术水平、文化程度、刑期长短、改造表现等。

❸ 《监狱法》第69条规定："有劳动能力的罪犯，必须参加劳动。"

❹ 《监狱法》第71条规定："监狱对罪犯的劳动时间，参照国家有关劳动工时的规定执行；在季节性生产等特殊情况下，可以调整劳动时间。罪犯有在法定节日和休息日休息的权利。"《关于罪犯劳动工时的规定》关于劳动时间的规定主要集中在第3~8条。

❺ 《监狱法》第72条规定："监狱对参加劳动的罪犯，应当按照有关规定给予报酬并执行国家有关劳动保护的规定。"

❻ 《监狱法》第73条规定："罪犯在劳动中致伤、致残或者死亡的，由监狱参照国家劳动保险的有关规定处理。"

（二）监狱教育改造过程中的"宽严相济"

《监狱法》第4条规定："监狱对罪犯应当依法监管，根据改造罪犯的需要，组织罪犯从事生产劳动，对罪犯进行思想教育、文化教育、技术教育。"由此可见，监狱教育改造工作具备重要作用。❶

2003年8月1日，司法部颁布的《监狱教育改造工作规定》正式施行，对我国监狱教育改造工作作出了明确具体的规定。❷ 监狱教育改造应"根据罪犯的犯罪类型、犯罪原因、恶性程度及其思想、行为、心理特征，坚持因人施教、以理服人、循序渐进、注重实效的原则"。❸

监狱里收监的犯罪人类型多种多样，教育文化程度不一，犯罪类型和犯罪原因各不相同，直接导致了相比劳动改造，教育改造工作甚至更应贯彻"因人施教"的原则，实现监狱教育改造的"宽严相济"要求。

1. 入监教育的宽严相济问题

从表面上看，入监教育是对新入监的罪犯进行监狱改造基本内容的教育，似乎体现个别化的空间不大。但应注意到，入监教育过程体现了一项重要的监狱工作，即对罪犯的甄别工作，通过入监初期甄别罪犯，划分罪犯的不同类别，能为正确实施宽严相济刑事政策奠定基础，提供依据。在开展这项工作时，除了传统的对入监罪犯进行甄别和入监教育外，也可考虑与看守所建立定向联系，提前主动与看守所民警进行交流，了解罪犯的具体情况，甚至提前将有关狱务规定的材料交由看守所对罪犯情况进行初步的交流。

---

❶ 《监狱教育改造工作规定》第2条规定："监狱教育改造工作是刑罚执行活动的重要组成部分，是改造罪犯的基本手段之一，是监狱工作法制化、科学化、社会化的重要体现，贯穿于监狱工作的全过程。"

❷ 按照该规定，监狱教育改造工作的内容主要包括：入监教育；个别教育；思想、文化、技术教育；监区文化建设；社会帮教；心理矫治；评选罪犯改造积极分子；出监教育等。

❸ 《监狱教育改造工作规定》第4条规定："监狱教育改造工作，应当根据罪犯的犯罪类型、犯罪原因、恶性程度及其思想、行为、心理特征，坚持因人施教、以理服人、循序渐进、注重实效的原则。"

2. 个别教育的宽严相济问题

《监狱教育改造工作规定》对监狱人民警察对罪犯进行个别教育的情形进行了明确的规定（包括定期个别谈话教育、出现特殊事件的个别教育），❶ 这种方式是刑罚个别化的直接体现，但从监狱实践来看，监狱人民警察承担了较多和较重的工作职责，使得个别教育流于形式。因此，有必要从形式和内容乃至开展主体层面开创个别教育的新局面。

3. 思想、文化、技术教育的宽严相济问题

思想、文化、技术教育是监狱教育的主要内容。按照《监狱教育改造工作规定》的要求，成年罪犯的教学时间每年不少于 500 课时，未成年犯的教学时间每年不少于 1000 课时。另外，该规定还规定了思想教育、文化教育、技术教育的具体内容。

从目前犯罪人类型日益复杂的情况来看，矫治情况越来越复杂：犯罪人整体文化水平提高，有必要加强文化教育的犯罪人相对以前越来越少；未成年或青少年犯罪人比例不断提高，教育矫治的重要性愈加凸显；世界观、人生观相对成熟的犯罪人也有所增加，教育矫治难度更加明显。因此，有必要在准确甄别罪犯类型的基础上，对不同类型的罪犯采取不同重点的教育方式：如对文化水平较低的罪犯，要加强文化教育；对未成年犯，要重在灌输正确的人生观、世界观；对缺乏劳动技能的罪犯，要加强技术教育。

另外，由于监狱人民警察术业有专攻，有时候并不是对罪犯实施教育的最佳人员。对此问题，《监狱教育改造工作规定》的相关规定 ❷ 为解决监狱教育的师资问题提出了较好的解决思路。

4. 心理矫治的宽严相济问题

从犯罪心理学的角度来讲，罪犯之所以犯罪，是由于罪犯存在不良的

---

❶ 《监狱教育改造工作规定》第 14~23 条。

❷ 《监狱教育改造工作规定》第 29 条规定："监狱应当积极与当地教育、劳动和社会保障行政部门以及就业培训机构联系，在狱内文化、技术教育的专业设置、教学安排、师资培训、外聘教师、教研活动、考试（考核）和颁发学历、学位（资格）证书等方面取得支持和帮助。"

犯罪心理。因此，心理矫治工作 ❶ 成了监狱教育改造工作的关键。

对监狱罪犯的心理矫治，应注重针对不同心理情况的罪犯配合不同的矫治措施、不同的矫治人员。除了要求监狱人民警察具有一定的心理咨询资质外，对于具有心理疾病的罪犯，还应及时组织专业人员进行诊治。

5. 出监教育的宽严相济问题

《监狱教育改造工作规定》对出监教育时长有明确的规定。❷ 应该说，作为现代化监狱的主要功能之一，将罪犯矫治为守法公民是检验监狱工作成效的首要标准。因此，罪犯矫治是否成功最终仍要看罪犯离开监狱后，能否顺利正常融入社会生活，不再犯罪，真正被改造成为守法公民。但是对于罪犯来说，长时间在监狱中服刑，隔绝于社会生活之外，出监后如何能顺利融入正常社会生活，无论是对罪犯还是对监狱，乃至对社会来说都是非常重要的一关。因此，出监教育就肩负了让罪犯能够在服刑结束后更好地融入社会的重任。

从社会融入的角度来看，监狱应及时做好就业指导的工作，甚至邀请地方政府的相关部门到监狱，给即将出狱的罪犯讲解国家有关劳动就业的具体政策。同时，除了监狱方面的努力外，社会的有关机构和地方政府也有义务做好安置帮教的工作，为出狱罪犯提供就业、社会保障等方面的支持，协同监狱一起做好矫治罪犯的工作。

四、监狱实践工作中刑罚执行的"宽严相济"

按照《刑法》《刑事诉讼法》《监狱法》等法律的规定，针对法院生效裁判确定的刑罚，如在监狱执行刑罚过程中，出现特殊的情况（如罪犯的服刑情况、身体状况等）需要调整刑罚执行的，监狱享有一定刑罚执行变

---

❶　包括心理健康教育、心理测验、心理咨询和心理疾病治疗。

❷　《监狱教育改造工作规定》第 55 条规定："监狱对即将服刑期满的罪犯，应当集中进行出监教育，时限为三个月。"

更的权力。

从这些年的司法实践来看，减刑、假释、保外就医工作的开展，充分体现了结合罪犯服刑和实际情况调整监禁刑执行情况的灵活性，但在执行过程中也出现了一些问题（如不够公开、公平、公正，监狱权力寻租等）。尤其结合目前宽严相济刑事政策的要求，有必要进一步在适用减刑、假释、保外就医以及其他分级处遇时，联系监管实际进行动态管理。

（一）适用减刑的"宽严相济"

按照《刑法》《监狱法》等法律的规定，❶减刑意味着直接将人民法院生效裁判确定的刑罚进行减少，从程序上来说需要由唯一的定罪量刑机关——司法机关经法定程序予以确定。

对于减刑过程中的"宽"，应准确理解为：第一，满足法定条件应予减刑时，应及时依法进行减刑；第二，对满足宽严相济刑事政策要求的服刑罪犯，如犯罪类型社会危害性不大、犯罪情节轻微、改造效果良好、无违反监狱改造规定的罪犯，可优先进行减刑。

对于减刑过程中的"严"，应准确理解为：第一，减刑办理应严格满

---

❶ 《刑法》第78条规定："被判处管制、拘役、有期徒刑、无期徒刑的犯罪分子，在执行期间，如果认真遵守监规，接受教育改造，确有悔改表现的，或者有立功表现的，可以减刑；有下列重大立功表现之一的，应当减刑：（一）阻止他人重大犯罪活动的；（二）检举监狱内外重大犯罪活动，经查证属实的；（三）有发明创造或者重大技术革新的；（四）在日常生产、生活中舍己救人的；（五）在抗御自然灾害或者排除重大事故中，有突出表现的；（六）对国家和社会有其他重大贡献的。减刑以后实际执行的刑期不能少于下列期限：（一）判处管制、拘役、有期徒刑的，不能少于原判刑期的二分之一；（二）判处无期徒刑的，不能少于十三年；（三）人民法院依照本法第五十条第二款规定限制减刑的死刑缓期执行的犯罪分子，缓期执行期满后依法减为无期徒刑的，不能少于二十五年，缓期执行期满后依法减为二十五年有期徒刑的，不能少于二十年。"《刑法》第79条规定："对于犯罪分子的减刑，由执行机关向中级以上人民法院提出减刑建议书。人民法院应当组成合议庭进行审理，对确有悔改或者立功事实的，裁定予以减刑。非经法定程序不得减刑。"《监狱法》第30条规定："减刑建议由监狱向人民法院提出，人民法院应当自收到减刑建议书之日起一个月内予以审核裁定；案情复杂或者情况特殊的，可以延长一个月。减刑裁定的副本应当抄送人民检察院。"

足有关法律规定的实体条件和程序要件，尤其要强调对整个减刑工作的公开、公平、公正；第二，从犯罪类型层面来看，对犯有严重危害国家安全罪、黑社会性质组织犯罪、严重暴力犯罪以及严重影响人民群众安全感犯罪的罪犯，适用减刑应严格控制；第三，对在狱中抗拒改造的罪犯，在无法消减其人身危险性之前，应严格控制适用减刑；第四，考虑到减刑是对法院生效裁判确定的刑罚进行变化，原则上来说应该从总体上控制减刑数量，在总体适用比例上扩大假释或其他刑罚执行方式的适用。

（二）适用假释的"宽严相济"

按照《刑法》《监狱法》等法律的规定，[1]罪犯经一定时间的服刑后，可以假释。

假释是一项历史悠久的刑罚执行制度，而目前刑法和犯罪学理论界对假释的本质没有达成共识，而对假释的不同认识也直接影响了一个国家假释制度的立法和司法实践。当代的假释也与减刑制度不同，它由原来的国家对个别罪犯的恩惠，逐渐发展为大部分罪犯因在监禁刑执行过程中服从改造，进而普遍适用的刑罚执行制度。

相比减刑，假释适用的对象更加广泛，适用条件[2]更加单一，也更多考虑服刑罪犯的人身危险性（即再犯可能性）。从这个层面上来说，假释制度天然地与宽严相济刑事政策注重的刑罚个别化、人身危险性等理念更

---

[1]　《刑法》第 81 条规定："被判处有期徒刑的犯罪分子，执行原判刑期二分之一以上，被判处无期徒刑的犯罪分子，实际执行十三年以上，如果认真遵守监规，接受教育改造，确有悔改表现，没有再犯罪的危险的，可以假释。如果有特殊情况，经最高人民法院核准，可以不受上述执行刑期的限制。对累犯以及因故意杀人、强奸、抢劫、绑架、放火、爆炸、投放危险物质或者有组织的暴力性犯罪被判处十年以上有期徒刑、无期徒刑的犯罪分子，不得假释。对犯罪分子决定假释时，应当考虑其假释后对所居住社区的影响。"第 82 条规定："对于犯罪分子的假释，依照本法第七十九条规定的程序进行。非经法定程序不得假释。"《监狱法》第 32 条规定："被判处无期徒刑、有期徒刑的罪犯，符合法律规定的假释条件的，由监狱根据考核结果向人民法院提出假释建议，人民法院应当自收到假释建议书之日起一个月内予以审核裁定；案情复杂或者情况特殊的，可以延长一个月。假释裁定的副本应当抄送人民检察院。"

[2]　即执行刑罚一定期限后、配合改造、没有再犯罪危险。

加契合，本应有更大的用武之地（也满足前文所论述的应对减刑制度严格适用，而提升假释制度适用比例的意见）。但司法实践中，假释制度由于要满足"没有再犯罪危险"的要件，反而在评估和适用上提出了更高的要求。因此，如要正确适用假释制度，有必要准确理解和适用何为"没有再犯罪危险"，对服刑罪犯的人身危险性进行准确判断。这样，监狱在日常监管过程中对犯罪人的准确评估，将成为评价犯罪人能否适用假释制度的基础。同样，把握住人身危险性的这个抓手，该制度在刑罚执行中体现宽严相济刑事政策也有着巨大的用武之地。

（三）适用暂予监外执行的"宽严相济"

按照《刑法》《刑事诉讼法》《监狱法》等法律的规定，❶ 暂予监外执行制度是针对刑罚执行过程中出现某些特殊情形，且适用暂予监外执行制度不致危害社会的，采取暂时不在监狱关押的刑罚执行变通方式。

暂予监外执行与假释制度一样，都不涉及对法院生效裁判确定的刑罚的变更，而是在遵守生效裁判确定的刑罚基础上，对其进行的变通。但暂予监外执行制度与假释制度不一样的地方在于，其不对罪犯已经执行刑罚的期限进行限制，而更多的是出于人道主义的考量，针对罪犯有严重疾病、罪犯怀孕或者正在哺乳自己的婴儿以及罪犯生活不能自理的，适用暂

---

❶ 《刑事诉讼法》第265条规定："对被判处有期徒刑或者拘役的罪犯，有下列情形之一的，可以暂予监外执行：（一）有严重疾病需要保外就医的；（二）怀孕或者正在哺乳自己婴儿的妇女；（三）生活不能自理，适用暂予监外执行不致危害社会的。对被判处无期徒刑的罪犯，有前款第二项规定情形的，可以暂予监外执行。对适用保外就医可能有社会危险性的罪犯，或者自伤自残的罪犯，不得保外就医。对罪犯确有严重疾病，必须保外就医的，由省级人民政府指定的医院诊断并开具证明文件。在交付执行前，暂予监外执行由交付执行的人民法院决定；在交付执行后，暂予监外执行由监狱或者看守所提出书面意见，报省级以上监狱管理机关或者设区的市一级以上公安机关批准。"《刑事诉讼法》第266条规定："监狱、看守所提出暂予监外执行的书面意见的，应当将书面意见的副本抄送人民检察院。人民检察院可以向决定或者批准机关提出书面意见。"《监狱法》第17条："罪犯被交付执行刑罚，符合本法第十六条规定的，应当予以收监。罪犯收监后，监狱应当对其进行身体检查。经检查，对于具有暂予监外执行情形的，监狱可以提出书面意见，报省级以上监狱管理机关批准。"

予监外执行不致危害社会的情形加以适用。

同样，在宽严相济刑事政策视野下，适用暂予监外执行制度首先要满足有关法律规定的条件，然后根据罪犯的实际情况，严格按照程序对是否满足法定要件进行鉴定、考察、监督、报审等。与此同时，对于情节较轻、主观恶性不大的罪犯，积极接受教育改造的罪犯，以及主动坦白交代余罪、检举他人犯罪的罪犯，可适当放宽病残范围，加大与假释制度的联结等（如就医期间未违反考核规定，表现良好且就医结束时刑期已经超过一定期限的，经法院依法裁判，可以假释等）。

（四）加强对职务犯罪、破坏金融管理秩序和金融诈骗犯罪、组织（领导、参加、包庇、纵容）黑社会性质组织犯罪等罪犯减刑、假释、暂予监外执行工作的管理

2014 年 1 月 21 日，中共中央政法委发布了《中共中央政法委关于严格规范减刑、假释、暂予监外执行切实防止司法腐败的意见》（中政委〔2014〕5 号），在宽严相济刑事政策要求下对该三类犯罪从严适用减刑、假释、暂予监外执行制度。❶

第三节　强化中国监狱人民警察职业保障体系

一、完善监狱人民警察职业保障的必要性

监狱人民警察作为监狱的管理者、刑罚执行的主体，肩负着管理、改

---

❶　该意见对职务犯罪、破坏金融管理秩序和金融诈骗犯罪、组织（领导、参加、包庇、纵容）黑社会性质组织犯罪等罪犯的减刑、假释、暂予监外执行工作的实体条件和程序要求进行了明确的规定。

造服刑人员以及保护社会和谐稳定的职责。然而，该职业具有特殊性，具备如压力大、高风险、环境相对封闭等工作特点，也正是由于这些特点，使得当前监狱人民警察难以得到应有的保障，进而影响到一系列工作的开展，监狱管理面临着一些新的难题。由此，对监狱人民警察这一职业进行多方面的保障就显得十分必要。具体而言，完善监狱人民警察职业保障有如下几个方面的必要性。

（一）落实法治国家的应有之义

监狱，作为一种国家刑罚执行机关，在惩治犯罪分子过程中起着重要的作用。同时，监狱也是推动法治国家、法治政府建设的一股强大力量，从一定意义上来说，监狱的法制化也是国家法治水平的一种具体体现。当前，我国监狱建设还处于社会主义初期阶段，也处于向"法治监狱"转型的过渡时期。监狱人民警察作为监狱内部的管理者、监狱刑罚的实施者。从监狱这个"小社会"层面而言，监狱人民警察承担着管理监狱秩序、监督监狱服刑人员改造的职责；从国家这个"大社会"层面来看，监狱人民警察发挥着保护国家、保障人民利益的作用。由此可见，监狱人民警察在社会主义法治建设中扮演着十分重要的角色。对于监狱人民警察各方面的权益进行保障意义巨大，有助于减少他们的忧虑，进而便于其转变工作态度，不仅如此，监狱各项工作的完成效率都会得到一定的提升、改善。

（二）贯彻司法体制改革的重要举措

司法体制改革是推动中国特色社会主义法制建设的重要一环，而监狱人民警察职业保障又是此项改革的一个重要部分。中共中央印发的《关于新形势下加强政法队伍建设的意见》第 6 条规定"大力加强职业保障制度建设"，该规定为建设一支正规化、专业化、职业化的监狱人民警察队伍提供了政策上的依据。监狱作为开展政法工作的组成部分，也是新时期深化司法体制改革的重要一环。多方面构建良好的监狱人民警察职业保障体系，对现阶段司法体制改革，健全、完善监狱管理机制，保障监狱人民警察的职业权益，建立权责统一、公正公平、科学高效的现代监狱有着较为重要的意义。

（三）有助于维护社会和谐稳定

对监狱人民警察进行职业保障，有助于社会和谐稳定。社会公共利益由方方面面组成，任何一个环节出现问题都有可能会对公共利益造成影响。监狱人民警察监督的是对社会已经造成一定危害的犯罪分子，这其中有一部分如果未受到较好的监狱教育改造，有极大可能进行再次犯罪。因此，对监狱人民警察的职业保护表面上来看可能只对该群体有利，但实则不然，是对整个社会的一种更好的保障。其一，保障监狱人民警察权利，其实质是捍卫国家刑罚执行权，进而有利于监狱工作的积极开展，防止服刑人员脱逃等情况；其二，当监狱人民警察的素质、水平得到提升时，此种提升在教育监狱服刑人员时会得到体现，从而有助于提高服刑人员的改造质量、降低再次犯罪的可能性。因此，完善监狱人民警察的职业保障体系，可谓是一种双赢的选择，既有利于监狱人民警察，又有利于社会和谐稳定。

（四）实现人权保障的重要组成部分

当前，世界上大多国家都较为重视保障人权，我国同样也不例外。2004 年，我国明确将"国家尊重和保障人权"写入《宪法》，这是我国对人权保障迈出的重要一步，充分体现了党和国家对人权保障的重视和支持。然而，在实践中，其在一定程度上更加倾向于保护弱势群体抑或犯罪分子的权利，而对一般人权利的保障显得不够。监狱人民警察可能就是其中一个很好的例子，在人们的观念中，监狱人民警察作为一种国家力量的象征，多方面的能力好于一般人，其理所当然无须国家更多的保障；此外，加上现行制度的一些不足，使得监狱人民警察的职业保障还十分薄弱。监狱人民警察虽然是国家力量的一部分，但归根结底，其依然是社会中的人。人权的主体是一切人，或至少是一个国家的一切公民或一个社会的一切成员。因此，监狱人民警察作为公民，其权利就应当犹如其他社会一般人而得到保护，进一步而言，其在监狱体系中就应该享受其应该得到的职业保障。只保护弱势群体的权利难以称得上真正的人权保障。因此，笔者认为重视监狱人民警察的职业保障，是人权保障的应有之义，将保障监狱人民警察的人权纳入整体人权保障是十分必要的。

二、完善监狱人民警察职业保障的对策

（一）加强监狱人民警察职业安全保障

我国对监狱人民警察在法律保障这方面还存在不足，这使得监狱服刑人员袭警或反抗的风险增大，致使监狱人民警察的人身安全得不到很好的保护。从法律的角度而言，可以从完善法律、细化条款入手，为保护监狱人民警察提供法律上的依据。从监狱基础设施来看，应当引进现代化监狱管理设备，从而在硬件上设置保护网。而对于影响监狱人民警察身心健康的各方面的压力，应从多角度进行改善，防范身心压力扩大化，做到及时排压、解压，具体可以从以下几方面进行。

1. 完善制度建设

细化《监狱法》的相关条款，统一适用标准，使其更具可操作性。当前，《监狱法》仍然存在一定的缺陷。因此，今后有必要完善《监狱法》的条款。可以在《监狱法》中规定服刑人员奖惩办法。奖惩考核作为日常考核的依据，既是评价服刑人员思想教育和劳动改造成效的主要手段，也是督促服刑人员改过自新的一种有效方式。奖惩办法作为监狱管理人员考核服刑人员的重要指标，对其法定化、规范化具有重要意义。

2. 更新、改善监狱设施

监狱基础设施是监狱管理的重要保障，良好的监狱设施，能有效防范、应对监狱安全问题，起到保障监狱人民警察职业安全的作用。由此，改造、完善监狱设施十分重要。良好的监狱设施主要包括建设安全警戒设施，可采用电子化、科技化管理。具体而言，其一，优化监狱人民警察警

用设备。其作为一种基础设备手段，一方面，可以方便对服刑人员进行更好的管理；另一方面，在事故发生时有利于监狱人民警察及时得到防范，避免伤害的扩大化等。其二，引进科技设备进行监管。引进新型科技设备，既可以更好地保障监狱人民警察的职业安全，也能有效解决当前监狱警力不足等问题。众所周知，传统监狱具有一定局限性，而如今的现代化监狱应当具备信息化、电子化等特点。例如，在监狱关键位置实行监控全方位覆盖，便于随时了解监狱服刑人员的情况，防止脱逃等。又如，采用智能识别门禁系统，提高监狱人民警察安全感；在监狱的各个位置安装报警装置，同时配备相应的警戒具，一旦发生突发性事情，有利于及时防范。

3. 多角度进行压力排解，缓解身心压力

目前，由于监狱任务繁重，致使较多监狱人民警察的身心健康方面或多或少存在一定的问题。监狱人民警察的身心健康是现阶段必须予以关注的重点。具体而言，可以从以下几个方面着手。

其一，强化培训，开展相关心理知识讲座，锻炼监狱人民警察抗压能力，强化职业技能。一方面，从监狱人民警察本身出发，强化心理训练。例如，在招录人员时，严格把关，应当安排专门的身心测试，重点考察报名人员的抗压、解压等能力，从而便于良好地应对监狱这样特殊的工作环境，实现从源头排除心态不好、抗压能力不强的报名人员。另外，扩充警务培训内容，增强监狱人民警察抗压能力。例如，美国监狱所采用的压力管理培训，能很好地训练监狱人民警察应对压力，有效消除和降低压力带来的不良后果。当前，我国可以借鉴国外先进经验，并考虑我国监狱实际情况，将职业能力、职业道德、心理抗压能力以及应对突发事件的各方面的能力进行综合培训，从多方面提升监狱人民警察的基本素质和抗压能力，并不断增强监狱人民警察应对各种高压工作和突发事件的能力。另一方面，组织心理健康讲座和及时进行咨询疏导，形成体系化身心培训机制。例如，经常开展身心健康知识讲座，使健康知识在监狱范围内得到普及，同时便于监狱人民警察知晓并掌握一些预防压力、排解压力的具体方法，消除对心理问题的偏见，正确认识和对待心理问题。此外，建立不定期心理疏导机制。这方面国内做得较好的有佛山监狱的警察心理援助项目（PEAP），该项目聘请专门的心理机构结合监狱各方面的实际情况为监狱人民警察进行心理疏导，很好地降低了监狱人民警察出现心理问题的概率。监狱人民警察出现心理问题时，往往需要良好的心理咨询和疏导，这就要求监狱管理部门加强和社会心理疏导机构的合作，对监狱人民警察进行不定期的匿名心理测试，同时，创造监狱人民警察与心理专家进行面对面心理咨询的机会，以便及时对需要咨询或有一定心理问题的监狱人民警察进行相应的疏导，防止心理问题蔓延。

其二，各级领导应当重视监狱人民警察的身心健康。在日常的监狱工作中，上级领导及各部门应当重视监狱人民警察的身心健康，并将其纳入日常重点工作，甚至可以把这项工作作为各部门领导政绩考核的一项指标，从而促使领导在决策前能积极了解和关注监狱人民警察的身心情况，把对监狱人民警察的关怀、关爱以及帮助时刻牢记心上。另外，应将"以人为本"的理念贯彻到领导考评激励机制中并予以落实，监狱作为国家刑罚执行机关，强调改造效率、生产效益无可厚非，但也应在各项工作中清醒地认识到监狱人民警察的重要性，而不是在教育改造工作中完全忽视监狱人民警察的身心健康，一味地、不切实际地强调吃苦、奉献。

其三，科学合理安排值班，切实落实补休制度。监狱人民警察作为一种特殊的职业，往往不能像其他公务员一样享受正常的周末和法定节假日等休息时间，而实践中经常加班加点且与外界沟通十分不便。这就要求监狱管理部门合理调整休息制度，保障每位监狱人民警察的正常休息时间，缓解经常加班无法正常休息的压力。例如，实行轮流值班或者加班；遇到特殊情况占用了监狱人民警察的休息时间，应及时为其安排补休；法定节假日应实行轮流值班，不能总是占用某些工作人员的休息时间；此外，对于法定节假日的加班应落实好相应的加班费制度，从而保障监狱人民警察的各项基本权利。

（二）多方面提升监狱人民警察职业认同感

1. 监狱层面重视监狱人民警察，改善监狱工作环境

监狱环境相对于其他公务员所处环境而言，具有相对封闭的特点，这在一定程度上限制了监狱人民警察的活动范围，也影响了他们与其他社会成员的沟通。针对这种现象，组织上应当予以重视，深刻认识到建立良好的监狱环境十分必要。第一，各级领导要重视监狱人民警察，为其创设良好的组织环境。各级领导应当经常性地走近监狱人民警察，关注他们的生活状况，帮助他们解决生活上遇到的难题，如及时处理转正等监狱人民警察关注的事宜。同时，组织上应帮助协调监狱人民警察间的人际关系，加强单位内民警间的沟通协作。第二，尽可能多地组织一些活动，虽然监狱是一个颇为严肃的地方，但在把控正常的秩序情形下，监狱主管人员应组织一些有意义的活动让大家参与进来，使得他们能从中缓解压力，增强集体荣誉感，进而找到监狱工作的归属感。因此，针对监狱环境问题，应多管齐下，进而使得监狱人民警察能够处在一个良好的生活环境中。

2. 个人层面认识自身价值、努力创造自我

提升职业认同感，很大程度上取决于监狱人民警察自身对工作的认同。作为监狱人民警察，应当认识到"身其职、行其事"，既然选择了这份职业，就应当好好地予以对待和重视，而不能人云亦云。当我们不能改变环境或周边的人时，就应当尝试改变自己，正如前文所述，监狱环境复杂，那么监狱人民警察应当调整自己的心态，认识到自身工作的重要性。一方面，监狱人民警察要积极学会与这个环境相处，抛开这个环境不好的地方，只有这样才能更好地适应这个环境，同这个环境中的一切和谐起来。另一方面，很多监狱人民警察会觉得自己在监狱一无所获，但事实并非如此，监狱人民警察作为刑罚执行的关键人员，也是改造服刑人员的重要组成部分，应当认识到自身的价值所在。另外，在改造服刑人员过程中，监狱人民警察可以多总结经验、创新管理模式、创造研究成果，当能把监狱管理工作当成自己研究对象时，对监狱人民警察而言必然是一种乐

趣，如能作出一定成果，将更有利于加强对监狱工作的认同，从而提高自己人生的价值。

3. 社会层面多肯定和支持监狱人民警察的工作

管理监狱秩序、教育监狱服刑人员以及减少再犯罪是监狱人民警察的职责。但当前，有效改造和管理服刑人员仍然较为困难，这就为监狱人民警察带来了挑战。在此种情形下，提升监狱人民警察的职业认同感也就十分迫切，因为没有一个较好的职业认同感会带来较多危害，如工作懈怠、管理质量低下，进而会影响服刑人员的改造质量。因此，为保障监狱工作的质量，社会各界应多了解、理解监狱人民警察工作的特殊性，给予他们更多的关心，尊重他们在社会上的地位。另外，在需要社会支持时，社会各界应尽己所能去帮助监狱管理工作，提高改造效率，认同、尊重监狱人民警察这一职业。

（三）强化监狱人民警察教育培训

教育培训有利于监狱人民警察知识能力的培养，其既是现代监狱的一项基本内容，也是对监狱人民警察职业的一种保障。正所谓"活到老、学到老"，监狱人民警察虽然已投身于工作岗位，但想要更加专业，对其培训必不可少，良好的教育培训能让监狱人民警察在实践中得心应手，减少职业风险。针对实践中有关教育培训所存在的问题，应着重从以下几个方面进行解决。

1. 充分重视教育培训，增加培训时间、完善经费保障

通过前文现状分析可以发现，现阶段部分地方的监狱对培训的重视程度不够，其主要表现为培训时间不够和在培训上所投入的经费十分有限。要想建设专业化、职业化的监狱人民警察队伍，应首先转变观念，充分重视监狱人民警察的教育培训。具体而言，其一，增加培训时间。据调查，目前存在一些省（市）监狱主管机关考虑到参与培训人员太多导致警力不足，强行缩短培训时间。此种做法应予以杜绝，监狱主管部门应合理安排参与培训的人员、分批次进行培训，这样既能保证培训时间，又能保障监

狱警力充足。其二，完善监狱经费保障。《监狱法》第8条明文规定了国家保障监狱改造罪犯所需费用，监狱人民警察经费列入国家财政预算。可见，教育培训也应纳入国家财政预算。当前，国家层面已经建立起监狱教育培训经费使用体制，基本上解决了监狱教育培训经费问题，但仍有些地方保障标准较低，导致经费十分紧张。此外，由于一些单位从中克扣或者相关主管人员的贪污行为等，使得教育培训经费不够。因此，相关部门应完善监狱经费保障，加强监督，使得该笔经费得到落实，从而保障教育培训的顺利开展。

2.提升内容形式，提高培训质量

一个良好的培训不仅取决于培训内容，其形式也十分重要。实践中，有很多培训都是为了完成任务，其形式往往是枯燥无味、让人反感的照本宣科，从而导致实践中培训质量不高。由于对监狱人民警察的培训通常来说都是十分短暂的，而短暂的培训时间要想使参加的监狱人民警察得到真正的收获，就需要采取不同形式的培训，以增加培训内容的生动性和可接受性。因此，单一乏味的课程讲授或只注重警体技能的培训是远远不够的，也是难以适应现阶段的培训需要的。今后，培训的老师应尽量注重讲课方法和技巧，多运用实践中发生的真实案例、运用幽默的语言等激发监狱人民警察的兴趣。另外，为了丰富培训形式、提高培训质量，还可以采用分组展示或者将各个监狱遇到的难题提出分组讨论等方式，让他们真正参与培训，而不是为了培训而培训，从而不断提升监狱人民警察培训质量，使他们活学活用，受益无穷。

3.培训内容应具备针对性

实践中，监狱培训的老师多是司法警官学校等高校的老师，这些老师虽然理论功底十分深厚，但对监狱管理实践相对来说经验较为缺乏，由此就导致教学内容多为复杂理论，且往往与实践存在相脱节的地方。

毋庸置疑，监狱人民警察参与培训的一个重要目的是通过培训获得相关经验、技巧以及理论知识储备。因此，对监狱人民警察的培训内容就应当有所侧重。由于监狱管理工作具备实践性质，且与服刑人员经常打交道，因而培训内容应紧贴实际，注重监狱管理难题。良好的培训内容能在实践中指导他们行为、解决相关问题，相反，则会事倍功半，既浪费时间，也毫无成效。因此，在对监狱人民警察进行教育培训之前，监狱主管人员应调查、统计监狱人民警察的需求，注重问题意识，从而反映给培训负责教师，以便进行有针对性的培训，以达到培训应当具备的效果。此外，针对不同岗位，培训内容侧重点也应有所区分，建议实行分岗位培训。众所周知，监狱分为不同部门，以便分工协作，如政治工作部门、劳动生产改造部门等。上海市司法警官学校（上海市监狱管理局警官中心）的分岗培训较具代表性，其改变培训"一刀切"的状况，根据不同警务岗位推出了分层分类培训模式，形成9个岗位类别的专业课程体系，培训模式发生了根本性变革，此种创新模式得到了广泛认可。因此，鉴于每个部门有其各自的特点，就十分有必要针对各个部门工作特点进行按需培训，而不是不加区分地对各个部门进行内容相同的培训，从而有利于不同部门、不同层级接触到真正适合他们各自工作特点的培训。

（四）完善监狱人民警察奖励机制及福利保障制度

当前，随着我国经济水平的不断提高，监狱人民警察的相关需求也不断发生变化，现存的奖励机制存在滞后的现实问题。因此，构建和完善一套监狱人民警察奖励机制迫在眉睫。具体而言，可以从以下两个方面入手。

1. 建立公正、科学考核激励制度

建立合理考核机制，对工作十分出色、表现优秀的同志进行奖励。根据《公务员考核规定》，公务员考核的内容包括德、能、勤、绩、廉五个方面，重点考核政治素质和工作实绩。虽然当前监狱有一套考核指标，但还不够科学、合理，使得激励机制没有达到预期的目标。因此，完善考核办法，使其更具可操作性就尤为重要。另外，考核应全面进行，不能只考核某几个方面，当然，绩效考核应当是考核的核心内容。对监狱人民警察工作过程中的各个方面都要进行严格考核，如上下班打卡、参加活动等，且考核需要遵循公平、公正、公开的原则，考核过程透明化。考核结果应当作为评先、晋升的依据，并且应是一项重要参照依据，这样能使得为监狱工作真正付出的监狱人民警察的权益能得到更好的保障，也能使得优秀监狱人民警察得到成就感，从而有利于进一步激励广大监狱人民警察积极进取。

2. 进一步规范物质、精神表彰奖励制度

（1）加大物质津贴。从社会学的角度而言，监狱人民警察同样也为社会的一分子，不可避免地有物质追求。随着我国经济的发展，监狱人民警察对物质的需求不断提高，若没有与其付出相对应的回报，势必会在一定程度上打击他们的积极性。因此，相关部门应在法律许可的范围内，完善物质奖励。具体而言，其一，医疗保险等福利待遇。对监狱人民警察而言，保险是一项重要的保障。各单位应积极落实国家给予监狱人民警察的保险制度，主要包括医疗保险、生育保险、养老保险等一系列保险待遇，此外，在条件允许的情况下各个单位应尽量建立、完善困难补助金、取暖补贴等福利待遇。其二，实现全面薪酬制度，提高监狱人民警察工资待遇。全面薪酬制度包括可以量化的发到监狱人民警察手里的工资和外在不可量化的福利补贴，如外出休假、教育培训等。现阶段，由于较多监狱人民警察的待遇不如当地的公安警察，但其压力、辛苦度等却毫不弱于公安警察，有必要对此问题予以重视，在一定程度上根据同级公务员和物价指数变动情况适当提高监狱人民警察的工资标准。其三，落实周末、法定节假日加班补贴。这就要严格按照《劳动法》的相关规定，发放加班工资，从而保障监狱人民警察因节假日劳动而享有应当享有的权益。（2）完善荣誉奖励。针对精神层面的缺乏，应从表彰先进、媒体宣传等几个方面进行改变。荣誉激励具体可以分为以下几种形式：第一，对于平时工作积极付出的同志，予以表彰，同时对于特别出色的可以进行媒体报道、宣传，这样有利于激励监狱人民警察的荣誉感、提升工作的积极性。第二，多开展相关活动，挖掘具备才艺的监狱人民警察，发挥他们的特长，对在活动中表现出色的同志进行表扬，从而使他们虽然身在监狱，但才华仍然能有机会得以展现。

（五）扩充警力招录，优化警力配置

1. 扩充监狱人民警察警力，多招优质监狱人民警察

监狱人民警察警力不足、岗位缺乏对监狱人民警察履职的各个方面都造成了一定影响，如压力更大、培训安排时间短、工作时间长、无节假日等。西方国家监狱人民警察与服刑人员的比例一般在 50% 以上，而目前在我国大多监狱仅能达到 18%。这一方面与我国人口较多和犯罪人员数量呈上升趋势有关；另一方面在于监狱人民警察编制过少，每年的招录人数不够。因此，扩充监狱人民警察警力十分必要。具体而言，其一，在法律、经费允许的前提下，监狱主管人员应尽量向上级部门反映情况，积极争取警察编制，申请每年招录的警员人数应多配备给监狱，以缓解监狱人民警察警力不足的现状。其二，严格限制招录标准，实现监狱队伍专业化建设，多招录优质监狱人民警察。这就要求结合监狱情况，根据实际需要和未来发展需求，确定招录人员的学历、专业等。同时，扩大对监狱人民警察的宣传，吸引国内一流高校、专业院校的毕业生报考，从而在保证数量的情况下也能最大限度地保障监狱人民警察的质量。

2. 优化警力配置

优化警力配置是坚持与时俱进、改革创新的重要方向。在当前严峻的监管形式面前，既要坚持有效监管、改造的原则，也要克服目前现有警力不足的问题。对现有警力进行优化配置也是解决监狱人民警察警力不足的重要方法之一。一方面，根据工作特点（经常加班、体力要求高、学历要求高等）进行职位安排。由于管教工作常常和服刑人员打交道，可以安排高校法学、公安等专业的毕业生进行；监控管理室可以安排法学与计算机等专业的毕业生管理；巡逻、看守可由军人或者体能较好的监狱人民警察担任。这样既可以最小化警力数量不足所带来的问题，也能使每个人各尽其职、各显所能。另一方面，精简监狱机关人员。目前，监狱中很多非执法岗位占据了较多编制，导致执法岗位编制不足。因此，有必要对非执法

岗位编制进行压缩，精简监狱科室人员，把警力向一线倾斜。

第四节 对中国监狱人民警察职务犯罪的防控思考

腐败是伴随着阶级的产生、国家的产生、权力的产生而产生的一种现象。无论是《唐律疏议》，还是《汉书》都对官吏职务犯罪进行了明确的记载，其属于传统犯罪之一。而监狱是国家秩序得以维护的重要保证，在国家成立之际监狱也随之产生，对监狱中罪犯进行管理的人称之为监狱官。并且与其他腐败犯罪一样，监狱官的职务犯罪自监狱制度诞生便随之而来。目前，监狱人民警察存在通过徇私舞弊的方式对不符合条件的罪犯进行减刑、假释、暂予监外执行的个别违法现象，这不仅会导致不合法的减刑、假释、暂予监外执行；而且容易使民众产生即使犯罪也可以逃避处罚的侥幸心理，进而引发更多的犯罪。监狱人民警察徇私舞弊减刑、假释、暂予监外执行的职务犯罪行为还会直接破坏刑罚一般预防和特殊预防的目的，降低司法公信力，阻碍建设公正司法的大局。因此，对监狱民警徇私舞弊减刑、假释、暂予监外执行渎职的防控势在必行。

根据 2005 年中共中央颁布的《建立健全教育、制度、监督并重的惩治和预防腐败体系实施纲要》和 2011 年印发的《中共中央纪律检查委员会、监察部关于加强廉政风险防控的指导意见》（中纪发〔2011〕42 号）的要求，在腐败治理体系中要坚持教育、制度、监督和科技相结合，教育是基础、制度是保证、监督是关键、科技是保障的标本兼治的综合腐败治理模式。对于监狱人民警察徇私舞弊减刑、假释、暂予监外执行等职务犯罪行为的防控措施，本书认为在总体上应该依照上述标本兼治的综合治理模式进行，但是由于监狱人民警察徇私舞弊减刑、假释、暂予监外执行等职务犯罪行为有其自身的特殊性，应当在考虑其发生原因的特殊性前提下进行标本兼治的综合治理模式。

一、以德养廉

以德养廉是指通过加强监狱人民警察的思想道德教育，使其思想道德情操保持在一个相对高的水准，能够自觉抵制住腐败行为的发生。这是一种自内而外的、思想影响行为的过程。其并不仅治理和管控监狱人民警察徇私舞弊减刑、假释、暂予监外执行的渎职行为，也治理和管控监狱人民警察的其他腐败行为，以及其他国家机关工作人员的腐败行为。从应然层面来讲，由于该方式是自内而外的治本方式，可以说是最为理想、最为完美的反腐败治理模式。本书认为以德养廉可从以下两个方面展开。

（一）将社会道德调查作为监狱人民警察准入、提干的条件

新加坡是世界上保持经济高速发展的同时，腐败治理管控比较好的国家之一。在警察这个重要职业上，新加坡政府十分重视对腐败的治理和管控，在入职和选拔的过程中提高要求，注重对其进行社会道德调查。社会道德调查的内容主要包括个人诚信记录、个人品德修养。这种在关键职业、关键岗位上高标准、严选人的方式，对促进队伍的廉洁性具有十分重要的价值和意义。这种进行社会道德调查的方式值得我们学习和借鉴，并运用在监狱人民警察这个重要职业上。具体来说就是：在监狱人民警察准入和提干这两个关口之前，从源头上把关，对其进行社会道德调查，对于道德不过关的同志不允许进入监狱人民警察职业或者提拔为领导，以避免该同志在日后工作中由于道德情操问题产生腐败行为。

（二）入职以后加强廉政道德教育

每个人的道德情操并非始终如一，往往会随着时间和角色的改变，而发生一系列的变化。在进入监狱人民警察这个职业之前其可能是一个青春洋溢、饱含公平正义之气、信仰坚定的政法、公安院校学生；在进入领导岗位之前，其可能是一个对家庭负责、对工作认真、信仰坚定的一线监狱

人民警察。但在离开象牙塔进入监狱人民警察这个职业或者离开基层开始具有管人管事的权力后、在面对金钱等不法利益的诱惑后，部分监狱人民警察的道德情操就会动摇，进而动用手中的权力进行腐败活动。在这种背景下，对监狱人民警察进行持续性的廉政道德教育就显得十分重要。因此，我们要始终对监狱人民警察进行道德教育，并且这种廉政道德教育不能停留在纸面上，而应该内化于心，形成监狱廉政道德文化，以滋养廉洁，使监狱人民警察在减刑、假释、暂予监外执行工作上立场坚定、保持清醒的头脑、扼制住错误的思想和侥幸心理，以避免腐败行为。

二、以制度促廉

（一）减刑、假释程序的完善

在减刑、假释程序中，无论法院对其进行书面审理还是监狱提供减刑、假释建议书，都具有垄断的特性。一方面，这在一定程度上架空了检察机关的监督权；另一方面，法院减刑、假释裁定书在本质上成为确定监狱减刑、假释建议的文书。针对上述情形，学界通常认为：第一，应该设置专门审判减刑、假释的审判庭；第二，应该增加检察机关、罪犯和受害人参与权以保证减刑、假释程序的司法交涉性。对此，本书提出以下建议。

1.赋予检察院减刑、假释程序启动权，取消监狱直接向人民法院作出减刑、假释建议的权利

一方面，减刑、假释是刑罚执行变更的问题，其在本质上属于司法权的范畴。目前由监狱就减刑、假释直接向法院建议，而由法院启动减刑、假释的程序不符合司法的被动属性，法院集控审权于一身，不符合法院中立断案的基本原则。另一方面，赋予检察院减刑、假释程序启动权，由监狱向检察院提减刑、假释建议权是一种对减刑、假释行为双层检验的机制，有利于过滤不合规的减刑、假释行为。检察院在监狱提交减刑、假释建议书时可利用自身驻监的优势进行走访调查，核实相关问题，并根据

核实结果作出启动或者不启动减刑、假释程序的决定。可以说，这种制度的设定之于监狱直接向法院的减刑、假释建议权的制度具有得天独厚的优势。

2. 赋予罪犯减刑、假释申请权

一方面，国家既有对罪犯施用刑罚的权力，也有对他们施以扶助挽救的义务；罪犯既有依法接受国家刑事惩罚的义务，也有请求扶助挽救的权利。因此，减刑、假释是罪犯固有的权利，国家应当保障其权利的行使，使其能够向法院申请减刑、假释，以实现其减刑、假释权。另一方面，目前监狱对减刑、假释建议权的垄断，导致监狱人民警察在减刑、假释工作中可能出现渎职的情形。因此，我们应当将减刑、假释的申请权赋予罪犯本身，这不仅有利于打破目前的垄断形势，减少权力寻租空间，而且对减少监狱人民警察徇私舞弊减刑、假释渎职的行为大有裨益。

3. 不赞同设置减刑、假释专门审判庭

减刑、假释案件的审理与普通刑事案件的审理相比确实存在自身的特殊性，但是解决此问题的根本在于法院是否组织专门的人员进行处理，以及在制度上是否保证法官能够深入了解减刑、假释罪犯的实际情况，而不在于是否设立专门的审判庭。这种通过设置专门的审判庭试图解决腐败问题的方式在本质上来说属于"新瓶装旧酒"，很难起到实际的作用。

4. 不赞同强化受害人在减刑、假释程序中的参与权

在减刑、假释程序中保证原审受害人具有"知情权"，甚至具有影响权是目前很多学者主张用以解决减刑、假释程序中不具有交涉性，容易导致监狱提供产品具有垄断性，进而导致监狱人民警察在减刑、假释工作中实施渎职行为的方法之一。但是该观点并不能为本书所认同。首先，减刑、假释是罪犯的权利，其行使权利与原审受害人无关。其次，并不是所有的犯罪行为都有具体的受害人。部分犯罪行为侵害的是国家法益、社会法益并不具备具体的受害者。因此，当罪犯的行为侵犯的是国家法益、社会法益时，便不能或者难以找到合适的受害人参与减刑、假释程序。并且如果仅保证侵犯个人法益、有具体受害人的案件实施受害人参与减刑、假

释程序，则有违执行刑罚人人平等的原则。最后，受害人参与减刑、假释程序，容易对其造成二次伤害。对于有具体受害人的案件来说，刑罚的判处和刑罚的执行在一定层面上缓和了紧张的社会关系。对于这种刚缓和的社会关系来说，最好的方式就是让其继续沉静，反之如果让其参加罪犯减刑、假释程序就会打破这种沉静的状态，在引起受害人不满的同时，对其造成二次伤害，并且这种不满和伤害也会反作用于司法公信力。鉴于此，本书认为治理监狱人民警察徇私舞弊减刑、假释的渎职行为应该另辟蹊径。

（二）刑罚中止执行在暂予监外执行上的运用

暂予监外执行制度本来是刑罚人道化、行刑个别化的体现，但是近年来监狱人民警察违规进行暂予监外执行的现象时有发生和暂予监外执行以后罪犯脱管、漏管、难以收监的问题突出，暂予监外执行制度演变成为某些权贵之人逃脱刑罚处罚的重要手段，对司法公信力造成了极大的负面影响。对此，有学者主张，应该推行"刑罚中止"在暂予监外执行上的运用，以遏制上述问题的发生。本书认为：推行刑罚中止在暂予监外执行上的运用不仅可以保证刑罚的人道化和惩治目的的实现，还可以有效治理监狱人民警察徇私舞弊暂予监外执行的渎职行为。

刑罚中止执行是指当在监狱执行刑罚的罪犯本身出现诸如患上重大疾病、怀孕、需要哺乳自己的婴儿或者生活不能自理等在一段时间内不适宜在监狱里执行刑罚的情形时，中止其刑罚的执行，待上述情形消失时恢复剩余刑罚执行的制度。该种制度与暂予监外执行的最大不同在于：刑罚中止执行仅暂停刑罚的执行，不发生刑期折抵的问题，而暂予监外执行并不停止刑罚的执行，除非发生法定事由否则便可以折抵刑期。刑罚中止执行主要有两个方面的优势：一方面，刑罚中止执行允许罪犯在发生不适宜在监狱执行刑罚事由之时暂停其刑罚的执行、离开监狱，保证刑罚的人道化，并且美国、日本、俄罗斯都运用该制度处理罪犯在监狱发生不适宜刑罚执行的情形。另一方面，由于刑罚中止执行只是在刑罚执行的时间上做了顺延，在不适宜刑罚执行的事由消失后，罪犯仍需收监执行，其实际并未减少刑期。这样的特点不仅可以排除罪犯通过运用刑罚中止执行逃避刑罚处罚的可能性，而且可以从根本上剥夺监狱人民警察在暂予监外执行工作中进行权力寻租的机会，可以使监狱人民警察在暂予监外执行工作中的渎职行为得到有效的治理。

三、监督实质化

为了防止权力被滥用，世界各国无不根据本国的国情构建起一套行之有效的权力监督体系。监督的目的在于通过监督的方式促使国家机关工作人员合理合法地行使国家权力，并且当国家机关工作人员违反法律行使权力时能够对其进行及时制止和处理。实践经验表明，监督措施越完善或者越严格的国家和单位，其产生腐败现象的可能性就越小，法律执行的就越好；相反监督措施越落后或者越疲软的国家和单位，其产生的腐败现象就越多，对国家和单位造成的影响就越大。因此，无论是国家还是单位都需要完善监督措施、加强监督。目前，对监狱人民警察减刑、假释、暂予监外执行行为的监督已经初步形成内外监督、上下监督的模式，现在的关键问题是如何将这样的监督模式实质化，以切实发挥监督效果。针对该问题，本书认为应当从完善内部监督、完善监狱检察监督、加强社会监督三个方面进行。

（一）完善内部监督

根据上文分析，监狱系统内部设立纪检监察部门对监狱人民警察的各种行为进行监督流于形式的主要原因在于，目前监狱人民警察进行徇私舞弊减刑、假释、暂予监外执行渎职行为正朝着领导群体化发展，使得该种内部监督成为一种"自我监督"而失去监督的意义和价值。针对该种情况，本书认为，应当派驻纪委办公室代替监狱内部设置的纪检监察部门，使办公室独立于监狱，而不受监狱领导。这样的意义在于，一方面，监狱和派驻监狱纪委办公室属于两个领导系统，派驻纪委办公室不用听命于监狱领导，这样方便其独立、积极开展监督工作；另一方面，派驻纪委办公室在发现监狱人民警察存在渎职行为时，由于其不受监狱系统领导，其往往会考虑查办渎职行为能给自己的年终考核加分，于是会积极地采取措施进行处置，而不会考虑监狱领导的政绩、形象采用大事化小、小事化了的处理方式。

（二）完善监狱检察监督

监狱检察监督力度不足的主要原因是：监狱检察官被同化、事多人少和监督权被架空。针对这三个原因，本书认为：首先，应当保障监狱检察官在生活和办公上的独立，使其从依附监狱的状态中解脱出来，进而更有底气进行监督检察工作。并且派驻监狱检察官应当实行轮换制度。相比于在城市中的检察官来说，被派驻者的工作环境和社会地位都受到很大影响，长时间不流动，容易让派驻者失去希望，产生职业倦怠，甚至价值观扭曲，进而被部分监狱人民警察同化，共同进行监狱渎职犯罪行为。其次，应该根据实际工作情况增加驻监检察人员，对不同的岗位进行风险等级评估，根据不同的等级配置不同的监督人员，加强社会监督以减轻监督工作。2011 年印发的《中共中央纪律检查委员会、监察部关于加强廉政风险防控的指导意见》明确规定，要根据权力的重要程度、自由裁量权的大小、腐败现象发生的概率及危害程度等因素，按照高、中、低三个等级进行廉政风险评级，对不同等级的风险要进行分级管理、分级负责、责任到人。福建泉州监狱将该意见运用于监狱人民警察腐败治理体系中，通过梳理岗位职责、查找岗位风险、对岗位廉政风险进行评级、制定相应的防治措施，取得了良好的效果。可以说，该意见是具有科学性的，在解决监狱检察官事多人少的问题上值得我们学习和借鉴。通过对需要检察的岗位和行为进行分级，针对性地进行监督检察，有利于解决监狱检察工作因事多人少导致的监督力度不足的问题。

（三）加强社会监督

除了用工作分级的方法解决事多人少的问题之外，通过加强社会监督来减少渎职腐败的数量也能缓和事多人少的矛盾。通过研究腐败治理管控较好的新加坡、德国、美国等国家可以发现，社会监督较为发达是它们在监督方面的一个共同的特点。这是不难理解的，因为罪恶害怕阳光、腐败害怕舆论，当社会监督较为发达时，人民群众这个庞大群体聚合所发出的强大力量会使得监狱人民警察的渎职行为无处可躲。加强社会监督可以采取以下措施：其一，在一定程度上将监狱进行开放，允许公民走进监狱的高墙进行社会监督；其二，继续加强监狱警务公开。这样做不仅对普通民众具有教育警示的作用，还加强了对监狱人民警察行为的监督力度，从而可以提升监狱司法公信力。

四、以科技护廉

信息科学技术时代的来临所带来的影响可以说是"好好坏坏"。"好好"是指运用了科学技术做好事，使得好的事情做得更好。例如，学习英语。学习英语是一件好事，以前学习英语很局限，依赖于具体老师的讲解和具体书籍的学习，现在有了新媒体、各式各样的英语学习应用程序，使得英语学习变得简单。"坏坏"是指利用科学技术做坏事，会使结果更严重。例如，运用网络传播谣言，会扩大谣言传播的范围和造成的危害。在这种时代背景下，腐败者一方积极运用科学技术，使得腐败行为呈现出一定的高科技化、智能化和隐秘化特征，传统的反腐手段在面对这种腐败行为时往往举步维艰。如果腐败防治者不对科学技术进行积极的运用，则难以做好反腐工作。好在党和国家已经认识到科技反腐的重要性，并在2011年印发的《中共中央纪律检查委员会、监察部关于加强廉政风险防控的指导意见》中明确要求，加强廉政风险防控要以现代信息技术为支撑，不断提高预防腐败工作的科学化。具体到以科技对监狱人民警察徇私舞弊减刑、假释、暂予监外执行渎职行为的防治上，本书认为应当从以下两个方面着手。

（一）建立监狱罪犯评分数据管理体系和监狱人民警察减刑、假释、暂予监外执行行为数据管理体系

大数据技术是目前研究较多、比较前沿的科学技术。大数据技术被称为21世纪的"石油"，谁拥有数据谁将拥有主导权，大数据在很多产业都发挥了重大的作用。新时代下大数据对腐败管控治理也有重要的作用，该技术最大的优势在于，其突破了传统观念意义上的因果关系，可以克服现代腐败行为自身所具有的智能化和隐蔽化特征。在该种技术优势下，如何将该技术运用于管控防治监狱人民警察徇私舞弊减刑、假释、暂予监外执行渎职行为就显得十分必要了。本书认为监狱系统应该建立罪犯评分数据管理体系和监狱人民警察减刑、假释、暂予监外执行行为数据管理体系。首先，对监狱人民警察评分数据和减刑、假释、暂予监外执行行为数据进行收集。因为大数据技术运用的前提在于拥有十分庞大的基础数据信息，建立数据库，所以对监狱人民警察上述两个方面的数据收集，从而建立数据库是一个漫长的工作过程，在此过程中我们一定要有耐心以确保该项基础工作的顺利完成。其次，运用大数据技术对监狱人民警察减刑、假释、暂予监外执行行为与先前所建数据库进行分析对比，确定监狱人民警察行为是否存在异常。再其次，根据分析结果将异常的行为进行核查落实，确定是否存在腐败问题。最后，根据落实的结果对监狱人民警察进行相关处理，并将该行为的数据反馈至数据库，以确保大数据分析结果的准确性和可靠性。

（二）研发和运用举报应用程序并设置于监区

研发和运用举报应用程序是相关纪律检查部门在科技反腐方面的重要举措，由于该方式具有高效、便捷等特点，实现了随时检举揭发的可能，其在设立后受到了热烈的欢迎，得到了迅速的推广。举报应用程序属于手

机或者电脑软件，普通的民众对其进行运用是没有问题的，但是在监狱中罪犯不得使用手机，这就使得罪犯面对腐败时检举揭发路径受挫。这不仅是对罪犯检举揭发监狱人民警察渎职犯罪权力的剥夺，而且不利于对监狱人民警察反腐败的治理。因此，本书认为应当在监区以合适的方式设置举报应用程序，并且充分注意对举报人的保护，保护其举报的秘密性，必要时对其采取换监的措施，以保证罪犯在面对监狱人民警察腐败行为时从不敢举报到有勇气举报再到积极举报的过渡，最终达到监狱人民警察公平公正对罪犯评分，合理合法对罪犯减刑、假释、暂予监外执行的目标。

参考文献

一、论文

［1］万益文，周倩.我国监狱布局调整的由来、演进及发展趋势［J］.中国司法，2008（10）：59.

［2］陶新胜.监狱精细化管理的实践思考［J］.法制与社会，2010（5）.

［3］张山新.中国工农红军法制的历史地位［J］.法学杂志，1997（4）.

［4］张明之.中华苏维埃共和国立法工作浅议［J］.党的文献，1998（3）.

［5］梁凤荣.毛泽东革命法制的理论与实践［J］.郑州大学学报（哲学社会科学版），2001（1）.

［6］王明迪.监狱体制改革探索［J］.中国监狱学刊，2003（4）.

［7］耿瑞红，王东亚.行刑变更模式构建［J］.中国监狱学刊，2006（9）.

［8］吴卫军，冯军.司法改革视野中的监狱改革［J］.中国监狱学刊，2006（5）.

［9］王福金.新民主主义革命时期的监所情况简介［J］.河北法学，1984（3）：36.

［10］柯淑珍.困境与出路：罪犯劳动体系的理想化构建［J］.福建警察学院学报，2016，30（5）：21.

［11］王明迪.监狱工作改革开放的基础工程：追忆监狱工作的拨乱反正［J］.犯罪与改造研究，2008（10）：5-8.

［12］刘洪.监狱行刑的理念冲突和契合［J］.犯罪研究，2006（5）：30.

［13］高一飞，曾静.监狱网络平台建设：十年回顾与反思［J］.西部法学

评论，2016（4）.

［14］胡方锐.法治监狱内涵及建设路径的设定［J］.中国司法，2016（1）：70.

［15］梁然.关于监狱人民警察编制配备标准问题的研究［J］.中国司法，2012（5）：77.

［16］陶新胜.从治本安全思维修正现代监狱行刑方略：以城市监狱社会功能为视角分析长刑犯行刑策略［J］.河南司法警官职业学院学报，2017，15（4）：5-6.

［17］王展.试论监狱行刑社会化功能的几个问题：以刑罚特别预防主义为视角［J］.长春师范大学学报，2016，35（3）.

［18］贾洛川.善与恶的伦理思考：现代监狱的形态与功能考［J］.河南社会科学，2011，19（2）.

［19］黄明儒，王振华.规范意识强化：也论刑法的公众认同［J］.法律科学（西北政法大学学报），2017，35（1）：60.

［20］李冠煜.对积极的一般预防论中量刑基准的反思及其启示［J］.中南大学学报（社会科学版），2015，21（1）：60.

［21］李永升，冯文杰.论刑罚的本质、功能、目的的内涵及其逻辑关系［J］.江西警察学院学报，2015（3）：91-92.

［22］陈兴良.刑罚目的新论［J］.华东政法学院学报，2001（3）：6-9.

［23］代承.论宽严相济刑事政策与人身危险性［J］.河南省政法管理干部学院学报，2010，25（2）：181.

［24］浙江省乔司监狱课题组.罪犯暴力袭警的原因分析及对策研究［J］.中国司法，2006（6）：38.

［25］张从健.从优待警工作存在的问题及对策建议：以广东省D监狱为例［J］.改革与开放，2017（23）：46.

［26］戴艳玲.2017年监狱理论研究综述［J］.犯罪与改造研究，2018（1）：15.

［27］蔡小松.略论现阶段监狱安全的影响因素［J］.湖南警察学院学报，2017，29（3）：61.

［28］田显俊.信息化条件下四川省城乡社区警务基本态势及发展研究［J］.

四川警察学院学报，2014，26（4）：14-20.

［29］董邦俊，尹晔斌.刑罚执行中腐败问题之实证考察：以20起刑罚执行中具有影响力的腐败案件为视角［J］.公民与法（法学版），2014（8）：8.

［30］刘天响.减刑、假释开庭审理形式化之检讨［J］.中国刑事法杂志，2011（11）：70.

二、专著

［1］金鉴.监狱学总论［M］.北京：法律出版社，1997.

［2］薛梅卿.中国监狱史知识［M］.北京：法律出版社，2001.

［3］薛梅卿.中国监狱史［M］.北京：群众出版社，1986：52.

［4］韩延龙，常兆儒.中国新民主主义革命时期根据地法制文献选编：第3卷［M］.北京：中国社会科学出版社，1981：1，329，357.

［5］中华人民共和国司法部.中国监狱史料汇编：上、下册［M］.北京：群众出版社，1988：315，317，377，387.

［6］何友良.中国苏维埃区域社会变动史［M］.北京：当代中国出版社，1996.

［7］齐心，张馨.陕甘宁边区政府成立五十周年论文选编［M］.西安：三秦出版社，1988.

［8］肖周录.延安时期边区人权保障史稿［M］.西安：西北大学出版社，1994.

［9］杨永华，方克勤.陕甘宁边区法制史稿［M］.北京：法律出版社，1987.

［10］王志亮.中国监狱史［M］.北京：中国政法大学出版社，2017：252，287-288，324.

［11］万安中.中国监狱史［M］.北京：中国政法大学出版社，2010：32，133.

［12］黑格尔.法哲学原理［M］.范扬，张企泰，译.北京：商务印书馆，1961：100.

［13］霍布斯.利维坦［M］.黎思复，黎廷弼，译.北京：商务印书馆，1985：228.

［14］西原春夫.刑法的根基与哲学［M］.顾肖荣，等译.北京：法律出版
社，2004：106.

［15］米海依尔·戴尔玛斯－马蒂.刑事政策的主要体系［M］.卢建平，
译.北京：法律出版社，2000：253.

［16］邱兴隆.刑罚的哲理与法理［M］.北京：法律出版社，2003：134.

［17］韩轶.刑罚目的的建构与实现［M］北京：中国人民公安大学出版社，
2005：86，148–149.

［18］邱兴隆.关于惩罚的哲学：刑罚根据论［M］.北京：法律出版社，
2000：236.

［19］卜思天·M.儒攀基奇.刑法理念的批判［M］.丁后盾，译.北京：中
国政法大学出版社，2000：84–85.

［20］杨殿升，张金桑.中国特色监狱制度研究［M］.北京：法律出版社，
1999：133.

［21］E.迪尔凯姆.社会学方法的准则［M］.狄玉明，译.北京：商务印书
馆，2009.

［22］林喆.公民基本人权法律制度研究［M］.北京：北京大学出版社，2006.

［23］柳忠卫.假释制度比较研究［M］.济南：山东大学出版社，2005：
25–26.